法医学进展与实践

第九卷

四川省法医学学会编委会

主编　侯一平

编委（以姓名拼音为序）

陈　猛	邓振华	黄贵琢	胡泽卿	杜　宏
孔　斌	李英碧	廖　敬	廖林川	廖学东
刘　敏	卢建华	宋明武	宋俊康	唐　杰
王庆红	张嘉陵	张　林	张先国	

秘书　诸　虹

四川大学出版社

责任编辑:韩　果　毕　潜
责任校对:龚娇梅
封面设计:墨创文化
责任印制:王　炜

图书在版编目(CIP)数据

法医学进展与实践. 第九卷 / 侯一平主编. —成都：
四川大学出版社，2016.8
ISBN 978-7-5614-9814-9

Ⅰ.①法…　Ⅱ.①侯…　Ⅲ.①法医学-进展-世界
Ⅳ.①D919-11

中国版本图书馆 CIP 数据核字（2016）第 205681 号

书　名	法医学进展与实践(第九卷)
	FAYIXUE JINZHAN YU SHIJIAN

主　　编	侯一平
出　　版	四川大学出版社
地　　址	成都市一环路南一段 24 号 (610065)
发　　行	四川大学出版社
书　　号	ISBN 978-7-5614-9814-9
印　　刷	郫县犀浦印刷厂
成品尺寸	185 mm×260 mm
印　　张	24.25
字　　数	605 千字
版　　次	2016 年 9 月第 1 版
印　　次	2016 年 9 月第 1 次印刷
定　　价	96.00 元

◆读者邮购本书，请与本社发行科联系。
电话:(028)85408408/(028)85401670/
(028)85408023　邮政编码:610065
◆本社图书如有印装质量问题，请
寄回出版社调换。
◆网址:http://www.scupress.net

前　言

　　四川省法医学学会组织编写的《法医学进展与实践》已连续出版了 8 卷，受到广大法医学工作者的欢迎。按学会的学术论文出版计划，我们将近 3 年来的论文汇编为《法医学进展与实践》第 9 卷正式出版，供同行们参考。

　　本书保持了前 8 卷学术论文的特色，设有法医学进展、法医病理学、法医临床学、法医物证学、法医毒物分析、法医精神病学、交通医学、医疗纠纷、问题探讨 9 个栏目。这 9 个栏目汇集了国内外法医学研究和鉴定实践中出现的新进展、新方法、新技术，作者们总结了各自的科研成果，交流了在法医学鉴定实践过程中的宝贵经验。随着司法鉴定体制改革的进一步深入，许多作者提出了自己的观点与建议；也有作者就法医学鉴定提出了新的思路，为广大法医工作者提供了新知识，开拓了新视野。希望本书能适应新形势下法医学发展的要求，更好地为我国法制建设服务，为构建社会主义和谐社会做贡献。

　　本书在编辑过程中，得到了来自公安、检察、法院、司法行政机关和院校同行们的大力协助，承蒙四川大学华西基础医学与法医学院的大力合作。在此一并致谢！

　　由于编辑时间仓促，难免有疏漏之处，敬请广大读者指正。

编　者

2016 年 8 月

目　录

法医临床学

法医物证学

交通医学

法医毒物分析

法医精神病学

问题探讨

法医学进展

Advances in Forensic Medicine

静息状态下海洛因成瘾者
相关脑区功能变化的 fMRI 研究

戴鑫华　范飞　卢翔　陈帆　杨林　颜有仪　廖林川

四川大学华西基础医学与法医学院

药物成瘾是一种以不计后果的强迫性用药为特征的慢性复发性脑疾病，同时引起严重的公共健康和社会问题。在各类药物成瘾当中，海洛因因其成瘾强和戒断困难而受社会广泛重视。海洛因成瘾是一种慢性脑病，研究表明，长期吸食海洛因会造成大脑结构和功能改变，并导致记忆力下降、情感障碍等多种认知功能的损害。

1　静息态 fMRI 研究海洛因成瘾脑区的原因

静息态 fMRI 是相对于事件相关 fMRI 而言的。事件相关 fMRI 要求被试者在某种任务状态下完成检查，而静息态 fMRI 是指被试者不需完成特定任务，在全身放松情况下进行 fMRI 扫描。用以研究大脑在静息状态时的自发活动，即在没有明确的输入或输出因素的状态下，大脑内部的血氧水平依赖信号（blood oxygen level dependent，BOLD）的自发调节。静息态 fMRI 没有任务刺激，避免了复杂的任务刺激导致的脑活动差异，使不同的被试者处于条件一致的情况下，更容易得到可靠的结论。海洛因成瘾者对药物的渴求一般都是在静息状态时发生，而并不是在相关线索的刺激条件下才产生的，因而静息态 fMRI 更能反映成瘾的实质。同时，静息态 fMRI 可以反映特定脑区的功能变化和不同脑区的相互功能连接及其程度，有助于我们了解和研究海洛因成瘾的相关脑区的功能变化和联系。

2　静息态 fMRI 下海洛因成瘾者相关脑区功能变化的研究情况

对于海洛因成瘾机制的研究，目前主要集中于脑奖赏系统——中脑边缘多巴胺系统，以及与情绪活动和记忆有关的杏仁核及海马区域。研究表明，精神活性药物产生的欣快感在成瘾记忆中主要起到正性强化作用，脑内负责药物奖赏的主要区域为中脑腹侧被盖区（ventral tegmental area，VTA）、伏隔核（nucleus accumbens，NAcc）和额叶皮层（prefrontal cortex，PFC），多巴胺神经递质系统在奖赏中起重要作用。VTA 发出多巴胺能神经投射支配 NAcc 和背侧纹状体，同时也发出多巴胺神经投射支配海马、扣带回、前额叶等其他多个脑区。下面就对静息态 fMRI 下海洛因成瘾者相关脑区功能变化的研究情况加以总结。

2.1 默认网络相关脑区

所谓默认网络，是指人脑在静息状态下某些区域呈现较强的激活状态，这些区域形成一个功能网络，而在执行认知任务时表现为负激活状态，即当大脑处于静息状态时，默认网络的活动会增强，但是当任务状态时其活动反而会减低。这些区域主要包括后扣带回及相邻的楔前叶、角回、腹侧前扣带回及前额叶内侧面以及颞叶等。目前研究认为默认网络是静息状态下人脑用来维持对内外环境警觉监测及持续的认知情感相互作用而表现出的高反应状态。

Jiang 等用静息态 fMRI 低频振幅（ALFF）算法研究慢性海洛因吸食者发现，双侧背侧前扣带回、双侧中部眶额回、左侧背外侧前额叶皮层 ALFF 减弱；而双侧楔前叶、双侧角回、左侧中央额叶皮质和左侧后扣带回 ALFF 增强。齐印宝等研究发现，长期海洛因依赖者右侧颞叶、左侧海马、右侧丘脑、左侧后扣带回、右侧顶叶及楔前叶、右侧额叶背外侧等脑区的 ALFF 明显减弱，左侧前额叶 ALFF 增强。王丽娜等研究发现，与对照组相比，海洛因成瘾组喙侧扣带回脑区（双侧前扣带回、内侧前额叶）ALFF 明显减弱，未发现 ALFF 增强的区域。这些研究结果提示，海洛因依赖者在静息状态下脑活动方式与正常人存在明显差异，可能与海洛因依赖的发生、发展及戒断后的复吸密切相关。海洛因依赖者默认网络中的结构 ALFF 明显减弱提示其脑功能组织方式的改变，可能导致海洛因依赖者注意、情感和自我监控等功能障碍。

Yuan 等研究戒断期海洛因依赖者静息态默认网络的变化，发现背侧前扣带皮层的神经网络和默认网络均有改变，且与海洛因使用时间相关。李强等研究强制戒断的海洛因者发现，海洛因成瘾者默认功能网络与双侧前扣带回、内侧前额叶（抑制性控制相关脑区）、右侧眶额回（动机驱动相关脑区）、左侧颞下回及小脑的功能连接明显下降，未发现与海洛因成瘾者默认功能网络功能连接增强的区域。海洛因成瘾者上述区域与默认功能网络功能连接减弱可能说明尽管经过长期强制戒断，海洛因成瘾者在基线状态下认知控制相关脑区的功能组织形式仍存在异常，这可能与海洛因成瘾者难以戒断毒瘾有关。

胡文富等研究发现，与正常对照相比，海洛因成瘾组的后扣带回灰质密度显著降低；以左侧后扣带回为感兴趣区进行功能连接分析，海洛因成瘾组左侧后扣带回与右侧颞叶的功能连接高于正常对照组，与右侧前额叶、丘脑以及左侧顶叶的功能连接明显低于正常对照组；以右侧后扣带回为感兴趣区进行功能连接分析，海洛因成瘾组右侧后扣带回与左侧额叶、左侧顶叶以及丘脑的功能连接明显低于正常对照组。海洛因成瘾患者与正常人相比，后扣带回与前额叶的功能连接减弱，这说明了其对于奖赏刺激的调节出现异常；同时海洛因成瘾者后扣带回与对侧顶叶的功能连接显著减弱，这说明海洛因成瘾者注意、控制等能力受到损害；海洛因成瘾者的后扣带回与颞叶的功能连接相对于对照组显著增强，这说明海洛因成瘾者对药物相关线索、场景的记忆和对药物强化效应显著增强，从而导致成瘾行为的产生，其符合海洛因成瘾者情绪和高级认知功能改变的症状。

齐印宝等以左侧前额叶为种子点研究发现，海洛因成瘾者左侧前额叶与左侧海马、左右侧额中回、右侧前扣带回、右侧楔前叶功能连接明显低于正常对照组；以右侧前额叶为种子点发现，右侧前额叶与左侧眶额叶、左侧额中回功能连接明显低于正常对照组。提示长期海洛因成瘾者前额叶功能连接减弱，进一步证实了海洛因成瘾者前额叶功能减退，进而解释了长期吸食海洛因成瘾者认知控制功能受损和对药物渴求的抑制功能减弱；支持了海洛因成瘾理论：对药物的渴求和动机增强，而认知控制能力下降，即抑制药物使用的能力下降，从而导致了药物使用的持续和戒断后的复吸。杨伟川等研究发现慢性海洛因依赖者前额叶功能连接异常，与双侧苍白球、额眶回、视觉注意皮层（角回、颞中回）功能连接增强，表明长期海洛因作用下有关奖赏、动机驱动的神经环路异常。与前扣带回的功能连接显著下降，表明慢性海洛因成瘾者认知及抑制性控制功能的神经环路受损。

2.2 伏隔核

伏隔核在"奖赏系统"中扮演着非常重要的作用。伏隔核在解剖上位于基底核与边缘系统交界处，其发出的传出纤维投射到腹侧苍白球的腹内侧、延伸的杏仁核、中脑腹侧被盖区、脑桥、视交叉前区、下丘脑、黑质等部位，同时伏隔核也接受上述脑区的传入纤维。由此可以推测，伏隔核可能是上述神经环路的中继站，是参与相应神经功能的重要中间结构。

黄敏等应用静息态研究左右伏隔核脑功能连接发现，与伏隔核有功能连接的脑区包括双侧丘脑、基底节区、海马、中脑以及对侧伏核；对照组中与伏隔核有功能连接的脑区仅为海马和对侧伏核，且连接程度明显小于成瘾组。这表明在静息状态下伏隔核与奖赏系统内的其他脑区之间关系十分紧密，这些脑区之间是相互作用的，也说明了伏隔核在海洛因成瘾中起到了重要的作用。

2.3 海马

海马被认为是学习与记忆功能中的主要结构，主要负责知识的获取、巩固和短期记忆的编码，与成瘾的发生密切相关。近年来，越来越多的研究认为物质成瘾是（或者是）某种程度上一种学习与记忆障碍，海洛因成瘾者静息状态下海马功能活动减弱为其提供了有力的证据。

齐印宝等利用 ALFF 研究长期海洛因依赖者发现 ALFF 明显减弱的脑区中有左侧海马。王绪轶等研究海洛因成瘾者停用海洛因后的脑功能情况时发现，成瘾者停用海洛因 3 天时出现额叶内侧、扣带回、颞上回等异常；停用 1 个月，额叶脑功能异常加重，海马功能出现异常；停用 2 个月，脑功能逐步恢复。这都表明海洛因成瘾者海马功能出现异常，学习和记忆出现障碍，而海马的异常变化可能反映出他们渴求和复发可能性的变化情况。

3 总结与展望

近年来，应用功能影像学技术研究静息态海洛因成瘾者相关脑区之间的功能变化和相互作用已取得了非常多的成果。除上述相关脑区外，还研究了缰核、下丘脑、小脑等脑区。这些研究应用静息态 fMRI 揭示了成瘾者部分关键脑区间的相互作用，为探索成瘾的神经机制提供了新视角，fMRI 技术在我国药物依赖研究领域将会得到更广泛的应用。

参考文献

[1] 周雨青，刘星，马兰. 药物成瘾的神经生物学机制研究 [J]. 生命科学，2014，26（6）：593－602.

［2］ Fehenstein M W，See R E．The neurocircuitry of addiction：an overview ［J］．Br J Pharm—aco，2008，154 (2)：261－274.

［3］ Mitrovic S M，Vuckovic N，Dickov A，et al．The impact of heroin on visual memory ［J］．Eur Rev Med Pharmacol Sci，2011，15 (5)：524－531.

［4］ Blum J，Gerber H，Gerhard U，et al．Acute effects of heroin on emotions in heroin dependent patients ［J］．Am J Addic，2013，22 (6)：598－604.

［5］ Fox M D，Zhang D，Snyder AZ，et al．The global signal and observed anticorrelated resting state brain networks ［J］．J Neurophysiol，2009，101 (6)：3270－3283.

［6］ Supekar K，Uddin L Q，Prater K，et al．Development of functional and structural connectivity within the default mode network in young children ［J］．Neuroimage，2010，52 (1)：290－301.

［7］ Hikosaka O，Bromberg-Martin E，Hong S，et al．New insights on the subcortical representation of reward ［J］．Curr Opin Neurobiol，2008，18 (2)：203－208.

［8］ Koob G F，Volkow N D．Neurocircuitry of addiction ［J］．Neuropsychopharmacology，2010，35 (1)：217－238.

［9］ Raichle M E，MacLeod A M，SrIyder A Z，et al．A default mode of brain function ［J］．Proc Natl Acad Sci USA，2001，98：676－682.

［10］ Robbins T W，Ersche K D，Everitt B J．Drug addiction and the memory systems of the bra in．Ann NY Acad Sci，2008，1141：1－21.

［11］ Jiang G H，Oiu Y W，Zhang X L，et al．Amplitude low-frequency oscillation abnormalities in the heroin users：A resting state fMRI study ［J］．Neuroimage，2011，57 (1)：149－154.

［12］ 齐印宝，傅先明，王昌新，等．海洛因依赖者低频振幅算法功能性磁共振研究 ［J］．中华行为医学与脑科学杂志，2011，20 (2)：119－121.

［13］ 王丽娜，张东升，王玮，等．海洛因依赖者大脑自发活动强度变化的低频振幅 fMRI 研究 ［J］．实用放射学杂志，2014，30 (5)：721－724.

［14］ Yuan K，Qin W，Dong M，et al．Combining spatial and temporal information to explore resting-state networks changes in abstinent heroin-dependent individuals ［J］．Neurosci Lett，2010，475 (1)：20－24.

［15］ 李强，王亚蓉，李玮，等．强制戒断的海洛因成瘾者默认功能网络 fMRI 研究 ［J］．实用放射学杂志，2012，26 (11)：1665－1668.

［16］ 胡文富，傅先明，钱若兵，等．海洛因成瘾者后扣带回结构和功能连接的磁共振研究 ［J］．中华行为医学与脑科学杂志，2011，20 (7)：580－582.

［17］ 齐印宝，傅先明，钱若兵，等．长期海洛因成瘾者前额叶功能连接的静息态 fMRI 研究 ［J］．中华神经医学杂志，2011，10 (1)：76－79.

［18］ 杨伟川，王亚蓉，李强，等．慢性海洛因依赖患者前额叶皮质功能连接变化的 fMRI 研究 ［J］．实用放射学杂志，2011，27 (2)：153－156.

[19] 黄敏，钱若兵，傅先明，等. 静息态下海洛因成瘾者伏核功能连接的 fMRI 研究 [J]. 中华神经医学杂志，2010，9（12）：1217-1220.
[20] 王绪轶，郝伟，颜丽蓉，等. 海洛因成瘾者停用海洛因后的脑功能情况——静息状态下 fMRI 研究 [J]. 中国临床心理学杂志，2006，14（4）：428-430.

代谢组学及法医学应用

陈建霞　韦庆涛　陈帆　杨林　颜有仪　廖林川

四川大学华西基础医学与法医学院

1 引言

随着人类基因组测序工作的完成，迎来了后基因时代，人们对生命过程的理解有了很大的提高，研究的热点转移到基因的功能和几个"组学"研究，包括研究核糖核酸（RNA）转录过程的转录组学、研究某个过程中所有蛋白及其功能的蛋白质组学、研究代谢产物的变化及代谢途径的代谢组学。生物信息从 DNA、mRNA、蛋白质、代谢产物、细胞、组织、器官、个体、群体的方向进行流动，形成了 DNA、mRNA、蛋白质、代谢产物、细胞、组织、器官、个体到群体这几个研究层次，因此，以基因、mRNA、蛋白质、代谢产物为研究对象的基因组学、转录组学、蛋白质组学、代谢组学自然也是一个有机的整体（图 1）。它们共同构成了系统生物学。代谢组学是近年来发展起来的一门新兴学科，与转录组学和蛋白质组学等其他组学相比，代谢组学具有以下优点：①基因和蛋白表达的微小变化会在代谢物水平得到放大；②代谢组学的研究不需进行全基因组测序或建立大量表序列标签的数据库；③代谢物的种类远少于基因和蛋白的数目；④生物体液的代谢物分析可反映机体系统的生理和病理状态。其研究对象一般为分子量小于 1000Da 的小分子，通过对其进行定性定量分析，揭示这些内源性小分子化合物与毒性、疾病、生命活动规律等的相互关系，可以看作是基因组学和蛋白组学的延伸。代谢组学具有快速、灵敏、可定量、非侵入性和系统性的特点。由于代谢物处于生物体系内生化活动调控的末端，包含更全面的生物标记物信息，能够准确反映生物体系的状态。因此，代谢组学一经提出，便受到极大关注，并已在疾病诊断、药物毒物、植物学、微生物学、环境科学、法医学、中医学、食品领域等很多领域得到广泛的研究和应用。本文对代谢组学及其在法医学领域的应用进行综述，并对代谢组学的发展予以展望。

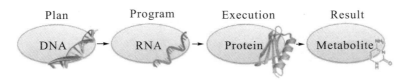

图 1　"代谢组学"与"基因组学""转录组学""蛋白质组学"的关系

2　代谢组学的发展史及概念

代谢组学（metabonomics）最初是由英国帝国理工大学教授 Jeremy Nicholson 提出的，他认为代谢组学是将人体作为一个完整的系统，机体的生理病理过程作为一个动态的系统来研究，并且将代谢组学定义为生物体对病理生理或基因修饰等刺激产生的代谢物质动态应答的定量测定。2000 年，德国马普所的 Fiehn 等提出了 metabolomics 的概念，但是与 Nicholson 提出的 metabonomics 不同，他是将代谢组学定位为一个静态的过程，也可以称为"代谢物组学"，即对限定条件下的特定生物样品中所有代谢产物的定性定量分析。同时 Fiehn 将生物体系的代谢物分析分为四个层次：①代谢物靶标分析（metabolite target analysis），针对某种特定代谢产物进行分析，必要时可采用专门的样品净化方法，去除大部分杂质干扰，这一层次主要用作筛选目的或对灵敏度有特殊要求的分析。②代谢轮廓分析（metabolic profiling analysis），对某一类结构、性质相关的化学物（如脂质、类异戊二烯、糖类），或某一代谢途径的特定代谢物进行定量分析，这一层次常用于描述药物研发中化学品的降解过程。③代谢组学分析，对某一生物或细胞所有小分子量代谢产物进行定性和定量的分析，需要有理想的样品制备和分析技术，分析方法具有足够的灵敏度、选择性，不受基质干扰，通用性高。由于代谢组学数据复杂，因此需要合适的工具进行处理、存储、标准化和评价来表述生物体系的系统响应。真正的代谢组学还必须包括未知代谢物鉴定策略以及分析结果与生化网络模型的比较。④代谢指纹分析（metabolic fingerprinting analysis），整体定性分析样品，比较图谱的差异快速鉴别和分类，而不分析或测量具体组分。这一层次与真正的代谢组学是有所区别的，代谢指纹分析有时有足够的分辨率可区分不同组别的个体信号。

现在，代谢组学在国内外的研究都在迅速地发展，科学家们对代谢组学这一概念也进行了完善，做出了科学的定义：代谢组学是运用色谱、质谱、核磁共振（NMR）、毛细管电泳（CE）等技术对细胞、体液和器官等样品中的代谢物进行分离、纯化和检测，再用生物信息学的手段对所获得数据进行分析和处理，从而获取有用信息，进而得到一个或一组生物标记物信息的一门新兴学科。其基本思路是：机体作为一个整体，各种代谢物共同构成一个网络，当机体受到生理病理刺激或扰动后，这个代谢网络的组成及各种代谢物的浓度、比例等会发生时空变化，代谢组学就是试图通过定量研究代谢网络的时空变化规律来逆向推断造成变化的影响因素及这种影响因素对机体可能造成的后果的科学。

与基因组学、转录组学、蛋白质组学相同，代谢组学的主要研究思想是"全局观点"。与传统的代谢研究相比，代谢组学融合了物理学、生物学及分析化学等多学科知识，利用现代化的先进仪器联用分析技术对机体在特定条件下整个代谢产物谱的变化进行检测，并通过特殊的多元统计分析方法研究整体的生物学功能状况。由于代谢组学的研究对象是人体或动物体的所有代谢产物，而这些代谢产物的产生都是由机体的内源性物质发生反应生成的，因此，代谢产物的变化也就揭示了内源性物质或是基因水平的变化，这使研究对象从微观的基因变为宏观的代谢物，宏观代谢表型的研究使得科学研究的对象范围缩小而且更加直观，易于理解，这点也是代谢组学研究的优势之一。代谢组学的优势主要包括：对机体损伤小，所得到的信息量大，相对于基因组学和蛋白质组学检测更加容易。由于代谢组学发展的时间较短，并且由于代谢组学的分析对象是无偏向性的样品中所有的小分子物质，因此对分析手段的要求比较高，在数据处理和模式识别上也不成熟，存在一些不足之处。同时生物体代谢物组变化快，稳定性较难控制，当机体的生理和药理效应超敏时，受试物即使没有相关毒性，也可能引起明显的代谢变化，导致假阳性结果。

代谢组学应用领域大致可以分为以下 8 个方面：①植物功能基因组研究，主要以拟南芥为研究模型，也包括一些转基因作物的研究；②疾病诊断，根据代谢物特征图谱诊断肿瘤、糖尿病等疾病；③制药业，即新药临床前安全性评价，主要通过高通量比对预测药物的毒性和有效性，通过全面分析来发现新的生物指示剂；④微生物领域；⑤毒理学研究，包括利用代谢组学平台研究环境毒理及药物毒理；⑥食品及营养学，即研究食品中进入体内的营养成分及其与体内代谢物的相互作用；⑦在中药现代化及其机理上的研究；⑧法医学领域。

但在研究的几个步骤中，代谢组学还存在一些不足。例如，分析手段存在局限性；全部定量分析难以实现，准确性不足；定性过程复杂。针对这些问题，现在的研究者们在研究策略和方法上做着积极的探索和改进。本文综述了近年来代谢组学研究策略和方法上的研究结果，在结合本实验室和作者的研究基础上对代谢组学的未来发展趋势和应用进行了展望。

3 代谢组学的研究方法

代谢组学的研究方法包括代谢组学的工作流程、代谢组学技术研究方法、代谢组学数据研究方法。

3.1 代谢组学的工作流程

完整的代谢组分析流程包括样品采集、样品处理、化合物分离、定性与定量检测、数据分析、建立数据库与专家系统，以及分析生物学意义，最终认知机体生化反应机理和生命现象（图 2）。

首先，采集生物样品（如尿液、血液、组织、细胞和培养液等），对其进行生物反应灭活、预处理。再运用先进的分析手段，如核磁共振、质谱或色谱等检测样品中所有代谢物的种类、含量、状态，从而到原始的大量的反映生物样品信息的实验数据，而后使用多变量数据分析方法对获得的多维复杂数据进行降维和信息挖掘，从这些复杂大量的信息中筛选出最主要的最能反映代谢物变化的成分，再通过模式识别将其与标准的代谢物谱进行比对，或是根据代谢物谱在时程上的变化来寻找生物标记物，研究相关代谢物变化涉及的代谢途径和变化规律，以阐述生物体对相应刺激的响应机制。同时由于不同分析手段各有其特点，在不同应用领域使用的分析方法也是有所不同的。

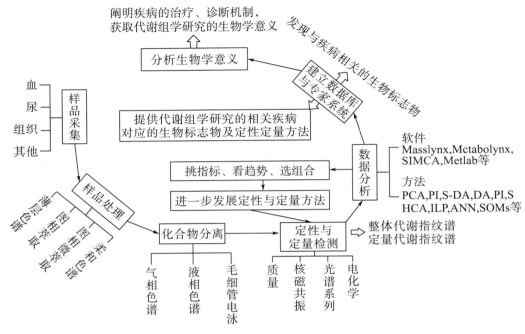

图 2 代谢组学研究的一般流程

3.2 代谢组学技术研究方法

大量分析技术用于代谢组学的分析研究，主要包括 NMR、MS 气相色谱－质谱联用技术（gas chromatography－mass spectrometer，GC－MS）、液相色谱－质谱联用技术（liquid chromatography－mass spectrometer，LC－MS）、FT－IR、薄层色谱、毛细管区电泳法、高效液相色谱/二极管阵列（PDA）或者电化学检测器联用表型微阵列和各种蛋白阵列，每种技术都有其优缺点，多项技术或多种检测器的在线组合或平行联用可显著增强对单个生物样本中不同极性、不同相对分子质量代谢物的分析，以及降低定量下限。本文主要介绍几种常见的代谢组学分析技术。

3.2.1 NMR

NMR 技术是最早被用于代谢组学研究的技术之一，其利用原子核在磁场中的能量变化来获得相关核信息。目前常用的有 1H－NMR、碳谱（13C－NMR）和磷谱（31PNMR），其中以 1H－NMR 应用最为广泛。近年来 NMR 技术迅速发展，凭借其检测快速、重现性好、分辨率及灵敏度高、样品处理方法简单、化学位移分布宽、弛豫性好等优点，成为代谢组学研究的主要技术之一。NMR 能够实现对样品的非破坏性、非选择性分析，满足了代谢组学中的对尽可能多的化合物进行检测的目标。但它也有两个非常明显的缺陷：灵敏度低、分辨率不高，常常导致高丰度的分析物掩盖低丰度的分析物。通过将 NMR 串联液相色谱组成液相色谱－核磁共振联用技术（LC－NMR），增强了 NMR 的灵敏度与分辨率。

3.2.2 MS

MS 是一种与光谱并列的谱学方法，基本原理是将样品中各组分电离成离子束，进入质量分析器聚集而得到 MS 图谱，以确定其质量。MS 与 NMR 相比，其优势在于灵敏度高、分辨率高及特异性强[38]，但对样品处理的要求较高，因此需联合色谱技术对样品进行前期分离。根据样本的性质及待检代谢物的不同，通常采用液相色谱（liquid chromatography，LC）和气相色谱（gas chromatography，GC）及毛细管电泳（capillary electrophoresis，CE）。

（1）GC－MS联用：GC技术是以气体作为流动相的色谱法，常用于分离挥发性化合物，其分离效率高，样品用量少，检测灵敏度高，选择性好，应用范围广，常与MS联用，广泛应用于代谢组学的研究领域，如代谢物谱的分析。采用GC－MS可以同时测定几百个化学性质不同的化合物，包括有机酸、大多数氨基酸、糖、糖醇、芳胺和脂肪酸，该分析技术被专家称为最宝贵的分析手段。尤其是最近发展起来的二维GC（GC×GC）－MS技术，由于其具有分辨率高、峰容量大、灵敏度高及分析时间短等优势，而备受代谢组学研究者的青睐。另外，GC－MS最大的优势是有大量可检索的质谱库。

（2）LC－MS联用：LC技术是以液体作为流动相的色谱法，适用于分离低挥发性或非挥发性、热稳定性差的物质。GC不能由色谱图直接给出未知物的定性结果，而必须由已知标准作对照定性，LC可弥补这一不足。相对于GC－MS，LC－MS能分析更高极性和更高相对分子质量的化合物。LC－MS的一个很大的优势是，它大多数情况下不需要对非挥发性代谢物进行化学衍生。过去10年，LC－MS技术的软电离方式使得质谱仪更加完善和稳健，尤其是最近几年，整体式毛细管柱和超高效液相色谱（UPLC）在分离科学中的应用为复杂的生物混合物提供了更好的分离能力；另外，现代离子阱多级质谱仪的发展使LC－MS可提供未知化合物的结构解析信息，因此LC－MS在代谢组学研究中越来越受青睐。现广泛应用的有高效液相色谱（high performance liquid chromatography，HPLC）法，其是在液相柱色谱系统中加上高压液流系统，使流动相在高压下快速流动，以提高分离效果。

（3）CE－MS联用：CE是以毛细管为分离通道，在高压直流电场的驱动下，样品的各种离子开始迁移，根据离子的迁移速度、电荷及颗粒大小对样本中各组分进行分离，是目前最有效的分离技术。相对其他分离技术，CE－MS具有几个重要的优势：高的分离效率、微量样本量（平均注射体积1～20nL）以及很短的分析时间。CE被用于代谢物的目标和非目标分析，包括分析无机离子、有机酸、氨基酸、核苷及核苷酸、维生素、硫醇、糖类和肽类等，CE－MS的最大优点是它可在单次分析实验中分离阴离子、阳离子和中性分子，因此CE技术可以同时获得不同类代谢物的谱图。可同时检测多种样品，具有所需样品量少、分析速度快、分离效率高、应用范围广等特点，使CE－MS在近年来的代谢组学研究中越来越得到重视。

此外，傅立叶变换红外光谱（FT－IR）也被用于代谢组学研究以提高代谢产物的检测灵敏度和通量。每种技术都有其优缺点，多种技术联用提高了检测灵敏度。

3.3 代谢组学数据研究方法

用于代谢组学研究数据分析的手段主要为模识别技术，包括两类：①非监督学习方法，主要为主成分分析（PCA）、簇类分析（HCA）、非线性影射（NLM）等；②监督学习方法，主要为人工神经网络（ANN）、偏最小二乘－判别分析（PLS－DA）、k－最近邻法（k－NN）和SIMCA等。偏最小二乘法可视为主成分分析法的回归延伸，是有监督的识别模式中应用最多的一种，可对未知样本分组预测。再经正交信号校正处理有助于优化分型，提高随后的多变量模式识别分析和模型预测能力。Lu 等用超高效液相色谱－四极杆飞行时间质谱（UPLC－QTOF－MS）来筛选苍耳子给药后大鼠尿液中潜在的毒性标记物，通过 OPLS－DA 分析后，鉴别出苯丙氨酸、尿苷、马尿酸等 10 种代谢物，发现其毒性作用机制与脂质过氧化反应损害以及脂肪酸的氧化作用受干扰有关。在特征代谢物筛选方面，支持向量机（SVM）、人工神经网络（ANN）、随机森林等方法也被应用于代谢组学研究，但相对较少。

4 代谢组学的法医学应用

4.1 代谢组学在法医毒理学与毒物分析学的应用

　　法医毒理学及毒物分析主要是研究与法律有关的自杀、他杀和意外或灾害事故引起中毒以及药物滥用、环境污染和医源性药物中毒的一门学科。代谢组学在毒（药）物的药理、毒理及作用机制方面的研究作用已经得到国内外学者的认可，对法医毒理学中毒机制的研究同样具有价值。毒（药）物长期作用于人体后，人体原有的代谢机制会发生变化，代谢组也随之变化，而这种变化是具有一定规律而且在一定时间内是难以恢复的。基于此考虑，代谢组学可能对戒毒一段时间后吸毒的认定和长期少量投毒致人中毒案件的鉴定有一定的帮助，因此代谢组学对法医毒理学研究具有重要价值，可应用于毒（药）物的毒性评价、作用机制、靶器官及其生物标志物和滥用药物成瘾的研究。另外还可以做农药、有毒动植物、金属毒物的毒理学研究。本文主要介绍滥用药物成瘾的毒理学研究。

　　毒品滥用成瘾是药物成瘾的一种类型，科学判定吸毒成瘾对量刑、毒品滥用程度评价、戒毒治疗方案制定及疗效评价等具有重要意义。代谢组学技术为判定吸毒成瘾提供了新的思路。毒品滥用对机体代谢物产生一定具有特异性和可重复性的影响，利用代谢组学方法检测相关代谢物的变化，可用于筛选毒品成瘾的特异性生物标记物，评价毒品滥用程度、推断滥用种类及推断复吸史。如通过对初次吸毒人群和吸毒成瘾人群代谢组的比较，可为吸毒成瘾的界定提供依据，对戒毒一段时间后复吸的认定和长期少量投毒致人中毒的鉴定有一定帮助。

　　Shima 等采用基于质谱的代谢组学技术研究甲基苯丙胺的急性毒性作用。5－氧脯氨酸、葡萄糖二酸、尿嘧啶、3－羟基丁酸酯、脂肪酸、葡萄糖、6－磷酸葡萄糖、果糖 1，6－二磷酸盐和三羧酸循环中间体例如延胡索酸盐，很可能是甲基苯丙胺诱导中毒的生物标记物。减少的三酸循环中间体、3－羟基丁酸酯以及增加的葡萄糖表明高剂量的甲基苯丙胺抑制了经三羧酸循环的糖酵解、氧化磷酸化以及脂肪酸的 β－氧化作用。代谢组学技术不仅能阐明滥用药物的毒性作用机制，基于生物体液的分析数据还可以客观地进行中毒判断，而不需要直接检出药物本身。代谢组学可对体液中小分子化合物进行高通量的分析，反映个体使用毒品后的代谢变化，确定毒品滥用潜在的生物标记物。SD 大鼠腹腔注射海洛因，每天 2 次，剂量在 10d 内由 3 mg/kg 增加到 16.5 mg/kg，然后停药 4d，再继续以 16.5 mg/kg 给药 4d。利用 GC－MS 检测血清和尿液中代谢轮廓，并对代谢模式进行评估。海洛因的滥用和停用均导致大鼠的异常行为，但是大鼠逐渐适应了海洛因。代谢组学数据表明，海洛因导致了代谢模式的偏差，而海洛因停用后代谢模式恢复到基线，海洛因的重新使用导致代谢模式再次偏离。张高勤等建立海洛因滥用大鼠同体纵向对照的代谢组学研究模型，停药 24h 后大鼠出现戒断症状，经纳洛酮催促戒断实验证实大鼠已对海洛因形成依赖。给药前和停药后大鼠尿液数据经统计学分析存在分离现象，说明两组尿液中生物标记物间存在特异性差异，并初步筛选出 41 个特异性的生物标记物。代谢组学采集并分析大量代谢物的定量数据，可用于研究药物成瘾动物模型的生化响应和代谢结果的改变。

4.2 代谢组学在法医临床学的应用

法医临床学主要研究与损伤有关的伤残鉴定，目前对于慢性损伤的伤残评定，一直存在很大的争议，并没有确定的可供参考的标准，故而在法医临床鉴定中遇到此类问题，一般不对其功能性损伤做伤残评估，这显然是不科学的。随着代谢组学的提出、兴起直至今天成为一门热门的研究方向，我们运用个体或细胞或组织受到外界刺激，其内部就一定有代谢物的产生及改变这一特性推断机体将受到慢性损伤。因此，我们可以将宏观的损伤与微观的机体内部代谢产物结合起来，用代谢组学的方法对体内的体液或组织中的代谢物进行数据化处理，将微观转变为宏观，通过代谢谱来分析伤残的情况，为法医临床中的伤残鉴定提供了一种新思路。

4.3 代谢组学在法医物证及法医人类学的应用

代谢组学容易受到多种因素的影响，比如环境、饮食习惯、年龄、性别、种系等。目前国内外学者都在对相关课题做研究和探讨，并且已经初步取得了可喜成果。法医物证与人类学本身与人类基因血脉相连，息息相关。而代谢组学与基因组学、转录组学、蛋白组学组成了一个分子生物学系统。代谢组学通过与基因组学相结合，取长补短，共同应用于法医物证和人类学，为相关案件分析提供更多思路。比如对无名尸的确定、同卵双胞胎的鉴定等提供新的手段。

4.4 代谢组学在法医病理学的应用

在法医病理学实践中，死亡时间（PMI）估计是一个重要的研究对象。目前使用的确定死亡时间（PMI）的方法包括各种物理变化评价、不同人体组织生化成分的变化和流体、DNA/RNA 降解以及法医昆虫学等。尽管有广泛的研究，准确的死亡时间（PMI）估计仍然存在问题。最近，分析方法已经发展到多元分布的代谢物，主要利用核磁共振或 MS，检查各种疾病的发病机制和条件，以氢谱核磁共振为基础代谢组学研究，在对窒息大鼠死亡时间的推断中使用大鼠各种组织和体液进行研究。Hirakawa 等用核磁共振模式识别研究了代谢大鼠股骨肌肉的变化、大鼠窒息死亡、吸食可卡因过量诱导呼吸衰竭等三种情况，根据采样时间（在 15 分钟内、1~4 小时后、≥8 小时后死亡）分三组。作为主成分得分每个小组聚集在独立的区域，作者总结出代谢物与死亡时间相关。在我们的研究中，发现了 70 个代谢物，其中 25 种代谢物与 PMI 具有统计学强相关性。这 25 种代谢物有 18 个氨基酸、5 种糖、1 个羧酸和磷酸盐。通常，过程累积在死后。通过核磁共振和 MS 以及 MS 联用技术得出数据，经 PCA 等相关方法处理后，得到死亡时间与代谢组学的关系（图 3）。

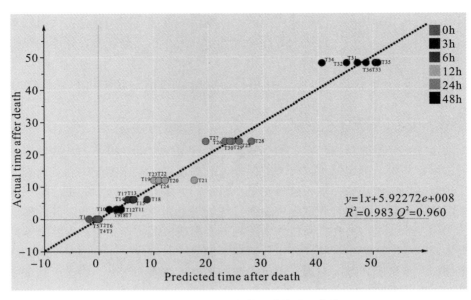

图 3　死亡时间与代谢组学的关系曲线

从图 3 可以观察，代谢物与死亡时间在一定范围内呈线性关系。那么通过代谢物的代谢谱来推测死亡时间，在法医病理学中为案件的侦破提供了一个新方向。

5　展望

随着代谢组学及其研究技术的发展，代谢组学越来越引起国内外学者的关注，越来越多的人已加入到代谢组学的研究中。代谢组学的出现在宏观方面弥补了基因组学、蛋白质组学等微观研究中的缺点。随着研究的深入，代谢组学研究必将在揭示基因的功能基因组学研究中发挥更大的作用，它能帮助人们更好更深地了解生物体中各种复杂的相互作用，生物系统对环境和基因变化的响应，为人们提供一个了解基因表型的独特途径。但是还存在很多问题亟待解决。比如，全部定量分析难以实现，缺乏更完备的代谢组学数据库，代谢谱图不完善、分析技术测试灵敏度有待提高。还有就是如何有效整合 NMR、GC－MS 和 LC－MS 等多种实验手段来得到数据，如何从代谢组学的海量数据中得到有用的信息以阐明其效应和作用机制等。

未来代谢组学的发展可以在检测技术、数据处理等方面进行整合。检测技术的整合可以是仪器分辨率的提高，样本全面性分析程度改进，分析速度和分析通量的提高。如多维色谱质谱串联技术，GC×GC－TOF－MS，GC×GC－MS，LC×LC－MS，LC－CE－MS 及 LC－NMR－MS 等。甚至有学者提出人类代谢组计划，即在不久的将来建立一个人类代谢物库，可随时获取所需的代谢信息。因为代谢组学与基因组学、转录组学、蛋白质组学共同构成了系统生物学，而代谢组学在很多方面都起着至关重要的作用。近年来随着研究的深入，代谢组学与法医学结合越来越紧密。法医学将从代谢物谱中获得突破性进展。

参考文献

［1］ Kitano H. Systems biology：A brief overview ［J］. Science，2002，295（5560）：1662－1664.

［2］ King R D，Whelan K E，Jones F M，et al. Functional genomic hypothesis generation and experimentation by a robot scientist ［J］. Nature，2004，427（3）：247－252.

［3］ Nicholson J K，Wilson I D. Opinion：understanding "global" systems biology：metabolomics and the continuum of metabolism ［J］. Nat Rev Drug Discov，2003，2（8）：668－676.

［4］ Oakman C，Tenori L，Claudino W M. Identification of aserum-detectable metabolomics fingerprint potentially correlated with the presence of micrometastatic disease in early breast cancer patients at varying risks of disease relapse by traditional prognostic methods ［J］. Ann Oncol，2011，22（6）：1295－1301.

［5］ Van der Kloet F M，Tempels F W，Ismail N，et al. Discovery of early-stage biomarkers for diabetic kidney disease using ms-based metabolomics（Finn Diane study）［J］. Metabolomics，2012，8（1）：109－119.

［6］ Okazaki Y，Saito K. Recent advances of metabolomics in plant biotechnology ［J］. Plant Biotechnol Rep，2012，6（1）：1－15.

［7］ Lu Y H，Hao H P，Wang G J，et al. Metabolomics approach to the biochemical differentiation of Traditional Chinese Medicine syndrome types of hypertension ［J］. Clin Pharmacol Ther，2007，12（10）：1144－1150.

［8］ Nicholson J K，LinLon J C，Holmes E. Metabolomics：understanding the metabolic responses of living systems to pathophysiological stimuli viamulti variate statistical analysis of biological NMR spectroscopic data ［J］. Xenobiotica，1999，29（11）：1181.

［9］ Fiehn O，Kopka J，Dormann P，et al. Metabolite profiling for plant functional genomics ［J］. Nat Biotechnol，2000，18（11）：1157.

［10］ Fiehn O. Combining genomics，metabolome analysis，and biochemical modelling to understand metabolic networks ［J］. Comparative and Functional Genomics，2001（2）：155－168.

［11］ Nicholson J K，Wilson I D. Opinion：understanding "global" systems biology：metabonomics and the continuum of metabolism ［J］. Nat Rev Drug Discov，2003，2（8）：668－676.

［12］ Lenz E M，Wilson I D. Analytical strategies in metabonomics ［J］. J Proteome Res，2007，6（2）：443－458.

［13］ 朱超. 代谢组学技术的整合运用及其在中药现代化中的应用展望 ［J］. 药学学报，2008（43）：683－689。

［14］ Fernández-Varela R，Tomasi G，Christensen J H. An untargeted gas chromatography mass spectrometry metabolomics platform for marine polychaetes [J]. J Chromatogr A, 2015, 1384: 133−141.

[15] Mak T D, Laiakis E C, Goudarzi M, et al. Selective paired ion con-trast analysis: a novel algorithm for analyzing postprocessed LC-MS metabolomics data possessing high experimental noise [J]. Anal Chem, 2015, 87 (6): 3177−3186.

[16] 廖林川. 法医毒物分析 [M]. 4 版. 北京: 人民卫生出版社, 2009.

[17] Nicholson J K, Buckingham M J, Sadler P J. High resolution1 H NMR studies of vertebrate blood and plasma [J]. Biochem J, 1983, 211 (3): 605−615.

[18] Ott K H, Aranibar N. Nuclear magnetic resonance metabonomics: methods for drug discovery and development [J]. Methods Mol Biol, 2007, 358: 247−271.

[19] Fan T W, Lane A N. NMR−based stable isotope resolvedmetabolomics in systems biochemistry [J]. J Biomol NMR, 2011, 49 (3−4): 267−280.

[20] Jiang C Y, Wang Y H. Quantitative metabolomics based on NMR [J]. Acta Phamaceutical Sinica, 2014, 49 (7): 949−955.

[21] Drexler D M, Reily M D, Shipkova P A. Advances in mass spectrometry applied to pharmaceutical metabolomics [J/OL]. Anal Bioanal Chem, 2010 (11) [2010−12−31]. http://www. ncbi. nlm. nih. gov/pubmed/21107980.

[22] Krone N, Hughes B A, Lavery G G, et al. Gas chromatography/mass spectrometry (GC/MS) remains a preeminent discovery tool in clinical steroid investigations even in the era of fast liquid chromatography tandem mass spectrometry (LC/MS/MS) [J]. J Steroid Biochem Mol Biol, 2010, 121 (3−5): 496−504.

[23] Yuan W, Edwards J L. Capillary separations in metabolomics [J]. Bioanalysis, 2010, 2 (5): 953−963.

[24] Ramautar R, Mayboroda O A, Somsen G W, et al. CE−MS for metabolomics: Developments and applications in the period 2008 − 2010 [J]. Electrophoresis, 2011, 32 (1): 52−65.

[25] Ramautar R, Somsen G W, de Jong G J. CE − MS in metabolomics [J]. Electrophoresis, 2009, 30 (1): 276−291.

[26] Trygg J, Holmes E, Lund stedt T. Chemometrics in metabonomics [J]. J Proteome Res, 2007, 6 (2): 469−479.

[27] Eriksson L, Antti H, Gottfries J, et al. Using chemometrics for navigating in the large data sets of genomics, proteomics, and metabonomics (gpm) [J]. Anal Bioanal Chem, 2004, 380 (3): 419−429.

[28] 颜贤忠, 孙博, 杜祥博. 代谢组学技术在毒理学研究中的应用进展 [J]. 国际药学研究杂志, 2014, 41 (4): 379−392, 399.

[29] Nicholson J K, Connelly J, Lindon J C, et al. Metabonomics: a platform for studying drug toxicity and gene functionl [J]. Nat Rev Drug Discov, 2002, 1 (2): 153−161.

［30］ Fiehn O. Combining genomics，metabolome analysis and biochemical modelling to understand metabolic networks［J］. Comp Funct Genomics，2001，2（3）：155－168.

［31］ Raamsdonk L M，Teusink B，Broad hurst D，et al. A functional genomics strategy that uses metabolome data to reveal the phenotype of silent mutations［J］. NatBiotechnol，2001，19（1）：45－50.

［32］ Shima N，Miyawaki I，Bando K，et al. Influences of methamphetamine induced acute intoxication on urinary and plasma metabolic profiles in the rat［J］. Toxicology，2011，287（1－3）：29－37.

［33］ 张高勤，王玫，王媛，等. 海洛因滥用大鼠尿液同体纵向对照模型的代谢组学研究［J］. 中国药物依赖性杂志，2013，22（2）：85－94.

［34］ Tian J，Shi C，Gao P，et al. Phenotypedifferentiation of three E. coli strains by GC－I ID and GC－MS based metabolomics［J］. J Chromatogr B Analyt Technol Biomed Life Sci，2008，871（2）：220－226.

［35］ Williams R E，Lenz E M，Lowden J S，et al. The metabonomies of aging and development in the rat：an investigation into the effect of age on the profile of endogenous metabolites in the urine of male rats using 1H NMR and HPLC－TOFMS［J］. Mol Biosyst，2005，1（2）：166－175.

［36］ Lu G，Wang J，Zhao X，et al. Study on gender difference based on metablitcs in urine by ultra high performance liquid chromatography/time of flight mass spectrometry［J］. Se Pu，2006，24（2）：109－113.

［37］ Althaus L，Henssge C. Rectal temperature time of death nomogram：sudden change of ambient temperature［J］. Forensic Sci Int，1999（99）：171－178.

［38］ Mall G，Eckl M，Sinicina I，et al. Temperature－based death time estimation with only partially known environmental conditions［J］. Int J Legal Med，2005（119）：185－194.

［39］ Warther S，Sehner S，Raupach T，et al. Estimation of the time since death：post－mortem contractions of human skeletal muscles following mechanical stimulation（idiomuscular contraction）［J］. Int J Legal Med，2012（126）：399－405.

［40］ Kaliszan M. Studies on time of death estimation in the early post mortem period application of a method based on eyeball temperature measurement to human bodies［J］. Leg Med（Tokyo），2013（15）：278－282.

［41］ Biermann F M，Potente S. The deployment of conditional probability distributions for death time estimation［J］. Forensic Sci Int，2011（210）：82－86.

［42］ Madea B，Rodig A. Time of death dependent criteria in vitreous humor：accuracy of estimating the time since death［J］. Forensic SciInt，2006（164）：87－92.

［43］ Singh D，Prashad R，Sharma S K，et al. Estimation of postmortem interval from human pericardial fluid electrolytes concentrations in Chandigarh zone of India：log transformed linear regression model［J］. Leg Med（Tokyo），2006（8）：279－287.

[44] Mao S，Fu G，Seese R R，et al．Estimation of PMI depends on the changes in ATP and its degradation products [J]．Leg Med（Tokyo），2013（15）：235-238.

[45] Zapico S C，Menendez S T，Nunez P．Cell death proteins as markers of early postmortem interval [J]．Cell Mol Life Sci，2013（71）：2957-2962.

[46] Sampaio Silva F，Magalhaes T，Carvalho F，et al．Profiling of RNA degradation for estimation of post mortem interval [J]．PLoS One，8：e56507.

[47] Hansen J，Lesnikova I，Funder A M，et al．DNA and RNA analysis of blood and muscle from bodies with variable postmortem intervals [J]．Forensic Sci Med Pathol，2014（10）：322-328.

[48] Kimura A，Ishida Y，Hayashi T，et al．Estimating time of death based on the biological clock [J]．Int J Legal Med，2011（125）：385-391.

[49] Wells J D，LaMotte L R．Estimating the postmortem interval in：Byrd J H，Castner J L（eds）Forensic entomology：the utility of arthropods in legal investigations [C]．CRC，Boca Raton，2010：367-388.

[50] Nicholson J K，Holmes E，Kinross J M，et al．Metabolic phenotyping in clinical and surgical environments [J]．Nature，2012（491）：384-392.

[51] Le Moyec L，MilleHamard L，Triba M N，et al．NMR metabolomics for assessment of exercise effects with mouse biofluids [J]．Anal Bioanal Chem，2012（404）：593-602.

[52] Smolinska A，Posma J M，Blanchet L，et al．Simultaneous analysis of plasma and CSF by NMR and hierarchical models fusion [J]．Anal Bioanal Chem，2012（403）：947-959.

蛋白质组学在药物毒理学研究中的进展

吴知桂[1,2]　陈帆[1]　韦庆涛[1]　杨林[1]　颜有仪[1]　廖林川[1*]

1. 四川大学华西基础医学与法医学院　**2.** 西南医科大学药学部

　　药物毒理研究的目的是为临床合理用药进行指导，降低药物的不良反应及新药上市前的安全性评价，对药物的毒性作用进行定性、定量评价以及对靶器官毒性作用机制进行研究。药物分子毒理学是现代毒理学中研究药物的毒副作用机制的主要方法，探讨药物与生物机体组织中的各种分子，特别是生物大分子的作用机制，从而阐明药物的分子结构与其毒性效应的相互关系。蛋白质是生命活动的执行者，药物对机体的损伤主要是通过蛋白质来实现的，通过与蛋白质结合或改变大分子的结构来发挥作用。在 1994 年 Wilkins 首次提出"proteome"之后，蛋白组学技术在各个领域都得到快速的发展。蛋白质作为药物作用靶点，利用蛋白质组学技术，探讨蛋白质表达变化，对药物毒性机制进行研究；同时寻找与药物毒性有关的标志物，利用所鉴定的标志物预测药物毒性，并对药物毒性进行评价。

1 蛋白组学技术简介

蛋白质组学分为狭义和广义两种。狭义的蛋白质组学就是利用双向电泳和质谱等高通量技术，鉴定出某一个研究对象中的全部蛋白质，即某一个物种、个体、器官、组织、细胞、亚细胞乃至蛋白质复合体的全部蛋白质；而广义的蛋白质组学就是不仅要鉴定出一个研究对象中的全部蛋白质，而且还要了解这些蛋白质的活性、修饰、定位、降解、代谢和相互作用及其网络等功能与时空的变化关系。蛋白质组学技术研究主要包括蛋白质的提取、分离、鉴定及分析四个步骤。

1.1 蛋白质的提取

蛋白质提取总的原则是尽可能采用简单的方法进行处理，尽量避免蛋白信息丢失。

（1）可溶性样品：血清、血浆、尿样、脑脊液、组织液等水溶性提取物，其中蛋白浓度较高的样品（血清、血浆）可稀释后直接分析，高丰度蛋白质（白蛋白或免疫球蛋白）在电泳时会干扰表达量少的蛋白质，应除去后进行电泳。低浓度蛋白或高盐样品，可透析或用液相色谱脱盐等方法。

（2）组织样品：由于蛋白质种类很多，性质上的差异很大，选用组织不同，应采用不同溶剂提取、分离及纯化蛋白质。

（3）细胞样品：对于悬浮培养生长的细胞，应离心收集，随后用磷酸缓冲液清洗并保存在缓冲液中；对于固体培养基中培养的细胞，首先要除去培养基质，用磷酸缓冲液或等渗蔗糖清洗细胞层，可有效地减少干扰等电聚焦电泳的盐离子。通过刮擦的方法收集细胞，避免使用蛋白裂解酶。

1.2 蛋白质的分离

现普遍使用的是双向凝胶电泳（2-DE），其基本原理是根据蛋白质的两个一级属性——等电点和分子量的特异性，将蛋白质混合物在电荷和分子量两个水平上进行分离。常用的还有高效液相色谱法（HPLC）（根据蛋白质分子的疏水性不同，使其在两相中的分配不同而得以分离）、双向荧光差异凝胶电泳（2D-DIGE）、二维毛细管电泳（2D-CE）和液相色谱-毛细管电泳（LC-CE）等，现在发展较快的是多维色谱技术，通过蛋白分子与固定相相互作用的强弱进行分离，常用于蛋白质降解后多肽组分的分离。

1.3 蛋白质的鉴定

蛋白质的鉴定方法主要有：①基质辅助激光解析电离/飞行时间质谱法（MALDI/TOF-MS），该方法样品用量小，分析速度快，可定性定量相结合分析靶蛋白，通过肽质量指纹图谱实现了高通量蛋白质的鉴定；②电喷雾质谱法（ESI-MS）通常与高相液相色谱联用来分析蛋白质混合物经酶解后所产生的肽段，特别是其四级杆飞行时间质谱（Q-TOF-MS）技术的产生和应用，对蛋白质微测序和氨基酸残基的修饰分析有着重要的价值；③同位素标记和液相色谱与串联质谱（LC-MS/MS）联用技术定量鉴定蛋白质，如同位素亲和标记（ICAT）、同位素标记相对和绝对定量技术（iTRAQ）等方法。

1.4 生物信息学分析

蛋白质的生物信息学分析数据库包括：①蛋白质序列数据库（PSD）是由蛋白质信息资源、慕尼黑蛋白质序列信息中心和日本国际蛋白质序列数据库共同维护的国际上最大的公共蛋白质序列数据库；②京都基因和基因组百科全书（KEGG）是系统分析基因功能，联系基因组信息和功能信息的知识库；③SWISS－PROT 是经过注释的蛋白质序列数据库，由欧洲生物信息学研究所（EBI）维护；④相互作用的蛋白质数据库（DIP）收集了由实验验证的蛋白质－蛋白质相互作用；⑤PROSITE 数据库收集了生物学有显著意义的蛋白质位点和序列模式，并能根据这些位点和序列模式快速和可靠地鉴别一个未知功能的蛋白质序列应该属于哪一个蛋白质家族；⑥可变剪接数据库（ASDB）包括蛋白质库和核酸库两部分；⑦转录调控区数据库（TRRD）是在不断积累的真核生物基因调控区结构－功能特性信息基础上构建的；⑧TRANSFAC 数据库是关于转录因子在基因组上的结合位点和与 DNA 结合的数据库。

2 靶器官毒性

2.1 神经毒性

药物可通过干扰蛋白的表达或活性影响神经系统的正常作用。Li X 等用蛋白质组学方法，在蛋白质水平对甲基苯丙胺的神经毒性进行研究，在大鼠的纹状体、前额叶皮质、海马分别鉴定出 14、4、12 个差异表达蛋白质，在这些蛋白质中，涉及氧化应激、蛋白酶体功能失调、变性和凋亡、线粒体功能障碍等，可能是甲基丙胺神经毒性损伤作用的主要机制。Gramage E 等用蛋白组学的方法研究蛋白质磷酸化，鉴定安非他命诱导的神经毒性的 13 种表达差异的磷蛋白，研究发现这些磷蛋白中包括膜联蛋白 A7（ANXA7）、COP9信号亚基 5（COPS5）、醛脱氢酶家族 1 成员 A1（ALDH1A1）和肌酸激酶 U 型（CKMT1），同时也发现这些磷蛋白与帕金森病有关。Barber 等应用 ICAT 对经丙烯酰胺（ACR）染毒不同时间的大鼠的纹状体突触小体进行了蛋白质组学研究，结果显示神经末梢蛋白质含量随 ACR 染毒时间延长逐渐减少，说明某些特异性蛋白质的减少与 ACR 所引起的神经毒作用过程密切相关。

2.2 肝毒性

大部分药物在肝脏进行生物转化，所以肝脏是毒性损伤的易感靶器官之一。应用蛋白质组学方法对药物肝毒性的研究也逐渐增多。Jiang 等比较了雷公藤甲素对不同性别大鼠肝毒性的影响，其中胆固醇 7α－羟化酶、肝 α 受体（LXRα）、胆固醇结合调节转录因子（SREBP－1）在雌性和雄性中表达均增加，其中可能涉及 LXRα/SREBP－1 信号通路，且雌性更敏感。Yakov M 采用聚丙烯酰胺凝胶电泳联合 LC－MS/MS 法，研究异烟肼的肝毒性，结果显示表达升高的蛋白质有鸟氨酸转氨酶、葡萄糖调节蛋白、乙醛脱氢酶等，表达降低的蛋白质有抗氧化酶、醛酮还原酶和碳酸酐酶等，涉及抗氧化系统和氧化应激异常，这对阐明异烟肼的肝损伤机制具有十分重要的作用。Upreti V 等用蛋白质组学方法研究了摇头丸（MADA）对肝组织的损伤。发现蛋白质氧化水平显著增加，并鉴定出经过氧化修饰的蛋白质包括抗氧化防御酶（SOD）、钙结合蛋白等。用免疫印迹法测蛋白激酶 JNK 和 p38 及其磷酸化水平，其表达增加，促进肝凋亡。以上研究说明，利用蛋白质组学方法可对整体的生物化学动态变化进行分析，从而可以较全面地反映生物体的生理及代谢状态，可以有效地评估药物的肝脏毒性作用。

2.3　肾毒性

药物主要经肾脏排泄，导致肾脏易受药物毒副作用的影响，因而也制约着新药上市和临床用药。Ahn K O 等比较了对环孢素 A 肾毒性耐受型和敏感型家系的肾脏蛋白质组，发现了介导其肾毒性的重要蛋白－钙结合蛋白（calbindin－D28K）表达下调，导致 Ca^{2+} 在肾脏的异常沉积，引起肾损伤。Luo 等报道了庆大霉素肾毒性损伤机制，中性粒细胞明胶酶相关脂质运载蛋白（NGAL）和肾损伤分子（KIM－1）在庆大霉素诱导的急性中毒性肾衰竭模型中的表达，可能作为庆大霉素引起急性肾损伤的生物标志物。Wilmes 等用组学的方法研究了顺铂的肾毒性机制，其中涉及糖生成和酵解的蛋白甘油醛－3－磷酸脱氢酶（GAPDH）、α－烯醇酶（ENO1）表达降低；涉及线粒体损伤的蛋白 NADH 脱氢酶（NDUFB6）、凋亡诱导因子 1（AIFM1）及细胞色素酶等表达降低；涉及氧化应激的蛋白 SOD1、SOD2 和过氧化物还原酶表达增加。表明蛋白质组学在药物肾毒性评价及机制研究中有较好的应用前景。

2.4　其他毒性

除了上述 3 种常见靶器官毒性外，还有研究报道了蒽环类药物可与拓扑异构酶（TOP）的 2 种亚型相结合，其中与 TOP2β 结合更为常见。生理条件下，心肌细胞表达 TOP2β，而无 TOP2α，蒽环类药物可插入 DNA 中，与 TOP2β 形成复合物，后者抑制拓扑异构酶的活性，使 DNA 双链裂解，细胞功能障碍，心肌细胞死亡。另有研究报道了用质谱检测胺碘酮的肺毒性蛋白表达差异。

3　问题与展望

蛋白质组是一个动态的、变化的整体，具有时间和空间表达性，生物体内的蛋白质不能像核酸一样通过 PCR 扩增来增加样品量，因此其复杂性远远大于基因组，同时蛋白质组学的相关技术在操作自动化、检测灵敏度等方面存在缺陷，蛋白质组学的研究也面临一些挑战。但随着样品制备、高通量自动分析、质谱技术以及生物信息学领域的进步，蛋白质组学的研究也将更加系统完整，未来将在生命科学研究中占有重要地位。蛋白质组学具有整体观的特点，在评价药物安全性、临床诊断、毒性机制等方面有较好的应用前景。同时利用蛋白质组学技术，进一步对蛋白质数据库尤其是毒性物质蛋白质数据库的建立，为能够尽快地发现毒性物质和毒性规律及毒性预测方面提供了适宜的技术体系。

参考文献

[1] Puratchikody A，Sriram D，Umamaheswari A，et al. 3－D structural interactions and quantitative structural toxicity studies of tyrosine derivatives intended for safe potent inflammation treatment [J]. Chem Cent J，2016，10：24.

［2］ Mayer G，Marcus K，Eisenacher M，et al． Boolean modeling techniques for protein co－expression networks in systems medicine ［J］． Expert Rev Proteomics，2016，1—15．

［3］ Goeminne L J，Argentini A，Martens L，et al． Summarization vs Peptide－Based Models in Label－Free Quantitative Proteomics：Performance，Pitfalls，and Data Analysis Guidelines ［J］． J Proteome Res，2015，14 （6）：2457—2465．

［4］ Fulgentini L，Marangoni R，Colombetti G． Optimizing soluble protein extraction and two－dimensional polyacrylamide gel electrophoresis quality for extremophile ciliates ［J］． Electrophoresis，2008，29 （11）：2411—2412．

［5］ Magnuson N S，Linzmaier P M，Gao J W，et al． Enhanced recovery of a secreted mammalian protein from suspension culture of genetically modified tobacco cells ［J］． Protein Expr Purif，1996，7 （2）：220—228．

［6］ Nadira U A，Ahmed I M，Zeng J，et al． Identification of the differentially accumulated proteins associated with low phosphorus tolerance in a Tibetan wild barley accession ［J］． J Plant Physiol，2016，198：10—22．

［7］ Chen Y Y，Zhang Z H，Zhong C Y，et al． Functional analysis of differentially expressed proteins in Chinese bayberry （Myrica rubra Sieb． et Zucc．） fruits during ripening ［J］． Food Chem，2016，190：763—770．

［8］ Li Z，Gao J，Ma Y，et al． Vitamin D－Binding Protein Acts in the Actin Scavenge System and Can Have Increased Expression During Aspirin Therapy ［J］． Curr Neurovasc Res，2016，13 （3）：184—192．

［9］ Dong S W，Zhang S D，Wang D S，et al． Comparative proteomics analysis provide novel insight into laminitis in Chinese Holstein cows ［J］． BMC Vet Res，2015，11：161．

［10］ Stifter S A，Gould J A，Mangan N E，et al． Purification and biological characterization of soluble，recombinant mouse IFN beta expressed in insect cells ［J］． Protein Expr Purif，2014，94：7—14．

［11］ Nandal U K，Vlietstra W J，Byrman C，et al． Candidate prioritization for low－abundant differentially expressed proteins in 2D － DIGE datasets ［J］． BMC Bioinformatics，2015，16：25．

［12］ Lu J，Zhou Z，Zheng J，et al． 2D－DIGE and MALDI TOF/TOF MS analysis reveal that small GTPase signaling pathways may play an important role in cadmium－induced colon cell malignant transformation ［J］． Toxicol Appl Pharmacol，2015，288 （1）：106—113．

［13］ Wang T，Ma J，Wu S，et al． On－line combination of monolithic immobilized pH gradient－based capillary isoelectric focusing and capillary zone electrophoresis via a partially etched porous interface for protein analysis ［J］． J Chromatogr B Analyt Technol Biomed Life Sci，2011，879 （11—12）：804—810．

［14］ Evans C R，Jorgenson J W． Multidimensional LC－LC and LC－CE for high－resolution separations of biological molecules ［J］． Anal Bioanal Chem，2004，378

(8)：1952－1961.

[15] Attri P, Kumar N, Park J H, et al. Influence of reactive species on the modification of biomolecules generated from the soft plasma [J]. Sci Rep, 2015, 5：8221.

[16] Liotta L A, Ferrari M, Petricoin E. Clinical proteomics：written in blood [J]. Nature, 2003, 425 (6961)：905.

[17] Kim S W, Park T J, Choi J H, et al. Differential protein expression in white adipose tissue from obesity－prone and obesity－resistant mice in response to high fat diet and anti－obesity herbal medicines [J]. Cell Physiol Biochem, 2015, 35 (4)：1482－1498.

[18] Zhang Q X, Wu H, Ling Y F, et al. Isolation and identification of antioxidant peptides derived from whey protein enzymatic hydrolysate by consecutive chromatography and Q－TOF MS [J]. J Dairy Res, 2013, 80 (3)：367－373.

[19] Pan Y, Ye M, Zheng H, et al. Trypsin－catalyzed N－terminal labeling of peptides with stable isotope－coded affinity tags for proteome analysis [J]. Anal Chem, 2014, 86 (2)：1170－1177.

[20] Chan J C, Zhou L, Chan E C. The isotope－coded affinity tag method for quantitative protein profile comparison and relative quantitation of cysteine redox modifications [J]. Curr Protoc Protein Sci, 2015, 82：22－23.

[21] Zhou H Y, Yan H, Wang L L, et al. Quantitative proteomics analysis by iTRAQ in human nuclear cataracts of different ages and normal lens nuclei [J]. Proteomics Clin Appl, 2015, 9 (7－8)：776－786.

[22] Wang X, Zhang B. Custom ProDB：an R package to generate customized protein databases from RNA－Seq data for proteomics search [J]. Bioinformatics, 2013, 29 (24)：3235－3237.

[23] Daniels N M, Gallant A, Peng J, et al. Compressive genomics for protein databases [J]. Bioinformatics, 2013, 29 (13)：i283－i290.

[24] Jean-Quartier F, Jean-Quartier C, Holzinger A. Integrated web visualizations for protein－protein interaction databases [J]. BMC Bioinformatics, 2015, 16：195.

[25] Xu D. Protein databases on the internet [J]. Curr Protoc Protein Sci, 2012, Chapter 2：t2－t6.

[26] Chichester C, Gaudet P. Target discovery from protein databases：challenges for curation [J]. Drug Discov Today Technol, 2015, 14：11－16.

[27] Li X F, Wang H, Qui P M, et al. Proteomic profiling of proteins associated with methamphetamine－induced neurotoxicity in different regions of rat brain [J]. Neurochemistry International, 2008, 52 (1－2)：256－264.

[28] Gramage Esther, Herradón Gonzalo, Martín Yasmina B., et al. Differential phosphoproteome of the striatum from pleiotrophin knockout and midkine knockout mice treated with amphetamine：Correlations with amphetamine－induced

neurotoxicity [J]. Toxicology, 2013, 306: 147-156.

[29] LoPachin R. M, Balaban C D, Ross J F. Acrylamide axonopathy revisited [J]. Toxicology and Applied Pharmacology, 2003, 188 (3): 135-153.

[30] Barber D S, Stevens S, LoPachin R M. Proteomic analysis of rat striatal synaptosomes during acrylamide intoxication at a low dose rate [J]. Toxicological Sciences, 2007, 100 (1): 156-167.

[31] Lindon John C, et al. The consortium for metabolomics toxicology (COMET): aims, activities and achievements [J]. Pharmacogenomics, 2005, 6 (7): 691-699.

[32] Jiang Z, Huang X, Huang S, et al. Sex-related differences of lipid metabolism induced by triptolide: The possible role of the LXRalpha/SREBP-1 signaling pathway [J]. Front Pharmacol, 2016, 7: 87.

[33] Koen Y M, Galeva N A, Metushi I G, et al. Protein targets of isoniazid-reactive metabolites in mouse liver in vivo [J]. Chem Res Toxicol, 2016, 29 (6): 1064-1072.

[34] Upreti Vijay V, Moon K H, Yu L R, et al. Increased oxidative-modifications of cytosolic proteins in 3, 4-methylenedioxymethamphetamine (MDMA, ecstasy) -exposed rat liver [J]. PROTEOMICS, 2011, 11 (2): 202-211.

[35] Ahn K O, Li C, Lim S W, et al. Infiltration of nestin-expressing cells in interstitial fibrosis in chronic cyclosporine nephropathy [J]. Transplantation, 2008, 86 (4): 571-577.

[36] Luo Q H, Chen M L, Sun F J, et al. KIM-1 and NGAL as biomarkers of nephrotoxicity induced by gentamicin in rats [J]. Molecular and Cellular Biochemistry, 2014, 397 (1-2): 53-60.

[37] Wilmes Anja, Bielow Chris, Ranninger Christina, et al. Mechanism of cisplatin proximal tubule toxicity revealed by integrating transcriptomics, proteomics, metabolomics and biokinetics [J]. Toxicology in Vitro, 2015, 30 (1): 117-127.

[38] Zhang S, Liu X B, Bawa-Khalfe T, et al. Identification of the molecular basis of doxorubicin-induced cardiotoxicity [J]. Nature Medicine, 2012, 18 (11): 1639-1642.

[39] Mahavadi P, Henneke I, Ruppert C, et al. Altered surfactant homeostasis and alveolar epithelial cell stress in amiodarone-induced lung fibrosis [J]. Toxicol Sci, 2014, 142 (1): 285-297.

LM 与 SEM－EDS 在检测电流损伤中的应用

宋梦媛　　刘渊

四川大学华西基础医学与法医学院

电流损伤是电流通过人体时引起的皮肤及其他组织器官损伤及功能障碍，又称电击伤。电流损伤所造成的形态学改变中，以皮肤损伤较为显著，其中对于法医学鉴定有较大意义的是电流斑的识别。电流斑是带电导体与皮肤接触时，电流通过完整皮肤产生的焦耳热及电解作用所造成的特殊皮肤损伤，是受害人遭受电击的重要证据。确定局部皮肤损伤是否为电流斑，有助于判断案件性质和推断死亡原因。肉眼及光镜下查见典型电流斑对于诊断电击伤有较大价值，而不典型电流斑在光学显微镜（light microscope，LM）下的改变则容易与单纯热损伤、皮肤擦挫伤等相混淆。某些皮肤损伤的光镜下表现并非电流损伤所特有，其他损伤也能出现类似表现，因此需进一步提供证据支持。自 20 世纪以来，扫描电镜－X 射线能谱检测法（scanning electron microscopy with energy dispersive X－ray spectroscopy，SEM－EDS）开始应用于法医学领域，该方法可以对电流经过皮肤时产生的金属异物沉积（皮肤金属化）进行检测，其对不典型电流斑进行辅助诊断的应用价值逐渐得到肯定。本文通过总结国内外文献中对光镜下 SEM－EDS 的应用及报道，对光镜下电流斑诊断的局限性、SEM－EDS 的原理及优缺点、皮肤金属化在诊断电击伤中的价值等作进一步总结，旨在加深法医工作者对皮肤电流损伤诊断方法的认识，提高电击损伤诊断的准确性。

1　普通光镜下电流斑的形态学表现

电流斑系电流入口，其形成是带电导体与皮肤接触，在接触处产生焦耳热及电解作用造成的皮肤损伤。皮肤角质层较厚的部位，如手掌、脚掌等，其电阻大，电流通过时产热多，易形成典型电流斑。肉眼观，典型的电流斑大小不等，与带电导体的接触面大小有关，中央凹陷，边缘隆起，呈火山口样，底部平坦，有时可见水泡形成，致表皮松解、起皱或剥离。在光学显微镜下，绝大多数电流斑有以下特征（如图 1、图 2 所示）：①角质层破损或缺失，少数可完整，残存的角质层内有大小不等的空泡或裂隙；②表皮层内或表皮层下出现多处不规则的裂隙、空泡，甚至灶性区域表皮与真皮完全分离；③电流斑中心主要为表皮缺损，核破坏，病变边缘甚至远离病变的表皮细胞之间界限不清；④表皮细胞胞质染色浅，细胞核深染，变长，呈线状；⑤真皮胶原纤维凝固。光镜下具有上述形态改变的电流斑诊断是无疑议的。但对表皮损伤轻、表皮与真皮裂开小、细胞核变长不明显的电流斑标本，在光镜下很难与热灼伤相区别。

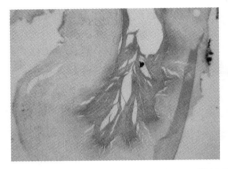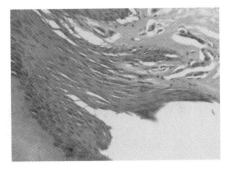

图 1　（H&Ex40）角质层内可见大小不等的裂隙　　图 2　（H&Ex400）表皮细胞核伸长，极性化排列

2　光学显微镜在鉴别电流损伤中的局限性

　　尽管光镜下表皮细胞的核伸长在电流损伤的光镜观察中是一个最有意义的表现，但在擦伤、火焰烧伤、冻伤甚至巴比妥类药物中毒中都存在着不同程度的核伸长。目前学术界比较赞成的是表皮细胞的核伸长暗示着进行性增加的热能作用。真皮因为热量发生水肿后，压缩了表皮，这反过来又压扁了细胞核。不仅在表皮，在毛囊等部位也可能有这种核伸长，真皮内胶原纤维肿胀变性。

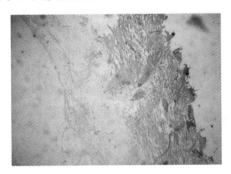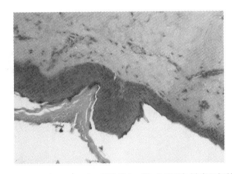

图 3　（H&Ex40）（烧伤）可见表皮结构紊乱　　图 4　（H&Ex400）（烧伤）表皮细胞核轻度伸长

　　Uzun I 提出，能被用来区分电流损伤、火焰烧伤和擦伤的光镜下表现总结大致如下：
　　（1）表皮内的分离在电流损伤中很常见，表皮下的分离在火焰烧伤中最常见。
　　（2）如果表皮内和表皮下的分离同时存在，那损伤多半可能是电流造成的。
　　（3）表皮细胞核伸长最可能发生于电流损伤中，但擦伤也可能有轻微的核伸长。
　　（4）核深染可以被用来区分擦伤和电流损伤，细胞胞浆匀染多存在于擦伤中。
　　（5）如果表皮细胞核有轻微的核伸长、显著的核深染和真皮的广泛匀染，那么这种病变更可能是擦伤。
　　由此可知，普通光镜下皮肤的改变难以准确区分这几种损伤，我们只能得到有可能或可能性较大的结论，对于进一步确证电流斑的存在仍较困难。利用一些化学方法在一定程度上可以提高电损伤皮肤金属化诊断的敏感性。在实际法医学检案中对类似电流斑的光镜下形态学改变（如发现细胞质与细胞核明显拉长，呈栅栏样排列，真皮胶原纤维肿胀等现象），可能需要与局部烧伤或擦挫伤进行鉴别，尤其在鉴定电损伤有怀疑时，仅靠组织学形态改变进行鉴定，须极其慎重。这时，可以考虑利用 SEM－EDS 进行辅助诊断。

3 SEM－EDS 的原理及优点

扫描电镜－X 射线能谱检测法（SEM－EDS）是利用精细聚焦的电子束照射在样品表面，电子束与样品相互作用产生各种信号，如二次电子、背散射电子、特征 X 射线等不同能量的光子，其中所激发的 X 射线信号由 X 射线探测器接收，形成电压脉冲，然后经放大器进一步放大成形，送到多道分析器，按照 X 射线能量大小分别在不同的信道内记数，最后在记录仪或显示器上显示出 X 射线能谱图，根据不同元素的特征性能谱图来确定其对应的元素。除了金属元素之外，SED－EDS 在对玻璃、纤维、油漆、射击残留物等其他物质的检测中也有应用价值。

扫描电镜与普通光学显微镜相比，其特点是分辨率高、景深大、保真度高。另外，其样品制备简单只需要具备以下条件：①导电性能好，避免荷电效应；②热稳定性好，防止热损伤和热分解；③样品内为均质材料，不含水，无污染即可。SEM 主要用于观察样品的表面形态，无须破坏样品原貌，因此在法医学上有独特的优越性。

4 皮肤金属化形成原理及 SEM－EDS 表现

皮肤金属化是金属导体与皮肤直接接触所形成的电流斑的一个重要特征。即使没有明显的电流斑，皮肤金属化在大多数与金属导体直接接触形成的皮肤损伤中也可以被检测出来。在确定的或可疑的电击死亡中，皮肤金属化的检测是一个简单和被推荐的方法。目前，电流斑处金属成分的沉积机理还不十分明确。有研究者利用动物实验对交流电、直流电和旋转式发动机等所造成的电流损伤的原因和病理学表现做了相应的研究，认为系电流所致导体表面局部高温或电弧作用造成导体金属熔融气化。在皮肤与导体直接接触时，电流流经人体皮肤，电能转变为热能，温度高达 2500～3000℃，此温度可使导体的金属熔解，黏附或进入电流斑皮肤中，因而可用 X 射线能谱法检出。皮肤金属化在高压电击时尤为明显，在电压低时往往需要借助显微镜才可以观察到。在典型与非典型的电流斑中，皮肤金属化都保持一个相对稳定的状态，即使尸体有轻到中度的腐败。尽管应用化学染色的方法对电击部位进行金属离子染色，也能够显现皮肤电流斑表面的金属元素，但通常作为预实验用于初步判定。

扫描电镜下电流斑皮肤金属化的形态特征（如图 5 所示）：①损伤底部和壁上可见散在的小孔穴，直径为 30～100 μm，深浅不一，边缘不规则；②损伤组织表面存在大量细胞碎屑和颗粒；③组织和脱落细胞表面有裂纹；④损伤区内有散在的异物颗粒沉积，其形态为球形、方形或不规则形，电子密度较大。

对有金属元素的微区进行 X 射线能谱测定，得到相应的能谱图，再与各元素的能谱图比对，即可得知皮损区所含有的金属元素，如图 6 所示。

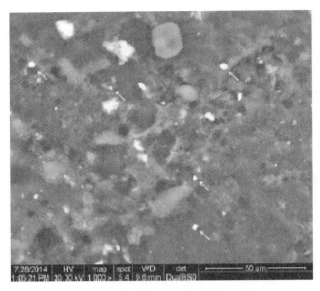

图5　扫描电镜下皮肤金属化表现

资料来源：陈进，周兰. 扫描电镜/X射线能谱仪检验电流斑规范化方法探讨［J］. 中国司法鉴定，2014（6）：51—54.

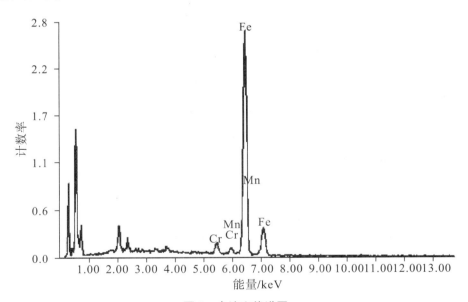

图6　电流斑能谱图

资料来源：陈进，周兰. 扫描电镜/X射线能谱仪检验电流斑规范化方法探讨［J］. 中国司法鉴定，2014（6）：51—54.

　　需要注意的是，金属异物在皮肤上的沉积可见于多种情况，如采矿工人、铁水等烫伤病人的体表、烟花爆竹炸伤的皮损区、枪弹伤的入口处等。因此单用SEM—EDS检测出金属元素并不能够直接得出电流损伤的判断。在实际检验过程中，需结合案情、现场及尸体解剖的其他发现进行综合分析判断。

5 SEM-EDS 应用的局限性及目前电流损伤鉴定中的疑问

SEM-EDS 在 20 个世纪就被发明并逐渐应用于各个领域，包括法医尸体检验。根据 1987 年的一例鉴定，死者被发现时尸体已高度腐败，无典型的表现，其右上臂前外侧有一横行创口，两侧创缘皮肤表面有质地较硬的发黑区带，创周一侧皮肤上有粉尘状黑色颗粒附着。与该创相对应的衬衣上亦有一破口，破口边缘呈黑色烧焦状。光镜下无典型电流斑表现，当时用能谱仪进行点扫描，得到的结论是该处皮肤中含铝、铜、硅、锌、铁等多种组分。结合普通光镜与扫面电镜下的表现，推断送检皮肤上的损伤系电流斑。本案例中有来自现场的可疑致伤物，将两者进行比对后，发现二者成分相符，因而皮肤损伤的成因得以证实。但若在现场无可疑致伤物的情况下，SEM-EDS 的检查结果仍需结合案情谨慎对待。

需要注意的是，在实际案例中，并非所有的电流损伤都是带电导体直接接触人体而形成，如高电压电场中跨步电压对人体造成的损伤，以及在水中无直接接触导体的情况等，因此并非所有的电流损伤都会形成皮肤金属化，SEM-EDS 在此类案件中的应用被大大地限制。此外，SEM-EDS 技术难以区别生前电击伤与死后电击伤，以及可能受到人体内某些含有金属元素的物质（如含铁的血红蛋白）的干扰。

6 结语

电流斑在肉眼或组织学观察中有时难以确认，尤其是凶杀案件中，在电击死亡后，尸体经伪装或因腐败，从形态学确诊电流斑困难更大。因此，如果利用 SEM-EDS 在可疑电流斑部位的皮肤组织中检出与现场金属导体相符的金属元素，对确认电流损伤具有重要意义。同时，电流斑表面检测出金属元素，既可确定导体的化学组成，又可作为诊断电流斑的证据之一。笔者认为，对于肉眼和光镜下形态不典型、案情不明的可疑电流斑，根据扫描电镜下发现的散在小孔穴、组织和细胞的碎屑、组织和细胞表面的枯裂，有助于得出电流损伤的诊断。用扫描电镜/能谱仪检验电流斑是对尸检和普通光镜病理检验的必要补充，同时通过对金属成分的检测，对致伤物的判断有一定价值。另有文献报道，荧光技术在皮肤金属化的检测中也有较大的应用价值。通常在案情较为清楚的情况下，结合光学显微镜与 SEM-EDS 的表现，即可对电流损伤做出判断。

参考文献

[1] Uzun I E. et al. Histopathological differentiation of skin lesions caused by electrocution, flame burns and abrasion [J]. Forensic Sci Int, 2008, 178 (2-3): 157-61.

[2] Tanaka N, et al. Findings for current marks: histopathological examination and energy-dispersive X-ray spectroscopy of three cases [J]. Leg Med (Tokyo), 2013, 15 (5): 283-287.

[3] Bellini E, et al. Death by electrocution: Histological technique for copper detection

on the electric mark [J]. Forensic Sci Int，2016，264：24－27.

[4] Xu X，et al，A preliminary study of skin electrical injury with computerized image analysis [J]. Forensic Sci Int，1995，73（3）：197－202.

[5] Imamura T，et al. Usefulness of elastica-van Gieson stain for the pathomorphological diagnosis of a cutaneous electric mark-a fatal electrocution case during arc welding [J]. Fukuoka Igaku Zasshi，1997，88（2）：23－26.

[6] Jacobsen H. Electrically induced deposition of metal on the human skin [J]. Forensic Sci Int，1997，90（1－2）：85－92.

[7] Chia C H，et al. Imaging of mineral-enriched biochar by FTIR，Raman and SEM － EDX [J]. Vibrational Spectroscopy，2012，62：248－257.

[8] Marcinkowski T，Pankowski M. Significance of skin metallization in the diagnosis of electrocution [J]. Forensic Sci Int，1980，16（1）：1－6.

[9] Pierucci G，Danesino P. The macroscopic detection of metallization in the latent current mark [J]. Z Rechtsmed，1980，85（2）：97－105.

[10] Schulze C，et al. Electrical Injuries in Animals：Causes，Pathogenesis，and Morphological Findings [J]. Vet Pathol，2016.

[11] Bianchini K，et al. Detection and diagnosis of malingering in electrical injury [J]. Arch Clin Neuropsychol，2005，20（3）：365－373.

[12] Pierucci G，Danesino P. Fluorescent technique for macroscopic detection of electrical metallization [J]. Z Rechtsmed，1981，86（4）：245－248.

[13] Takahashi M，et al. Detection of metallic elements from paraffin－embedded tissue blocks by energy dispersive X-ray fluorescence spectrometry [J]. Leg Med （Tokyo），2010，12（2）：102－103.

[15] 廖志钢，郑万明，谢其天. 一例非典型的皮肤电流斑的案例报告 [J]. 中国法医学杂志，1987，2（3）.

[16] 陈进，周兰. 扫描电镜/X 射线能谱仪检验电流斑规范化方法探讨 [J]. 中国司法鉴定，2014，6.

氯胺酮引起泌尿系统损伤机制的研究进展

陈帆　吴知桂　韦庆涛　杨林　颜有仪　廖林川

四川大学华西基础医学与法医学院

1　前言

氯胺酮（ketamine，KET）化学名为 2－氯苯－2－甲基胺环乙酮，为苯环己哌啶衍生物，属 N－甲基－D－天门冬氨酸（NMDA）受体的非竞争性拮抗剂。氯胺酮具有镇痛作用强、呼吸抑制轻等优点，因此被广泛应用于小儿麻醉、静脉麻醉及复合麻醉。由于该药具有致幻、致欣快等作用，相继在中国香港地区和内地发生了流行性滥用，且主要滥用群体为青少年。氯胺酮具有神经毒性作用，可引起类精神分裂症症状，对学习记忆、认知功能均有损害。长期氯胺酮滥用除了能引起神经系统损伤外，还能引起其他系统功能改变。Shahani 等结合 9 例临床病例，于 2007 年首次报道了长期吸食氯胺酮可引起泌尿系统损伤，特别是对膀胱的影响，并将其称为"氯胺酮相关性溃疡性膀胱炎"。此后，相继有学者进行该方面的调查报道，如 Chu 报道了 10 例氯胺酮滥用的膀胱炎患者，其中有 8 例合并双肾肾盂积水；Muetzelfeldt 调查研究显示 20％的氯胺酮频繁吸食者有尿频、急迫性尿失禁和血尿等症状。

氯胺酮相关性膀胱炎的主要临床表现为排尿困难、急迫性尿失禁、血尿等下尿路症状；尿培养呈细菌阴性；膀胱壁增厚，容量减小；膀胱黏膜有不同程度的慢性炎性改变，嗜酸性粒细胞等炎性细胞浸润；少数有急、慢性肾功能不全；上尿路病变较少。越来越多的文献报道印证了氯胺酮能引起相关的泌尿系统损伤，然而，其潜在的病理机制尚未明了。流行病学的研究联合基础实验和临床可能会对发病机制的研究起到缩窄研究范围，提供线索的作用。例如，氯胺酮主要引起下尿路症状，尤其影响膀胱组织病理改变，对上尿路损伤较小；根据临床上治疗效果推测可能的机制；等等。从该病例的首次报道至今近十年，许多研究仍处于探索阶段，笔者回顾了相关文献，对现阶段氯胺酮相关性泌尿系统损伤机制进行了综述。

2 发生机制

2.1 直接毒性作用

氯胺酮及其代谢物去甲氯胺酮对泌尿系统可能有直接毒性作用（direct toxic damage）这一假设在首次报道此种病例时就已提出，其主要基于膀胱黏膜改变和间质纤维化等组织病理学发现，认为氯胺酮滥用者尿液中长期高浓度的氯胺酮及去甲氯胺酮可刺激膀胱上皮细胞及间质细胞。有文献报道，当患者的膀胱中缓慢注入透明质酸时，患者症状会有所减轻，这提示尿液中高浓度的氯胺酮及其代谢物与膀胱刺激症状可能有一定因果关系。氯胺酮是 NMDA 受体拮抗剂，其直接细胞毒性尚未见报道。有研究发现 NMDA 受体拮抗剂或兴奋剂对正常人泌尿道上皮细胞无明显影响，且未在上皮细胞内检测出 NMDA 受体转录。Wai 等研究发现，氯胺酮的代谢物之一对苯二酚的累积可以直接作用于 DNA 和染色体，使其断裂，这可能是氯胺酮引起膀胱病理改变的机制之一。然而，氯胺酮对尿道及膀胱是否有直接的毒性作用仍待进一步研究验证。

2.2 膀胱屏障功能障碍

正常的膀胱黏膜表面存在一层连续的上皮通透性保护屏障，由黏多糖（GAG）、上皮细胞间的紧密连接、离子泵等成分组成，保护膀胱内环境不受细菌、离子等干扰。Gu 等发现，长期氯胺酮慢性给药大鼠尿液中抗增殖因子（APF）和 NO 增加，尿中糖蛋白（GP51）减少，膀胱上皮 NO 合酶和闭锁蛋白表达增加，紧密连接蛋白（ZO－1）表达减少，这提示长期氯胺酮给药可以导致膀胱上皮细胞增殖异常和上皮通透性屏障缺陷，进而引起膀胱炎性病变。此外，有研究发现氯胺酮相关性膀胱炎中 E－钙黏蛋白（E－cadherin）分布明显少于非溃疡性间质性膀胱炎和正常膀胱，而 E－钙黏蛋白是膀胱上皮屏障执行其功能不可或缺的因子。氯胺酮可能通过减少 E－钙黏蛋白表达破坏膀胱上皮屏障，从而引起膀胱黏膜炎性改变。膀胱上皮保护屏障功能障碍会导致钾离子及其他刺激性物质的渗漏而引起炎症反应。然而，紧密连接蛋白表达减少，膀胱屏障功能障碍（bladder barrier dysfunction）也可能是由膀胱炎症引起的病理改变。因此，想要明确氯胺酮是否通过该机制引起膀胱炎性改变还有待进一步深入研究。

2.3 细胞凋亡

细胞凋亡（cell apoptosis）是机体为维持内环境稳定，由基因控制的细胞自主的有序的死亡。然而它也有可能形成继发性坏死，这时细胞膜可渗透大分子物质并刺激炎症反应。这种异常的细胞凋亡参与了机体许多病理改变，包括神经变性疾病、局部缺血性损伤、自身免疫性疾病和癌症等。研究发现氯胺酮作用于体外培养的人泌尿道上皮细胞，能引起上皮细胞凋亡显著增加。Baker 等验证了上述发现，并进一步研究了其发生机制，发现上皮细胞的凋亡伴随着线粒体细胞色素 C 的释放以及 caspase－9 和 3、7 的激活；高浓度的氯胺酮可以引起泌尿上皮细胞内质网释放大量钙离子进入胞浆，胞浆内持续高浓度的钙离子将导致线粒体病理性氧消耗及 ATP 的缺乏，进而破坏泌尿上皮细胞。Wu 等建立氯胺酮诱导的泌尿功能障碍大鼠模型，通过 TUNEL 分析及凋亡相关蛋白的检测，发现氯胺酮不仅能引起膀胱上皮细胞的凋亡，还能引起膀胱组织的凋亡。Liu 等的研究验证了氯胺酮可以通过线粒体及内质网相关通路增强膀胱氧化应激作用，从而引起膀胱细胞凋亡及泌尿道上皮屏障破坏。诸多研究均证实氯胺酮可以引起体外或体内的泌尿上皮细胞凋亡，其凋亡机制研究也有明显进展，细胞凋亡的线粒体通路可能是引起氯胺酮相关性泌尿系统损伤的机制之一。

2.4 神经毒性作用

神经毒性作用（neurotoxic effects）是指长期慢性使用氯胺酮引起额叶神经细胞过度凋亡，引起机体学习记忆等认知障碍及精神症状。氯胺酮可作用于中央及外周的 NMDA 受体，是否可以推断氯胺酮引起的泌尿系统损伤也可能有神经源性的因素参与。研究发现慢性氯胺酮使用患者血清中脑源性神经营养因子（BDNF）平均为正常人的 2 倍，但神经生长因子未见相似改变。经组织病理学观察，氯胺酮相关性膀胱炎患者的膀胱固有层存在神经纤维束的增生，神经丝蛋白和神经生长因子受体也较间质性膀胱炎、紧迫性尿失禁和逼尿肌过度活跃患者明显增多。Meng 等发现，氯胺酮处理的小鼠膀胱的胆碱能收缩增强，嘌呤受体 P2X1 的表达也增加，表明嘌呤能神经传递失调可能参与氯胺酮诱导膀胱功能紊乱中逼尿肌过度活跃这一现象。氯胺酮诱导的泌尿系统病变是否有神经源性因素的参与仍需大量研究反复验证核实。

2.5 其他

一氧化氮合成酶（NOS）与许多炎症介质相关，如细胞因子（IL－2，IL－6，转化生长因子 β），环氧合酶（COX）通路，前列环素等。Chuang 等建立了氯胺酮诱导的溃疡性膀胱炎的兔子模型，发现氯胺酮能引起膀胱组织间质纤维化，巨噬细胞浸润；实验组膀胱组织的 iNOS 和 eNOS 以及 COX-2 都表现出过度表达，提示这可能参与氯胺酮诱导的膀胱炎症改变。Gu 等应用蛋白组学技术发现膀胱壁上磷酸化 transgelin 蛋白（为肌动蛋白结合蛋白，是钙调蛋白家族中的一员）较正常组明显增加，并用 Western blot 技术进行了验证，推测氯胺酮可能通过激活 transgelin 蛋白的磷酸化，抑制其与肌动蛋白结合，从而损害膀胱平滑肌的正常调节和影响膀胱的收缩力。

3 展望

氯胺酮作为娱乐性毒品，近年来其滥用呈愈演愈烈之势，尤其是在青少年中。氯胺酮相关性泌尿系统损伤在氯胺酮滥用者中发病率高，且该病严重影响患者生活质量。目前，临床上尚未有行之有效的统一的治疗方案，发病机制的研究将有助于针对性治疗该病。现有的机制研究大多还处于假设推测阶段，虽然已有报道验证了相关假设，但未能完全解释其发生机制。因此，为了阐明氯胺酮诱导泌尿系统损伤机制，治疗该疾病，更多相关研究有待进一步探索。

参考文献

[1] Veilleux-Lemieux D，Castel A，Carrier D，et al. Pharmacokinetics of Ketamine and Xylazine in Young and Old Sprague-Dawley Rats [J]. Journal of the American Association for Laboratory Animal Science：JAALAS, 2013, 52 (5)：567.

[2] 刘志民，宫秀丽，周萌萌，等. 中国氯胺酮滥用问题调查报告 [J]. 中国药物依赖性杂志，2014 (5)：321-323.

[3] Liu F，Patterson T A，Sadovova N，et al. Ketamine induced neuronal damage and altered N-methyl-D-aspartate receptor function in rat primary forebrain culture [J]. toxicological sciences，2013, 131 (2)：548-557.

[4] Newcomer J W，Farber N B，Jevtovic Todorovic V，et al. Ketamine induced NMDA receptor hypofunction as a model of memory impairment and psychosis [J]. Neuropsychopharmacology，1999, 20 (2)：106-118.

[5] Paule M G，Li M，Allen R R，et al. Ketamine anesthesia during the first week of life can cause long lasting cognitive deficits in rhesus monkeys [J]. Neurotoxicology and teratology，2011, 33 (2)：220-230.

[6] Shahani R，Streutker C，Dickson B，et al. Ketamine associated ulcerative cystitis：a new clinical entity [J]. Urology，2007, 69 (5)：810-812.

[7] Chu P S K，Kwok S C，Lam K M，et al. Street ketamine associated bladder dysfunction：a report of ten cases [J]. Hong Kong medical journal，2007, 13 (4)：311.

[8] Muetzelfeldt L，Kamboj S K，Rees H，et al. Journey through the K hole：phenomenological aspects of ketamine use [J]. Drug and alcohol dependence，2008, 95 (3)：219-229.

［9］ Winstock A R，Mitcheson L，Gillatt D A，et al. The prevalence and natural history of urinary symptoms among recreational ketamine users ［J］. BJU international，2012，110 (11)：1762－1766.

［10］ Wei Y B，Yang J R，Yin Z，et al. Genitourinary toxicity of ketamine ［J］. Hong Kong Med J，2013，19 (4)：341－348.

［11］ Tsai T H，Cha T L，Lin C M，et al. Ketamine associated bladder dysfunction ［J］. International journal of urology，2009，16 (10)：826－829.

［12］ Baker S C，Shabir S，Georgopoulos N T，et al. Ketamine Induced Apoptosis in Normal Human Urothelial Cells：A Direct，N-Methyl-d-Aspartate Receptor Independent Pathway Characterized by Mitochondrial Stress ［J］. The American Journal of Pathology，2016，186 (5)：1267－1277.

［13］ SM Wai M，Luan P，Jiang Y，et al. Long term ketamine and ketamine plus alcohol toxicity－What can we learn from animal models？ ［J］. Mini reviews in medicinal chemistry，2013，13 (2)：273－279.

［14］ Parsons C L，Boychuk D，Jones S，et al. Bladder surface glycosaminoglycans：an epithelial permeability barrier ［J］. The Journal of Urology，1990，143 (1)：139－142.

［15］ Gu D，Huang J，Yin Y，et al. Long term ketamine abuse induces cystitis in rats by impairing the bladder epithelial barrier ［J］. Molecular Biology reports，2014，41 (11)：7313－7322.

［16］ Lee C L，Jiang Y H，Kuo H C. Increased apoptosis and suburothelial inflammation in patients with ketamine related cystitis：a comparison with non ulcerative interstitial cystitis and controls ［J］. BJU International，2013，112 (8)：1156－1162.

［17］ Van Roy F，Berx G. The cell－cell adhesion molecule E－cadherin ［J］. Cellular and Molecular Life Sciences，2008，65 (23)：3756－3788.

［18］ Majno G，Joris I. Apoptosis，oncosis，and necrosis. An overview of cell death ［J］. The American Journal of Pathology，1995，146 (1)：3.

［19］ Elmore S. Apoptosis：A review of programmed cell death ［J］. Toxicologic Pathology，2007，35 (4)：495－516.

［20］ Bureau M，Pelletier J，Rousseau A，et al. Demonstration of the direct impact of ketamine on urothelium using a tissue engineered bladder model ［J］. Canadian Urological Association Journal，2015，9 (9－10)：E613.

［21］ Baker S C，Shabir S，Georgopoulos N T，et al. Ketamine Induced Apoptosis in Normal Human Urothelial Cells：A Direct，N-Methyl-d-Aspartate Receptor-Independent Pathway Characterized by Mitochondrial Stress ［J］. The American Journal of Pathology，2016，186 (5)：1267－1277.

［22］ Wu P，Shan Z，Wang Q，et al. Involvement of Mitochondrial Pathway of Apoptosis in Urothelium in Ketamine-Associated Urinary Dysfunction ［J］. The

American Journal of the Medical Sciences，2015，349（4）：344－351.

[23] Liu K M，Chuang S M，Long C Y，et al. Ketamine induced ulcerative cystitis and bladder apoptosis involve oxidative stress mediated by Mitochondria and the Endoplasmic Reticulum [J]. American Journal of Physiology－Renal Physiology，2015，309（4）：F318－F331.

[24] Scallet A C，Schmued L C，Slikker W，et al. Developmental neurotoxicity of ketamine：Morphometric confirmation，exposure parameters，and multiple fluorescent labeling of apoptotic neurons [J]. Toxicological Sciences，2004，81（2）：364－370.

[25] Ricci V，Martinotti G. Chronic ketamine use increases serum levels of brain－derived neurotrophic factor [J]. European Psychiatry，2016（33）：S379.

[26] Baker S C，Stahlschmidt J，Oxley J，et al. Nerve hyperplasia：a unique feature of ketamine cystitis [J]. Acta neuropathologica communications，2013，1（1）：1.

[27] Meng E，Chang H Y，Chang S Y，et al. Involvement of purinergic neurotransmission in ketamine induced bladder dysfunction [J]. The Journal of Urology，2011，186（3）：1134－1141.

[28] Chuang S M，Liu K M，Li Y L，et al. Dual involvements of cyclooxygenase and nitric oxide synthase expressions in ketamine-induced ulcerative cystitis in rat bladder [J]. Neurourology and urodynamics，2013，32（8）：1137－1143.

[29] Gu D，Huang J，Shan Z，et al. Effects of long term ketamine administration on rat bladder protein levels：A proteomic investigation using two dimensional difference gel electrophoresis system [J]. International Journal of Urology，2013，20（10）：1024－1031.

LC－MS 在中药急性中毒检验中的应用

韦庆涛　陈建霞　戴鑫华　杨林　颜有仪　廖林川

四川大学华西基础医学与法医学院

在中国，中药广泛应用于各种疾病的预防和治疗已经有上千年的历史。传统观念认为中草药的药性温和，有病治病，无病强身，但近年来有关中药引起的不良反应和药源性疾病的报道日趋增多，中药引起的急性中毒甚至死亡亦不在少数。由于中药活性成分复杂、代谢物在生物样品中浓度较低，且生物检材内源性杂质较多，给中药中毒检验带来了相当大的困难，加上技术原因，院内中药复合成分中毒的诊断常来自临床排他，其诊断证据缺乏实验室支持。液相色谱与质谱联用技术（LC－MS）将色谱的分离能力与高分辨光谱的表征能力相结合，不仅具有色谱的高效、准确、灵敏度高、重复性好、操作方便、使用范围广等优点，同时具有定性、定量能力强的特点，非常适合活性成分复杂、含量低的植物药研究，为中药中主要成分的定性、定量等问题的解决提供了强有力的工具和手段。本文就 LC—MS 在中药急性中毒检验中的应用及前景进行论述。

1　中药急性中毒

用于制作中药的成分复杂，其中许多是具有生物活性的天然物质，甚至包括一些毒性较强的天然物质。与西药制剂引起的中毒相比，引起中药中毒的化学成分往往种类众多、结构复杂，其中相当一部分成分稳定性差，采用常规的分离鉴定技术难度较大，由于这些特点，使得对天然药物的分析难度也更大。

引起中药急性中毒的原因较多，医源性或非法行医导致中药中毒较为常见。服用偏方、单方、饮用药酒，因药材炮制不当、用量过大、服用过久、配伍失度及误食误用等均会造成中毒。中药以草药为主，其多为野生，分布呈现区域性，同名异物及异名同物现象较为普遍，加之缺少植物品种分类学鉴定，容易造成错配混用或错用导致中毒。此外，还有误食、谋杀、自杀等原因造成的中药急性中毒。黄诺嘉报道过家庭饮服含有洋金花的凉茶而引发的药物急性中毒事件，经取样送实验室检验证实，草药药渣中含有毒性中药洋金花。李连富报道了一例因颈椎疼痛服用含有过量川乌、草乌的药制剂导致的急性中毒死亡。于萍等汇总了 46 例口服鬼臼类中药中毒病例并进行分析，总结了其中毒原因、剂量及救治情况，并提出了相关的合理用药建议。刘晓霞等报道了两例因过量服用朱砂莲引起马兜铃酸肾病，导致急性肾功能衰竭收治入院。

2　液相色谱－质谱联用（LC—MS）技术

液相色谱－质谱（LC—MS）联用技术是近 20 年来分析领域最重要的进展之一，已成功用于分析热不稳定、相对分子质量较大、难以用气相色谱分析的化合物，具有检测灵敏度高、选择性好、定性定量同时进行、结果可靠等优点。

LC—MS 主要由液相色谱系统（LC）和质谱仪（MS）等组成。LC 系统由储液器、泵、进样器等组成。与气相色谱（GC）相比，LC 可以直接分析不挥发性化合物、极性化合物和大分子化合物（包括蛋白、多肽、多糖、多聚物等），分析范围广，而且不需衍生化步骤。MS 又称质谱仪，质谱仪一般由真空系统、进样系统、离子源、质量分析器和计算机控制与数据处理系统等组成。此技术是先通过液相色谱对所检测物质进行分离，然后通过质谱来鉴定，具备 LC 的特性（如分辨率高、灵敏度高）和 MS 的特点（如测试速度快、精确度高）。液相色谱的分析对象主要是难挥发和热不稳定物质，这与质谱仪中常用的离子源要求样品汽化是不相适应的。为了实现联用，一般是选用合适的"接口"以协调液相色谱和质谱的不同特殊要求。常用于液相色谱质谱联用技术的接口主要有移动带技术（MB）、热喷雾接口、粒子束接口（PB）、快原子轰击（FAB）、电喷雾接口（ESI）等。从色谱仪流出的被分离组分依次通过接口进入质谱仪的离子源处并被离子化，然后离子被聚焦于质量分析器中，根据质荷比而分离，分离后的离子信号被转变为电信号，传送至计算机数据处理系统，根据质谱峰的强度和位置对样品的成分和结构进行分析。

从质谱的离子源角度来划分，LC－MS 可分为电喷雾离子（electrospray ionization，ESI）、大气压化学电离（atmospheric pressure chemical ionization，APCI）和基质辅助激光解吸离子（matrix assisted laser desorption ionization，MALDI）等。ESI 从去除溶剂后的带电液滴形成离子，具有多电荷能力，所以其分析的分子量范围很大，既可用于小分子分析，又可用于多肽、蛋白质和寡聚核苷酸分析，尤其适用于在溶液中已形成离子的化合物或能够带多电荷的生物大分子的分析。APCI 是利用电晕放电来使气相样品和流动相电离的一种离子化技术，要求样品有一定的挥发性，适用于非极性或低、中等极性的化合物。MALDI 是将溶于适当基质中的样品涂布于金属靶上，用高强度的紫外或红外脉冲激光照射可实现样品的离子化，灵敏度很高，且对高浓度的非易失性盐的响应不如 ESI 灵敏，因此将 MALDI 与液体样品的引入进行联用引起了广泛的兴趣。MALDI 与 TOF－MS 联用测定高质量数的分子，其灵敏度高，样品制备简单，现已广泛应用于分析蛋白质、肽类、核苷酸、多糖类物质。

3　中药急性中毒的检验

在中药中毒中的检材分为体外和体内两类，其中体外检材主要是在案件现场遗留的中药相关物品，包括药植物、粉末、药物残渣，以及中毒者的呕吐物、洗胃液等；体内检材主要包括中毒者的血液、尿液、唾液、胃内容物及肝、肾、脑组织等。检材提取后应妥善保存，如乌头碱易水解破坏，内脏检材应冷藏或加入酒精以防腐败破坏并及时进行检验。此外，因中毒药物进入人体途径不同，分析所用的检材选择和提取方法也各有侧重。检材的处理技术和方法，对鉴定结果的准确性、有效性有很大影响。检材解冻、分离、萃取、分液、浓缩等操作不当均可影响检验结果。需要根据不同的检材类别，合理选择最佳 pH 值、萃取剂（乙酸乙酯、乙腈、三氯甲烷、二氯甲烷、甲醇、丙酮）、萃取方法（直接提取、混合溶剂浸泡提取、固相萃取）等，以保证后续的仪器检验获得准确结果。

对于中药中毒体外检材的检验，随着人们对药用植物成分的广泛深入的研究，对已知化合物的研究，在有标准品的情况下，可利用 LC－MS，将样品组分的保留时间、分子量信息与标准品相比较，从而快速鉴定已知化学成分；在无现成标准品的情况下，可以根据样品组分的分子量信息，特别是由串联质谱得到的特征碎片离子或中性丢失等结构信息，结合相关文献报道，从而进行快速鉴定。例如，Li 等利用液质联用，通过对比标准品的保留时间、质谱分子量信息等对黄柏皮层中 10 种化学成分进行了快速鉴定。李骁勇等报道了液相色谱－离子阱质谱联用法用于西洋参特有指标成分拟人参皂苷 p－F11 含量的测定的线性范围为 $0.45 \sim 7.20\ \mu g$，回收率为 98.7%，重现性实验和精密度 RSD 值分别为 2.8% 和 2.5%，且样品在 48h 内稳定性良好。马强州等将高效液相色谱（HPLC）——二极管阵列检测器（DAD）用于化妆品中士的宁和马钱子碱的测定，探讨了清洁类和美容类等不同功能的进口化妆品样品共 40 件和国产化妆品样品共 10 件的分析测定方法，测试结果经 LC－MS 确证，均未检出含有士的宁和马钱子碱。Zhang 等采用液质联用技术对白芷提取物的化学成分进行分析，在 30 min 内初步鉴定了 23 种呋喃骈香豆精。

对于中药中毒体内检材的检验，LC－MS 在中药代谢研究中除了可确定分子量之外，还可以根据特异性断裂规律推导出重要部分结构甚至是完整的结构。其根据是由于多数药物的代谢物保留了原形药物分子的骨架结构，因此代谢物可能与母体药物具有相似的裂解规律，即失去一些相同的中性碎片或形成一些相同的特征离子，利用 LC－MS 可以迅速找到可能的代谢物，并鉴定出结构。张海丰等尝试使用 LC－MS 对乌头碱中毒死亡的兔进行检验，并成功在中毒死亡三天后的家兔胃内容物中检出尚未代谢的乌头碱。郭继芬等利用 LC－MS 方法对马钱子中毒者的血样和尿样进行鉴定，证明样品中含有大量士的宁、马钱子碱，并根据色谱和质谱，推测士的宁在人体内的主要代谢产物为葡糖苷酸结合物，并推测了马钱子碱去甲基代谢产物的存在，最低检测限为 5 ng。熊晓婷等将血液样品经过乙酸铵－氨水缓冲溶液（pH 值≈9）处理后，以甲醇提取，采用电喷雾电离（ESI）、多反应监测（MRM）方式，可同时对麻黄碱、毛果芸香碱、士的宁、阿托品、钩吻素子、马钱子碱、乌头碱、喜树碱 8 种有毒生物碱进行定性和定量分析，建立了高效液相色谱－电喷雾串联质谱同时检测血液中 8 种有毒生物碱的方法。

　　伴随着中药越来越广泛的应用，中药急性中毒现象也越来越多，但是中药活性成分复杂、代谢物在生物样品中浓度较低，且生物样品内源性杂质较多，给中药的检验鉴定带来了相当大的困难，无法建立通用的前处理方法依然是中药中毒检验面临的主要问题，利用 LC－MS 等现代化的分析手段是中药中毒检验的较好选择。LC－MS 技术已经广泛地应用于中药化学成分的快速筛选、中药材鉴别、质量控制、代谢机理和动力学以及配伍规律研究等领域。其高分离、高灵敏度、高选择性以及能提供丰富结构信息等一系列优点，可有效地对中药成分进行整体分析。相信随着小型或微型色谱柱的开发、接口技术的改进和完善、MS 谱库识别技术的发展以及基质效应的解决，LC－MS 技术会日益成熟，其必将在中药急性中毒检验中发挥更加重要的作用。

参考文献

[1] 杨喜艳，卢放根. 口服中药密陀僧中毒 1 例并文献回顾 [J]. 国际消化病杂志，2014（2）：151－152.

[2] 孙静. 一例院内中药制剂中毒的思考 [J]. 陕西中医，2015（7）：909－911.

[3] Yang M，Sun J，Lu Z，et al. Phytochemical analysis of traditional Chinese medicine using liquid chromatography coupled with mass spectrometry [J]. J Chromatogr A，2009，1216（11）：2045－2062.

[4] 刘跃林. 中药中毒事件成因分析 [J]. 江西中医药，2008（9）：9.

[5] 黄诺嘉. 毒性中药洋金花急性中毒 6 例报告 [J]. 中国药事，2007（2）：141－142.

[6] 李连富. 川草乌中药制剂急性中毒死亡 1 例 [J]. 刑事技术，2008（3）：22.

[7] 于萍，陈吉炎，陈师西，等. 口服鬼白类中药中毒 46 例分析 [J]. 医药导报，2010（11）：1518－1520.

[8] 刘晓霞，田茂露，胡章学，等. 朱砂莲中毒致急性肾功能衰竭二例 [J]. 华西医学，2012（1）：18－20.

[9] 常雁，再帕尔·阿不力孜，王慕邹. 串联质谱新技术及其在药物代谢研究中的应用进展 [J]. 药学学报，2000（1）：73－78.

[10] Krug K，Nahnsen S，Macek B. Mass spectrometry at the interface of proteomics

and genomics [J]. Mol Biosyst，2011，7 (2)：284−291.

[11] 姜艳艳，刘斌，石任兵. 高效液相色谱−质谱联用技术在天然产物分离鉴定中的应用 [J]. 药品评价，2005 (1)：11−16.

[12] 邵清松，胡润淮. 高效液相色谱−质谱联用技术在中药研究中的应用 [J]. 中医药学报，2007 (3)：44−47.

[13] 黄万麒，曾晓锋，张瑞林，等. 云南地区急性乌头碱中毒死亡法医学鉴定 4 例分析 [J]. 昆明医科大学学报，2015 (12)：142−144.

[14] 储德强. 中药中毒法医学鉴定浅析 [J]. 中国法医学杂志，2015 (4)：384−386.

[15] Jiang Y，David B，Tu P，et al. Recent analytical approaches in quality control of traditional Chinese medicines−a review [J]. Anal Chim Acta，2010，657 (1)：9−18.

[16] Li Y，Zhang T，Zhang X，et al. Chemical fingerprint analysis of Phellodendri Amurensis Cortex by ultra performance LC/Q−TOF−MS methods combined with chemometrics [J]. J Sep Sci，2010，33 (21)：3347−3353.

[17] 李晓勇，赵新锋，卢宏波，等. 液相色谱−离子阱质谱联用法测定西洋参药材中 $p-F_{11}$ 含量 [J]. 西安交通大学学报（医学版），2004 (2)：205−206.

[18] 马强，王超，白桦，等. 化妆品中士的宁和马钱子碱的高效液相色谱检测及质谱确证 [J]. 分析试验室，2009 (7)：38−41.

[19] Zhang H，Gong C，Lv L，et al. Rapid separation and identification of furocoumarins in Angelica dahurica by high performance liquid chromatography with diode array detection，time of flight mass spectrometry and quadrupole ion trap mass spectrometry [J]. Rapid Commun Mass Spectrom，2009，23 (14)：2167−2175.

[20] 张海丰，孙莹，张宏桂. 兔胃内容物中乌头碱的 LC−MS 法检测 [J]. 中国药房，2007 (24)：1846−1847.

[21] 郭继芬，陈笑艳，钟大放. 液相色谱−电喷雾离子阱质谱法检测体液中士的宁、马钱子碱及其主要代谢物 [J]. 药物分析杂志，2001 (3)：167−170.

[22] 熊小婷，吴惠勤，黄晓兰. 液相色谱−电喷雾串联质谱同时检测血液中 8 种有毒生物碱 [J]. 分析化学，2009 (10)：1433−1438.

成人年龄推断的法医学研究进展

涂梦　范飞　崔井会　张奎　陈晓刚　邓振华

四川大学华西基础医学与法医学院

　　个体年龄的推断是法医学研究与实践的一项重要任务，近年来法医学进行年龄推断的研究众多，大多围绕在青少年，当前对于 18 周岁以下青少年年龄的推断，多选择手腕部、锁骨胸骨端、髂嵴及坐骨结节等相关指标，其方法较成熟，推断结果准确率较高，对于判断其刑事和民事责任能力有重大的意义，广泛运用于司法审判和行政裁决。

根据个体生长发育的特点，较多指标在青少年时期有明显的变化，如多部位、多指标骨骺的愈合，因此推断个体年龄的准确率较高。但法医鉴定实践中，现急需针对活体成人进行准确年龄推断，如长期逃逸的犯罪嫌疑人，抓捕归案后需推断目前成人的年龄，以判断其作案当时年龄是否满 18 岁；社会福利保障工作中相关年龄身份文件存在矛盾，需确定个体年龄是否符合相关政策要求；移民许可申请、难民身份确认领域里，确定未知个体的年龄等。而随着个体的发育逐渐成熟，作为成人年龄推断的指标亦逐渐减少，现没有成熟的推断成人年龄的方法与标准，且这方面的研究国内外也较少。因此，客观、准确地推断活体成人年龄已成为当今法医学发展的瓶颈。

随着医学影像技术的发展，法医学者研究成人年龄的推断重点也逐渐从尸骨观察转移到活体影像学研究。影像学是一种可视的研究技术，可以用于活体或者尸体的年龄评估。除了其经济利益和方便获得外，放射学的非侵入性，使得它是年龄估计中理想和优选的方法。影像学方法进行的样本收集具有数量大、易获得性的特点，免去了尸体解剖获得尸骨的烦琐，且影像技术（如 CT 薄层扫描）获得的图像清晰、空间分辨率高，还能显示骨骼内部特征，加上图像后处理技术的应用，更有助于进一步精确测量和了解人体的骨骼形态情况，获得更准确的年龄推断。鉴于成人年龄的推断的难点，常根据颅缝的愈合、肋软骨的钙化、耻骨结合面及髂骨耳妆面等进行评估。

1　颅骨颅缝

颅骨随着成人年龄的增长，在形态、表面特征上均有明显的变化。颅骨分为面颅和脑颅，脑颅骨间留有薄层结缔组织膜，构成缝，即为颅缝，并以膜内成骨形式发育。主要颅缝有矢状缝、冠状缝、人字缝、蝶额缝、蝶顶缝、枕乳缝、鳞缝等。颅缝在颅骨内面和外面大体均能观察到，且颅内缝和颅外缝在形态变化上存在差异，鉴于颅缝的复杂性及分布，法医学研究常关注矢状缝、冠状缝、人字缝的变化规律。

1.1　颅缝愈合规律

张继宗等对尸骨骨缝观察研究认为，在成年后人类的颅骨诸缝仍随年龄的变化有所改变，如人字缝（星点段）开始愈合的年龄为 26 岁，完全愈合为 47 岁。但印国樑在其研究的 35 例 65~92 岁样本中，全部颅内外骨缝均未完全愈合。颅骨骨缝的愈合规律是先从内板开始，然后向外板延伸，直至外板颅缝完全愈合为止，但是个体颅骨外缝的不愈合或者不完全愈合也是一种较普遍的现象，颅缝愈合的个体差异大。有研究显示颅缝左、右侧存在愈合差异，如冠状缝左、右侧，但也有学者发现左、右侧愈合程度并无区别。可见根据颅缝愈合情况推断个体年龄的研究结果不一，仍需建立大量的数据进行进一步研究。

1.2　根据颅缝直接观察推断成人年龄

1987 年印国樑对 140 具 16~92 岁尸骨颅骨骨缝进行了肉眼直接观察，分别分段观察矢状缝、冠状缝、人字缝的内、外缝的愈合，参照 Freoterie 的 5 级分级方式，得出年龄推断的多元回归方程：$Y = 25.4948 - 0.469X_2 + 4.7056X_{10} + 11.1653X_{14} + 7.609X_{25} -$

$6.1145X_{28} + 14.0371X_{30}$ （$R=0.7381$）（X_2 身长，X_{10} 颅外冠状缝右侧第 3 部，X_{14} 颅内冠状缝左侧第 3 部，X_{25} 颅内矢状缝第 2 部，X_{28} 颅外人字缝左侧第 1 部，X_{30} 颅外人字缝左侧第 3 部），但预测年龄误差范围较大。

1989 年莫世泰等对 139 例 15～84 岁男性颅骨骨缝进行了肉眼直接观察，参照 Broca 氏 0～4 度颅缝愈合方法进行分级，得出颅骨内、外板矢状缝，冠状缝，人字缝开始愈合的年龄分别为 20～24 岁、25～29 岁。颅骨内、外板的愈合百分率的增加与年龄的增长有密切的关系，且颅内缝的愈合比颅外缝更有规律性，但不能单靠颅缝愈合度作为年龄推断的唯一依据。

2005 年，Sahni 等研究 665 例尸骨颅骨的矢状缝、人字缝和冠状缝的愈合特点，将矢状缝分为 4 段，每侧人字缝、冠状缝分别分为 3 段，研究其颅缝是否愈合。该研究发现：颅内缝较颅外缝愈合早，但是颅缝开始愈合和完全愈合的差异过大，不适用于成人年龄的推断。

1.3 根据颅缝影像特征推断成人年龄

随着医学影像技术的发展，研究个体年龄不再拘泥于仅将尸骨作为研究对象，更多的方法是运用影像学技术进行活体的采集大数据。单一肉眼直接观察尸骨颅缝的愈合状况，只能观察到颅内和颅外缝的情况，而评估颅缝的横断面情况需要毁损颅骨进行，运用 CT 扫描的方法解决了这方面存在的困扰。

2009 年 Harth 等对 221 例 0.3～100 岁颅骨尸骨运用平板 CT（Flat－Panel－CT）进行扫描，将矢状缝分为 4 段，左右冠状缝、左右人字缝分别分为 3 段，去除左右人字缝的靠近颅底的 2 段（传统的开颅解剖方式会对此段的完整性造成破坏），一共 14 段进行观察。基于 Broca 的宏观评估颅缝愈合的方法，根据钙化程度分为 0～6 级 7 个等级，分别对 14 段进行分级，取平均数作为该个体的最后等级。得到年龄和闭合等级之间的线性回归曲线，相关系数显示，年龄和平均闭合等级之间相关性强，但 95% 年龄评估的置信区间，整个样本中有±31.1 岁的差异，认为该方法并不比其他方法评估年龄有优势，不过这种新方法可以和其他方法结合使用，同时需进一步研究更高效的统计学分析方法。

随后，Harth 等又进行了进一步的研究，重点在于运用颅缝愈合等级的判断能否缩小年龄评估的范围，且愈合等级的评估极值可否用于年龄鉴定。研究得出了颅缝每段各等级年龄极值，等级 6 最早见于 42.7 岁，等级 0 仅见于女婴儿及一位 38.2 岁女性。且颅缝的愈合在两性中存在差异，但无统计学意义，颅缝平板 CT 应用极值缩小范围可用于年龄鉴定。

但是 Obert 等的研究发现，矢状缝的愈合个体差异较大，与个体年龄之间没有相关性，对于年龄推断没有价值。

2013 年 Chiba 等对 125 例 0～96 岁尸体进行 CT 扫描（层厚 0.625 mm，重建间隔 0.63 mm），因矢状缝位置近似位于颅骨正中，较其他骨缝重建效果较好，因此仅选取矢状缝进行研究，也是首次运用多层螺旋 CT 对矢状缝进行的年龄评估。采取 0.625 mm 的扫描层厚及 0.63 mm 的重建间隔。选取矢状缝的 4 个部分，每一部分选取 20 张 0.5 mm 的垂直于矢状缝的图像，每一部分共 10 mm 的块状区域，根据 Harth 等的颅缝评估方法分为 0～6 级，取平均数作为最后的愈合等级。得到年龄评估的回归方程，评估 95% 预测区间在±31.4 年的范围里，男性±33.6 岁，女性±29.6 岁；且将男性、女性所有样本得分分为 12 种类（种类分数间隔 0.5），将种类中最小年龄和最大年龄列出；男女性的差异不能确定，且女性颅缝闭合更快。

2015 年，Kristen 等研究了 231 例 19~89 岁尸检样本 CT 图像的颅外缝愈合情况（未愈合、部分愈合、完全愈合），其研究发现颅外缝的愈合与年龄有较好的相关性，可较好地鉴别年轻人（<40 岁）、中年人（40~60 岁）及老年人（>60 岁）。

对颅缝愈合推断个体年龄的法医学研究国内甚少，仍停留在传统尸骨观察颅缝的方法上，近年来国外运用 CT 技术对颅缝进行观察推断年龄给了我们启示。国外运用 CT 技术对颅缝愈合的研究，样本量相对较少，对于年龄的推断预测范围较大，也没有较好的推断个体年龄的结论，有研究显示矢状缝的愈合个体差异较大，对于年龄推断没有价值。颅缝具有一定的长度，单一的一部分的愈合程度不能代表整个颅缝的愈合情况，这也是 CT 技术作为微观观察的局限性，若能较好地将微观观察扩展为宏观整体，结合 CT 观察到颅缝内部发育情况，则推断个体年龄更加精准。

2 肋软骨

肋包括肋骨和肋软骨。上 7 对肋的前端借助软骨连于胸骨，下 5 对肋不直接与胸骨连接。第 8~10 对肋的肋软骨依次连于上位肋软骨，形成肋弓。第 11~12 对肋为浮肋。肋软骨是一种透明软骨，由软骨细胞、基质和纤维组成，随年龄增加而出现钙化，钙化形态呈现多样性，常有沿肋软骨边缘的轨道状钙化、结节状、斑块状及片状钙化。

2.1 肋软骨钙化规律

有的学者认为部分肋软骨终身不骨化，也有学者认为肋软骨随年龄增长钙化逐渐增多，且对第 1 肋软骨进行大量研究后认为，第 1 肋软骨趋向融合的多中心钙化最终会完全骨化，该学者得出第 1 肋软骨钙化面积随年龄增大而增大，且在男性和女性中存在差异。

成人年龄增长与肋软骨钙化程度之间呈现一定的规律关系，特别是胸骨平面的肋软骨的钙化通常是成人年龄评估指标。通常肋软骨钙化约于 25~30 岁开始，以第 1 肋软骨先钙化，然后自下而上钙化。也有学者观察到肋软骨钙化程度以第 1、5、6 肋软骨最显著。肖碧等近年来对肋软骨横切面大体形态——颜色、结构、质地进行了研究，认为其与年龄有很好的相关性。

2.2 根据肋软骨影像特征推断成人年龄

McCormick 是利用胸部 X 光片肋软骨的钙化进行年龄评估的最早研究者之一。研究发现早期出现的钙化通常在 20 岁左右，而 40 岁中期才可观察到明显钙化。同时有研究发现早在 15 岁时第 4 肋软骨就已出现钙化变化，并持续至 60 岁。国内早年也有关于 X 线片对肋软骨钙化的分析，所观察到的 18~83 岁受试者胸片中，仅只有第 1 肋出现了完全钙化，女性相对于男性完全钙化出现率低。但少有研究调查比较每个肋骨的变化。2007 年龚少兰等对 X 线片下的第 1~9 肋软骨均进行了观察，得出了男女性随年龄增长肋软骨骨化的数据，且观察到 40 岁以上个体第 1 肋软骨均已骨化。

随着影像技术的引入和发展，近年来有关第 1 肋软骨钙化的影像研究发现，第 1 肋软骨钙化可作为成人年龄推断的参考指标之一。2012 年 Karaman 等研究了 471 例胸部平片，观察第 1 肋软骨钙化情况（0：未钙化；1：钙化小于肋软骨的 50%；2：钙化多于肋软骨的 50%；3：完全钙化）。年龄与肋软骨钙化等级 spearson 相关性达 0.904，相关性极好，虽然各等级年龄存在一定的重叠，但该方法可用于法医年龄推断。2011 年，Garamendi 等选择 123 例胸部 X 线片参照 Michelson 的 0～3 级分级方法研究第 1 肋软骨钙化与年龄的关系，其描述性分析、相关性分析和卡方检验结果显示：第 1 肋软骨的钙化与年龄间相关性较好，随年龄增长钙化程度越高，可作为判断 21 岁的依据，且等级 3 的个体均是 25 岁以上。

2010 年 Moskovitch 等采用一般描述性分析 160 例 15～30 岁活体第 1 肋多层 CT 三维重建（层厚<2 mm）的近胸骨端的三维形态学表现和二维的肋软骨钙化与年龄的关系，提出肋软骨钙化的 OCP（osseous and calcified projections）三级分级方法，认为第一肋的多层 CT 可作为年龄评估的一种无创的有效方法。2014 年 Milenkovic 等运用 CT 技术进一步研究第 1 肋软骨的钙化与年龄的关系，沿用 Moskovitch 的 OCP 分级方法，建立了第 1 肋软骨放射密度随年龄变化的线性回归方程，发现第 1 肋软骨的放射密度和年龄相关，可作为一种新的成人年龄判断指标。

既往根据肋软骨推断成人年龄的研究中以第 1 肋软骨及第 4 肋软骨为主，第 1 肋软骨因其良好的解剖位置，且广泛存在钙化，运用较多。近年来也常用 X 线、CT 影像学方法进行肋软骨的观察和分析，特别是 CT 三维重建的方法，能获得立体图像，定位准确，能任意旋转，全方位、多角度地进行观察。统计学分析方法多采用描述性分析和线性回归分析。但研究的样本年龄范围较小，对于较大年龄的研究分析不足，样本缺乏，且临床行胸部影像学检查已包括全部肋软骨，若能同时观察多个肋软骨钙化情况，扩大观察样本年龄范围，挖掘新型的统计学分析方法，则能得到更好的成人年龄预测方法。

3 骨盆

3.1 耻骨联合面

随着年龄的变化，耻骨联合面表现出一系列直接宏观改变：在 35～40 岁前呈成熟趋势，40 岁后逐渐衰退。耻骨联合已成为成人年龄推断中有价值的骨骼区域，是成人年龄推断中研究最广泛的区域之一。

3.1.1 根据耻骨联合肉眼观察推断成人年龄

1920 年，Todd 首先描述了尸骨耻骨联合面的年龄相关变化并将其分为 10 个等级，随后耻骨联合一直是成人尸骨年龄推断的重要指标。1990 年，Suchey 等发现 Todd 的方法在高龄组中推断年龄过高，因此改进了尸骨耻骨联合的分级方法，将耻骨联合的年龄变化分为 6 个等级，Suchey-Brooks 六分法是目前应用最多的耻骨联合分级方法。2008 年，Chen 等根据耻骨联合面不同部位的年龄相关特性，将耻骨联合面的表面沟嵴、耻骨结节嵴、联合面下端、腹侧缘、骨化结节、背侧缘、腹侧斜面、联合面的一般宏观表现、联合面骨密度作为独立指标建立年龄推断的回归方程。2013 年，Julie 等通过计算平均绝对误差、偏差及观察者一致性比较 Suchey-Brooks 六分法推断的年龄和 Chen 方法建立的回归方程推断的年龄，其研究结果显示，Chen 方法在青年个体（35～49 岁）中准确性更高，而 Suchey-Brooks 六分法在中老年个体（50 岁及以上）中准确性更高。2015 年，Dudzik

等根据改进的 Chen 方法（耻骨结节、联合面上端、腹侧斜面、腹侧缘和背侧缘、表面沟嵴），应用更高效能的偏相关矩阵、logistic 回归分析、过度分析、分类树筛选指标并计算其推断年龄（18~40 岁）的准确性。研究发现，该方法可提高退行性变化前的年龄推断的准确性；同时表面变化及沟嵴的变化适用此方法，但退行性变化，如孔隙等不适用该方法。

尸骨耻骨联合推断年龄虽已日益成熟，但是复杂的前处理技术限制了其实践中的扩大应用。随着影像技术的发展，相关研究者开始应用影像技术研究耻骨联合面年龄变化。1930 年，Todd 制定了耻骨联合年龄变化的放射学图谱，随后影像技术在耻骨联合面年龄推断中的应用逐渐增多。1995 年，Sugiyama 等提出了应用软 X 线评估耻骨联合的年龄变化，其结果显示该方法满足法医年龄推断的要求。

普通 X 线省去了尸骨的前处理技术，但是在二维图像中直接观察联合面的三维表现存在较大困难。随着影像技术的发展，耻骨联合面推断年龄的影像方法从常规的平片发展到高分辨率的 CT 及其三维重建图像。

耻骨联合面尸骨和影像技术的对照研究发现，应用 CT 三维重建观察宏观特征较容易，肉眼观察的宏观特征也可用于耻骨联合的影像研究。2013 年，Villa 等研究发现耻骨联合面背侧缘和凹陷深度、孔隙度，耳状面的表面纹理、微孔率较难观察，CT 三维重建应舍弃这些结构。2014 年，Wink 等研究 44 例活体骨盆的 CT 三维成像，发现在 CT 三维重建中骨化结节和耻骨联合边缘易观察，但是联合面的表面纹理在三维重建中不易观察。

3.1.2　根据耻骨联合影像特征推断成人年龄

应用 CT 技术推断年龄，除了可借鉴耻骨联合面的宏观指标外，CT 断层技术还可体现出尸骨观察中无法观察到的指标，如耻骨联合面内部结构的变化及角度、长度等的变化。

1999 年，Pasquier 等通过 CT 三维重建测量耻骨联合面嵴的高度和数量、骨密度灰度级、背侧缘及腹侧斜面推断年龄，发现 CT 三维重建与直接肉眼观察相比，年龄估计更准确。2009 年，Ferrant 等应用 CT 三维重建后断面分析 33 例耻骨联合面和耳状面的角度和长度推断年龄的观察者一致性，研究发现耻骨联合面腹侧缘的观察者一致性较差，背侧缘及腹侧壁的观察者一致性较好；仅有耳状面的顶端活动和耻骨联合面的腹侧壁与年龄显著相关。

2011 年，Andrew 等研究应用 65 例男性的耻骨研究平片、CT、显微 CT 中骨小梁的变化和年龄间关系，并建立了应用骨小梁推断年龄的多元回归方程。2014 年，Chiba 等应用相关系数和简单线性回归方程研究 199 例耻骨联合 CT 断层图像定量特征与死亡年龄关系，研究显示：耻骨联合面水平面后边缘至前点的距离（PPAP）及耻骨联合面冠状面上缘至下点的距离（PPSI）与年龄正相关；耻骨联合面水平面前缘至前点的距离（PV）及冠状面耻骨联合面下缘至下点的距离（PI）与年龄负相关，耻骨联合面间纤维软骨的厚度也与年龄负相关。其中与年龄相关性最好的是 PPSI，其在 40 岁之前增长较快，40 岁后增长缓慢，但是 PPSI 的 95% 预测区间超过 60 岁，因此不适用于具体年龄推断的实际应用，但是可以大致确定个体是否属于某一年龄范围。2015 年，López－Alcaraz 等应用图像处理软件研究 169 例矢状位耻骨联合 CT 图像的灰度和面积、周长、长轴长、短轴长、长轴与水平面的夹角，该研究发现这些骨组织细微结构与年龄间相关性较好，并建立了年龄推断的回归方程，该研究表明此种方法可用于成人年龄推断。

3.2 耳状面

目前，常用的耳状面推断年龄的方法是 Lovejoy 等提出的根据耳状面的表面纹理、横行结构、顶端、耳后部、孔隙度、周缘等将耳状面整体发育分为 8 个等级，常见于尸体的年龄推断。2009 年，Pierre 等应用 CT 三维重建研究 46 例尸骨（70% 男性）的耳状面，发现不能完全应用尸骨直接观察的方法，因为无法正确评估耳状面的微孔率和质地，因此仅应用横向结构、大孔隙度和顶端的宏观变化。2009 年，Ferrant 等应用 CT（层厚0.9 mm）三维重建后断层图像分析 33 例耳状面的角度和长度推断年龄的观察者一致性，研究发现耳状面的顶端活动引起的角度与年龄显著相关。

国内有关耻骨联合面推断年龄的研究多是尸骨的直接肉眼观察。1995 年，张忠尧等根据男性耻骨样本 X 线片形态建立了推断男性耻骨年龄的方程，两个方程回归高度显著，均有使用价值，可用于推断男性耻骨年龄。1988 年，张继宗等对髂骨耳状面进行了初步研究，将耳状面的变化分为 6 个阶段及各阶段年龄范围，经盲测，精确度与国外的方法基本相似。但该文仅说明髂骨耳状面年龄变化的一些趋势，仍需进行进一步研究。

在既往骨盆推断成人年龄的相关研究中，不管是耻骨联合还是耳状面，均发现由于三维重建后细微结构显示不佳，尸骨的形态学变化不能直接用于影像图像，因此在应用重建图像推断成人年龄时，根据影像特点筛选指标非常重要。同时影像图像存在一定的优势，可较容易地测量各部位相关定量资料及骨小梁等骨内部结构特点。因此，成人年龄推断的三维重建方法需结合尸骨指标并发挥影像技术优势，建立合适的观察指标。

4 小结与展望

既往对于成人年龄的推断研究，多以尸骨为研究对象，样本量较少，成人年龄预测研究始终缺乏大量的数据支持，并且尸骨研究无法检验"肋软骨钙化程度"这样的指标。虽然影像技术被逐步应用到医疗领域，但早期 X 线或 CT 存在其影像质量相对较差或存在重叠的弊端，从而导致影像阅片或观测指标筛选均存在一定障碍。随着技术不断创新与发展，如今已经运用最新的螺旋 CT 技术，通过调整扫描参数、层厚及重建层厚等数据，并利用更为可靠的图像后处理功能，尽可能保障样本影像质量，从而降低阅片难度，提高年龄推断的准确性和一致性。

既往对年龄推断的研究，多连用不同部位的多个指标，或同一部位存在与年龄相关的多个指标，相关性较差，得到的结果可研究价值不高，无法有效应用于鉴定领域。因此，合理筛选指标，联合多个有效指标共同推断年龄，才能得到更加合理有效的判断结果。

目前活体成人年龄推断尚未形成较完整的体系，仍处于起步阶段，随着人类社会的进一步发展、法治社会的进一步完善，全球多样化与融合的态势进一步增加，移民申请、嫌疑人年龄推断、大规模难民身份确认等领域对于活体成人年龄的推断方法提出了更高要求。因此，年龄推断重点从尸骨观察转移到活体影像学研究，借助更专业、精确的前沿技术，运用更科学、高效的统计学方法，建立成人年龄预测模型，缩小年龄预测误差范围，才能突破成年人年龄推断的瓶颈，弥补此领域的缺口，更好地为人类社会服务，为司法公正提供支撑。

跟骨的法医学个人识别研究概况

范飞　崔井会　张召辉　张奎　邓振华

四川大学华西基础医学与法医学院

随着世界上重大灾难事件、恐怖事件以及碎尸案件等的频繁发生，个人识别研究越来越受到法医学家以及人类学家的重视。尽管法医 DNA 身源识别有着相当的价值，但是，当犯罪或者事故现场无法获取死者身源线索或者尸块软组织严重腐败时，DNA 检测将受到很大限制。而通过法医人类学的方法对尸骨或尸块进行个人识别则是一项重要内容，其中包括了身高、性别、种族、年龄四个主要的生物学属性。目前，国内外学者对于长骨与身高、性别之间的研究较多，且众多研究结果显示长骨在推算身高以及性别判定方面都有着不错的效果。而在法医学个人识别实践中，有时候尸体损坏严重，并非总是能够得到完整的长骨，故如何利用身体其他部位的骨骼进行个人识别是一项极具价值的研究。

跟骨是人类足部 7 块跗骨中最大的一块跗骨，由于足底部位皮肤坚厚以及鞋子的保护，往往使其可能在某些案件中得以完整保存下来。跟骨是由一薄层骨皮质包绕丰富的松质骨组成的不规则类长方体结构，突向胫腓骨的后面似一短杠杆供小腿肌附着其后面。跟骨长轴向远侧上外方倾斜，其光滑的前端关节面与大而粗糙的后面相对照。其背面中央有一大关节面，其足底面粗糙，其外侧面平坦，内侧面凹陷。跟骨形态不规则，有六面和四个关节面，其上方有三个关节面，即前距、中距、后距关节面，三者分别与距骨的前跟、中跟、后跟关节面相应关节组成距下关节。中与后距下关节间有一向外侧开口较宽的沟，称为跗骨窦。跟骨后部宽大，向下移行于跟骨结节，跟腱附着于跟骨结节。其跖侧面有两个突起，分别为内侧突和外侧突，是跖筋膜和足底小肌肉起点。

跟骨的侧位 X 线影像片表现为：跟骨呈不规则长方形，能够清晰地看到跟骰关节面（呈鞍状）和距下关节面这两个关节面以及跗骨窦结构。跟骨骨小梁按所承受压力和张力方向排列为固定的两组，即压力骨小梁和张力骨小梁。两组骨小梁之间形成一骨质疏松的区域，在侧位 X 光片呈三角形，称为跟骨中央三角。另外，跟骨骨折后常可在跟骨侧位 X 光片上看到两个角改变。跟骨结节关节角（Bolher 角），正常为 $25°\sim40°$，由跟骨后关节面最高点分别向跟骨结节和前结节最高点连线所形成的夹角；跟骨交叉角（Gissane 角），由跟骨外侧沟底向前结节最高点连线与后关节面线之夹角，正常为 $120°\sim145°$。

跟骨人类学方面的研究显示：跟骨性别间存在着显著性差异，种族间也存在差异；同时，作为身体一个部位，跟骨与身高存在着一定比例关系和相关性。也就是说，在法医学的个人识别实践与研究中，可以用跟骨进行身高、性别、种族等的个人识别。但据所查文献，利用跟骨进行身高、性别、种族等的个人识别研究目前较少。

1 跟骨推算身高的研究

1.1 身高推算概述

　　生前身高是对无名尸体进行个人识别的一个关键参数。自 19 世纪初许多学者就开始了重建生前身高的研究。在 20 世纪后半叶，随着无名尸骨白骨化案件、重大灾难事件以及碎尸案件的增多，生前身高推算的研究日趋增多，且已成为法医人类学研究中的热点和难点之一。

　　在法医人类学个人识别研究中，人类身体上几乎任何一块骨骼都曾用以推算身高的研究，但不是所有骨骼都可以很好地推算身高。既往大量的研究表明，长骨与身高之间的相关性最好，是最能精确地推算身高的骨骼。尽管也有学者进行了以颅骨为量纲的身高推算研究，但是其所得到的回归方程的相关系数较小，标准误差较大，在实际中不能理想地为个人识别提供帮助。

　　从既往学者身高推算的研究对象的角度来看，多数学者是以尸骨或者尸体为研究对象。而以尸体或者尸骨为研究对象存在较多问题。主要有：①尸骨的收集多需要长年积累；②所收集的样本年代跨度大，不能很好地代表当代人的身高特点；③女性样本以及中老年人群样本比较缺乏；④生前身高来源形式复杂，可信度差。而近年来，以活体对象推算身高越来越成为法医人类学个人识别身高推算的研究热点。

1.2 跟骨推算身高的研究状况

　　据所查阅的文献，目前跟骨推算身高的研究较少，而国内尚亦未见有跟骨推算身高的报道。

　　最早进行跟骨推算身高研究的学者是美国陆军部队个人识别实验机构的 Thomas Dean Holland。1995 年，他对克利夫兰的国家历史博物馆收藏的部分美军在第二次世界大战、朝鲜战争、越南战争中阵亡士兵的尸骨进行了跟骨以及距骨推算身高的研究。其中，白人 50 例（男女各 25 例），黑人 50 例（男女各 25 例），并进行种族以及性别分组的研究。他通过线性回归分析的方法得到的身高推算方程其标准误在 4.09～6.01 cm 范围内。同时也第一次说明了利用跟骨进行推算身高是可行的。

　　2005 年 Bidmos MA 等对南非黑人进行了跟骨推算身高的研究。对于收集的 116 例（男 60 例，女 56 例）成套尸骨，采用 Fully 生前身高估算方法（详细内容见周晓蓉论文 P50），选择了 9 项跟骨长度指标，包括：①MAXL（maximum length）：跟骨最大长；②LAL（load arm length）：跟骨负重弓长度；③MINB（minimum breadth）：跟骨最小宽；④BH（body height）：跟骨体高度；⑤MAXH（maximum height）：跟骨最小高；⑥MIDB（middle breadth）：跟骨最小宽度；⑦DAFL（dorsal articular facet length）：跟骨背侧关节面的长度；⑧DAFB（dorsal aticular facet breadth）：跟骨背侧关节面宽度；⑨CFH（cuboidal facet height）：跟骨骰面高度。并通过男女分组研究，运用线性回归分析的方法建立了跟骨各项指标推算身高的一元及多元回归方程，其中男性组跟骨的各项指标与身高之间的相关系数在 0.60～0.27，身高估计值的标准误在 4.90～5.73 cm 范围内，女性组跟骨的各项指标与身高之间的相关系数在 0.77～0.35，身高估计值的标准误在

4.01～5.88 cm 范围内。并且通过与既往多位学者的研究（如 1987 年 Lundy and Feldesman 对四肢长骨及腰椎的研究，1952 年 Trotter and Gleser 对四肢长骨的研究，1989 年 Byers 等对掌骨的研究，1995 年 Holland 对跟骨的研究，1992 男 Meadows and Jantz 对掌骨的研究，1990 年 Simmons 等对不完整股骨片段的研究）结果的比较，发现在跟骨法医学个人识别推算身高方面，其效果仅次于长骨。对于所得到的回归方程，作者还通过对另外 8 例男性样本和 6 例女性样本进行了方程的回代检验。

2006 年，Bidmos M A 又对南非籍欧洲后裔人群进行了同样的研究。研究对象包括 85 套成套骨骼（男性 41 例，女性 44 例），生前身高的估计方法以及所选择的测量指标与上次完全相同。在他的这次研究中，男性组跟骨的各项指标与身高的相关性在 0.78～0.45，身高估计值在 4.27～5.88 cm 范围内；女性组跟骨的各项指标与身高的相关性在 0.81～0.50，身高估计值在 4.22～5.95 cm 范围内。

尽管 Bidmos M A 等并未亲自系统地对身体各部位骨骼推算身高的效果进行比较研究，但是作者通过既往文献的复习，结合自己对跟骨推算身高的研究，也有足够的理由让人们相信，在法医学个人识别身高推算中，如果没有完整的长骨指标用来推算身高，那么跟骨或许是最好的选择。例如，在他对南非籍欧洲后裔人群女性组的研究中，所建立的多元回归方程的复相关系数达到 0.81，属高度相关（统计学中一般相关系数大于 0.7 时才认为是高度相关，具有较高的实用价值），身高估计值的标准误差是 4.22 cm，由此也不难看出跟骨推算身高的效果是非常理想的。

2 跟骨的性别判定研究

2.1 性别判定概述

分子生物学发展和应用，性别确定是最具价值的。然而，在法医学实践中，常遇到肢解尸体、高度腐败以及白骨化尸体；在灾难事故中常多人罹难，尸体外表严重毁坏，均对个人识别和性别判定造成一定难度。利用骨骼的性别形态学差异判定性别是法医学实践中最经典和常用的方法。在成年人的骨骼系统中，以骨盆和颅骨的性别二态性最为显著，但由于材料来源、使用方法及个人经验等不同，对准确率均会有一定影响。

从法医人类学的角度看，目前多数法医学家或者人类学家多应用骨骼测量仪测量骨骼的长、宽、高、角度、厚度等，再根据所测数据判定性别，主要有以下三类方法。

2.1.1 均值法

均值法是指把测得的数据与男女总体的均值进行比较。由于人类个体差异较大，致使几乎全部男女测量项目的平均值都有较大的重叠部分。1991 年，宋宏伟对东北成人颅骨 60 具（男女各 30 具）用均值法观测了 41 项指标，研究了各指标的性差，其中 22 项指标的性差非常显著（$P < 0.01$），占全部指标的 53.7%；2 项性差明显（$P < 0.05$），占 4.9%；17 项性差不明显（$P > 0.05$），占 41.4%。

2.1.2 判别函数法

根据某一对象各种指标的测量结果，经综合分析后，将该对象归入到某一类别中去。其准确性较高，是一种最常用的方法。其中以 Fisher 判别分析方法在众多性别判定研究中最为常见。另外，随着统计学的不断发展，也出现了利用 Logistic 回归分析进行性别判定研究。

2.1.3 数学变换法

应用某些数学变换方法将一些骨骼的非测量性状变换成可测量指标的一类方法。1987年，Okaba 等首次将物理学常用的 fourier 变换引入法医人类学研究，将额骨正中矢状面上的弧形曲线进行 fourier 变换，判别率分别达 86%（男）和 91%（女），为引用非测量性状研究提供了新途径。1991 年，李春彪将 101 例（男 55 例，女 46 例）额骨矢状弧的形态曲线数量化成 fourier 级数，再进行判别分析，判别率达 89.11%。本法的优点是判定结果不受颅骨大小及年龄的影响。

2.2 跟骨性别判定的研究现状

对于跟骨的性别判定研究，国外近年来多有报道，多采用人类学骨骼测量方法，且通过判别分析所得到的判别函数效果较好，在法医学个人识别中有着较大的实用价值。

据有关文献记载，最早是 Steele D G 在 1976 年对跟骨（和距骨）做了性别二态性的研究，由于他的研究样本是 Terry 经过 70 年的收集，并认为不能很好地反映当代人跟骨的性别差异特点，所以 Steele 建议要对以后获得的尸骨样本另外进行研究，使得研究结果更能符合当代人的性别差异特点。

1996 年，德国学者 Riepert 等首次报道了运用 X 线放射学的方法，通过在 800 例活体中欧人的踝关节侧位片上跟骨相关指标的测量以及统计分析，建立了中欧成年人群跟骨的性别判别函数。在他的这次研究中，他选择了跟骨的 6 项指标（3 项长度指标和 3 项角度指标）进行测量分析。其中 3 项长度指标包括跟骨的长（Length）、高（Height）、最小高（Minimum Height）；3 项角度指标分别是括 Boehler 角、Tuber plantar 角、Front 角。通过对此 6 项指标的性别差异性分析及筛检，最终确定了 3 项长度项指标可以更好地运用于跟骨的性别判别分析。

意大利学者 Introna F Jr 等通过在 1970 年所收集的意大利南方人 80 例（男女各 40 例）右侧跟骨相关指标的测量，并对各指标与性别之间的判别分析得到了 8 个性别判别函数，性别正确判断率在 85%～76.25%之间，其中有 3 个判别效果最好的判别函数正确判断率达到 85%。他选择了 8 项测量指标，包括：①maximum length（跟骨最大长）；②load arm length（跟骨负重弓长度）；③minimum width（跟骨最小宽）；④height of calcaneus（跟骨高）；⑤body height（跟骨体高度）；⑥breadth of the facies art talaris posterior（跟骨后距关节面宽度）；⑦breadth of the facies articularts cuboidea（跟骨骰面宽度）；⑧height of the facies articularts cuboidea（跟骨骰面高度）。

2002 年，澳大利亚的 Murphy A M C 用同样的方法根据收集的 26 例男性和 22 例女性（新西兰波利尼西亚人群）的跟骨做了跟骨性别判定的研究，并建立了性别判别函数。不过在他的研究中，只是选择了 5 项长度测量指标：①maximum length（跟骨最大长）；②body height（跟骨体高度）；③minimum width（跟骨最小宽）；④load arm length（跟骨负重弓长度）；⑤load arm width（跟骨负重弓宽度）。尽管作者仅选择了 5 项研究指标，但是他所得到的性别判别函数的结果表明：性别准确判断率并不比 Introna F Jr 等的研究低，相反，其准确判断率为 88.4%～93.5%。

2003 年，Bidoms M A 等对收集的 53 例男性和 60 例女性南非白人跟骨和性别进行了判定研究。在这项研究中，作者选择了 9 项测量指标，与其在进行跟骨推算身高研究时所选择的指标相同。通过各项指标男女性别间差异的方差分析，$P<0.001$，男女性别间各项指标均具有显著的统计学差异，并建立了各项指标性别判别函数，其性别准确判断率最高达到了 92.1%。

2004 年，Bidoms M A 等又对收集的 58 例男性和 58 例女性南非黑人跟骨和性别进行了判定研究。指标的选择仍旧是测量 9 项长度指标，所选择的判别分析方法与 2003 年的研究一样，在其建立的性别判别函数中，性别准确判断率最高达到 86%。对于同样的指标，为何南非白人的性别准确判断率要比黑人高一些，作者认为可能的原因是，对于黑人来说，LAL、MAXB、BH 这 3 项指标在多元逐步分析时没有显著的统计学差异。

2006 年，意大利学者 Gualdi-Russo E 对意大利北方人群进行了跟骨和距骨性别判定的研究。样本包括 62 例男性和 56 例女性成年成套尸骨。在他的研究中选择了 3 项距骨指标，即距骨的长、宽、高，3 项跟骨指标，即跟骨最大长、跟骨中央宽度、跟骨体高，在单独使用跟骨进行性别判定研究时，性别准确判断率在 89.2%~90.7% 之间，如果联合使用距骨指标进行性别判定，则性别准确判断率在 92.1%~93.9% 之间。值得注意的是，他将左右侧别分开研究，并比较了左右侧别间各项指标的差异。在对骨骼进行测量时，四肢长骨的长度左右侧别间是存在差异的，这一点对于利用长骨进行推算身高或者性别判定时极为重要。在法医学个人识别研究中，一般来说，研究者要选择同一侧（多是左侧）骨骼进行研究。但是对于跟骨的研究来说，既往研究中，已有很多学者从人类学的角度对跟骨左右侧别间多项测量指标进行了差异性分析，并且表明跟骨的各项人类学测量指标左右侧别间不存在明显的统计学差异。

3　跟骨的种族差异及推断

骨骼的种族差异性（racial diversity of skeleton anthropology）。种族，是生物学性状与文化的结合。一个多世纪以来，世界上的科学家和哲学家一直在努力试图界定种族的含义以及描述不同的种族。现代人类学家一般根据体质形态上具有的共同遗传特征将全世界的人种分为 3 类：高加索人种、蒙古人种、黑色人种；出于认识世界的需要，其他一些学者则认为要划分到 10 类以上。

从骨骼测量方面来讲，关于骨骼的种族差异性，不同人类种群的骨骼是存在差异的，跟骨也不例外。

2006 年，Gualdi-Russo 在对意大利北方人群做跟骨性别判定的研究时，通过与 1996 年 Introna 的研究比较发现，意大利南方人群的跟骨数据所建立的性别判定方程并不能很好地适用于意大利北方人群的跟骨性别判定。从他的研究中可以看出，人类学骨骼存在着地域差异。

2006 年，南非学者 Bidoms M A 根据收集的尸骨做了跟骨种族间差异与种族判定的研究。他所研究的是南非土著人和南非欧裔人群之间跟骨的种族差异。其中种族判定的指标有两类：一类是测量指标，包括跟骨 9 项人类学长度指标；另一类是非测量指标，即指跟骨跟距关节面分为 A、B、C 三类（A 类：跟骨跟距关节面 3 个关节面；B 类：跟骨跟距关节面 2 个关节面；C 类：跟骨跟距关节面 1 个关节面）。然后通过对这两类指标进行种族间的判别分析，指出跟骨跟距关节面在南非土著人和南非欧裔人群之间有着显著的统计学差异，并通过统计分析得出以跟距关节分类这种方法能够使 81%～89% 的混合人群正确分辨出来。

2003 年，阿古·哈山对 108 例维吾尔族青年的跟骨做了跟骨的 X 线测量研究，并结合 1992 年马钦华等的研究，指出：维吾尔族青年和河南汉族青年在跟骨长、跟骨高、前力线长与后力线长 4 项指标之间有显著的统计学差异（$P<0.001$）。

尽管目前少有学者对跟骨的种族差异进行系统研究，但是以上这些研究也足以说明：通过对跟骨的相关指标的测量以及解剖学形态结构上的比较，是能够为种族差异性提供证据的。

4 研究展望

跟骨是人类足部最大的一块跗骨，结构致密，足底部位皮肤坚厚加之有鞋子的保护，往往使其能够在一些重大灾难事件、焚尸、碎尸案件中得以完整保存下来。因此，采用跟骨进行法医学的个人识别研究显得尤为重要。

传统人类学检验方法须破坏软组织，使用专门的仪器进行测量，耗时、烦琐，且不利于保存尸块证据的完整性以备其他检验。另外，随着人类营养状况的改善，人体多项人类学测量指标与既往研究数据变化较大（如 2006 年四川省第二次国民体质监测报告指出：与 2000 年四川省第一次国民体质监测相比，四川省青壮年人群的平均身高增高了 0.5 cm），而通过既往收集的尸骨进行个人识别的研究结果不能很好代表当代人的体质特点。

随着计算机摄影影像技术的快速发展及普及，使得采用现代影像学知识进行个人识别成为不错的选择。例如，数字 X 线摄影辐射剂量低，图像分辨率高，锐利度好，还可采用计算机技术实施各种图像后处理（如长度测量、角度测量等），并可对图形进行数字化存储、检索、拷贝、传输等。这些都为利用放射学方法对骨骼进行个人识别提供了技术条件。

综上所述，以活体跟骨为研究对象，通过跟骨数字 X 线片上的测量，可以为法医学个人识别提供新的技术手段与方法，能够更为方便地为法医学个人识别提供帮助。

医疗过错与风险管理概述

周敏[1] 李媛[1] 邱丽蓉[1] 邓振华[1] 刘鑫[2]
1. 四川大学华西基础医学与法医学院 2. 中国政法大学医药法律与伦理研究中心

1 概述

1.1 医疗风险的定义

目前国内外对医疗风险的定义尚没有统一界定。美国杜克大学学者认为医疗风险即是

"遭受损失的可能性"，是指在医疗服务过程中，发生因医疗失误或过失导致的病人死亡、残疾以及躯体组织、生理功能和心理健康受损等不安全事件的风险。这种损失既是对患者的伤害，医院也为此遭受赔偿代价，甚至使医院丢失市场份额或声誉。国外医疗风险管理起源于 20 世纪 70 年代，随着医疗过失的诉讼案件增多，医疗风险管理在卫生保健机构中得到重视并开始应用。美国医疗机构评审联合委员会（joint commission on accreditation of healthcare organizations，JCAHO）认为医疗风险管理是医疗机构采用一些方法来识别、评估风险，并在行政管理和临床诊疗两方面采取措施，减少患者和医院造成损失的过程。我们认为，医疗风险是指医疗机构及其医务人员在医疗活动过程中，可能产生的对患者机体、生理、心理等方面潜在的不良后果，因其过失应承担相应的法律责任。这也是目前较为普遍的一种定义。

1.2　风险管理的组织结构

在美国，有独立的医院质量管理部门，其员工大多获得卫生行业质量专业人员证书（certified professional in healthcare quality，CPHQ），是在某一临床领域具有丰富经验并接受过一定风险管理训练的人员（risk manager），他们与医院的法律顾问一起工作，负责日常具体的风险管理事宜。而风险管理者（risk administrator）则是该部门的负责人，常为医院的主要行政领导，他们不但需要具有一定的法律知识，还应掌握临床医学知识，熟悉医院行政管理模式及其具体的运作，同时监督医院的医疗质量管理，进行医疗风险防范指导等。另外，虽然该部门与行政管理、临床质量管理密切相关，但风险管理和临床质量管理却不归于同一部门。因为风险管理主要是负责医院法律上的相关事宜，需有律师参与，并要完成质量管理的职责；而质量管理负责人应具备深厚的医学知识，在医院有一定威望和信任度，主要由资深医生担任。

在我国主要由医院的医务部来实施风险管理，借鉴美国医疗机构的经验，风险管理的组织结构见图 1。风险管理时，要在第一时间了解临床上的风险及相关数据等信息，并做出快速、可行的决策，必须与临床科室负责人保持紧密联系。风险管理的有效性取决于双方的密切协作协调和相互信任，这样不仅可避免临床医务人员与行政管理人员之间产生误解，双方还可分担风险管理职责，明确责任。

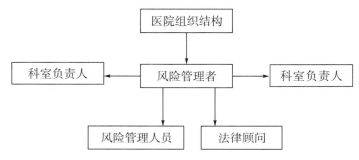

图 1　风险管理的组织结构

1.3　风险管理的对象

医疗机构因为医疗事故或医疗过错导致经济损失的风险主要来源有两类：一类是由患者引起的特定的不利事件，而该事件院方需承担责任，称为第一类事件；另一类是医院中现有和潜在的风险因素导致一些类似不利事件的发生，使得院方要承担责任，这类因素被称为风险因素，称为第二类事件。第二类事件中院方承担责任的风险大，加之这些因素都是潜在的，因此对其识别比较关键。

能早期识别不利事件的好处在于可以采取干预措施，避免不利事件的发生，或阻碍其进一步发展。成功的风险管理部门不会坐等被患者投诉，而是早期着手对不利事件进行干预，使得医院能以一种快捷且令人满意的方式决定随后的诊疗服务和行政服务，以减少患者及家属对不利事件的怒气。风险管理计划首先应能识别大多数的风险不利事件，成功的风险管理识别系统应识别到可能使医院被投诉的不利事件的 75％ 及以上。

2 风险管理流程

针对以上两种类型的不利事件，有不同的风险管理流程。

（1）对于已经发生的不利事件。风险管理流程：不利事件识别→风险评估→风险排序→风险控制。

（2）对于现有和（或）潜在的风险因素。风险管理流程：风险因素识别→风险防范（风险回避、风险取消、风险教育、动态评估风险因素）、风险转移（购买医疗责任保险、建立风险储备金）。

3 风险事件的识别方法

在美国，针对第一类不利事件的识别方法主要有：①律师审查病历记录（medical record requests）；②处理患者投诉（patient complaint）；③处理医疗费用问题引起的纠纷（bill disputes）；④医疗过错或意外事件报告制度（occurance reporting）；⑤随机审查病历记录（random medical record review）；⑥系统审查病历记录。其中，前四种方法是有针对性的，主要针对那些患者可能会起诉的案例；后面两种方法无针对性，是面向所有病历系统进行的。

3.1 律师审查病历记录

风险识别最早、最直接的方法是对可能会被患者起诉的临床诊疗事件保持高度注意。由律师对所有的病历记录进行例行检查，这是一种识别不利事件，避免被卷入诉讼的办法。因为即使医院在诉讼中被判决承担赔偿责任的可能性不大，但是在诉讼准备阶段的人力物力成本本身就是一笔重大的财务损失。

这一行为看似"保险"，却是一项耗费大量人力物力的工程，因为工作量巨大且既无集中性又无目的性，能发现的有价值东西也不会太多，付出与收获不成正比。因此，合理的做法是当某案例可能已经涉及法律上的相关问题时，才由律师仔细审阅其病历记录，而不是将其作为监督医务人员错误行为的工具。

3.2 处理患者投诉

审查患者投诉的案例是临床质量监测与风险评估的一种好方法，国内许多医院都成立了专门受理患者投诉的部门。在受理每一起投诉时，可对该事件做详细记录，并每隔一段时间（如一个月）对所有投诉事件按原因或被投诉人员分类，进而总结。这样不但可以找出医疗服务质量存在的缺陷，还会收获较多有意义的信息，有较高的价值。

3.3　处理医疗费用问题引起的纠纷

部分患者及家属拒绝支付医疗费用的理由往往是他们认为医疗服务差或治疗效果不好。在美国，对医疗费用纠纷事件进行审查也是识别风险的办法。但患者口中所述的"医疗服务差"是否属实呢？这是问题的关键，也常是患方拒绝支付医疗费的借口。在患者所述不属实的情况下，通过再次审查医疗费用纠纷来达到汲取教训、完善自我的作用并不大，因此，建议医疗费用纠纷审查应针对那些涉及高额医疗费或明显存在医疗服务质量未达到标准水平的案例。

3.4　医疗过错或意外事件报告制度

在国内，大多数医院要求医务人员在遇到不利事件或意外事件时应及时向相关部门报告，被称为事故报告。但在美国，事故报告大多有专门的报表（incident report form），表格中包括该事件的相关信息，这种方法我们可以借鉴。

事故报告对于识别不利事件有重要作用，但医务人员常受到以下制约因素的影响：①担心自身存在过失，害怕承担责任不愿上报；②不确定哪些事件应上报；③担心会被卷入事件；④对此制度不在意；等等。这些因素使事故报告的效率及信任度受到严重影响。要消除这些影响，首先应消除医生的顾虑，医院应与医生建立信任关系，而不应以此项制度作为奖惩的依据。在美国，事故报表中的信息受到法律保护，不会被作为法庭上的证据来使用。一些情况下，我们可允许医生使用口头而非书面的形式上报不利事件，不但使得操作简易化，而且进一步减少了医生的顾虑。其次，可指定哪些具体事件必须上报，当然同样鼓励医务人员上报指定范围外的不利事件。指定上报的事件范围常包括术后严重并发症、辅助检查（如胸、腹腔穿刺）时发生医疗意外、与诊疗无关的意外事件（如滑倒或跌落）等。

3.5　随机审查病历记录

这是主动采取措施识别不利事件的方式之一，即每隔一段时间，在一定范围内开展"医疗质量监督"活动，由风险管理人员随机抽查病历记录。因为这种方法发现风险事件的可能性低，因而其在医疗质量管理中没有广泛应用。然而，这种方式也是有益处的，它可以识别出哪些诊疗环节或科室的风险意识相对薄弱。

3.6　系统审查病历记录

为了避免医疗过错上报制度中潜在的不可信赖性，风险管理部门可系统地主动审查病历，主要是针对一些相类似的不利事件仔细审查。

与不利事件上报制度相比，这种方式得到有意义的信息可能更多。但哪些病例需系统审查呢？可按科室已知的与临床质量或风险有关的事件来具体制订，如所有的急诊死亡事件，或在心内科中因冠状动脉疾病致心肌梗死且患者死亡的事件。由于这是一项耗费大的工作，因此，可先由一位经验丰富的审查者对需审查病历记录进行筛选，如有必要，再针对筛选出的存在风险的案例仔细审查，由此减少工作量。

综上，以上所列方法没有一种识别方法是绝对完美的。根据美国相关研究显示，事故报告常常不能识别出可能导致诉讼的案件，但事故报告对于识别某领域内的风险因素却是有用的信息渠道。可见这些方式是相互补充的，被一种识别方式疏漏的不利事件可能被另一种方式识别。如果仅依据其中一两种方式来制订风险管理计划，可能使得不利事件识别率降低，风险指数增加。然而，有些方式可能比其他方式的识别性更强，更容易监测到风险，风险管理者应根据医院拥有的有限资源，筛选出最具性价比且最有效的风险识别方式。

4 风险评估

一旦某案例被认定为风险事件，其病历记录首先会被审查。首次是由在该专业领域内极具临床经验，并具备一定质量管理和风险管理背景的医学专家对案例进行"基础审查"（foundation review），审查时应完全保持客观公正。如果首次审查后未发现存在医疗质量问题或风险，该案例还应移送至其他人员再次审查评价。因为某些复杂的案例常会涉及多个医学专业知识，如外科手术的案例，可能还需内科或儿科（甚至是更为细分的专业分科领域）的医生进行审查。

系统审查不利事件常会发现其中潜在的风险。然而不幸的是，这样的审查作为一种识别和评估医疗风险的方法也受到一些制约因素的影响，这些制约因素包括：①审查者心存顾虑。医生们常不情愿对共事的医院同行的诊疗活动进行评价，因此可能会采取一种保护性的姿态，担心如果审查结果不利会导致医务人员之间的内部矛盾，甚至担心在以后的案例审查中审查与被审查的角色互换时会得到同样不利的审查结果。②审查不仔细。医生们常因为繁忙的诊疗活动感到压力较大，因此不太情愿耗费太多的精力在审查案例上。另外，临床医生对与法律相关的事件往往有"避而远之"的情绪，因此医生在审查案例时，常常只是快速地、粗略地浏览该案例的一般记录，可能会忽略一些重要细节。针对以上问题的解决方法是挑选一部分愿意投入该工作且客观公正、仔细谨慎的医学专家组成审查小组，小组成员间应相互监督来加强评估工作的效率和公正。③在某一具体临床案例中，多位审查者对同一病例关注的诊疗方面不一样。如在某患者因术后败血症致死的案例中，某位审查者可能主要关注的是术后伤口的护理如何，而另外的审查者可能最注意的问题是该病人是否被予以抗生素进行了预防性治疗。这样使得风险评估产生偏倚，这种偏倚在涉及医务人员的诊疗技术水平时影响较大，在评估医疗组织制度不足时影响较小。要采取有效措施来减少这种影响，可首先由一位经验丰富的医学专家进行审查，随后由多位医生进行评估，最后进行总结，综合评估各方审查意见，最终决定医务人员是否存在医疗过失。④即使每位审查者关注的诊疗方面相同，在判断是否达到合适的诊疗标准时也可能难以达成共识。要总结出适合所有疾病的诊疗标准确实存在困难，常常只能确定一最基本的诊疗标准来作为判断的标准。

5 风险排序

风险排序（risk prioritization）的目的是能合理有效地进行风险控制（risk control）和风险预防（risk prevention），从而合理配置资源。风险排序主要分为四类事件（见表1），由于 A 类事件常能够被直接处理，而第四类事件相当少，所以风险控制和预防时医院有限的资源就会侧重于第二、三类事件。

表1　风险排序

	发生频率	损害后果	风险排序
A类事件	低	较轻微	较低
B类事件	高	较轻微	较高
C类事件	高	较严重	较高
D类事件	极低	较严重	较低

如在对由医生诊疗过失导致的损害与由医生监护过失导致的损害进行风险排序时，主要考虑损害的发生频率与损害后果。一般来讲，发生频率是指这种损害多久发生一次，而损害后果是指这种损害导致的财务损失的多少。据估计，第一类损失事件的数量约占院内所有损失数的75%～85%，但从损害程度看，此类损害造成的财政损失还不到总损失额的25%。而第一类损害事件虽然比第二类损害事件发生率低，但前者所造成的财政损失却大约占医院总损失额的75%～85%。以上对比说明应着重于预防和处理由诊疗过失导致的风险事件。当然，并不是说对由监护过失导致的风险事件置之不理，而是在风险管理计划中应根据自身资源进行合理配置，有所侧重，实现性价比最大化。

6　风险控制

这里特指对那些可能会被患者起诉的不利风险事件进行及时处理，使其造成的损失减少。患者可能会起诉的情况包括：①治疗效果不好或出乎意外，如外科术后并发症、整形术后不满意。②损害程度严重且可能是持续不可逆转的，如死亡、残废或毁容等。③医患关系不融洽。值得注意的是，男医生被起诉的风险是女医生的三倍，被认为是高风险人群，可能是因为女医生能更主动地与患者交流的缘故。④患方经济状况较差。⑤有家属或朋友的支持（特别是患者的家属或朋友有从事医学或法律专业者）。另外，这类患者可能会说这些话："我不会允许你们再在其他患者身上发生类似事件"；"我要给你们一个教训"；"我对经济赔偿不感兴趣，我只是想要讨个公道"；等等。

一旦意识到某患者可能会起诉，应马上开展调查。目的有：初步估计造成财务损失的可能性及损失金额；收集事件相关的信息。并通过以下这五步对事件有粗略了解：①复阅患者的病历记录；②询问可能成为被告的医务人员是否购买了医疗责任保险；③收集和整理其他医学证据（如监测器追踪、临时记录等）；④调查该事件的相关证人；⑤对医疗费用清单进行整理。如果诉讼不可避免，应积极做好相关准备，才能保证医方在法庭上对对方观点进行精确而全面的应诉。

7　风险预防

7.1　风险指标

7.1.1　识别风险因素的指标

反映风险因素的"指示剂"常是来源于某一固定风险指标或临床统计数据。对这些数据进行统计分析不但有助于发现风险因素，而且能评估对危险因素采取干预措施的效果。这些指标常常指某些特定事件的发生率，如院内跌倒事件发生率、给药错误事件发生率、临床不利结局发生率等。如院内跌倒事件是一个风险因素，该问题可能主要与地面湿滑有关。进一步应采取预防措施来减少或避免在湿漉漉的地面上行走，应采取的措施包括：①在离潮湿地面一米左右的六个方向分别竖立大的黄色塑料警示牌；②禁止白天拖洗常用通道，直至探视时间结束；③每次拖洗应局限在走道一半的宽度范围内，保持通道另一半干燥。同时，对反映该风险因素的指标的月发生率进行统计，如在没有警示牌的情况下或在刚拖洗的地面上跌倒事件的发生率、在探视时间内对地面进行拖洗导致跌倒事件的发生率以及超过通道宽度一半的地面被拖洗时跌倒事件的发生率。这三个是反映风险事件发生的过程指标，而实施干预防护措施后每月跌倒事件的发生率即是结果指标，可将结果指标与过程指标对比，不但可反映出风险因素的程度，还可反映出对风险因素干预的效果，是否能使亟待解决的问题得到改善。如果效果理想，就可以全面实施这三项干预措施，当然，如果效果欠佳，那么关于这些干预防护措施能减少跌倒率的假设是错误的，即使实施这些防护措施也只是徒劳而已。

这些风险指标可在某些高风险科室内统计，也可在全院统计。收集此类数据的途径也是多种的，如通过患者投诉部可了解投诉量以及患者基本信息、诊疗情况、投诉原因，等等；通过病历科可查阅到大量与诊疗相关的具体信息；通过人事管理部门可获得医务人员资格与资质方面的数据；通过临床质量管理部门可了解到所有与临床诊疗相关的数据资料。在确定哪些指标作为识别风险因素的指标时，既要保证该指标能被统计，又要能反映出需要的信息。

7.1.2 临床诊疗质量指标与风险因素指标的关系

这两项指标并不完全等同，不但有交叉，也有本质区别。临床诊疗质量指标反映的是临床诊疗行为的质量，目的在于监督临床质量和提高临床诊疗水平。而提高诊疗水平并不与法律上的责任风险完全等同或直接相关，并非所有诊疗质量指标都是风险指标，如某医院某术后并发症发生率很低了，但仍会积极监测该指标，加强临床质量管理，使其发生率进一步降低。如果在该领域内没有法律上的风险因素，该指标就是诊疗质量指标而非风险指标。同样的，并不是所有的风险指标都是临床诊疗指标。如某医院的医务人员并非每次实施手术前都获得患方知情同意，这无疑违反了相关的规定，这一危险因素可能会被识别。那么，可根据术前签署了书面知情同意书占总体的百分率这一指标来评估该事件的风险。明显地，知情同意是涉及法律责任的风险事件，与临床诊疗无关。所以该指标是风险指标，而非临床诊疗质量指标。

7.1.3 风险指标的预期目标值

风险指标达到多高时意味着风险？何时须采取相应的干预措施呢？这就需要为指标确定预期目标值，包括干预措施前的警戒值和干预措施后的效果值。如某风险干预措施主要是针对减少给药错误事件，应设定一预期目标值，如连续三个月该事件发生率减少 50%，在随后每月该事件的发生不得超过 10 次。许多风险防范计划在实施前胜券在握，甚至觉得万无一失，却常因为缺乏长期的监测风险因素的指标，也没有事先制订干预措施失败的解决方案，最终导致风险防范计划失败。应在实施措施前就确定指标的预期值，以保证实施措施的过程中不会受到偏倚因素的影响，这些偏倚因素可能来自医务人员的个人主观倾向。

7.2 对风险因素采取措施

应针对风险因素制订干预措施。为了保证措施的实施成功率，每一个必要的步骤都应在书面的风险防范计划中具体阐释。这包括风险指标的预期目标值、责任分配、具体实施步骤，以及完成每一阶段的时限等。同时，成功实施干预措施，还有赖于对广大医务人员进行宣传教育及科室负责人的积极配合。

7.3 总体的风险防范策略

7.3.1 医务人员严格的准入制度

首先，应加强医务人员资格认定的准则及医院人才引进应有严格的准入制度。每位具有处方权的医生应有医师资格证书及医师执业证书。在美国，每位临床医生严格的资格认定不仅须拥有资格证书和医疗过失保险，而且其诊疗数量、风险事件量、患者投诉量，特别是治疗后果、效果等方面的数据对其资格认定都有重要作用。如某位医生实施手术量少且术后临床效果不佳，会受到劝诫、警告，甚至终止其手术权利等惩罚。

7.3.2 医疗技术水平的提高

这是减少医疗过失、防范医疗纠纷的关键所在，应积极对各级医务人员进行业务学习和培训，建立和完善继续医学教育制度，严格考核，积极开展科研，进行学术交流，使得医疗水平不断提高。

7.3.3 风险教育

可由风险管理专门人员或聘请在医事法学方面颇有经验的律师或法官等对所有医务人员进行系统和规范的风险管理教育，也可安排不同人员讲授不同方面的内容。这并不需要对医生们深刻讲解具体的法律原理，而是让他们明确自身的权利和义务，哪些有可能引起法律上的风险，如病情告知、风险告知及知情同意等都是法定义务。同时提醒他们应随时注意回避某些风险问题，且无论何时都应积极向上报告不利事件。这种教育对于临床医生来讲尤其必要。但风险教育的对象应是所有院内人员，包括临床医生和非临床工作人员。可定期（如每年）召开研讨会总结临床实践中的风险问题，对高风险环节（如医患沟通与交流、病历资料的保存等）进一步强调。

7.3.4 病历质量管理

病历常与以下侵犯患者权利的风险相关：①患者的治疗选择权。患者对治疗的选择权过于宽泛可能导致医疗风险。如今，医患之间的模式已由"代理"型转换为"指导－合作"型，大多时候患者能在医生的指导下参与治疗方法的选择，但是由于医学知识专业性强，患者可能对疾病并不完全了解，其选择权过于宽泛则会增加一些不必要的风险。②患者的知情同意权。没有获得患方知情同意是医务人员面临的主要风险。关于告知的内容范围，在美国不同州规定不同，一些州要求完全告知，另一些州要求只对患者公开对其做出是否接受治疗风险的决定有重要作用的信息。随着医学诊疗技术的不断进步，可提供的辅助检查增多，加之循证医学的发展，某种治疗方法的成功率、并发症发生的概率等信息也可被获悉，这些资料如果能够全面告知患者，可能对其选择并同意某种治疗方法，降低医疗风险起着重要作用。③患者的隐私权。与医疗行为相关的风险就是医务人员应为患者保密。纸制病历属于要保护的隐私，电子病历法律属性尚处于不确定状态。这类可能导致过失的风险事件包括把患者的病历材料（如姓名、地址、身份证号码、疾病的诊断、治疗及病程进展等信息）泄漏给调查人员、商业机构或保险公司的人员。特别是特殊疾病患者，如泄漏性病患者病情会对个人的生活造成极坏的影响。这很可能惹怒患者，从而把医务人员告上法庭。

以上环节均是风险管理中的高风险环节，应加强病历的质量管理，病历丢失、修改、泄露都会涉及相应法律责任。所有医务人员应加强保护患者隐私权的意识。医生应妥善保存病历的原始材料以随时查备，不能随便外借，也不能给患者查阅，只有出院时才能复印客观病历。同时，病历还起到"证据固定"的作用，如果患者拒绝接受医学上必要的诊疗，应如实记录并告之病人潜在后果，并让病人签字为证；吩咐病人做的事病人没有做到要记录在案。医生对于疾病的诊断、治疗方法、治疗存在的利弊及存在的风险等重要信息必须告知患者，让患者决定是否要接受此种治疗。即使医生给患者的处理是有利的且符合医疗常规的，也要征求病人同意，所有这些也应在病历中详细载明。

7.4 动态持续评估风险因素

风险防范是一个持续的循环系统工程（如图2）。第一步是统计风险指标、识别/评估风险，明确该风险因素的程度（图中A所示）。第二步是设定风险指标的预期目标值（如图中B所示）。第三步即是采取干预措施。一旦采取措施，就按循环模式再次进行循环，逐步减少从A至B之间的风险因素。通过多次的风险指标统计评价干预措施是否有效，是否需要修改或采取进一步的措施。

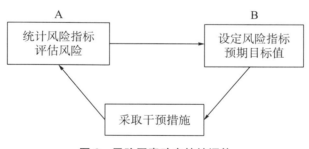

图2 风险因素动态持续评估

8 风险转移

8.1 购买医疗责任保险

在国外，对于大多数医院，风险转移主要有三种方式：第一种是通过保险合同的方式将风险转移给保险公司；第二种是与医师协会联盟建立的组织共同分担风险，使得保险费用不至于过高；第三种是建立内部风险储备基金。前两种方法都是比较普遍的，在此不再赘述。

8.2 建立内部风险储备基金

对于医院来讲，风险最严重的后果即是财务损失，所以风险管理主要是针对有可能给医院财务造成损失的风险事件，主要包括：①因对患者造成损害而支付的赔偿；②通过诉讼或其他解决方式导致的费用支出。医院的风险管理和财务管理的目的是一致的，两者应相互协调，而风险转移的另一条途径即是通过财务管理在医院内部建立风险储备金进行"自我保险"，这对于医院的正常运作有重要的作用。

　　总之，虽然医院常通过各种手段来防范医疗风险，但需要承担的法律责任的各种风险常以不同的形式出现。即使采取的干预措施成功地防止了某些风险因素，但相关因素一旦发生变化，这些措施也可能会失效，此时就应有新的解决方案和措施。由此可见，风险管理计划应该是在基于总体规划的基础上不断更新的。同时，要进行卓有成效的风险管理，还必须对不断变化的医疗环境和法律环境保持持续的关注。

骨骼肌损伤与 c－Fos、bFGF 及 MMP－1 的表达

曾达[1]　陈波[2]　刘敏[1]

1. 四川大学华西基础医学与法医学院　**2.** 四川省简阳市公安局

　　骨骼肌损伤修复是受诸多因素调节的炎症性组织愈合过程，多种蛋白酶、细胞因子和生长因子均在组织修复的过程中发挥着重要作用。既往研究表明，c－Fos、bFGF 及 MMP－1 在骨骼肌损伤后均有表达，并有望成为骨骼肌损伤时间推断的参考指标。本文综述骨骼肌损伤后 c－Fos、bFGF 及 MMP－1 三种生化指标的表达对骨骼肌损伤修复的意义及其在骨骼肌损伤时间推断中的运用。

1　c－Fos 与骨骼肌损伤

1.1　c－Fos 的生物学特性和功能

　　即刻早期基因（immediate early genes，IEG）是细胞在受到外界因素刺激后最先开始表达的一组基因，它是联系细胞生化改变与细胞最终对刺激产生特异性反应的中介物。c－Fos 基因是即刻早期基因家族的成员之一，人的 c－Fos 基因定位于染色体 14q21－31 处，是一段含 3.5kb 碱基的 DNA 序列，由 4 个外显子和 3 个内含子组成，可转录为 2.2kb 碱基的成熟 mRNA，编码含 380 个氨基酸的 c－Fos 蛋白，分子量为 55kD。c－Fos 基因的表达受很多因素调节，研究表明，c－Fos 基因表达调节机制可能有以下四种情况：第一，通过 Ca^{2+}－钙调蛋白介导的信号转导途径、cAMP 依赖性蛋白激酶（PKA）磷酸化激活途径、甘油二酯依赖的蛋白激酶 C（PKC）途径；第二，通过活化兴奋性氨基酸（EAA）受体和 G－蛋白偶联受体诱导途径；第三，N－甲基－D 天冬氨酸受体激活途径；第四，丝裂原活化蛋白激酶（MAPKs）途径。c－Fos 蛋白具有以下特点：第一，当受到细胞外生长或分化因子刺激时能快速、瞬间地被诱导表达；第二，半衰期短；第三，具有亮氨酸拉链、锌指、同源区或螺旋－环－螺旋结构，能与 DNA 特异序列结合，调节基因

表达，因此它属于转录因子，细胞外刺激信号通过 PKC、Ca^{2+}、cAMP 等第二信使可将其激活。单独的 c－Fos 是没有功能的，Fos 与 Jun 通过亮氨酸拉链形成的 Fos－Jun 异源性二聚体 AP－1 复合物，是转录水平上不同信号传递的"中转站"，与目的基因的 5'－TGAGTCA－3' 元件结合，激活目的基因的转录活性，完成细胞信号的转导，被称为核内的"第三信使"。

c－Fos 基因在被激活之后可以迅速发生转录，它的表达产物 c－Fos 蛋白是真核细胞的转录因子，可进入细胞核内参与对靶基因的转录调节，因而 c－Fos 基因的激活和表达可作为神经活动和基因活动的功能标志。研究表明，脑组织中 c－Fos 的表达与神经活动、神经细胞的发育、学习记忆过程有很大关系。有学者研究可视物刺激后 Fos 蛋白在鼠脑中的表达情况，发现阳性细胞在鼠脑的 8 个区域内表达，并且在接受新的物体刺激时所表达的 Fos 蛋白比接受熟悉物体刺激所表达的要高，提示诱导脑 c－Fos 基因的表达是形成记忆的必要条件。过去研究表明 c－Fos 蛋白的表达对神经元损伤起到保护作用，与损伤后修复有关，但其过度表达则可诱导细胞发生凋亡。Fos 蛋白在细胞周期过程中有明显不同的表达模式，不同的 Fos 和 Jun 蛋白组成的 AP－1 转录因子对细胞增殖产生截然不同的效应。c－Fos 在生长因子的刺激下被快速诱导表达是细胞周期进行不可缺少的，有研究表明，c－Fos 突变的成纤维细胞增殖缓慢，而 c－Fos 基因缺陷的小鼠体格弱小，易患骨硬化病，它的成骨细胞不能完全分化，也没有破骨细胞，而且骨骼巨噬细胞的数量增加，提示 c－Fos 蛋白在破骨细胞形成过程中有重要作用。c－Fos 作为原癌基因，在肿瘤细胞侵袭转移过程中发挥着重要的作用，它的过度表达与多种癌症及预后存在不同程度的相关性。Marconcini 等的研究表明，c－Fos 蛋白可调节肿瘤细胞的侵袭性生长和肿瘤血管发生等，但 Jun 和 Fos 蛋白组成的 AP－1 促癌作用主要取决于细胞类型、遗传背景和细胞所处的分化状态。

1.2 c－Fos 与骨骼肌损伤

机体在受到外界环境因素刺激时，即刻早期基因能够快速瞬间地表达，它们表达的蛋白产物对于提高生物的耐受性、适应能力及应激能力具有非常重要的作用。c－Fos 基因作为即刻早期基因家族的重要成员，在受到外界刺激后，其产物 c－Fos 蛋白作为第三信使，调控着下游的基因及慢速反应基因的表达，从而产生细胞效应，如细胞生长、增殖或分化乃至程序性死亡等。

既往研究表明，c－Fos 蛋白对细胞具有保护作用，参与了损伤愈合过程。杨东仁等的研究发现，在体外培养的骨骼肌细胞培养液中加入有机磷农药后，Western blot 结果显示骨骼肌表达的 c－Fos 蛋白明显增加，作用 40 min 时表达最强，之后表达水平减弱。有学者研究体外培养的成纤维细胞在许多因素（如 EGF、PDGF、TPA 或机械作用）刺激下均能被诱导表达 c－Fos，提示 c－Fos 参与了细胞增殖控制和信号传递。Hitomi 等让 5 名志愿者以 $50\%V_{O_2max}$ 在功率自行车上运动 1h，结果发现与运动前相比，运动后 4h，骨骼肌 c－Fos mRNA 表达已经显著增加。Nikolaids 把 50 只大鼠随机分为训练组和不训练组，让训练组在跑台上以 20 m/min 的速度每天运动 45 min，一共训练 5 天，Western blot 结果显示骨骼肌 c－Fos 蛋白在一次急性耐力训练后表达水平均比不训练组高。Goldspink 等发现，在电刺激与拉伸兔趾长伸肌时，c－Fos mRNA 出现了一种双向的变化情况，即 c－Fos mRNA 在运动后 1 h 和 4～6 h 内出现了两次高峰。Yi－Wen Chen 等研究发现，离心运动下 c－Fos 蛋白表达明显增高，提示 c－Fos 基因可能与离心运动形成的损伤有关。Ikeda 等反复拉伸离体的大鼠胫前肌和比目鱼肌，每分钟 15 次，持续 2～4 h，研究表明拉伸 2 h 组的胫前肌与比目鱼肌 c－Fos mRNA 表达显著升高，而肌细胞生成素在拉伸 4 h 组可观察到升高，认为机械性反复拉伸是肌肉生长的刺激因素，并有望在骨骼肌临床康复训练中应用。张付等建立大鼠电击伤模型，用免疫组织化学技术观察大鼠多种内脏器官及骨骼肌内 c－Fos 蛋白表达情况，结果发现实验组大鼠骨骼肌胞浆及胞核内均可见 c－Fos 阳性表达，提示 c－Fos 蛋白能够增强细胞的生存能力，参与了电流损伤的病理生理过程，对机体起保护作用。王晔等采用 RT－PCR 方法检测新西兰兔骨骼肌在电击致死与死后即刻电击后 c－Fos mRNA 表达情况，发现电击致死组与死后即刻电击组骨骼肌 c－Fos mRNA 含量差异较大，认为 c－Fos mRNA 可作为鉴别生前电击与死后电击的一个指标。在刘金柱的研究中，大鼠低氧疲劳训练后骨骼肌细胞内可检测到 c－Fos 蛋白表达，推测适度的应激可启动机体内源性的保护机制，对随后的损伤产生抵抗和耐受，而过度的应激会使机体组织器官、功能代谢等发生损伤和障碍。Katsuya 等观察大鼠骨骼肌损伤后 c－Fos mRNA 表达变化，发现伤后 3h 骨骼肌卫星细胞内可检测到 c－Fos mRNA 阳性表达，分析 c－Fos 蛋白在骨骼肌再生修复过程中可能具有重要作用。

以上研究均表明，骨骼肌损伤后可检测出 c－Fos 蛋白的适应性表达，c－Fos 适当的表达对骨骼肌细胞具有保护作用，它在基因表达过程中担负转录因子的作用，使目的基因的表达发生改变，从而激活细胞增殖并启动细胞修复过程，有利于损伤的修复，在骨骼肌损伤修复的病理生理过程中发挥着重要作用。

1.3 c－Fos 与骨骼肌损伤时间推断

c－Fos 蛋白参与机体的应激反应，在损伤后对机体具有保护作用，许多外界刺激因素均可诱导体内不同器官内 c－Fos 蛋白的表达。目前通过检测 c－Fos 蛋白表达情况推断损伤时间在颅脑损伤方面研究较多，而在骨骼肌损伤方面则有待于学者的进一步的研究。

Puntschart 等选择五位未经训练的受试者，在跑步机上进行一次 30 min 缺氧耐力训练，然后取大腿骨骼肌进行活组织检验，原位杂交结果显示正常对照组未检测出 c－Fos mRNA，而受试者骨骼肌在训练后 4 min 即可检测出 c－Fos mRNA，定位于肌细胞核，Western blot 结果显示正常对照组骨骼肌可检测到微量的 c－Fos 蛋白，受试者骨骼肌在训练后 4 min c－Fos 蛋白开始明显升高，于 30 min 达高峰，其后逐渐减少，于 3 h 后降低至正常水平。杨东仁等建立大鼠急性乐果中毒所致肌无力模型，运用 Western blot 技术检测大鼠骨骼肌 c－Fos 蛋白表达情况，发现乐果中毒后 1 h，肌无力大鼠肌肉组织中 c－Fos 蛋白表达显著升高，而 48c－Fos 表达水平与对照组未见差异，结果表明有机磷农药的刺激可以快速诱导 c－Fos 蛋白的表达。闫红涛等利用改进的 Marmarrou 自由落体装置，建立大鼠股四头肌挫伤模型，运用免疫组织化学技术检测大鼠骨骼肌挫伤后 c－Fos 蛋白的表达，发现随着损伤经过时间的延长，c－Fos 蛋白表达强度及阳性面积增加，损伤后 15 min 出现阳性信号，1 h 达到高峰，1 天后恢复正常表达水平。王晔等建立大鼠生前与死后电流损伤模型，用免疫组织化学方法观察大鼠电流损伤后多种内脏器官及骨骼肌 c－Fos 蛋白表达情况，发现生前电击伤各组骨骼肌阳性信号强度随存活时间延长而变化，即先升高后降低，电击伤后 1 h 见较强的阳性信号，2 h 达到高峰，4 h 开始下降，8 h 仅见极微弱的阳性信号，而死后电击各组中，仅死后即刻电击组可见极微弱阳性信号，其余各组未见阳性信号，认为 c—Fos 蛋白的检测可为生前和死后电流损伤的鉴别提供依据。有学者建立一次急性力竭运动大鼠骨骼肌损伤模型，发现一次急性运动损伤骨骼肌内 c—Fos 蛋白在运动后即刻阳性表达显著增多，并且运动后随着时间延长阳性反应范围逐渐扩大，阳性染色强度逐渐增强，1 h 达到高峰，一直持续到运动后 3 h，运动后 5 h 逐渐下降，但直到运动后 24 h 仍显著高于安静对照组。

以上研究表明，骨骼肌损伤后 c—Fos 蛋白可在短时间内快速表达，且持续时间短暂，因此它可作为早期损伤时间推断的参考指标之一。

2 bFGF 与骨骼肌损伤

2.1 bFGF 的生物学特性和功能

FGF 家族是目前已知的最大的生长因子家族之一，在胚胎发育、血管生成、骨的形成和修复、促进细胞增生等方面具有广泛的作用。其中，bFGF 最初是由 Gospodarowicz 于 1974 年从牛的脑和垂体中提取出来的，因其对成纤维细胞有强烈的促进增殖和有丝分裂作用而得名。bFGF 主要存在于富含血管的组织中，如大脑、垂体、下丘脑、视网膜、肾上腺、胎盘及卵巢等。人源性 bFGF 基因位于染色体的 4q27 处，长度为 34~38 kb，共有 3 个外显子，其间被 2 个大的内含子所分隔。目前已发现五种形式的 bFGF，其分子质量分别为 18、22、25、24 和 34kD。以 CUG 为起始密码翻译形成的 22、25、24 和 34kD 的 bFGF 统称为 HMW（high molecular weight），定位于核内，可能与细胞生长和凋亡有关，以 AUG 为起始密码翻译形成的 18kD 的 bFGF 定位于细胞质内，能促进细胞迁移、分裂和增殖，分泌到细胞外的主要是 18kD 的 bFGF，含 146 个氨基酸，等电点为 9.6，是其活性的主要形式，也是至今研究最多的 bFGF。bFGF 的基因转录是受其 5'UTR 序列的调控，但其转录长度的不同主要是由产物的 3'UTR 的长短所决定的。有学者利用晶体衍色技术，发现 bFGF 的空间构象是由 12 个 β 折叠组成的一个类似于金字塔形的结构。bFGF 缺少典型的信号肽序列，不能通过高尔基—内质网途径分泌到细胞外，在组织损伤后它却能以自分泌或旁分泌的形式出现在细胞外基质（extracellular matrix，ECM）中，迄今为止尚无明确的解释。有学者的研究表明它的第 64 位色氨酸和第 112 位的酪氨酸是 PKC 和 PKA 作用的底物，认为其分泌可能与其发生磷酸化有关。

bFGF 受体可分为高亲和力和低亲和力受体两种，高亲和力受体即 bFGF 跨膜受体（FGFRs），低亲和力受体即硫酸肝素蛋白多糖（heparan sulfate proteoglycan，HSPG）。FGFRs 是一类穿膜的酪氨酸激酶受体，介导 FGF 信号传递入细胞中，其基本结构包括胞外区、跨膜区和酪氨酸激酶区，不同的 FGFRs 的 C 端序列稍有不同，被认为是与胞内各种激酶发生特异性作用的部位。HSPG 是一组蛋白聚糖，广泛存在于 ECM 和细胞表面，ECM 中的 HSPG 与 bFGF 结合形成复合物，保护其免受热、pH 值变化等因素所导致的蛋白变性和降解，此外它还能与 bFGF 快速可逆地结合，形成活性 bFGF 的储存池。细胞膜上的 HSPG 以穿膜蛋白或与细胞膜紧密结合的形式存在，能够促进 bFGF 与 FGFRs 的结合。

bFGF 在释放至胞外后，先与 HSPG 结合，再移至细胞表面，与 FGFR 结合导致 FGFR 形成二聚体，催化自身磷酸化，从而激活其酪氨酸激酶活性，进而与具有 Src 原癌基因家族同源区（SH2）的蛋白结合，分别激活不同的信号转导途径。bFGF/FGFR 激活的信号转导途径主要包括以下几种：①蛋白激酶 C（PKC）途径。FGFR 被激活后，可使磷脂酶 C（PLC）活化，激活的 PLC 可水解其底物产生二酰基甘油（DAG）和三磷酸肌醇（IP3），IP3 刺激细胞内钙池释放 Ca^{2+}/钙调蛋白依赖性蛋白激酶，Ca^{2+} 和 DAG 都能激活 PKC 家族成员，除了磷酸化和激活转录因子外，还可激活多种细胞内的反应。②Ras/Raf/MEK/EPK 路径。此途径 Ras 被激活后，可与 IP3、Raf 反应而激活细胞内的一些生理过程。活化的 Raf 激活 MEK，再将 ERK 激活，进而磷酸化许多与胞质和胞膜相连的底物。③蛋白酪氨酸激酶（JAK）/信号转导及转录激活子（STAT）途径。此途径中活化的 JAK 使其受体磷酸化，再活化 STAT 蛋白，STATs 被活化后定位于核内，与 γ 干扰素激活部位（GAS）增强子家族成员结合并激活靶基因的转录。④磷脂酰肌醇－3－激酶（PI3K）途径。此途径中 PI3K 活化后导致其磷酸化肌醇磷脂产物增加，该产物与蛋白激酶 B（PKB）结合并使其活化，活化后的 PKB 进入胞质和胞核，引起细胞生存、代谢、骨架重组等重要的生物学效应。bFGF 与 FGFRs 结合以后通过激活以上信号转导途径所引发的生物学效应主要包括诱导胚胎发育、刺激受损细胞分裂增殖及促进血管内皮细胞的增殖等。

2.2　bFGF 与骨骼肌损伤

bFGF 是成纤维细胞生长因子家族中的一员，是一种多效能的细胞生长因子，目前已有基因工程产品在临床治疗过程中的应用。健康骨骼肌纤维几乎不表达 bFGF，只有在骨骼肌损伤或大量运动后其表达量才会明显增加。bFGF 在很早以前就已被发现具有促进伤后愈合的作用，研究表明，bFGF 促进创伤愈合的作用主要是通过以下两个方面实现的：促进新的血管形成和促进创伤组织内的细胞增殖。

有学者在研究中发现，bFGF 能够促进人、牛、大鼠等各种来源的血管平滑肌细胞增殖，DNA 合成明显增加，细胞数目显著增多。bFGF 基因敲除的小鼠表现出血管紧张度缺陷，创伤愈合过程中内皮细胞的迁移受到抑制，创伤愈合延迟等现象，这些研究表明 bFGF 通过控制内皮细胞的增生和迁移来调节血管形成。研究显示 bFGF 能够促进缺血组织的血管再生。Buffour 等发现在缺血组织注入 bFGF 后，缺血组织活力明显改善，新生的毛细血管数量也显著增加，同时还指出 bFGF 作为有效的血管形成因子之一，不但增加缺血组织的血液灌注量，而且也加快了组织微血管再生。bFGF 也可提高肌肉组织的血管形成，增加肌肉的血流灌注量。Yashuda 等用兔建立动物模型，下肢局部注射 bFGF 后，发现实验组股薄肌的血流灌注量，肌肉的活力均比对照组增加。大量研究表明，bFGF 具有促进血管再生的作用，通过进一步研究，它在心血管系统的临床应用方面可能存在重要的作用。

骨骼肌卫星细胞是骨骼肌内位于肌细胞膜和基膜之间的具有增殖分化潜能的细胞，它在骨骼肌损伤后肌纤维的再生和修复过程中发挥着重要的作用。Gussoni 和 Cornelison 等的研究发现，bFGF 能够促进体外培养的骨骼肌卫星细胞发生增殖和分化。Chua 等的研究表明，组织损伤后，局部 bFGF 表达增加，不仅可通过趋化作用使单核细胞、中性粒细胞、巨噬细胞、成纤维细胞等向损伤部位聚集，而且能促进血管和肉芽组织的生成，促进软组织中各种与损伤修复重建有关的细胞分裂增殖。动物实验已经证实 bFGF 具有明显的促进创伤修复和组织再生作用，例如神经组织的再生、炎症、溃疡、某些组织移植术后的修复等。既往研究均表明，bFGF 具有促进创面愈合的作用，但它在促进创面愈合的同时是否会引起成纤维细胞的增殖而导致瘢痕增生已受到学者的关注。国内谢举临等采用烧伤患者的增生性瘢痕组织培养瘢痕成纤维细胞，利用 RT-PCR、Western blot 等方法检测bFGF 对成纤维细胞Ⅰ、Ⅲ型胶原及 MMP-1 合成和分泌的影响，发现高质量浓度的bFGF 可通过增加 MMP-1 的合成来促进胶原蛋白的降解，从而避免细胞外基质的过度沉积。Okumura、卞徽宁等在临床研究中也证实，利用外源性 bFGF 处理创口能有效刺激血管的生成和肉芽组织的形成，促进创口愈合且在新生组织中未出现因细胞过度增殖而形成的瘢痕。Robson 等对 13 例褥疮病人，通过局部应用 bFGF 的方法，进行了疗效观察，结果 13 例中 9 例创面愈合，组织检查结果显示 bFGF 引起成纤维细胞和毛细血管的明显增生，认为 bFGF 可加速慢性褥疮的愈合，且安全有效。bFGF 也可促进新鲜创面的愈合，Chan 等用成年鼠建立动物模型，在鼠背部造一直径 12 mm，深度 2 mm 的创面，局部喷洒 bFGF，结果 bFGF 组的创面愈合时间明显缩短，证实 bFGF 能够有效加速成年鼠创面的愈合。

以上研究表明，骨骼肌损伤后局部 bFGF 的表达有助于新生血管的形成和成肌细胞的增殖，对损伤骨骼肌的愈合具有非常重要的作用。

2.3 bFGF 与损伤时间推断

研究表明，bFGF 在正常骨骼肌细胞中不表达或仅微弱表达，而当骨骼肌受到损伤后其表达增加并发挥生物学功能。目前，国内外对骨骼肌损伤后 bFGF 表达变化的研究相对较少，并且没有文献报道 bFGF 是否可作为骨骼肌损伤时间推断的一种参考指标。

陈宏贞采用自制拉伤装置造成大鼠双后肢腓肠肌急性拉伤模型，发现伤后 2 天大鼠腓肠肌 bFGF 平均光密度值与正常对照组相比显著升高，7 天时大鼠腓肠肌 bFGF 平均光密度值达到最大值，并发现按摩可促进损伤肌肉组织的修复，推测按摩通过促进 bFGF 在损伤修复过程中对靶细胞的作用，有效缩短了修复过程。向峥利用 RT-PCR 方法检测运动致骨骼肌损伤过程中不同阶段 bFGF 的 mRNA 表达量变化，发现正常训练组骨骼肌bFGF 的 mRNA 于第 3 天开始升高，于第 8~12 天达到高峰，一周力竭训练组骨骼肌bFGF 的 mRNA 于第 2 天即处于较高水平，并于第 12 天逐渐下降。这可能与骨骼肌卫星细胞再生修复过程的需要相吻合，骨骼肌损伤时，bFGF 升高，刺激成肌细胞增殖，在增殖后的分化阶段，bFGF 含量逐渐下降。徐明明等利用自制重物坠落打击装置造成大鼠双侧后肢腓肠肌中段闭合性急性钝挫伤，用免疫组织化学技术和图像分析技术观察损伤组织内 bFGF 的表达，发现自然愈合组伤后 3 天 bFGF 平均光密度值开始升高，6 天达到峰值，9 天开始逐渐下降，跑台运动组伤后 3 天、6 天、9 天、12 天 bFGF 平均光密度值均升高，3 天时达峰值，21 天时无显著性差异，且各时间点 bFGF 表达均显著高于对照组，认为骨骼肌急性钝挫伤后，早期施加运动干预可促进 bFGF 表达，提示骨骼肌愈合过程中可能发生瘢痕过度增生而影响愈合质量。有学者观察大鼠急性离心运动后腓肠肌 bFGF 表达的时间规律，发现急性离心运动即刻大鼠腓肠肌 bFGF 显著升高，1 天时达峰值，3 天后开始下降，10 天时仍高于正常水平，认为急性离心运动大鼠腓肠肌 bFGF 表达呈现动态变化，bFGF 能促进运动性肌损伤修复和毛细血管新生。刘晔对 8 周龄雄性 SD 大鼠进行后肢负重站立（负荷为 50%体重，1 小时/次，2 次/天），实验期分别为 3 天、1 周、2周、3 周和 4 周，发现 bFGF mRNA 表达在第 2 周达到高峰，bFGF 表达的高峰在第 3 天即出现，之后逐渐下降，至第 4 周时已降至正常水平，在骨骼肌静力性负荷所致损伤的 3~4周时，bFGF 的阳性细胞数已从高峰明显下降，甚至降到正常水平，bFGF 蛋白的浓度却在局部区域显著增加。兰秀夫建立兔跟腱急性损伤模型，观察伤后 1 天、3 天、7 天、14 天、28 天、56 天跟腱中 bFGF mRNA 的表达，发现正常组 bFGF mRNA 有低水平表达，损伤后 1 天即出现显著表达，7 天达高峰，维持一段时间后降至低水平表达。

以上研究表明，不同的骨骼肌损伤模型对 bFGF 蛋白或其 mRNA 表达的研究结果不一，可能是因为致伤模型、损伤程度和实验条件不同所导致的。

3 MMP-1 与骨骼肌损伤

3.1 MMP-1 的生物学特性和功能

基质金属蛋白酶（matrix metalloproteinases，MMPs）是一类由 Zn^{2+} 依赖性的内肽酶组成的酶家族，对细胞外基质（extracellular matrix，ECM）成分有特异的降解作用，目前已分离鉴别出 26 个成员，其中，MMP-1 又称为间质胶原酶，可降解 Ⅰ、Ⅱ、Ⅲ、Ⅳ 和 Ⅹ 型胶原明胶及蛋白多糖，在 ECM 降解过程中起着至关重要的作用，人的 MMP-1 基因位于染色体 11q22.2-22.3 处，该基因和其他 MMP 家族的基因及两个假基因紧密连锁，血管内皮细胞、平滑肌细胞、巨噬细胞、泡沫细胞和 T 淋巴细胞等多种细胞可以合成单肽的 MMP-1，以酶原形式分泌到细胞外后被激活。MMP-1 从 N 端开始依次包含以下结构域：信号肽、前肽结构域、催化结构域和羧端结构域。信号肽为前导序列，引导细胞质合成的多肽转移到内质网，待其成熟后信号肽被降解。前肽结构域为高度保守的含半胱氨酸残基的 PRCGVPD 序列，该半胱氨酸残基能阻断酶的 Zn^{2+} 活性中心与底物的结合，形成"半胱氨酸闸"，使酶原处于无活性的状态，通过裂解半胱氨酸残基与 Zn^{2+} 间的结合打开"半胱氨酸闸"，从而暴露出活性中心 Zn^{2+}，酶原被激活。催化结构域含有一个五股 β 层、三个 α 单环、两个 Zn^{2+} 及一个 Ca^{2+}，共同构成酶的特异性。两个 Zn^{2+} 中的一个具有催化活性，通过三个 His 残基束缚在序列 HELGHXXGXX 中，是酶活性所必需的辅助因子，可促进酶与底物的结合，另一个结构性 Zn^{2+}。羧端区与血红素蛋白具有同源性，该结构有 200 多个残基，包含四个带 Cys 残基的重复序列，决定底物特异性，并参与调节 MMP-1 与 TMP 之间的相互作用。虽然 MMP-1 在体外可由许多种正常细胞产生，但与其他多种 MMP 一样，在正常组织中 MMP-1 水平极低，一般难以检测，在体内，MMP-1 主要在生理和病理条件下组织生长、愈合和重塑期间表达，广泛发挥其生物学功能。MMP-1 表达调节包括转录水平调节、酶原活化调节和活化后调节，这三个环节相互作用共同维持机体 MMP-1 的水平。研究表明，许多生长因子和细胞因子均可诱导 MMP-1 表达，这些生物活性物质包括表皮生长因子、肝细胞生长因子、成纤维细胞生长因子、干扰素 β 和集落刺激因子等。

在体内，MMP 与基质金属蛋白酶抑制剂（tissue inhibitor of metalloproteinases，TMP）相互作用。在生理状态下，MMP 与 TMP 之间保持着一种动态平衡，协调着细胞外基质的降解与重建，维持组织结构的完整和内环境的稳定。MMP 通过调节 ECM 降解发挥生理学及病理学功能，与胚胎发育、组织分化、细胞迁移以及损伤后组织重构、血管增生和斑块破裂等有关。Sukhova 等的研究显示动脉硬化斑块内 MMP－1 明显升高，MMP－1 阳性的巨噬细胞明显增多，而间质内 I 型胶原则明显减少，提示 MMP－1 降解纤维帽中的胶原纤维是引发斑块破裂的重要原因。Iimuro 等研究发现，MMP－1 在纤维化病症大鼠肝组织中短暂过度表达可有效减弱纤维化病症并诱导肝细胞增殖，证实提高 MMP－1 基因表达可减弱大鼠肝纤维化。大量研究表明，MMP 和人类多种疾病的发生发展过程有关，如癌症、类风湿关节炎、自身免疫性疾病、心血管疾病和纤维化病变等，通过抑制或刺激 MMP 的表达有助于上述疾病的预防和治疗。

3.2 MMP－1 与骨骼肌损伤

目前国内外学者一般认为，创伤组织内瘢痕形成的主要原因是 ECM 过度沉积或降解减少导致的，其中 I、III 型胶原是 ECM 的主要成分。ECM 的降解主要是依靠组织细胞所分泌的 MMPs，尤其是间质胶原酶－1，即 MMP－1。研究表明，MMP－1 具有特异降解 I/III 型胶原的作用，因此组织内的 MMP－1 的水平及活性直接影响 ECM 的降解水平。国内外许多研究已表明，骨骼肌损伤后可检测出 MMP－1 表达，并在骨骼肌损伤再生修复过程中发挥着重要作用。

Bedair 等建立大鼠双侧腓肠肌撕裂伤模型，伤后 25 天在一侧腓肠肌注射外源性 MMP－1 酶原，在另一侧腓肠肌注射 PBS 作为对照，通过 HE 染色和 Masson's 染色观察双侧腓肠肌组织学改变，发现经过 MMP－1 酶原治疗的一侧腓肠肌比对照组存在更多的再生肌纤维，而纤维组织则较少，并未对正常肌肉的基底膜产生不良影响，认为在损伤骨骼肌局部注射 MMP－1 能加强损伤骨骼肌纤维的再生。与 Bedair 研究相似的是，Kaar 等建立大鼠腓肠肌撕裂伤模型后，向伤侧腓肠肌注射激活的 MMP－1，发现骨骼肌纤维化明显减少，认为激活的 MMP－1 能有效地减少骨骼肌瘢痕形成，促进损伤骨骼肌的组织重塑。Michiko 等在其实验中向体外培养的骨骼肌卫星细胞内添加 MMP－1 抑制剂，发现卫星细胞因不能表达肝细胞生长因子而不能被激活，从另一个侧面证明了 MMP－1 在骨骼肌损伤修复过程中的作用。William 等的研究结果证实，用 MMP－1 治疗的 MDX 大鼠骨骼肌内成肌因子上调，成肌细胞迁移效率也显著增加，认为 MMP－1 可增加肌纤维的数目并通过促进成肌细胞的迁移和分化来增加成肌细胞的覆盖面积，从而促进损伤骨骼肌的功能恢复。Kieseier 等用 RT－PCR 方法检测炎症性肌病患者骨骼肌内 MMPs mRNA 表达情况，发现患者骨骼肌内 MMP－1 mRNA 含量显著增加，推测特殊类型的 MMPs 可能在炎性肌病的发病过程中具有致病作用，并有望为炎症性肌病的临床干预治疗提供一种新策略。除此之外，Zhong－Dong Shi 等的研究证实血管损伤后 I 型胶原内 MMP－1 的表达有助于血管平滑肌细胞的迁移和新生内膜的形成。

骨骼肌在损伤后通过高度协调的一系列反应能发挥其再生能力，这些活动包括成肌细胞的迁移和分化。然而纤维组织是细胞迁移和融合的机械屏障，给细胞分化提供不适当的信号并限制损伤局部的血流灌注，能够阻止骨骼肌再生，导致骨骼肌不能完全恢复其功能。以上研究均表明，骨骼肌损伤后局部表达的 MMP－1 能够降解纤维瘢痕组织，并能促进成肌细胞迁移和分化以及新生血管形成等，对损伤骨骼肌结构和功能的恢复具有重要意义。

3.3 MMP－1 与骨骼肌损伤时间推断

既往研究提示，MMP－1 在正常骨骼肌表达水平极低，一般方法难以检测，而骨骼肌损伤后 MMP-1 表达则明显增加，参与骨骼肌再生修复的病理过程，但目前尚未见文献报道使用 MMP-1 作为参考指标来推断骨骼肌损伤时间，其他致伤模型和伤后不同类型的 MMPs 表达情况可以作为参考。

Kherif 等建立大鼠骨骼肌损伤模型，用原位杂交的发放检测骨骼肌损伤后 MMPs 的表达情况，发现骨骼肌损伤后 MMP-2 即刻开始表达，定量分析显示骨骼肌 MMP-2 在伤后逐渐稳定地表达，并在伤后第 7 天达到高峰，随后逐渐恢复至正常水平，MMP-9 也在 24 小时内被诱导表达并能持续数天，原位杂交方法显示，MMP-9 mRNA 见于损伤骨骼肌的炎性细胞和激活的卫星细胞内。MMP-2 与 MMP-9 在骨骼肌损伤后存在不同的表达形式，提示 MMP-2 的激活与肌纤维再生有关，而 MMP-9 的表达则与炎症反应和卫星细胞的激活有关。李红卫等建立大鼠右后肢枪弹创模型，用 Northern blot 方法检测大鼠创缘皮肤 MMP-1 和 MMP-3 mRNA 表达情况，发现枪弹伤后立刻有 MMP-1 和 MMP-3 mRNA 的表达增加，其表达量随时间延长而呈明显的增加趋势，各时间点间有显著性差异，在伤后 3 天达到峰值，而阴性对照组 MMP-1 和 MMP-3 mRNA 几乎没有表达，认为 MMP-1 和 MMP-3 在枪弹伤后的表达与损伤经过时间有良好的相关性，该方法对判断枪弹损伤经过时间有一定的价值。张宏建立大鼠心脏钝力性损伤模型，用免疫组织化学技术观察损伤后心肌 MMP-1 和 MMP-2 表达情况，发现随着损伤时间的延长，MMP-1 和 MMP-2 的表达强度呈现规律性变化，MMP-1 在伤后 12 小时开始明显表达，逐渐增强，于 3 天达到高峰，MMP-2 在伤后 24 小时开始明显表达，5 天达到高峰，认为 MMP-1 和 MMP-2 可作为检测心肌损伤的指标加以研究。李刚莲建立大鼠皮肤切创模型，应用免疫组织化学技术观察大鼠皮肤组织中 MMP-2 和 MMP-9 的表达，发现 MMP-2 在伤后 0.5 小时可见在中性粒细胞中阳性表达，随时间进展表达逐渐增强，12 小时后明显增多，3 天达到高峰，第 5 天后在炎细胞中表达减少，同时在成纤维细胞中有阳性表达，12~14 天恢复正常；MMP-9 在损伤后 1 小时可见在中性粒细胞中阳性表达，随时间进展表达逐渐增强，12 小时后明显增多，3 天达到高峰，第 5 天后在炎细胞中表达减少，同时在成纤维细胞中有阳性表达，12~14 天恢复正常，认为 MMP-2 和 MMP-9 的表达具有规律性且有良好的时间相关性，可望成为法医学损伤时间推断的指标。

以上研究表明，大鼠骨骼肌损伤和皮肤切创后 MMP-2、MMP-9 等具有时序性表达规律，大鼠肢体枪弹创和心脏钝力性损伤后 MMP-1 具有时序性表达规律。作为 MMPs 家族的重要一员，MMP-1 在骨骼肌损伤后是否具有时序性表达规律并是否能成为骨骼肌挫伤损伤时间推断的一种参考指标，目前尚待学者的研究。

4　小结

c-Fos 蛋白、bFGF 和 MMP-1 在骨骼肌损伤后呈现规律性表达变化趋势，在骨骼肌损伤修复过程中分别产生不同的生物学效应，对损伤骨骼肌结构和功能的恢复具有非常重要的作用。三种生化指标在骨骼肌损伤后具有不同的表达规律，可作为骨骼肌损伤时间推断的参考指标，分析比较三种生化指标在骨骼肌挫伤后的表达规律对骨骼肌损伤时间推断具有非常重要的意义。

参考文献

［1］ Kletsas D B，Efthimia K，Athanasios G，et al．Effect of protein kinase inhibitors on the stretch elicited c-Fos and c-Jun up regulation in human PDL osteoblast like cells［J］．Cell Physiol，2002，190（3）：313－321．

［2］ Lee J，Rushlow W．L-type calcium channel blockade on haloperidol induce c-Fos expression in the striatum［J］．Neuroscience，2007，149：602－616．

［3］ Wang J Q，Fibuch E E，Mao L．Regulation of Mitogen activated protein kinases by glutamate receptors［J］．Neurochem，2007，100（1）：1．

［4］ Yang J，Woodhall G L，Jones R S．Tnic facilitation of glutamate release by presymaptic NR2B containing NMDA receptors is increased in the entorhinal cortex of chronically epileptic rats［J］．Neurosci，2006，26（2）：406－410．

［5］ Hyun L，Hyun P．Matrix metalloproteinase－13 expression in IL－1β－treated chondrocytes by activation of the p38 MAPK/C－Fos/AP－1 and JAK/STAT pathways［J］．Archives of Pharmacal Research，2011，34（1）：109－117．

［6］ Zimitat C，Nixon P F．Glucose induced IEG expression in the thiamin deficient rat brain［J］．Brain Res，2001，892（1）：218－227．

［7］ Kruchkova Y，Ben－Dror L，Herschkovitz A，et al．Basic fibroblast growth factor：a potential inhibitor of glutamine synthetase expression in injured neural tissue［J］．Neurochem，2001，77（6）：1641－1649．

［8］ Jiankun Cui，Philip K．Neuronal NOS inhibitor that reduces oxidative DNA lesions and neuronal sensitivity increase the expression of intact c－fos transcripts after brain injury［J］．Biomed Sci，2001，8（4）：336－341．

［9］ Matsuo K，Owens J M，Tonko M．Fos1 is a transcription target of c-Fos during osteoclast differentiation［J］．Nat Genet，2000，24（2）：184－187．

［10］ Marconcini L，Marchio S，Morbidelli L，et al．c－fos－induced growth factor/vascular endothelial growth factor D induces angiogenesis in vivo and in vitro［J］．Proc Natl Acad Sci USA，1999，96（17）：9671－9676．

［11］ Kondo T，Ohshima T，Sato Y，et al．Immunohistochemical study on the expression of c-Fos and c-Jun in human skin wounds［J］．Histochem J，2000，32（8）：509－514．

［12］ 杨东仁，李秋生，牛勇，等．有机磷农药对骨骼肌细胞 c－fos 以及 HSP70 表达的影响［J］．中华劳动卫生职业病杂志，1999，17（3）：172－173．

［13］ Hitomi Y，Kizaki T，Katsumura T，et al．Effects of moderate acute exercise on expression of mRNA involved in the calcineurin signaling pathway in human skeletal muscle［J］．IUBMB Life，2003，55（7）：409－413．

［14］ Nikolaidis M G，Papazisis K T，Kortsaris A H，et al．Exercise induced changes in c－fos protein level in skeletal muscle of trained rats［J］．Int J Sports Med，2003，

24：96－100.

[15] Goldspink D F, Cox V M, Smith S K, et al. Muscle growth in response to mechanical stimuli [J]. Am J Physiol Endocrinol metab, 1995, 268：288－297.

[16] Chen Y W, Monica J H, Eric P H, et al. Molecular response of human muscle to eccentric exercise [J]. Appl Physiol, 2003, 95：2485－2494.

[17] Ikeda S, Yoshida A, Matayoshi S. Repectitive stretch induces c－fos and myogenin mRNA within several hours in skeletal muscle removed from rats [J]. Arch Phys Med Rehabil, 2003, 84 (3)：419.

[18] 张付，王晔，杨静，等. 大鼠电流损伤 c－fos 与 caspase－8 表达的实验研究 [J]. 华西医学，2006，21 (2)：310－312.

[19] 王晔，刘敏，程薇波，等. 电击死兔骨骼肌及心肌 HSP70 mRNA 和 c－fos mRNA 表达 [J]. 法医学杂志，2008，24 (4)：245－247.

[20] 刘金柱. 间歇性低氧训练对大鼠骨骼肌相关代谢及 c－fos 表达的影响 [J]. 南阳师范学院学报，2012，11 (9)：38－40.

[21] Katsuya K, Koichi N, Emiko S. Localization of myogenin, c－fos, c－jun, and muscle specific gene mRNA in regenerating rat skeletal muscle [J]. Cell and Tissue Research，1995，280 (1)：11－19.

[22] Cho S, Park E M, Kim Y, et al. Early c－Fos induction after cerebral ischemia：a possible neuroprotective role [J]. Cereb Blood Flow Metab, 2001, 21 (5)：550.

[23] Puntschart A, Wey E, Jostarndt K, et al. Expression of fos and jun genes in human skeletal muscle after exercise [J]. Am J Physiol, 1998, 274：29－37.

[24] 杨东仁，牛勇，何凤生. c－fos 基因在乐果中毒后肌无力大鼠肌组织中的表达 [J]. 卫生研究，1999，28 (2)：72－73.

[25] 闫红涛，李斌，刘敏，等. 大鼠肌肉挫伤 c－fos 的表达 [J]. 法医学杂志，2006，22 (2)：95－100.

[26] 王晔，廖志刚，刘敏，等. 大鼠电流损伤多器官 c－Fos 表达研究 [J]. 法医学杂志，2005，2 (3)：171－176.

[27] 席利利. 运动对大鼠骨骼肌 FOS 和 HSP70 表达的影响研究 [D]. 北京：首都体育学院，2008.

[28] Gosppdarowicz D. Purification of a fibroblast growth factor from bovine pituitary [J]. Biol Chem, 1975, 250 (7)：2515－2520.

[29] Xu C, Rosler E, Jiang J, et al. Basic fibroblast growth factor supports undifferentiated human embryonic stem cell growth without conditioned medium [J]. Stem Cells, 2005, 23 (3)：315.

[30] Malkowski A, Sobolewski K, Jaworski S, et al. FGF binding by extracellular matrix components of Wharton's jelly [J]. Acta Biochim Pol, 2007, 54 (2)：57.

[31] Eriksson A E, Cousens L S, Weaver L H, et al. Three dimensional structure of human basic fibroblast growth factor [J]. Proc Natl Acad Sci USA, 1991, 88：3441.

［32］Itoh N. The FGF families in humans, mice, and zebrafish: their evolutional processes and roles in development, metabolism, and disease ［J］. Biol Pharm Bull, 2007, 30 (10): 1819.

［33］Schlessinger J. Common and distinct elements in cellular signaling via EGF and FGF receptors ［J］. Science, 2004, 306 (5701): 1506.

［34］Peters K G, Marie J, Wilson E, et al. Point mutation: an FGF receptor abolishs phosphatidylinositol turnover and Ca^{2+} flux but not mitogeneses ［J］. Nature, 1992, 358: 678.

［35］Schlessinger J. Cell signaling by receptor tyrosine kinases ［J］. Cell, 2000, 103 (2): 211.

［36］Ben-Zvi T, Yayon A, Gertler A, et al. Suppressors of cytokine signaling 1 and 3 interact with and modulate fibroblast growth factor receptor signaling ［J］. Cell Sci, 2006, 119 (2): 380.

［37］Lamothe B, Yamada M, Schaeper U, et al. The docking protein Gabl is an essential component of an indirect mechanism fo fibroblast growth factor stimulation of the phosphatidylinositol 3 - kinase/Akt antiapoptotic pathway ［J］. Mol Cell Biol, 2004, 24 (13): 5657.

［38］Przybylski M. A review of the current research on the role of bFGF and VEGF in angiogenesis ［J］. Wound Care, 2009 (18): 516-519.

［39］Reape T J, Kanczler J M, Ward J P T, et al. IGF increase bFGF induced mitogenesis and upregulates FGFR-1 in rabbit vascular smooth muscle cells ［J］. Am J Physiol, 1996, 270: 141-148.

［40］Dono R, Texido G, Dussel R, et al. Impaired cerebral cortex development and blood pressure regulation in FGF - 2 - deficient mice ［J］. Embo, 1998 (17): 4213-4225.

［41］Pintucci G, Moscatelli D, Saponara F, et al. Lack of EPK activation and cell migration in FGF - 2 - deficient endothelial cells ［J］. Fasen, 2002 (16): 598-600.

［42］Baffour R, Berman J, Garb J L, et al. Enhanced angiogenesis and growth of collaterals by in vivo administration of recombinant basic fibroblast growth factor in a rabbit model of acute lower limb ischemia: dose response effect of basic fibroblast growth factor ［J］. Vasc Surg, 1992 (2): 181-191.

［43］Yashuda Y, Koyama, Tabata Y, et al. Controlled delivery of bFGF remodeled vascular network in muscle flap aild increased perfusion capacities via minor pedicle ［J］. Surg Res, 2008 (1): 132-137.

［44］Gussoni E, Soneoka Y, Strickland C D, et al. Dystrophin expression in the mdx mouse restored by stem cell transplantation ［J］. Nature, 1999, 401: 390.

［45］Cornelison D D, Wold B J. Single cell analysis of regulatory gene expression in queiscent and activated mouse skeletal muscle satellite cells ［J］. Dev Biol, 2004,

191 (2)：270.

[46] Chua K H, Aminuddin B S, Fuzina N H, et al. Basic fibroblast growth factor with human serum supplementation：enhancement of human chomdrocyte proliferation and promotion of cartilage regeneration [J]. Singapore Med, 2007, 48 (4)：324.

[47] Zittermann S I, Issekutz A C. Basic fibroblast growth factor (bFGF, FGF－2) potentiates leukocyte recruitment to inflammation by enhancing endothelial adhesion molecule expression [J]. Am J Pathol, 2006, 168 (3)：835.

[48] Cui H G, Li H Y. Effect of basic fibroblast growth factor (bFGF) on the treatment of exposure of the orbital implants [J]. Zhejiang Univ Sci B, 2007, 8 (9)：620.

[49] 谢举临, 卞徽宁, 李厚东, 等. 碱性成纤维细胞生长因子与瘢痕成纤维细胞Ⅰ/Ⅲ型胶原蛋白的代谢 [J]. 中国组织工程研究与临床康复, 2010, 14 (41)：7657－7660.

[50] 卞徽宁, 陈华德, 郑少逸, 等. 外源性碱性成纤维细胞生长因子对创面愈合病理变化的影响 [J]. 感染、炎症、修复, 2006, 7 (4)：206.

[51] Robson M C. The safety and effect of topically applied recombinant basic fibroblast growth factor on the healing of chronic pressure sores [J]. Ann Surg, 1992, 216：401－406.

[52] Chan J P, Sherrie G C, Carol A, et al. Accelerated wound closure of pressure ulcers in aged mice by chitosan scaffolds with and without bFGF [J]. Acta Biomaterialia, 2009, 51：1926－1936.

[53] 陈宏贞. 按摩对骨骼肌损伤修复过程中 bFGF 表达的影响 [D]. 武汉：武汉体育学院, 2009.

[54] 向峥, 孙林辉, 余斌. 碱性成纤维细胞生长因子 mRNA 在运动性肌损伤骨骼肌中的表达 [J]. 华南国防医学杂志, 2007, 21 (3)：28－30.

[55] 徐明明, 于晓华, 吴耀义, 等. 跑台运动对大鼠骨骼肌急性钝挫伤后 TGF－β1 和 bFGF 表达的影响 [J]. 中国运动医学杂志, 2013, 32 (4)：327－331.

[56] 雷涛. 急性离心运动对大鼠骨骼肌 bFGF 表达的影响 [D]. 苏州：苏州大学, 2007.

[57] 刘晔. 骨骼肌静力性负荷所致损伤机理的研究 [D]. 北京：北京体育大学, 2003.

[58] 兰秀夫. 兔跟腱损伤愈合过程中 bFGFmRNA 表达的实验研究 [J]. 实用手外科杂志, 2003, 17 (3)：159－160.

[59] Puente X P, Sanchez L M, Ovesrall C M, et al. Human and mouse proteases：a comparative genomic approach [J]. Nature Review Genetics, 2003, 4 (7)：544－549.

[60] Woessner J F, Nagase H. Matrix Metalloproteinases and TMPs [M]. New York：Oxford University Press, 2000：1－10.

[61] Sukhova G K, Schonbeck U, Rabkin E, et al. Evidence for increased collagenolysis by interstitial collagenases 1 and 3 in vulnerable human atheromatous

plaques [J]. Circulation, 1999, 99 (19): 2503-2509.

[62] Iimuro Y, Nishio T, Morimoto T, et al. Delivery of matrix metalloproteinese-1 attenuates established liver fibrosis in the rat [J]. Gastroenterology, 2003, 124 (2): 445-458.

[63] Malamitsi-Puchner A, Sarandakou A, Baka S G, et al. Concentrations of angiogenic factors in follicular fluid and in vitro fertilization: Association with oocyte maturity and fertilization [J]. Fertil Steril, 2001, 76 (1): 98-101.

[64] Kypreos K E, Nugent M A, Sonenshein G E. Basic fibroblast growth factor induced decrease in type I collagen gene transcription is mediated by B-myb [J]. Cell-Growth-Differ, 1998, 9 (9): 723-730.

[65] Suzuki K, Enghild J, Morodommi Y, et al. Mechanisms of action of tissue procollagnase by matrix metalloproteinase 3 (stromelysin-1) [J]. Biochemistry, 1990, 29 (44): 10261.

[66] Bedair H, Liu T T, Kaar J L, et al. Matrix metalloproteinese-1 therapy improves muscle healing [J]. Journal of Applied Physiology, 2007, 102 (6): 2338-2345.

[67] Kaar J L, Yong L, Blair H C, et al. Matrix metalloproteinese-1 treatment of muscle fibrosis [J]. Acta Biomaterialia, 2008, 4 (5): 1411-1420.

[68] Michiko Y, Ryuichi T, Takashi K, et al. Matrix metalloproteineses are involved in mechanical stretch induced activation of skeletal muscle satellite cells [J]. Muscle Nerve, 2006, 34: 313-319.

[69] William W, Haiying P, Kiley M, et al. Matrix metalloproteinese-1 promotes muscle cell migration and differentiation [J]. The American Journal of Pathology, 2009, 174 (2): 541-549.

[70] Kieseier B C, Schneider C, Clements J M, et al. Expression of specific matrix metalloproteineses in inflammatory myopathies [J]. Brain, 2001, 124 (2): 341-351.

[71] Zhong D S, Xin Y J, Danielle E, et al. Interstitial flow induces MMP-1 expression and vascular SMC migration in collagen I gels via an ERK1/2-dependent and c-Jun mediated mechanism [J]. Am J Physiol Heart Circ Physiol, 2009, 298: 127-135.

[72] Kherif S, Lafuma C, Dehaupas M, et al. Expression of matrix metalloproteineses 2 and 9 in regenerating skeletal muscle: a study in experimental injured and mdx muscle [J]. Developmental Biology, 1998, 205: 158-170.

[73] 李红卫, 万立华, 马智华, 等. 大鼠皮肤实验性枪弹伤后 MMP-1 和 MMP-3 的表达研究 [J]. 第三军医大学学报, 2008, 30 (13): 1291-1292.

[74] 张宏. 大鼠心脏钝力性损伤的法医学试验研究 [D]. 太原: 山西医科大学, 2004.

[75] 李刚莲. 大鼠皮肤 MMP-2、MMP-9 表达与损伤时间相关性的实验研究 [D]. 重庆: 重庆医科大学, 2009.

代谢组学及其在法医学中的应用展望

董贺文[1]　　陈波[2]　　刘敏[1]

1. 四川大学华西基础医学与法医学院　　**2.** 简阳市公安局

代谢组学是 20 世纪 90 年代末期随着生命科学的发展而发展起来的，是继基因组学、转录组学和蛋白质组学之后兴起的系统生物学的一个新的组学分支，是研究生物体被内外环境因素刺激或扰动后机体代谢产物种类、数量整体变化规律的系统性科学。代谢组学主要研究的是参与生物体新陈代谢、维持生物体正常功能和生长发育的内源性小分子化合物（<1000 Da）的集合。目前用于代谢组学研究的技术主要有核磁共振波谱法、色谱法、质谱法，以及三者之间相互联用法。如果说基因组和蛋白组学告诉我们可能会发生什么，而代谢组学则告诉我们已经发生了什么。尽管对于代谢组学的研究，无论从分析平台、数据处理及其生物解释等方面均面临诸多挑战，但是随着代谢组学不断地发展，目前其已广泛应用于植物、动物、微生物、分子病理、食物以及临床上涉及药物疗效、毒物分析、细胞代谢、疾病诊断等领域。本文对代谢组学相关研究进行综述，并对其在法医学领域的应用作一展望。

1　代谢组学概述

人类基因组计划的基本完成标志着后基因组时代的到来，如何以整体和联系的观点来看待生物体内的物质群，出现了转录组学和蛋白质组学，但是由于生物体内存在着十分完备和精细的调控系统以及复杂的新陈代谢网络，转录组、蛋白质组的研究很难涵盖这些非常活跃而且非常重要的生命活性物质。传统的研究方法缺乏高通量的研究技术，难以建立生物小分子物质复杂体系的研究模式，于是，代谢组（metablolme）和代谢组学（metabolomics 或 metabonomics）就应运而生了。

代谢组学作为一门继基因组学、转录组学和蛋白质组学之后兴起的学科，有其自身的发展历程。现在一般认为，代谢组学源于代谢轮廓（metabolic profiling）分析。早在 20 世纪 70 年代初，Baylor 医学院就发表了有关代谢轮廓分析方面的论文，他们运用 GC—MS 法研究了类固醇、有机酸等代谢物，开创了复杂代谢轮廓研究的先河。1982 年，荷兰应用科学研究所（TNO）的 Van der Greef 在国际上首先采用质谱对尿中代谢指纹进行研究。1983 年，Sadler、Buckingham 和 Nicholson 发表了第一个有关全血和血浆的 1H—NMR 谱。1997 年，Steven Oliver 在研究通过代谢产物的数量和定性来评价酵母基因的遗传功能中率先提出了代谢组的概念。1999 年，英国帝国理工大学 Nicholson 等正式提出代谢组学"metabonomics"概念，紧接着 2000 年 Fiehn 等提出"metabolomics"的概念，至此代谢组学才正式成为一门新学科开始系统研究。具体来说，代谢组学就是运用色谱、质谱、核磁共振（NMR）、毛细管电泳（CE）等技术对细胞、体液和器官等样品中的代谢物进行分离、纯化和检测，再用生物信息学的手段对所获得数据进行分析处理，从而获取有用信息，进而得到一个或一组生物标记物信息的一门新兴学科。

与基因组学、转录组学和蛋白质组学相比，代谢组学具有以下优点：①检测容易。基因和蛋白表达的微小变化经过机体复杂的生化过程在代谢物上会得到放大，且其研究不需建立全基因组测序及转录表达的专业数据库。②检测技术及仪器通用。各组织中代谢物种类差异不大，且目前毒（药）物分析所用仪器大多能够应用于代谢组学。③包含的信息丰富。代谢组学受到的影响因素较其他组学多，而且受到外界因素作用后机体反应更灵敏。

根据研究对象和目的的不同，Oliver Fiehnt 将生物体系的代谢物分析分为四个层次：①代谢物靶标分析（metabolite target analysis）。针对某个或某几个特定代谢产物进行分析，有时为了提高检测的灵敏性，须采取一定的预处理技术去除干扰物。②代谢轮廓分析（metabolic profiling analysis）。对某一类结构、性质相关的化学物（如脂质、氨基酸、糖类），或某一代谢途径的特定代谢物进行定量分析，常用于药物研发。③代谢组学分析（metabonomics）。对一定条件下某一生物样品或细胞所有内源性小分子量代谢组分的定性和定量分析，为了保证高灵敏度、高选择性、高通量的要求，对样品的预处理和检测技术要求较高，除此之外，用于代谢组学研究中涉及的数据较为庞大，还需要相关化学计量学技术的支撑。严格的代谢组学还必须包括未知代谢物鉴定策略以及分析结果与生化网络模型的比较。④代谢指纹分析（metabolic fingerprinting analysis）。不具体鉴定某一组分，通过比较代谢指纹图谱的差异整体定性分析样品。

严格地说，只有代谢组学分析才是我们感兴趣的代谢组学研究，由于目前所有用于代谢组学研究的技术都不能够达到真正地检测到所有物质的要求，所以对代谢组学研究的表述应为设法分析尽可能多的代谢组分。

2 代谢组学样本采集及制备

样品的采集和制备是代谢组学研究的关键环节，样品选择的不同对实验结果的影响也不一样。由于机体内源性小分子代谢物易受内外因素（饮食、性别、年龄、环境、昼夜、地域等）的影响，所以在样品的采集和制备过程中应避免不感兴趣的影响因素的干扰。根据要研究的对象和所用的检测技术的不同，所需生物样品的提取和预处理方法也有所不同。如采用 NMR 技术时，相比质谱技术，其对样品的前处理就比较简单，对体液的分析仅用缓冲液或水控制 pH 即可。目前用于代谢组学分析的生物样本比较广泛，既包括血液、尿液、脑脊液等液体物质，也包括心、脑、肝、肾、皮肤等器官组织。由于血液和尿液具有获取方便、包含代谢物信息多、前处理较为简单、能够动态观察等优点，因此其成为代谢组学研究中最常用的生物样本。

由于代谢组学样品分析多，采集周期长，且离体的细胞和组织的代谢状态变化迅速，代谢物的质和量也会发生改变，需立即阻断内在酶和空气中氧气等活化因素的影响。目前最常采用的保存方法是-80℃冰冻、液氮降温保存或干燥保存法。张松对血清和尿液稳定性考察的研究中发现，为了保证测量的准确性，应该在样品保存 24 小时内完成检测。

3　代谢组学样品检测

与传统的各种组学技术不同，代谢组学分析方法具有高灵敏度、高通量和无偏向性的特点，因此，选择合适的检测方法就显得尤为重要了。目前应用于代谢组学的技术包括核磁共振、色谱、质谱、毛细管电泳、红外光谱、紫外吸收、电化学检测等。其中，应用最广泛的是核磁共振和色谱－质谱联用技术。

核磁共振（NMR）技术是当前代谢组学研究中的主要技术，常用的核有 1H，13C，31P，15N。以 1H 核应用得最广。NMR 用于代谢组学的研究已经有 20 多年的历史，目前已广泛应用于药物毒性、基因功能和疾病的临床诊断中。相比其他技术，NMR 具有的优势：不破坏样品的结构和性质，无偏向性，样品检测前处理简单，包含的信息丰富，试验方法灵活多样。1H－NMR 的谱峰与样品中各化合物的氢原子是一一对应的，所测样品中的每一个氢在图谱中都有其相关的谱峰，图谱中信号的相对强弱反映了样品中各组分的相对含量。但是 NMR 在代谢组学的应用也有其局限性，主要集中在价格昂贵、检测敏感度较低、代谢物图谱反卷积处理烦琐耗时等方面。近年来魔角旋转技术（MAS）以及多维核磁共振技术的发展，进一步提高了核磁共振的分辨率。

气相色谱－质谱联用（gas chromatography－massspectrometry，GC－MS）是代谢组学技术研究中又一应用比较广泛的分析方法。目前已成为植物和微生物功能基因组代谢表型研究的常规分析技术。其主要优点是灵敏度高，能检测到大量低含量的小分子代谢物，受基体效应影响小，质谱碎片的重复性高。但是 GC－MS 也存在基质干扰和非极性物质难电离的缺点。就其技术分析而言，代谢物分为不需要化学衍生的挥发性代谢物和需要化学衍生的非挥发性代谢物（血液、尿液中的氨基酸、脂肪酸、糖类等）。大多数的代谢物属于非挥发性，检测前需衍生化处理，常用的衍生化试剂主要有硅烷化试剂、烷基化试剂以及酰基化试剂等，对于涉及一次或几次分析测定多个化合物类别的样品时，样品的制备较为复杂，且容易损失部分代谢物。液相色谱－质谱联用（liquid chromatography－mass spectrometry，LC－MS）和毛细管电泳－质谱联用（capillary electrophoresis－mass spectrometry，CE－MS）等色谱－质谱联用技术的发展弥补了 GC－MS 的缺陷，但是自身也存在通量、重现性较差以及检测到的大量离子难以鉴别的缺陷。

4　数据分析方法

由代谢组学得到的信息是多维、复杂的，为了充分解读数据中潜在的信息，需要结合化学计量学理论和多元统计分析方法，对采集到的原始数据信息进行压缩、降维和归类，得到合适的模式识别方法，从中获取感兴趣的信息。数据分析过程中应用的主要手段为模式识别技术，包含非监督（unsupervised）学习方法和有监督（supervised）学习方法。非监督学习方法又称无监督学习方法，在识别过程中无须有关样品分类的信息背景，直接从原始谱图信息或预处理后的信息中对样本进行归类，并采用相应的可视化技术直观地表达出来。该方法将得到的分类信息和这些样本的原始信息（如药物的作用位点或疾病的种类等）进行比较，建立代谢产物与这些原始信息的联系，筛选与原始信息相关的标志物，进而考察其中的代谢途径。主要包括主成分分析（principal components analysis，PCA）、非线性映射、簇类分析等。其中以主成分分析运用较为广泛，其作为多元统计分析模式中的一种，主要应用于对高维数据空间进行降维，从而降低问题的复杂性。主成分通过主成分矢量值的累加来反映其所包含的信息量，信息量越高，对原有的信息损失越小。在代谢组学分析中主要用于代谢轨迹分析（trajectory analysis），如 Holmes 等采用此方法分析 $HgCl_2$ 和 BEA 的肾毒性的代谢轨迹。

有监督的学习方法又称有监督的学习或有师的学习，相对于无师学习，前者需要建立类别间的数学模型，使各类样品间达到最大的分离，并利用建立的多参数模型对未知的样本进行预测。通过此种方法还需要防止样品归类过拟合，必要时还需测试模型的性能。应用代谢组学中常用的有 K 最邻近法（K-nearestneighbor classification method，K-NN）、软独立建模分类法（soft independent modeling of class analogy，SIMCA）、偏最小二乘法（partial least squares，PLS）、人工神经元网络（neutral network，ANN）、正交（O）-PLS。偏最小二乘法可视为主成分分析法的回归延伸，是有监督的识别模式中应用最多的一种，可对未知样品分组预测。再经正交信号校正处理有助于优化分型，提高随后的多变量模式识别分析和模型预测能力。目前已广泛应用于植物、药物研发和疾病诊断等领域。

PCA 和 PLS-DA 是代谢组学研究中最常用的模式识别方法。通过得分图（score plot）可以获得对样品分类的信息，通过载荷图（loading plot）可以获得对分类有贡献的变量及其贡献的大小，从而用于发现可作为生物标志物的变量。

在对模式识别前，尚需对通过核磁共振和色谱-质谱技术检测的数据进行预处理，以消除 NMR、色谱、质谱检测过程中样品受到理化条件、仪器检测过程中微小变化所带来的不感兴趣的差异。主要的数据预处理包括滤噪、重叠峰解析、峰对齐、峰匹配、标准化和归一化等。在实际操作中，根据不同的检测技术进行数据的预处理。

5 代谢组学在法医学领域的应用前景

法医学（forensic medicine）是应用医学、生物学及其他自然学科的理论与技术结合，研究并解决法律实践中有关医学问题的一门医学科学。根据实践的需要，法医学又划分为法医病理学、法医毒理学、法医化学、法医物证学、法医人类学、法医临床学和法医精神病学等。代谢组学作为继基因组学、转录组学和蛋白质组学之后兴起的系统生物学的一个新的组学分支，在法医学领域的研究中以法医毒理学、毒物分析报道居多，其次是法医临床学、法医人类学、法医病理学。

5.1 代谢组学与法医毒理学和毒物分析学

毒物通过不同的方式进入机体后，会扰动机体正常生理状态下的内稳态，导致血液、尿液、脑脊液和器官组织中代谢产物种类和浓度的变化，通过代谢组学高通量检测技术，研究毒物（药物）进入机体后代谢变化规律，能够为法医毒理学和毒物分析中关于某种药物的毒性效应、毒作用机制以及所作用的靶器官的研究提供依据。目前代谢组学技术在法医学中的应用以法医毒理学和毒物分析学中的研究居多，已取得了不错的成绩。主要涉及滥用药物、农药、有毒动植物、金属毒物等毒理研究各个领域。Kim 等利用代谢组学技术研究小鼠血清乙醇诱导的肝损伤作用，发现谷胱甘肽过氧化物酶-1 和过氧化氢酶双缺失小鼠巯基转移代谢路径的损害、肝损伤的增强可能与乙醇诱导氧化应激的增强有关。Yang 等利用氢质子－磁共振波谱（1H－MRS）比较 14 名可卡因长期滥用者和 14 名健康志愿者体内代谢物浓度，发现可卡因长期滥用者谷氨酸与总肌酐比值比对照组显著降低，提示谷氨酸在调节可卡因成瘾中的作用，若能使谷氨酸转运和功能正常，或许可以有效地治疗可卡因成瘾。Li 等利用基于 NMR 的代谢组学技术研究高效氯氰菊酯对金鱼的毒性，发现中毒组金鱼大脑和肾中亮氨酸、异亮氨酸、缬氨酸、乳酸盐都有明显改变，破坏了能量代谢，为高效氯氰菊酯的毒理研究提供了试验依据。Cai 等利用基于 UPLC－Q－TOF/MS 的脂质组学研究附子对小鼠的心脏毒性，发现附子的心脏毒性具有剂量依赖性，并筛选了 14 种受附子毒性影响较显著的脂类代谢物。Dudka 等利用 NMR 对 389 名砷、镉和铅职业暴露的健康熔炉工人血清代谢组学进行研究。代谢轮廓分析表明，这些工人体内能量代谢平衡受到干扰，脂蛋白、不饱和脂质和氨基酸水平的变化表明脂质代谢和氨基酸代谢受到干扰。

5.2　代谢组学与法医物证学、法医人类学

代谢组学主要研究的是参与生物体新陈代谢、维持生物体正常功能和生长发育的内源性小分子化合物（<1000 Da）的集合，任何内外因素的刺激或变化都会扰动机体代谢物组分种类和数量的变化。在研究人类样本时，不同的饮食习惯、性别、年龄、昼夜和地域差异都会对人类的代谢物成分产生影响。国内外学者对相关模型进行了探索性研究，并已取得了可喜的成果。巴吐尔·买买提明基于磁共振代谢组学技术，对 92 例不同性别汉族健康人的血清和尿液样本进行研究，发现不同性别人的血清和尿液之间都存在差异的代谢物。曹瑞丽等为探讨地域差异对人体血清代谢谱的影响，应用核磁共振的代谢组学方法对我国 9 个省份的血清样本进行分析，发现东西部、南北方健康人群的血清代谢谱中，葡萄糖、脂蛋白、氨基酸、酮体、肌酸、胆碱等多种小分子代谢产物浓度存在差异。这可能为法医人类学中个体识别提供一定的依据。

5.3　代谢组学与其他法医学分支

代谢组学在法医临床学、法医病理学中的研究报道较少，有学者认为通过代谢组学研究机体代谢谱是否发生有规律的变化，可用于法医临床和法医病理学方面有关问题的研究。

6　结语

代谢组学作为一门新兴学科，尽管近些年一直在发展，但仍处于探索阶段，在方法学和应用两方面均面临着极大的挑战。同时由于机体内存在着十分完备和精细的调控系统以及复杂的新陈代谢网络，任何基因突变、饮食、环境因素等的变化都会引起代谢网络中某个或某些代谢途径的变化。到目前为止，还不能估计机体到底有多少种代谢产物。只有通过不断地提高代谢组学分析技术的灵敏度、分辨率、高通量，同时完善代谢组学数据库，使代谢组学技术更为成熟，才能将代谢组学技术应用到生命研究中的各个领域中去。另外，代谢组学在法医学领域中的应用也初显优势，相信不久的将来，随着代谢组学技术的进步和研究的深入，必将会为法医学鉴定带来一定的希望和突破。

参考文献

［1］ 杜智，刘树业. 刘运德等. 临床代谢组学 ［M］. 天津：天津出版传媒集团，2013：25－59.

［2］ German J B，Bauman D E，Burrin D G，et al. Metabolomics in the opening decade of the 21st century：Building the roads to individualized health ［J］. J Nutr，2004，134（10）：2729－2732.

［3］ Lindon J C，Holmes E，Bollard M E，et al. Metabonomics technologies and their applications in physiological monitoring，Drug safety assessment and disease diagnosis ［J］. Biomarkers，2004，9（1）：1－31.

［4］ Nicholson J K，Connelly J，Lindon J C，et al. Metabonomics：A platform for studying drug toxicity and gene function ［J］. Nat Rev Drug Discov，2002，1（2）：153－161.

［5］ Wishart D S. Metabolomics：applications to food science and nutrition research ［J］. Trends Food Sci Tech，2008，19（9）：482－493.

［6］ Clayton T A，Lindon J C，Cloarec O，et al. Pharmacometabonomic phenotyping and personalized drug treatment ［J］. Nature，2006，440（7087）：1073－1077.

［7］ Greef J van der，Leegwater D C. Biomed ［J］. Mass Spectrom，1983，10（1）：1.

［8］ Lindon J C，Nicholson J K，Holmes E. The Handbook of Metabonomics and Metabolomics ［M］. Amsterdam：Elsevier，2007.

［9］ Nicholson J K，Lindon J C，Holmes E. Metabonomics：Understanding the Metabolic responses of living systems to pathophysiological stimuli via multivariate staistical analysis of Biological NMR spectroscopic data ［J］. Xenobiotica，1999，29（11）：1181－1189.

［10］ Fiehn O，Kopka J，Dormann P，et al. Metabolite profiling for plant functional genomics ［J］. Nat Biotechnol，2000，18（11）：1157－1161.

［11］ Nicholson J K，Wilson I D. Opinion：Understanding "global" systems biology：metabonomics and the continuum of metabolism ［J］. Nat Rev Drug Discov，2003，2（8）：668－676.

［12］ Raamsdonk L M，Teusink B，Broadhurst D，et al. A functional genomics strategy that uses metabolome data to reveal the phenotype of silent mutations ［J］. Nat Biotechnol，2001，19（1）：45－50.

［13］ Fiehn O. Metabolomics－The link between genotypes and phenotypes ［J］. Plant Mol Biol，2002，48（1－2）：155－171.

［14］ Liu X，Zhou Y，Li Z，et al. Anti－depressant effects of Xiaoyaosan on rat model of chronic unpredictable mild stress：a plasma metabonomics study based on NMR spectroscopy ［J］. J Pharm Pharmacol，2012，64（4）：578－588.

［15］ Bouatra S，Aziat F，Mandal R，et al. The human urine metabolome ［J］. PloS one，2013，8（9）：e73076.

[16] 张松. 基于核磁共振代谢组学分析的血清和尿液稳定性考察 [J]. 山西医科大学学报, 2015, 46 (1): 30—34.

[17] Roux A, Lison D, Junot C, et al. Applications of liquid chromatography coupled to mass spectrometry—based metabolomics in clinical chemistry and toxicology: A review [J]. Clin Biochem, 2011, 44 (1): 119—135.

[18] Trygg J, Holmes E, Lundstedt T. Chemometrics in metabonomics [J]. J Proteome Res, 2007, 6 (2): 469—479.

[19] Eriksson L, Antti H, Gottfries J, et al. Using chemometrics for navigating in the large data sets of Genomics, Proteomics, and Metabonomics (gpm) [J]. Anal Bioanal Chem, 2004, 380 (3): 419—429.

[20] Kim S J, Lee J W, Jung Y S, et al. Ethanol induced liver injury and changes in sulfur amino acid metabolomics in Glutathione Peroxidase and Catalase double knockout mice [J]. J Hepatol, 2009, 50 (6): 1184—1191.

[21] Yang S, Salmeron B J, Ross T J, et al. Lower glutamate levels in rostral anterior cingulate of chronic cocaine users—A 1H—MRS study using TE—averaged PRESS at 3 T with an optimized quantification strategy [J]. Psychiatry Res, 2009, 174 (3): 171—176.

[22] Li M, Wang J, Lu Z, et al. NMR—based metabolomics approach to study the toxicity of lambda — cyhalothrin to goldfish (Carassius auratus) [J]. Aquate Toxicol, 2014, 146: 82—92.

[23] Cai Y, Gao Y, Tan G, et al. Myocardial lipidomics profiling delineate the toxicity of traditional Chinese medicine Aconiti Lateralis Radix Praeparata [J]. J Ethnopharmacol, 2013, 147 (2): 349—356.

[24] Dudka I, Kossowska B, Senhadri H, et al, Metabonomic analysis of serum of workers occupationally exposed to Arsenic, Cadmium and Lead for biomarker research [J]. Environ Int, 2014, 68: 71—81.

[25] Tian J, Shi C, Gao P, et al. Phenotype differentiation of three E. coli strains by GC—FID and GC—MS based metabolomics [J]. J Chromatogr B Analyt Technol Biomed Life Sci, 2008, 871 (2): 220—226.

[26] Williams R E, Lenz E M, Lowden J S, et al. Themetabonomics of aging and development in the rat: An investigation into the effect of age on the profile of endogenous metabolites in the urine of male rats using 1H NMR and HPLC—TOF MS [J]. Mol Biosyst, 2005, 1 (2): 166—175.

[27] Lu G, Wang J, Zhao X, et al. Study on gender difference based on metabolites in urine by ultra high performance liquid chromatography/time of flight mass spectrometry [J]. Se Pu, 2006, 24 (2): 109—113.

[28] 巴吐尔•买买提明, 勉强辉, 陈春丽, 等. 基于磁共振的新疆汉族不同性别健康人群血清和尿液代谢组学差异分析 [J]. 中南大学学报 (医学版), 2012, 37 (11): 1135—1140.

[29] 曹瑞丽，郭静利，孙博，等. 不同地域人群血清代谢谱分析 [J]. 军事医学，2014，38 (8)：633−637.

[30] Grata E, Boccard J, Guillarme D, et al. UPLC − TOF − MS for plant metabolomics: A sequential approach for wound marker analysis in Arabidopsis thaliana [J]. J Chromatogr B Analyt Technol Biomed Life Sci, 2008, 871 (2)：261−270.

[31] 张高勤，王玫，张大明，等. 代谢组学及其在法医学中的应用展望 [J]. 法医学杂志，2010，26 (5)：374−380.

无明显电流斑电击伤研究进展

董贺文[1]　陈波[2]　刘敏[1]

1. 四川大学华西基础医学与法医学院　2. 简阳市公安局

电流通过机体后可造成皮肤以及其他组织器官的损伤和功能障碍，称为电流损伤或者电击伤（electric injury, electrical burns），严重者可导致死亡，称为电击死（electric death）。根据体表有无明显电流斑，可以将电击伤分为典型与非典型两类。在法医和临床实践中，电击引起的损伤和死亡时常可见，原因多为意外，也可见于自杀和他杀。据世界卫生组织统计，美国在触电事故中大约每年有 0.5％ 的死亡率，其中死于低压电源的约占 60％～70％。钟敏华等研究国内 84 家医院 9695 例电击伤临床资料统计显示，电烧伤占住院烧伤病人的 6.56％，死亡率为 3.1％。法医实践中一般是以电击接触部位的特异性损伤，如电流斑和皮肤金属化等作为电击鉴定的主要依据。非典型电击伤又称无电流斑电击伤，由于体表无电流斑或电流斑不明显，检验难度较大。本文意在对无电流斑电击伤的研究进展进行综述，希望能为法医工作者提供借鉴。

1 各器官损伤特征研究进展

1.1 皮肤

肉眼观察。罗泊涛等研究意外电击致死 16 例尸检病理分析中发现，其中 11 例电流斑不明显，形态多样，以皮肤单纯性表皮剥脱、皮肤质地和颜色改变多见。

光镜检查。光镜下较具特征性的是表皮的极性化改变，表皮细胞扭曲变形，胞体和核变细长，呈栅栏状改变，表皮及皮下出现空泡，真皮胶原纤维肿胀、均质化，甚至凝固性坏死。有时皮肤烧伤边缘部、皮肤钝器损伤、皮肤干燥处及巴比妥中毒或冻伤引起的水泡处也可出现上述改变，应注意鉴别。

电镜检查。秦志强等采用透射电镜（TEM）观察，发现触电部位皮肤的上皮细胞胞浆中基质凝固成团块状，大部分细胞器破坏，可见细胞内膜系统断碎，其下真皮层可见凝固的颗粒状物及胶原纤维凝固性坏死。

理化检查。有学者认为电流作用时产生的高热及电解作用使金属颗粒沉积在皮肤而出现皮肤金属化，可作为电击伤的一种特征性变化。目前常用的检测方法主要有微量化学分析法、扫描电镜 X 线能谱检测法、微束 X 射线荧光光谱法以及原子吸收光谱法，可显示金属元素、检测出皮肤上附着金属异物的分布和疏密程度、区分不同种类导线所致的电流损伤以及观察到不同的金属元素吸收峰不同。损伤局部皮肤金属颗粒的检出，在无明显电流斑及腐败尸体的案例中对电击死的判断有一定的法医学意义。

1.2 心脏

肉眼观察。Shaha K K 等研究认为，无明显电流斑电击死心血不凝，有时心外膜下可见点状或片状出血。

光镜检查。Vittorio Fineschi 等发现电击心脏后心肌碎裂呈特征性改变：扩张膨胀的心肌细胞与超收缩心肌细胞夹杂存在且被增宽的闰盘所分隔；超收缩肌小节的非嗜酸性带状粒细胞与过度拉伸的肌小节交替存在，界限清楚。这种特征性病理学改变对于未形成明显电流斑的电损伤的鉴定有着重要意义。董利等也发现电击后人体心肌纤维呈明显的波浪状排列，心肌纤维断裂，断裂带明显增宽、水肿、坏死。除此之外，Huang Q Y 等观察大鼠电击后的心肌，发现左心室前壁蒲肯野纤维的数量明显降低。

电镜检查。Janssen W 等观察发现电击伤心肌细胞内可见线粒体肿胀，肌丝断裂；肌小节结构发生变化，A 带、I 带消失，Z 线、M 线模糊，排列紊乱，出现异常收缩带。姚季生等也有类似发现，并认为异常收缩带对电击伤（死）的诊断有一定的价值。

理化检查。电击时常见心肌损伤，在心肌损伤的理化检验中常以心肌酶同工酶（CK-Mb）的升高为指标，刘鸿艳对 50 例电击伤患者 24 小时内心肌同工酶的检测发现心肌酶同工酶明显增加，可通过其变化对电击后 24 小时之内无明显电流斑电损伤的鉴定有一定帮助，同时也反驳了以往认为心肌酶同工酶不能用于判断电击死的结论。潘守亭、刘小山和欧桂生等均采用免疫组化方法分别研究了电击伤后大鼠心肌基质金属蛋白酶抑制因子 1（TIMP－1）和肌动蛋白（a－Actin）的表达、电击死心房中心钠素（ANP）、电击死心肌组织中纤维连接蛋白的变化，结果发现 ANP 颗粒明显减少，纤维连接蛋白呈强阳性，而对照组为阴性，心肌基质金属蛋白酶抑制因子 1（TIMP－1）和肌动蛋白（a－Actin）的表达呈现出先升高后降低的时间依赖性。除此之外，黄全勇还通过免疫组化的方法对电击死大鼠心脏传导系统变化进行研究，发现电击死大鼠心脏传导系统呈规律性变化：内皮素、血管紧张素 II 和 NPY 表达显著增加，浦肯野纤维、CX43 和 VIP 表达显著减少。

基因检测。无明显电流斑损伤中关于基因检测的研究报道较少。马智华等利用基因芯片技术研究了电击伤后心肌组织基因表达谱的改变，发现电击后心肌组织存在 71 个具有差异性表达的基因及 EST（expressed sequence tags），其中有 35 个基因或 EST 表达上调，有 36 个基因或 EST 表达下调。这些基因涉及凝血过程、炎症反应、核损伤、机体防御、组织代谢、细胞分化成熟、免疫反应等多个方面，此外还有某些基因的功能是未知的。该研究从分子水平上揭示了心脏电击伤（死）的分子机制，丰富了法医学中电击伤（死）研究的内容。

1.3 血管

光镜检查。电流经过皮肤进入体内，常沿电阻较小的血管和神经运行，损害血管壁全层，使受损血管痉挛、血液凝滞、血栓形成或完全栓塞，发生微循环障碍，从而引起电流通路上各器官的损伤。万立华等通过对血管电损伤的研究发现，电击部位血管损伤重，内皮细胞出现不同程度的肿胀、坏死；平滑肌肌浆异染，胞核扭曲伸长呈栅栏状排列，可见大量气化空泡形成，网状纤维融合增粗呈串珠状改变。

电镜检查。秦志强等通过透射电镜（TEM）观察到血管内皮细胞胞浆中有大小不一的空泡，血管中膜平滑肌细胞可见溶解坏死。王晔等通过透射电镜（TEM）对无电流斑电击死兔血管内皮研究，发现电击死兔肺动脉和主动脉内皮细胞可见穿孔，而其他非电击死亡的肺动脉和主动脉内皮细胞均未见穿孔。对 5 例电击死人体组织样本的研究中，发现4 例肺动脉和主动脉内皮细胞可见穿孔，1 例内皮细胞脱失，但可见平滑肌细胞穿孔。

1.4 血液

血液电阻较小，在电流通路上，电流常沿血管传导，除造成血管壁受损，发生微循环障碍，进而引起各器官功能的受损外，还可造成血液中的有形成分及无形成分发生变化，通过对血液中无形成分进行生化检查或有形成分进行形态观察，可为电击伤的检验提供一定的依据。刘慧通等通过对电击后大鼠组织血清学的研究，发现大鼠血清中 CK－MB、AMS 及 ALT 含量的变化随着时间表现出一定规律，其中 CK－MB 表达水平于 0.5 小时升高达峰值，之后逐渐下降，于 6 h 降至正常水平；AMS 表达水平于 15 min 之后开始明显上升，3 h 达峰值，之后逐渐下降，于 8 h 降至正常水平；ALT 表达水平在 3 h 达峰值，之后逐渐下降，于 8 h 降至正常水平。陈国华等通过对家兔高压电烧伤后血清肌酸磷酸激酶变化的研究，发现肌酸磷酸激酶（CK）和它的同工酶（CK－MB）在电击后呈上升趋势（早期升高幅度较大），之后两种酶含量逐渐下降，5～7 d 后降至正常水平。徐运强等通过对家兔低压电击后血清乳酸脱氢酶（LDH）和羟丁酸脱氢酶（HBDH）的活性变化的研究，发现 LDH 和 HBDH 在电击伤后 3 d 内均明显升高。除血液中生化成分的改变外，电击时血液中细胞的形态也发生了改变。王晔等用 220 V 交流电对成人的血液进行不同时间（5 s、10 s、20 s、30 s、1 min）的电击，用透射电镜（SEM）观察血细胞膜的变化，发现红细胞和白细胞的细胞膜均存在穿孔现象。红细胞和白细胞胞膜穿孔的数量和形状不同，其中红细胞穿孔为一个或多个，形状为圆形或卵圆形，白细胞穿孔数较多，往往呈筛网状。同时研究还发现，穿孔细胞数目的变化随电击时间的延长而增多，可由电击 5 s 时的 6％增加至电击 1 min 时的 40％左右。除此之外，细胞膜电穿孔现象还发生在其他电击部位的组织细胞，Gehl J 认为该现象是电流通过人体组织细胞时所形成的具有特征性的形态学变化，对无明显电流斑电损伤的鉴定有实用价值。

1.5 骨骼肌

肢体骨骼肌常位于电流通路上，是机体遭受电流损伤较重的组织。

光镜观察。有研究发现，电击后肌细胞胞浆呈均履状，横纹消失，颗粒空泡变性，严重时出现凝固性坏死。骨骼肌电击后的病理变化可能与电击时发生的强直性痉挛有关。

电镜观察。秦志强通过透射电镜对电击后骨骼肌观察，发现其改变类似于心肌改变，表现为线粒体肿胀，肌质网扩张，肌小节结构破坏，出现异常收缩带。

理化检查。袁增琼运用免疫组化及 RT－PCR 的方法对电击死后大鼠骨骼肌 MuRF1 表达变化的研究发现，电击死组大鼠左后肢腓肠肌 MuRF1－mRNA 表达量于死后即刻升高，1 h、3 h 开始降低；电击死组大鼠左后肢胫骨前肌的表达量于死后即刻升高，1 h 达峰值，3 h 开始降低；死后电击组左后肢腓肠肌、胫骨前肌均较对照组升高，但升高不及电击死组明显。可用于电击死后早期死亡时间的推断。Jonsdottir 等研究表明，大鼠骨骼肌的向心性、离心性收缩会引起白色腓肠肌、红色腓肠肌、比目鱼肌中 IL-6mRNA 表达水平的升高，而对侧未受刺激骨骼肌无升高。王晔等用实时荧光定量 PCR 技术检测电击死后即刻兔骨骼肌 HSP70mRNA 和 c-Fos mRNA 表达变化，得出不管电击致死抑或死后电击即刻骨骼肌 HSP70mRNA 和 c-Fos mRNA 的表达量均升高，两者都可以作为生前电击与死后电击鉴别的指标。

1.6　其他

电损伤引起神经系统的损伤是常见的。神经系统的病理变化主要有神经胶质细胞瘤的形成、神经脱髓鞘病变、空泡样变、血管周围出血等。AbⅢDov 等研究发现受电击时有髓鞘神经纤维比无髓鞘神经纤维更易受损。Roan 等研究发现电击后可发生急性肾功能损害的病理变化，主要表现为蛋白管型的出现。

2　电流传导通路的判断

目前法医学上，尚未见有关于推断电流通路的研究报道。不过关于电流通路的推断，我们可以分为有电流斑与无电流斑两种情形。对于有电流斑者，电流斑就是电流的入口。而无电流斑者，则可根据电流刺激肌肉的收缩及其收缩程度来做出判断。王晔等基于肌肉收缩可以引起某些分子表达的研究使我们有理由认为，可以检测电击死者不同部位骨骼肌的表达情况与肌肉收缩程度来推定电流的通路是可能的。

3　生前及死后电击鉴别

在法医学鉴定中，生前电击与死后电击的鉴别问题一直是重点，也是难点。有学者直接就生前或死后电流斑形态进行观察，发现二者之间的改变基本一致，且不管生前或者死后电击，距皮肤损伤较远处的表皮细胞核仍可变长，说明仅仅通过电流斑的形态学改变是难以区分生前电击或者死后电击的。有学者采用特殊染色方法对生前电击与死后电击处皮肤进行研究，如 Mowory（ABPAS）法、Alcian blue-核固红法，发现 Alcian blue-核固红法染色时生前电击死组网织层呈红色，死后电击组网织层呈蓝色，区别较 Mowory（ABPAS）法明显，不仅对生前电击与死后电击间的鉴别有重要价值，而且有助于无明显电流斑的鉴定。除了电流斑形态学上的研究外，有学者采用免疫组化的方法，对生前电击与死后电击中 Fos 蛋白、Fn 蛋白的表达进行研究，发现 Fos 蛋白、Fn 蛋白在生前电击与死后电击伤皮肤真皮细胞核中的表达不同：在生前电击伤中，Fos 蛋白及 Fn 纤维连接蛋白于电击后 15 min 即出现表达，分别于伤后 1 h、3 h 达高峰；死后电击伤中，两种蛋白表达均为阴性。同时王晔等对生前电击与死后电击 Caspase-8 与 Fos 蛋白的研究中发现，利用二者的变化规律，可以区分死后 30 min 以上电击与生前电击致死，对于死后即刻电击者仍然难以区分。

4 电击工具及死亡时间推断

电击工具的推断亦是法医学鉴定中重要的问题。通常依据电流斑的形态进行推断，如果体表电流斑形态明显，可以根据皮肤损伤形态与可疑的接触电极进行比对，进而推断可能的电击工具。马骥等通过电警棍对皮肤损伤的试验研究，发现电警棍作用于皮肤时总是成对出现，两点间中心距离与电警棍触头间距离相等，根据这些损伤特点，可以推断作案工具为电警棍。但是对于电流斑不明显或者无斑的情况下，往往难以推断，有学者结合案情、事故现场环境、损伤特点等综合分析。电击死后死亡时间的推断目前主要依靠常规死亡时间推断的方法，利用电击相关指标进行推断尚无报道。

5 小结或展望

目前对无明显电流斑的研究报道多集中在组织的微观形态学和生物化学变化方面，通过对电击部位及电击通路上各器官、组织的研究，对于涉及无明显电流斑案件的鉴定有一定的指导意义，但是缺乏特异性，且大多数的研究还仅限于动物模型上，并不能真正地运用到实际的法医学鉴定中。鉴于电流损伤是一种全身性的损伤，这就要求我们今后应该更系统地设计研究方案，从更多的指标中筛选出特异性的标志物，更准确地用于无明显电流斑的诊断。此外，在实际的鉴定中通过搜集相关的案例进行研究，将该方面的研究不仅仅局限于动物试验上。相信不久的将来，通过更多学者的研究，将极大地丰富无明显电流斑的鉴定，更好地为法医学服务。

参考文献

［1］闵建雄. 法医损伤学［M］. 2 版. 北京：中国人民公安大学出版社，2010：432－435.

［2］Nisanci M. An unusual burn injury caused by a car battery［J］. Burn Care Rehabil，2005（26）：379－381.

［3］钟敏华，赵崇华. 国内 84 家医院 9695 例电烧伤病人流行病学资料分析［J］. 中华整形烧伤外科杂志，1993，9（6）：417－418.

［4］罗泊涛，赵颖海，陈小毅，等. 意外电击致死 16 例尸检病理分析［J］. 中华病理学杂志，2009，38（6）：380－383.

［5］刘雁军，张天林，王英元. 无明显电流斑电损伤鉴定的研究进展［J］. 法律与医学杂志，2006，13（4）：289－291.

［6］秦志强，龚毓昌，黄晓华. 电击伤组织超微结构观察［J］. 法医学杂志，2001，17（3）：142－144.

［7］赵子琴，王英元，陈玉川，等. 法医病理学［M］. 3 版. 北京：人民卫生出版社，2004：321.

［8］刘丹，王昊，李上勋，等. 电流斑的环境扫描电镜 X 射线能谱分析［J］. 法医学杂志，2010，26（6）：421－424.

[9] 李立，张建华，罗仪文，等. 微束 X 射线荧光光谱法检测电流损伤皮肤金属化 [J]. 中国法医学杂志，2011，26（1）：1—3.

[10] Acar K，Boz B，Kurtulus A，et al. Using of atomic absorption spectrometry for diagnosis of electrical injuries (an experimental rat study) [J]. Forensic Sci Int，2004，146（S）：S3—S4.

[11] Jakubeniene M，Zakaras A，Minkuviene Z N，et al. Application of atomic absorption spectroscopy for detection of multimetal traces in low voltage electrical marks [J]. Forensic Sci Int，2006，161：36—40.

[12] Shaha K K，Joe A E. Electrocution related mortality：a retrospective review of 118 deaths in Coimbatore，India，between January 2002 and December 2006. [J]. Med Sci Law，2010，50：72—74.

[13] Fineschi V，Karch S B，ErTico S D，et al. Cardiac pathology in deathfrom electrocution [J]. Int J kg Med，2005，10：1007—1010.

[14] 董利，陈玉川，胡丙杰. 电流损伤的病理学及发生机制研究的新进展 [J]. 法医学杂志，2002，18（1）：52—59.

[15] Huang Q Y，Chen Y C，Liu S P. Reduction in Purkinje Fiber number in rats undergone fatal electrocution [J]. Am J Forensic Med Pathol，2012，33（1）：19—21.

[16] Janssen W. Injuries caused by electricity [J]. Forensic Histopathology，1984：261—274.

[17] 姚季生，辛正翰，王健，等. 电击后心脏损伤的实验研究 [J]. 中国法医学杂志，1997，12（1）：12—15.

[18] 刘鸿艳. 电击伤所致心脏损伤及心电图改变 [J]. 实验心脏病杂志，2004，13（1）：175.

[19] 潘世芬，李淑娟，王涛，等. 电击伤致急性心肌梗死 1 例 [J]. 中国心血管杂志，2004，9（4）：309—310.

[20] 潘守亭，万立华，步建平，等. 电击伤后大鼠心肌 TIMP—1 表达的实验研究 [J]. 中国法医学杂志，2008，23（1）：20—22.

[21] 刘小山. 电击死心房心钠素的免疫组化研究 [J]. 法医学杂志，1998，14（3）：144.

[22] 欧桂生，竟花兰，姜富学. 电击死心肌组织中纤维连接蛋白的实验观察 [J]. 中国法医学杂志，2002，17（5）：277—278.

[23] 黄全勇. 电击死大鼠心脏传导系统变化的试验研究 [D]. 广州：中山大学，2010.

[24] 马智华，万立华，潘守亭，等. 利用基因芯片技术研究电击伤后心脏组织基因表达谱的改变 [J]. 第三军医大学学报，2005，27（15）：1561—1563.

[25] 刘耀，丛斌，侯一平，等. 实用法医学 [M]. 北京：科学出版社，2014：278—290.

[26] 万立华，马智华，张佐才. 血管电损伤的实验研究 [J]. 中国法医学杂志，2001，16（1）：19—22.

［27］ Ye W，Min L，Wei B C，et al. Endothelial cell membrane perforation of aorta and pulmonary artery in the electrocution victims ［J］. Forensic Sci Int，2008，178：204－206.

［28］ 刘慧通，谢亚男，杨艳丽，等. 电流损伤后大鼠血清淀粉酶水平的变化及法医学意义 ［J］. 西安交通大学学报（医学版），2011，32（2）：264－265.

［29］ 陈国华，吴亚莉，邵炳荣. 家兔高压电烧伤后血清肌酸磷酸激酶变化的实验研究 ［J］. 中国水电医学，2005（4）：198－199.

［30］ 徐运强，靳彦奎，任俊青，等. 家兔低压电击伤后血清 LDH 和 HBDH 活性变化 ［J］. 法医学杂志，2008，24（2）：102－104.

［31］ 王晔，刘敏，彭雪梅，等. 人体血液体外电击致血细胞穿孔的扫描电镜观察 ［J］. 法医学杂志，2006，22（3）：177－179.

［32］ 董利，陈玉川，胡丙杰. 电流损伤的病理学及发生机制研究的新进展 ［J］. 法医学杂志，2002，18（1）：52－59.

［33］ 袁增琼. 电击死后大鼠骨骼肌 MuRF1 表达的法医学研究 ［D］. 重庆：重庆医科大学，2013.

［34］ Jonsdottir I H，Schjerling P. Muscle contractions induce interleukin－6mRNA production in rat skeletal muscles ［J］. Journal of Physiology，2000，528（1）：157－163.

［35］ 王晔，杨静，王世春，等. Caspase－8 在鼠生前及死后电击伤后多器官的表达 ［J］. 四川大学学报（医学版），2006，37（2）：230－233.

［36］ Janus Todd J，Joseph B，Joseph Barrash. Neurologic and neurobehavoral effects of electric and lightning injury ［J］. J Burn Care Rehabil，1996，17：409－415.

［37］ Abranov G S，Bier M. Alteration in sensory nerve follwing electrical shock ［J］. Bums，1996，22（8）：602－606.

［38］ Rosen C L，Adler J N，Rabban J L. Early predictors of myoglobinuria and acute renal failure following electrical injury ［J］. J Emerg Med，1999，17（5）：783－789.

［39］ 王晔，廖志钢，王世春，等. 大鼠电流损伤多器官 c－Fos 表达研究 ［J］. 法医学杂志，2005，21（3）：171－173，176.

［40］ 王晔，杨静，王世春，等. Caspase－8 在大鼠生前及死后电击伤后多器官的表达 ［J］. 四川大学学报（医学版），2006，37（2）：230－233.

［41］ 廖志钢，吴家驭. 电流斑的光镜和扫描电镜观察及能谱测定 ［J］. 中国法医学杂志，1989，4（3）：142－147.

［42］ 侯养栋，刘雁军，王亚方，等. 特殊染色在电流斑鉴定中的应用 ［J］. 山西医科大学学报，2012，43（5）：394－396.

［43］ 王树法，常海晖，秦启先，等. 生前与死后电击伤的皮肤免疫组织化学的实验研究 ［M］//中国法医学最新科研与实践. 北京：中国人民公安大学出版社，2000：34－36.

［44］ 马骥，王仁，孙长平，等. 电警棍致皮肤损伤的实验研究 ［J］. 法医学杂志，1996，12（2）：71－73.

[45] 宋利军，陈宁，孙德江，等. 高压电致非典型电击征象法医学分析 1 例 [J]. 中国法医学杂志，2011，26（6）：497.

[46] 季炳均，龚先东. 在水中被电鱼器电击死亡电流斑分析 1 例 [J]. 中国法医学杂志，2013，28（3）：261.

[47] 李万军，万立华. 电击伤与电击死的法医学研究进展 [J]. 中国法医学杂志，2007，22（6）：393-395.

[48] Michiue T，Ishikawa T，Zhao D，et al. Pathological and biochemical analysis of the pathophysiology of fatal electrocution in five autopsy cases [J]. Legal Med (Tokyo)，2009，11（S1）：549-552.

精神活性物质所致精神障碍相关问题研究

陈婷玉　　胡泽卿

四川大学华西基础医学与法医学院

1　国际毒品滥用形势

据联合国毒品和犯罪问题办事处（UNODC）发表的《2014 年世界毒品报告》所载，2012 年，15～64 岁的世界人口中估计约有 5.2%（范围：3.5%～7.0%），即大约 2.43 亿人（范围：1.62 亿人～3.24 亿人）在上一年至少使用过非法毒品一次，主要使用的是大麻、阿片类药物、可卡因或苯丙胺类兴奋剂之类的物质。虽然男女非法吸毒状况因国家和所用物质而异，但一般而言，非法吸毒的男性人数很可能超过女性的两到三倍。从常规吸毒者和吸毒致病者或吸毒致瘾者来看，问题毒品使用人数保持稳定，大约为 2700 万人（范围：1600 万～3900 万人）[①]。俄罗斯是海洛因消耗大国，据俄联邦麻醉药物与精神药物流通监管总局的统计资料显示，目前俄罗斯有 60 万吸毒者，而非官方的统计数据则高达 850 万人。俄罗斯卫生和社会发展部统计数据显示，俄罗斯青少年吸毒者多从十四五岁开始接触毒品，有的甚至只有四岁，而全国 20%～30% 的中小学生至少吸食过一次毒品[②]。2012 年全球范围内估计有 1.25 亿～2.27 亿人使用了大麻，占 15～64 岁人口的2.7%～4.9%，欧美为大麻消费大国。2012 年美国大麻使用比例为 12.1%，加拿大为8.4%。欧洲毒品与毒瘾监测中心（EMCDDA）2015 年 6 月 4 日发布的年度报告指出，

---

① 联合国毒品和犯罪问题办公室，《2014 年世界毒品报告》（联合国出版物，出售品编号：E. 14. XI. 7）。

② "吸毒人员低龄化 俄立法严惩毒品犯罪"，中国禁毒网，详见 http://www. nncc626. com/2015-06/30/c_127966868. htm。

2014 年欧盟范围内曾吸食大麻的成年人约为 1930 万人，其中 1460 万人是 34 岁以下年轻人[1]。美国是世界最大的毒品消费国，美国联邦《管制物品法》禁止大麻生产、贩运和占有，但美国华盛顿州[2]和科罗拉多州[3]却改变了大麻监管政策，在满足购买年龄等一些条件的情况下，大麻的授权生产、分配和消费属于合法。这些政策的改变无疑会让大麻的滥用更加严重。

吸毒可对个人健康产生深刻的负面影响，它可以导致过早死亡（过量使用毒品），还可能会造成工作能力丧失（任何短期或长期健康损失），或共用被污染的针头和注射器而感染艾滋病毒或乙型、丙型肝炎，从而严重降低生活质量。美国急诊科 2009 年接诊非法药物使用者超过 97 万人，而 2011 年接诊超过 125 万人。《2015 年世界毒品报告》指出，截至 2013 年，已有约 1650 万人因注射毒品而感染艾滋病[4]。Degenhard 等关于非法吸毒和吸毒成瘾造成的全球疾病负担调查结果显示，2010 年共有 43 万人死于阿片类药物依赖，这表明吸食者人均预期寿命缩短了 46 年。各类毒品造成的丧失岁数和丧失工作能力人数中，男性占 2/3，且在 20～30 岁吸毒者中达到峰值[5]。

2 我国毒品滥用形势

2.1 我国毒品滥用整体上呈增长态势

根据《中华人民共和国刑法》（以下简称《刑法》）第 357 条规定，毒品是指鸦片、海洛因、甲基苯丙胺、吗啡、大麻、可卡因以及国家规定管制的其他能够使人形成瘾癖的麻醉药品和精神药品，具有成瘾性、毒害性及危害性。自 1998 年起，国家禁毒委员会每年向社会发布《中国禁毒报告》，据已经公布的《禁毒报告》[6]，截至 1999 年底，全国登记在册有吸毒人员 68.1 万人。而截至 2014 年底，全国累计登记吸毒人员 295.5 万人（图 1），已登记在册的吸毒人员较 1999 年增长超过 333%。登记在册的只是显性吸毒人员，按照国际通行比例，显性与隐性呈 1：5 的比例，我国实际吸毒人数超过 1400 万人，这意味着在我国每 100 个人即有 1 人吸食毒品[7]。

---

① 新华网《欧洲毒品监控中心报告：报告称欧盟毒品形势依然严峻》，详见 http://news.xinhuanet.com/world/2015－06/05/c_1115522893.htm。
② 美国华盛顿州，《第 502 号动议案》，http://lcb.wa.gov/publications/Marijuana/I－502/i502.pdf。
③ 《第 64 号修正案：大麻的使用与监管》的数据（美国《科罗拉多州宪法》第十八条第 16 节），www.fcgov.com/mmj/pdf/amendment64.pdf。
④ World Drug Report 2015，The Financial Daily，Jul 2，2015。
⑤ L. Degenhardt 等著，非法吸毒和吸毒成瘾造成的全球疾病负担：《2010 年全球疾病负担研究》调查结果。
⑥ 中国禁毒网，1999—2015 年度《禁毒报告》，详见 http://www.nncc626.com/index/ndbg.htm。
⑦ "全国实际吸毒人数：估计 100 人中就有 1 人"，京华网，详见 http://epaper.jinghua.cn/html/2015－06/24/content_210032.htm。

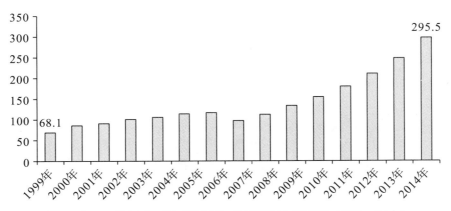

图1　1999—2014年（缺2006年）全国吸毒人员登记（单位：万人）

数据来源：中国禁毒报告

2.2　在毒品滥用的结构和种类上，传统毒品滥用整体上呈下降趋势，新型毒品滥用增长趋势明显

　　根据国家药物滥用监测中心和中国禁毒报告提供的数据，17年来我国毒品滥用呈传统毒品滥用趋势减弱，新型毒品增长趋势明显（图2）：①以"海洛因"为代表的传统毒品滥用明显呈下降趋势。国家药物滥用监测中心公布的《药物滥用流行趋势监测报告摘要》及近年来的《药物滥用监测报告》[①] 显示，2002年我国登记滥用海洛因人员占毒品滥用总人数的比例为87.6%，其后逐年递减，至2014年已下降至51.1%（图3）。而新发生药物滥用者中，海洛因滥用比例从2005年的80.7%降至2014年的13.7%（图4）。1998年我国香港地区吸食海洛因人员约占毒品滥用总人数的比例为80%，至2013年跌至约45.5%（图5）。海洛因仍为我国台湾使用人数最多的毒品，近年来所占比例有所下降（图6）。②冰毒是我国被主要滥用的新型毒品之一。近年来以"冰毒"为代表的新型毒品滥用呈增长态势。据《药物滥用监测报告》显示，在新发生药物滥用者中，冰毒滥用比例从2005年的2.4%上升到2008年的22.1%，至2014年已达70.5%（图4）。自2004年江苏省药物滥用监测中心向国家药物滥用监测中心提交1例冰毒滥用者报告后，自2008年已上升至1029例。

---

　　① 2002—2013年《药物滥用流行趋势监测报告摘要》及《药物滥用监测报告》，数据参考何荣功著《十年来我国毒品滥用趋势与特点的实证分析——兼论我国毒品治理方向的调整》；《2014年度药物滥用监测报告》来源于国家食品药物监督管理总局，http://www.sfda.gov.cn/WS01/CL0001/。

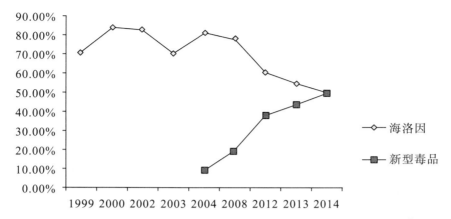

图 2 1999—2014 **年登记滥用海洛因和新型毒品人员变化趋势**（单位：%）

数据来源：中国禁毒报告

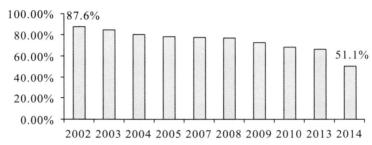

图 3 2002—2014 **年登记滥用海洛因人员所占比例**（单位：%）

数据来源：国家药物滥用监测报告

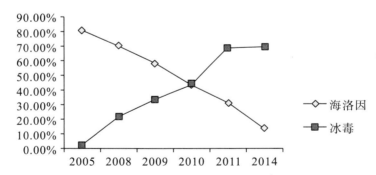

图 4 2005—2014 **年新发生滥用毒品人员比例**（单位：%）

数据来源：国家药物滥用监测报告

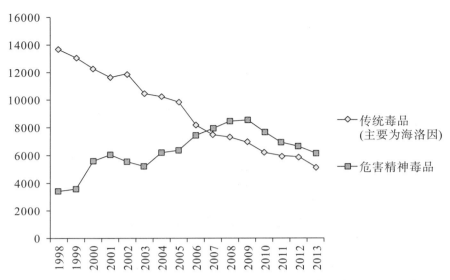

图 5   1998—2007 年香港地区滥用传统毒品和危害精神毒品情况（单位：人）

数据来源：香港药物滥用资料中央档案室报告书

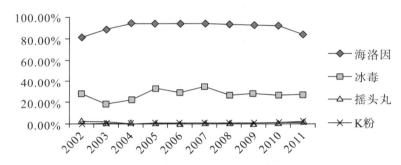

图 6   2002—2011 年台湾地区滥用毒品比例（单位：%）

数据来源：台湾药物滥用与成瘾治疗监管系统报告

2.3 低文化水平，无固定职业的青壮年男性为主要消费群体

据国家公布的《禁毒报告》，1999 年我国吸毒人员男性约占 80%，女性约占 20%。吸毒人员的主要成分是社会闲散人员，占 49%，至 2002 年社会闲散人员占总数的 53%。2012 年的《药物滥用监测报告》显示，男性占 88.3%，初中及以下文化程度占 83.3%，无业人员占 66.7%。2010 年 7 月安徽省某戒毒康复中心对戒毒人员进行问卷调查显示，单纯新型毒品依赖者 213 例中，男性 155 例（72.77%），女性 58 例（27.23%），中学及其以下文化水平占 99.5%。青岛市精神卫生中心 2008 年至 2013 年收治的苯丙胺类兴奋剂滥用所致精神障碍自愿住院治疗者，以男性（89.1%）、高中及以下文化程度（73.5%）、无业（57.8%）为主。

2.4 女性使用者呈增长趋势

尽管女性使用毒品的绝对人数不多，但女性使用毒品人数具有逐渐增长趋势。女性毒品使用者以无业或娱乐服务行业人员居多，比男性更具低龄化和危害更大的趋势，甚至有女性使用毒品来保持苗条体型。据 2004 年公布的《禁毒报告》显示，在毒品问题严重的地方，80％的女性吸毒者从事卖淫活动。江苏省 2006—2008 年药物滥用监测报告显示，女性冰毒使用者从 2006 年的 32 例上升至 2008 年的 178 例。北京市公安局强制戒毒所 2007 年 8 月—2008 年 3 月收治的主要吸食冰毒、摇头丸、氯胺酮的人员调查显示，女性占一半以上（51.5％），以 21~30 岁年龄段、初中文化程度、无业和未婚者居多，而 2011 年 3~7 月收治的主要吸食甲基苯丙胺者，女性占 48.6％。2012 年在上海市自强社会服务总社所做的 63 份个案访谈中，就有 21 名女性吸毒者，其中 25 岁以下的占女性受访者的 67％。

2.5 青少年毒品滥用问题突出

近年来我国青少年滥用毒品，特别是新型毒品的人数增长十分明显。2001 年我国"摇头丸"的滥用人群主要集中在 16~25 岁之间，占"摇头丸"使用者总数的 73％。广东省 2005 年查获的吸食新型毒品人员中，年龄最小的仅为 13 岁。2008 年公安机关掌握的"90 后"吸毒人数为 1.7 万人，2009 年迅速增至 3.7 万人。江西省某强制隔离戒毒康复中心对 200 名戒毒人员的调查分析显示，仅 18~23 岁年龄组就有吸食新型毒品者 70 人，吸食传统毒品者 22 人，占所有戒毒人员的 46％，且 80％吸食新型毒品者认为"不必戒除"，而 88％吸食传统毒品者认为"不可能戒除"或"难以戒除"。云南省少管所抽样调查 954 名犯罪青少年，19.9％有吸毒史。2011—2012 年香港禁毒处抽样调查超过 15 万名学生，包括 100 所小学、106 所中学及 31 所大专院校，其中 86％的小学和 99％的中学有学生吸食毒品，虽然吸食毒品的人数比例较 2008—2009 年抽样调查有所减少[1]，但仍不容小觑。据 2015 年 5 月的相关报道，我国台湾目前毒品滥用人数保守估计已逾 40 万人，近六成为 18 岁以下的青少年[2]。

3 对毒品依赖者的处置

3.1 毒品依赖者的法律责任

在我国吸毒属于违法行为，但并未在《中华人民共和国刑法》中将其列入犯罪行为，我国于 2008 年 6 月 1 日起正式施行《中华人民共和国禁毒法》（以下简称《禁毒法》），根据《禁毒法》第 62 条，吸食、注射毒品者，依法给予治安管理处罚。吸毒人员主动到公安机关登记或者到有资质的医疗机构接受戒毒治疗的，不予处罚。我国目前对于吸毒人员的基本立场是"采取各种措施帮助吸毒人员戒除毒瘾，教育和挽救吸毒人员"，对"吸毒成瘾人员应当进行戒毒治疗"[3]，有学者认为这是一部"有禁无罚"的软法，可能发挥的预防和控制毒品违法犯罪的价值有限，也不利于司法实践对于毒品违法犯罪的打击。

在欧洲国家中，俄罗斯有关法律规定，吸毒者将被强制戒毒或者判处 7 年以下有期徒刑。俄联邦麻醉药物与精神药物流通监管总局建议修改现行《俄罗斯联邦刑法》，对"主动提出戒毒治疗、刑期在 5 年以下且是首犯"的吸毒者减轻刑罚，如果戒毒成功，甚至可

---

① "2011/12 学生服用药物调查"，香港保安局禁毒处，详见 http://www.nd.gov.hk/sc/index.htm。
② "台湾吸毒人数已逾四十万"，人民网，详见 http://www.people.com.cn/GB/channel1/14/20000529/80394.html。
③ 详见《中华人民共和国禁毒法》第 31 条。

完全免除刑罚①。欧盟国家关于毒品滥用者的处置方式可分为三类：一是以瑞典为代表的严格意义上的刑法判罪（criminalization），即毒品的使用属于犯罪行为，将面临刑法范畴内的制裁；二是以荷兰为代表的去刑罚化（depenalisation），即毒品的使用属于犯罪行为，并可能面临罚款、缓刑及犯罪记录等轻度处罚，但免于坐牢等严重制裁；三是去刑法化（decriminalization），自 2001 年 7 月葡萄牙颁行新的禁毒法案，毒品成瘾者不再是"犯人"而是"病人"，即持有并使用毒品不再是刑事司法处置的犯罪行为，而属于行政管理规约的问题。

3.2 毒品依赖者的戒毒处置

我国《禁毒法》要求吸毒成瘾人员要接受社区戒毒或强制戒毒，而"吸毒成瘾的认定办法，由国务院卫生行政部门、药品监督管理部门、公安部门规定"②。通常公安机关在决定成瘾者的处罚上，仅根据成瘾者登记在案数（即被抓获的次数）来进行相应的处理，并未对成瘾者进行风险评估。有学者认为，应根据成瘾者的具体情况，如吸毒年龄、吸毒种类、是否合并反社会型人格障碍或精神疾患、戒毒史或犯罪史等来综合评定成瘾者毒品滥用程度和犯罪风险人群，将成瘾者划分为低风险和高风险人群，以此为治疗基础。

3.3 与物质滥用相关罪犯的特殊处置形式——毒品法庭制度

美国根据各个州的具体情况，将符合条件③的被逮捕者纳入毒品法庭方案，强制参与治疗服务，如脱离治疗及缺席身份庭审会招致及时的制裁。依照"毒品法庭专业人员全国协会（NADCP）"确立的标准，对于被告马上审查以确定是否有资格进入毒品法庭，被告交由专职法官，由该名法官持续监督案件的进展，并惩罚违规者、奖励改进者。毒品法庭的法官及其工作团队可以每周与被告交谈，在督导和协助吸毒者恢复上担任重要及积极角色。毒品法庭承认毒瘾不易戒除，只要满足其他方案要求，允许毒品检测阳性者继续留在方案中，逐渐戒除毒瘾。而随着未成年人毒品滥用人数的增加，又衍生出了未成年人毒品法庭。自 1989 年美国佛罗里达州设立第一个毒品法庭以来，至今美国已有超过 2600 个毒品法庭，而加拿大及澳大利亚④也随后相继建立毒品法庭⑤。这种由检控官、辩护律师、感化主任、被告的家人和老师、社工、戒毒工作者、执法人员及其他医护人员等组成的跨专业团队，对被告实施集督导、毒品测试、治疗、康复及奖惩的治疗性司法，旨在减轻或消除被告对毒品的依赖及吸毒倾向，减少与毒品相关的犯罪行为，以及促进被告重新融入社会。

---

① "吸毒人员低龄化 俄立法严惩毒品犯罪"，中国禁毒网，详见 http://www.nncc626.com/2015-06/30/c_127966868.htm。

② 《中华人民共和国禁毒法》（公安部令第 115 号），详见 http://www.mps.gov.cn/n16/n1282/n3493/n3823/n443156/2684894.html。

③ 美国毒品法庭最初接纳的标准要求个人是初犯、具有非暴力历史的未成年人毒品罪犯。目前有毒品法庭已扩大了它们的角色，囊括了较严重的毒品暴力和较严重的暴力罪犯，还有毒品法庭有了审判后功能，监督因犯罪被其他法院判决的罪犯。

④ 在澳洲，如要符合条件参加毒品法庭计划，犯事者必须属于以下情况：极有可能在定罪后被判处全时间监禁；已表明会认罪；毒品依赖；年龄在 18 岁或以上；愿意参与计划。假如犯事者被控的罪行包括暴力行为的罪行或性罪行，又或犯事者精神状况异常，则不符合条件。

⑤ 详见 http://en.wikipedia.org/wiki/Drug_court。

在我国香港地区，对 21 岁以下的青少年毒犯，综合其罪行的严重程度、犯案记录、减刑理由和更生机会等，可依据《罪犯感化条例》将罪犯纳入感化制度，类似于美国的毒品法庭制度。

4 精神活性物质所致精神障碍

使用毒品类精神活性物质后会导致行为人出现暂时性或永久性的精神病性障碍。ICD-10 中定义，精神活性物质所致精神病性障碍是一组在使用精神活性物质期间或随后发生的精神病学现象，但这种现象不能只根据急性中毒来解释，也不形成戒断状态的一部分。本障碍的特征包括幻觉（典型者为听幻觉，但常多于一种感觉形式）、知觉歪曲、妄想（常具有偏执和被害色彩）、精神运动性障碍以及异常情感表现。CCMD-3 诊断要点与 ICD-10 基本相同。DSM-5 中关于物质/药物引起的精神病性障碍（substance/medication-induced psychotic disorder）的诊断要点为：由物质/药物的生理作用引起的幻觉、妄想症状是突出特征，不包括物质中毒及戒断状态；从病史、体检及实验室检查可以发现物质滥用、中毒或戒断状态的证据；精神障碍发生于物质/药物使用、中毒或戒断期间或之后，可持续数周，而持续使用物质/药物可导致精神症状的持续。使用海洛因、冰毒、K 粉等毒品会使行为人出现幻觉、妄想、敌对性等阳性症状，部分伴有情感障碍，并会损害行为人的认知功能。

4.1 海洛因与犯罪

海洛因是传统毒品的代表，在所有毒品中成瘾性最高，属于中枢神经系统抑制剂，主要是产生欣快和镇静的作用，也能引起幻觉、妄想等精神病性症状。有研究表明，长期使用海洛因出现中度以上情感退缩、被动、淡漠及社交退缩等阴性症状的比例大约为1/3。海洛因依赖者中抑郁症有较高的发病率，较普通人群自杀风险也更大。Shane Darke 等对431 名海洛因滥用者的随访调查显示，入组时仅有 1.6% 尝试自杀者，而 11 年后高达42.2%，其中 18.6% 已尝试自杀多次。共病抑郁症 21.9%，反社会型人格障碍 73.1%，边缘型人格障碍 45.2%。

对北京市 900 例海洛因依赖者回顾性研究发现，因违法犯罪收到劳动教养、判刑的占21.7%，其中犯有两种以上罪行且受到处理的占 3.6%。据资料报道，国外海洛因依赖者的财产犯罪比非药物成瘾者高，且盗窃是海洛因依赖者最常见的犯罪。海洛因 1 年复吸率可高达 97.89%，这可能使得海洛因依赖者为了获得毒资而不顾一切地实施犯罪行为。Trevor 等的 meta 分析指出，海洛因依赖者的犯罪风险是其他人群的 3～3.5 倍，当对海洛因依赖者进行维持治疗后，暴力犯罪率明显下降。

4.2 苯丙胺类兴奋剂与犯罪

以苯丙胺类兴奋剂（ATS）为代表的新型毒品，具有强烈的中枢神经兴奋作用和欣快作用，能够引起使用者烦躁不安、过度警觉及精神运动性激越等。目前全球范围内ATS 滥用中最常见的是冰毒（甲基苯丙胺，MA）及摇头丸（MDMA）。ATS 可引起幻觉、妄想等精神病学症状，从而导致攻击行为，还可引起抑郁、焦虑等情感障碍及睡眠障碍。研究表明 ATS 导致的认知功能障碍，特别是记忆功能的损害，在停止使用后至少持续 6 个月。长期使用 ATS 者多预后不良，甚至终身残留精神病性症状，影响其社会功能。

刘志民等的调查研究表明，10.2% 的 ATS 滥用者出现过攻击他人的暴力行为。国外也有研究表明，MA 的使用导致暴力行为的高发生率，如 Morgan 关于 MA 与暴力行为的研究中，53% 的男性和 44% 的女性表示在使用 MA 后有过暴力行为，而 58% 的男性和 52% 的女性表示自己在使用 MA 后变得很偏执。另一项对 106 名 18～25 岁 MA 滥用者的研究中，67.9% 称至少有过一次暴力犯罪，包括抢劫、谋杀等，34.9% 称有在 MA 的直接影响下实施过暴力行为，受害者多为家人和熟人。对 1561 名南非开普敦高中在校生的调查研究，MA 的使用是攻击行为及抑郁症状的风险因素。在德国德累斯顿，MA 影响下的犯罪占所有毒品影响下的犯罪比例由 2005 年的 53.8% 上升至 2011 年的 82.7%。

5　精神活性物质所致精神障碍犯罪的司法制度

5.1　我国毒品类精神活性物质所致精神障碍犯罪形势

随着我国吸毒人员的增多，与之相关的精神障碍病例也逐年增多。同时，因毒品类精神活性物质所致精神障碍导致的犯罪在法医精神病鉴定中也日益增加，成为社会共同关注的重要问题。2005 年我中心仅有 1 例精神活性物质所致精神障碍，上海市也从 2005 年起才涉及有关吸食毒品的案件鉴定，而 2014 年我中心精神活性物质所致精神障碍已增加至 41 例。

5.2　国外毒品类精神活性物质所致精神障碍犯罪的司法制度

各个国家关于自愿使用毒品导致精神障碍犯罪者的刑事责任能力的判定也不尽相同。国外很多相关法律条文中使用了"醉态"（intoxication）一词，意指服用外来物质（包括酒精饮料、麻醉药品或毒品等）引起的行为人精神和生理功能紊乱的状态。《俄罗斯联邦刑法》第 23 条明确指出，"在使用酒精饮料、麻醉品或其他迷幻药物而导致的不清醒状态中实施犯罪的人，应承担刑事责任"。《瑞典刑法典》第 2 条"在自愿引起的醉酒期间犯罪，或者犯罪人以其他方式使自己暂时丧失意识的，仍以犯罪论处"。《挪威刑法典》第 45 条及《芬兰刑法典》第 4 条也规定，自愿醉酒状态不能减刑。而《希腊刑法典》第 35 条之第二、三款规定，行为人在意识障碍状态下所实施的犯罪行为不是此前所决意实施的，按减轻刑法处罚；行为人对可能实施的行为已经预见或者本来可以预见却因意识障碍状态导致犯罪的，按过失罪归责。《西班牙刑法典》也有此类条款。其他大陆法系国家，多依据原因自由行为理论进行立法或判决。广义的原因自由行为是指故意或过失使自己陷入无责任能力或限制责任能力状态，并在此两种状态下实施了犯罪构成要件该当性的危害行为。《意大利刑法典》第 92～95 条，自愿、过失的醉酒状态不可排除，也不降低可归罪性，预先安排的加重处罚；因习惯性酗酒或沉溺于麻醉品使用者犯罪，加重处罚；而酒精和麻醉品造成的慢性中毒状态中实施行为的，可免除或者降低可归罪性。作为大陆法系代表的德国虽然没有明确立法，但行为人故意或过失造成了自己的缺陷状态，以故意或过失的方式实现某个一定的犯罪行为，可依据原因自由行为基本原则进行判决惩罚。由于在"醉态"下具有实施不特定犯罪行为的危险性，故《德国刑法典》第 323 条 a 中规定，"故意或过失饮酒或使用其他麻醉品，使自己处于无责任能力或不能排除其无责任能力的醉酒状态下实施犯罪行为的，处 5 年以下自由刑或罚金刑；所处刑法不得重于其在醉酒状态下实施的犯罪刑法"。《日本修正刑法草案》第 17 条则指出，对故意或过失导致的精神障碍发生犯罪事实的，排除关于精神障碍状态中犯罪减免刑事责任条款适用。《波兰刑法典》第 31 条第 3 款及我国台湾《刑法修正案》第 19 条也有类似规定。单从精神症状上来判定被鉴定人是否具有刑事责任能力是行不通的，故日本司法精神病鉴定仅对被鉴定人目前的精神状态、作案时的辨认能力和控制能力进行评估，交由法院判断是否是故意或过失，法院对此类犯罪大部分评定为有或限制刑事责任能力。英美法系虽然没有"原因自由行为"这一术语，但在案件辩护上，英国和美国均认可"自愿醉态"作为特定故意犯罪的辩护理由，但不能作为在轻率的态度下实施的一般故意犯罪的辩护理由。如美国《模范刑法典》第 2.08 条规定，自愿醉态只有在否定犯罪要件时才能作为辩护理由。而在加拿大，针对人身伤害案件，"自愿醉态"也可作为对于一般意图的犯罪的辩护理由。

5.3 国内毒品类精神活性物质所致精神障碍犯罪的司法制度

《中华人民共和国刑法》第 18 条："精神病人在不能辨认或者不能控制自己行为的时候造成危害结果，经法定程序鉴定确认的，不负刑事责任，但是应当责令他的家属或者监护人严加看管和医疗；在必要的时候，由政府强制医疗。间歇性的精神病人在精神正常的时候犯罪，应当负刑事责任。尚未完全丧失辨认或者控制自己行为能力的精神病人犯罪的，应当负刑事责任，但是可以从轻或者减轻处罚。醉酒的人犯罪，应该负刑事责任。"CCMD-3 定义"吸食阿片、大麻、中枢兴奋剂、致幻剂等毒品的行为均属于使用精神活性物质"。精神活性物质所致精神障碍属于精神障碍中的一大类，虽然不是原发性精神疾病，其中"急性中毒"和"精神病性障碍"能够直接影响吸毒者的辨认和控制能力。目前，毒品类精神活性物质所致精神障碍者犯罪是否具备减免刑法的条件，我国仍存在很大的争议，主要存在以下三种观点：①确有辨认或控制能力丧失状态时，就应该像精神病人一样评定为无刑事责任能力。这类观点大部分学者都不认同。②从严参照《中华人民共和国刑法》对醉酒者的规定而评定为完全刑事责任能力。有学者认为"醉酒人负刑责"是注意性规定，所以依据"罪行法定原则"及广义的原因自由行为理论，毒品类精神活性物质所致精神障碍者犯罪是具有可罚性的。③折中结合对毒品的心理态度与辨认和控制能力受损状态考虑，对自愿吸毒者评定为限制刑事责任能力，对非自愿吸毒者，则评定为无刑事责任能力。虽然此类案件的犯罪嫌疑人在作案时的辨认能力和控制能力受到了不同程度的损害，且有研究表明，首吸年龄越小，吸毒年限越长，其更容易残留精神病性症状。

司法部于 2011 年颁布的《精神障碍者刑事责任能力评定指南》（以下简称《指南》）（SF/ZJD 0104002—2011）第 4.2.5 条规定："对自愿摄入者，暂不宜评定其刑事责任能力，可进行医学诊断并说明其案发时的精神状态。"但目前我国没有关于精神活性物质所致精神障碍犯罪是否应减免刑责的法律条款，《关于精神疾病司法鉴定暂行规定》第 19 条又仅将行为时的辨认和控制能力作为评定有无刑事责任能力的唯一标准，我国不少学者呼吁将《中华人民共和国刑法》第 18 条第 4 款修改为"因故意或过失行为自行招致辨认和控制能力减弱或丧失的，不适用第 1 款和第 3 款之规定"，并在危害公共安全罪中的第 133 条后增加第 133 条之一："故意或者过失使自己陷于无责任能力状态，并在该状态下实施了本法则分则条文所规定的危害行为的，对该行为又不能依据本法第 18 条第 4 款进行处罚的，处三年以下有期徒刑、拘役或者罚金；情节特别严重恶劣的，处三年以上七年以下有期徒刑，并处罚金。"有学者认为，让鉴定人判断行为人是否处于无能力状态，让法官判断是否出于故意或过失，从而最终决定是否排除免责的适用，在法制比较发达的国家，法官素质较高，但在中国这样一个法制刚起步的国家，这样是对刑事法官的过高期望。也有学者认为，完善《指南》相关条目，必要时细分不同情况进行刑事责任能力评定，如已戒断、迟发型或残留型精神病性障碍等。在实际鉴定过程中，已戒断、迟发型或残留型精神病性障碍等归类于待分类的精神障碍，在刑事责任能力的评定上依据《中华人民共和国刑法》第18条之1~3款规定。

参考文献

[1] Substance abuse and mental health services administration，The DAWN report：highlights of the 2011 drug abuse warning network（DAWN）findings on drug－related emergency department visits，Rockville：Center for behavioral health statistics and quality [R]. 2013.

[2] 倪敏，陆叶. 江苏省2006—2008年新型毒品（冰毒）滥用监测资料分析 [J]. 重庆医学，2010，39（6）：709－712.

[3] 何佩佩，刘新民，李秀. 213例新型毒品依赖症心理健康与个性特征、应对方式的关系 [J]. 中国当代医药，2013，20（28）：165－166，169.

[4] 席巧真，刘传芹. 64例苯丙胺类兴奋剂滥用所致精神障碍临床分析 [J]. 中国药物依赖性杂志，2014，20（2）：85－87.

[5] 王艳芬，张玉竹，连智，等. 北京地区三种新型毒品流行滥用特征 [J]. 中国药物依赖性杂志，2008，17（6）：445－454.

[6] 邹海鸥，郭瑞卿，李峥. 甲基苯丙胺滥用者对新型毒品的认识、态度以及滥用倾向 [J]. 中国药物依赖性杂志，2012，21（6）：459－463.

[7] 范志海，李建英. 青少年吸食合成毒品问题的社会学分析 [J]. 社会学与社会工作，2012（5）：9－14.

[8] 何荣功. 十年来我国毒品滥用趋势与特点的实证分析 [J]. 辽宁大学学报（哲学社会科学版），2012，40（2）：117－123.

[9] 徐小良. 强制隔离戒毒人员吸食新型毒品相关情况调查分析与对策 [J]. 中国药物依赖性杂志，2012，21（1）：54－57.

[10] 焦峰，韩云涛，李飞，等. 云南省犯罪青少年吸毒情况及原因分析 [J]. 中国学校卫生，2007，28（9）：786－787.

[11] 姚建龙. 反思《中华人民共和国禁毒法》的"有禁无罚" [J]. 政治与法律，2008（7）：95－98.

[12] 贾文华. 葡萄牙治理毒品危害的去刑法化改革：绩效与借鉴 [J]. 犯罪研究，2014（4）：94－102.

[13] 周旭辉，郝伟. 风险原则与戒毒治疗的探讨 [J]，中国药物滥用防治杂志，2004，13（1）：63－67.

[14] 郝伟. 我国吸毒现状、相关问题与对策 [J]，中国药物依赖性杂志，2004，13（3）：

227—230.

[15] 王志亮. 美国少年司法的新发展：少年法庭与毒品法庭 [J]. 青少年犯罪问题，2014（4）：104—110.

[16] 北京协和医院世界卫生组织国际分类家族合作中心. 疾病和有关健康问题国际统计分类 [M]. 2 版. 北京：人民卫生出版社，2008：250—254.

[17] 中华医学会精神科分会. 中国精神障碍分类与诊断标准 [M]. 3 版. 济南：山东科技出版社，2001：62—73.

[18] 郭强，李兰. 海洛因依赖者伴发精神障碍 [J]. 中国药物滥用防止杂志，2001，6（35）：23—24.

[19] 武力勇，贾建平. 精神活性物质所致认知功能障碍的研究进展 [J]. 中国神经精神疾病杂志，2008，34（1）：58—60.

[20] 邓先华，黄志彪，李学武，等. 4 种精神活性物质所致精神障碍临床特征的比较 [J]. 临床精神医学杂志，2013，23（1）：15—18.

[21] Angelo GI Maremmani，Luca Rovai，Fabio Rugani，et al. Chronology of illness on dual diagnosis heroin addicts：The role of mood disorders [J]. Journal of Affective Disorders，2015，179：156—160.

[22] Shane Darke，Joanne Ross. Patterns and correlates of attempted suicide amongst heroin users：11year follow up of the Australian treatment outcome study cohort [J]. Psychiatry Research，2015，227：166—170.

[23] Chun Hung P，Jia Rong J. Excessive suicide mortality and risk factors for suicide among patients with herion dependence [J]. Drug and alcohol dependence，2014，145：224—230.

[24] 袁力. 北京市 900 例海洛因依赖者流行病学回顾性调查 [J]. 中国药物依赖性杂志，2004，13（1）：63—67.

[25] 杨曦，胡泽卿. 海洛因依赖及其相关法医学问题 [J]. 法律与医学杂志，2007，14（1）：18—22.

[26] 孙步青，叶遇高，秦领军. 615 例海洛因依赖者复吸原因调查与分析 [J]. 中国药物依赖性杂志，2001，10（3）：214—216.

[27] Trevor B，Katy H，David F. The statistical association between drug misuse and crime：A meta analysis [J]. Aggression and violent behavior，2008，13：107—118.

[28] Ingrid H，Anne B. Reduction in conviction for violent crime during opioid maintenance treatment：a longitudinal national cohort study [J]. Drug and alcohol dependence，2012，124：307—310.

[29] Ruth S，Keith F. Psychiatric comorbidity in methamphetamine dependence [J]. Psychiatry Research，2011，186：356—361.

[30] Wareing M，Fish J E，Murphy P N. Working memory deficits in current and previous users of MDMA（ecstasy）[J]. Br J Psycho，2000，91：181—188.

[31] McKetin R，Hickey K，Devlin K，et al. The risk of psychotic symptoms associated with recreational methamphetamine use [J]. Drug and Alcohol Review，

2010，29：358—363.

[32] Leanne Hides, Sharon Dawe. Primary and substance induced psychotic disorders in methamphetamine users [J]. Psychiatry Research，2015，226：91—96.

[33] Simon S L，Domier C，Carell J，et al. Cognitive impairment in individuals currently using methamphetamine [J]. Am J Addict，2009，9 (3)：222—231.

[34] 刘志民，曹家琪，吕宪详，等. 全国部分地区中枢兴奋剂及相关非法经过活性物质滥用留学病学调查 [J]. 中国药物依赖性杂志，2002，11 (4)：286—293.

[35] Arielle B S，Ira Sommers. The cooccurrence of substance use and high risk behaviors [J]. Journal of Adolescent Health，2006，38：609—611.

[36] Pinhey T K，Wells N R. Asian Pacific islander adolescent methamphetamine use：does "Ice" increase aggression and sexual risk？ [J]. Substance Use & Misuse，2007，42：1801—1809.

[37] Morgan P. Methamphetamine trends in five western states and Hawaii. In Pulse check：National trends in drug abuse [R]. Washington，DC：Office of National Drug Control Policy，1997.

[38] Arielle B S，Ira S. Methamphetamine use and violence among young adults [J]. Journal of Criminal Justice，2006，34：661—674.

[39] Andreas Plüü ddemann，Alan J. Flisher. Methamphetamine use，aggressive behavior and other mental health issues among high school students in Cape Town，South Africa [J]. Drug and Alcohol Dependence，2010，109：14—19.

[40] Pietsch J，Paulick T. Escalation of methamphetamine related crime and fatalities in the Dresden region，Germany，between 2005 and 2011 [J]. Forensic Science International，2013，233：51—54.

[41] 杨晓敏，马金芸，郑瞻培. 精神活性物质所致精神障碍及刑事责任能力评定问题 [J]. 上海精神医学，2007 (6)：375—377.

[42] 黄道秀. 俄罗斯联邦刑法典 [M]. 北京：北京大学出版社，2008.

[43] 陈琴. 瑞典刑法典 [M]. 北京：北京大学出版社，2005.

[44] 姜夷. 毒品致精神障碍刑事责任研究 [D]. 大连：大连海事大学，2009.

[45] 陈志军. 希腊刑法典 [M]. 北京：中国人民公安大学出版社，2010.

[46] 黄风. 最新意大利刑法典 [M]. 北京：法律出版社，2007.

[47] 李昌珂. 德国刑法总论 [M]. 北京：法律出版社，2008.

[48] 许久生，庄敬毕. 德国刑法典 [M]. 北京：中国方正出版社，2004.

[49] 陈志军. 波兰刑法典 [M]. 北京：中国人民公安大学出版社，2010.

[50] 原田正純. 精神鑑定ノート 刑事事件の精神鑑定事例からみた 精神障害と犯罪との関係に関する考査 覚せい剤中毒 [J]. 社会関係研究第10巻第1号，2004，12：25—76.

[51] 绪方あゆみ. 薬物犯罪者の責任能力 [J]. 法学研究88号，2010.

[52] 黄继坤，赵俊新. 美国刑法处理醉态犯罪的一般原则 [J]. 中国刑事法杂志，2005 (5)：122—126.

[53] Bondy，Susan J. Self induced intoxication as a defense in the criminal code of Canada：Issues and discussion around Daviault v. R. [J]. Contemporary Drug Problems，1996，23 (4)：571.

[54] 李越峰，周胜俄. 毒品致幻后实施犯罪的可罚性分析 [J]. 中国检察官，2013 (8)：20-22.

[55] 黄志彪，邓先华，谢静，等. 精神活性物质所致精神障碍转归状况及其影响因素研究 [J]. 临床心身疾病杂志，2013，19 (6)：489-492.

[56] 刘士心. 论中国刑法中的原因自由行为——兼论新《刑法》第 18 条的完善 [J]. 河北法学，2002 (2)：46-48.

[57] 郑延谱. 原因自由行为探析 [J]. 法律科学，2009 (6)：105-111.

[58] 吴真. 再议毒品所致精神障碍者的刑事责任能力评定 [J]. 河南公安高等专科学校学报，2005 (5)：52-54.

[59] 张盛宇，赵海，蔡伟雄，等. 毒品所致精神障碍者刑事责任能力评定的现状调查 [J]. 法医学杂志，2014，30 (6)：431-433.

自杀与精神障碍

梁芸丹[1,2]　胡泽卿[2]
1. 成都医学院基础医学院　2. 四川大学华西基础医学与法医学院

世界上每年大约有 100 万人死于自杀，自杀是许多国家人群中前十位死因之一。Desjarlais 等报告，1990 年全世界的自杀死亡人数超过 140 万。在美国，自杀率在 1.1/万左右，每年有大约 30000 人因自杀身亡。

20 世纪 80 年代以后，国外关于自杀的研究逐渐增多，涵盖了医学、社会学、人口学、法学、文化人类学与历史学等众多学科。国内关于自杀的研究主要是以医学为主，医学方面的研究为人们了解自杀的基本状况、关注和干预自杀危机等方面做出了独特的贡献，如从精神病学、公共卫生学等学科对我国自杀的基本状况所做的系列研究。目前关于自杀的定义，迄今为止没有统一的界定标准。有的学者认为自杀是从自杀意念、自杀计划、自杀未遂到自杀死亡连续发展的一个过程，并且随着自杀意念严重程度不断增加，使用更高的致死性方法的自杀者越多，最后导致自杀死亡。中国精神疾病诊断标准（chinese classification and diagnostic of mental disorders-Ⅱ-R，CCMD-Ⅱ-R）对自杀的概念作了描述，诊断标准指出，自杀必须具有以下特点：第一，要有充分根据判定为故意采取自伤或自残行为的蓄意性；第二，根据自杀行为的最终结果不同，将自杀分为自杀既遂与自杀未遂；第三，诊断为自杀必须要有自杀意念的自残或自毁行为；第四，自杀与精神障碍并不矛盾，有精神障碍的人更可能自杀。

精神障碍（mental disorder）或精神疾病（mental illness）是指在各种致病因素（包

括物理、化学、生物、心理、社会等）影响下所导致的精神活动的失调或异常情况的总称。精神障碍除包括精神病外，还包括痴呆、精神活性物质所致精神和行为障碍、心境障碍、神经症性障碍、应激相关障碍、躯体形式障碍、人格障碍等。有资料显示，当前我国精神卫生工作面临着巨大的挑战，在我国疾病总负担中精神障碍排名居首位，约占疾病总负担的 20%，已超过了心脑血管、呼吸系统及恶性肿瘤等疾患。据预测，到 2020 年，我国 20 种主要疾病中有 6 种是精神障碍，而且精神疾病负担将上升至疾病总负担的 25%。

Brent 等的研究表明，精神障碍是自杀的重要原因，特别是青少年的自杀。他们调查 1984—1986 年间美国某地 13~19 岁自杀事件中，92.6% 患有某种精神障碍，其中诊断为重度抑郁（mental depression disorde，MDD）的占 41%。统计提示，自杀率最高的为情绪不稳型人格障碍伴重性抑郁。国外研究发现，65 岁及以上老年自杀死亡者中 71%~95% 的人有重性精神障碍，其中最主要的是抑郁障碍，也有一项研究表明，在中国随着抑郁程度的增加，自杀死亡的危险性亦增大。

自杀行为相关的精神障碍与 18 个病种有关，关联性较高的精神障碍有双相情感障碍、重度抑郁、心境恶劣、精神分裂症、疼痛障碍、特殊恐怖、创伤后应激障碍、酒精依赖、精神发育迟滞、癫痫、人格障碍。本文就与自杀行为相关的几种常见、多发的精神障碍进行综述。

1 抑郁障碍

抑郁障碍是一组高发病率、高死亡率伴有社会心理损害的精神障碍，以情绪低落、思维迟缓和言语动作减少、迟缓为典型症状的临床常见精神疾病之一。抑郁障碍的临床表现可以从闷闷不乐到悲痛欲绝，甚至发生木僵，部分病例有明显的焦虑和运动性激越，严重者可出现幻觉、妄想等精神病性症状。多数病例有反复发作的倾向，每次发作大多数可以缓解，部分可有残留症状或转为慢性。抑郁障碍患者陷于抑郁的情感状态，自尊心降低，对以往喜爱的活动失去兴趣，严重困扰患者的生活和工作，给家庭和社会带来沉重的负担。重性抑郁障碍最常在 30~40 岁发作，在 50~60 岁达到另一发病高峰。据报道，女性重性抑郁障碍的发病率约为男性的两倍，但男性患者自杀率更高。目前抑郁障碍已成为世界第四大疾患。世界卫生组织预测，到 2030 年抑郁障碍将在全球疾病总负担中排名首位，在中国，根据世界卫生组织、世界银行和哈佛大学的一项联合研究表明，抑郁障碍已经成为中国疾病负担的第二大病。我国的抑郁症发病率为 3%~5%，目前患者人数已超过 2600 万。

抑郁障碍在精神疾病中自杀发生率最高，其中重性抑郁障碍患者有过自杀未遂的病例占 50%~70%，有 15% 的抑郁障碍病人最终死于自杀，Roy 等认为，多数精神分裂症自杀未遂者具有抑郁，而自杀死亡者抑郁可能更严重，且其心理学特征，如绝望更显著。国外研究发现，自杀前患有各种精神障碍者高达 90.1%，其中以抑郁障碍发生自杀最为常见，比一般人群高 33.4 倍，65 岁及以上老年自杀死亡者中 71%~95% 的人有重性精神障碍。近年来在国内研究报道，抑郁症病人自杀的发生率为 31.6 %~51.1%。

抑郁障碍自杀死亡是一种自我毁坏的冲动行为，以自我结束生命为最终目的。有研究报道，抑郁障碍的自杀行为不是一种简单的应激反应，而是既受社会心理因素的促发，又涉及神经影像、神经生化、神经内分泌和分子遗传等神经生物学的共同调控作用。随着分子生物学技术及自杀的遗传学研究的发展，自杀的遗传学研究已深入到基因水平，大多数关注单胺类神经递质——5－羟色胺、去甲肾上腺素、多巴胺这类大脑中原有的、用来协助神经元间信息传导的物质，这类物质与抑郁障碍有关。Du 等利用 EcoR V 对同一地区的 44 例抑郁障碍自杀死亡和 92 例非自杀死亡的大脑标本进行了研究，发现单胺氧化酶（monoamine oxidase，MAO）基因多态性与抑郁障碍自杀行为的关联，也发现基因型或等位基因在男性抑郁症自杀和对照组之间有显著的差别，但是女性或整体对照无明显差别，故 MAO 基因可能是男性抑郁症自杀的易感基因，遗传因素通过影响单胺能的活动调节影响抑郁障碍和自杀的风险。

2　双相情感障碍

　　双相障碍（bipolar disorder，BD）也称双相情感障碍，一般是指既有符合症状学诊断标准的躁狂或轻躁狂发作，又有抑郁发作的一类心境障碍。在早期，往往把躁狂和抑郁分开描述，视为两种独立的疾病。1896 年克雷丕林在德法精神病学者研究的基础上，把躁狂和抑郁"合二为一"，明确提出了躁狂－抑郁性精神病的疾病分类学新概念。1957 年德国人 Leonhard 对克雷丕林的躁狂－抑郁症观点提出挑战，把情感障碍分为两大类：既有躁狂又有抑郁发作者称为双相情感性障碍，反复出现躁狂或抑郁发作而无相反相位者称为单相情感障碍。双相障碍临床表现为躁狂发作时，情感高涨、言语增多、活动增多；而抑郁发作时则出现情绪低落、思维缓慢、活动减少等症状。病情严重者在发作高峰期还可出现幻觉、妄想或紧张性症状等精神病性症状。本病的特点是反复（至少两次）出现心境和活动水平明显紊乱的发作，紊乱有时表现为心境高涨、精力和活动增加（躁狂或轻躁狂），有时表现为心境低落、精力降低和活动减少（抑郁）。发作间期通常以完全缓解为特征。由于仅有躁狂的病人相对罕见，而且他们与至少偶有抑郁发作的病人有类似性（在家庭史、病前人格、起病年龄、长期预后等方面），故这类病人也归于双相。双相障碍一般呈发作性病程，躁狂和抑郁常反复循环或交替出现，但也可以混合方式存在。躁狂每次发作症状往往持续的时间是 1 周以上，而抑郁发作持续时间约在 2 周以上，每次发作对患者的日常生活及社会功能等产生不良影响。

　　关于双相情感障碍自杀发生率，Johnson 和 Hunt 发现，双相情感障碍自杀发生率为20％。西班牙的 Lopez 等报告，双相情感障碍自杀未遂的发生率为 33.3％。美国一项最重要流行病学调查显示，双相情感障碍自杀的发生率为 29％。双相情感障碍病人临床表现为情绪不稳定，易发生激越自杀现象，特别是在抑郁相时，双相情感障碍亚型中的快速循环型更容易发生自杀，但自杀最危险的阶段是在双相情感障碍中的混合状态。这说明双相情感障碍的混合型或快速循环型是情感性精神障碍患者自杀危险性较高的一个临床亚型。

　　研究显示，情感障碍的发病机理与中枢 5－羟色胺（5－hydroxytryptamine，5－HT）系统紊乱有关。Greenhill 等在小样本的自杀未遂的住院青少年中发现，严重的自杀未遂者 5－羟色胺下降明显。色氨酸羟化酶（tryptophan hydroxylase，TPH）是 5－HT 神经递质生物合成的限速酶，人类 TPH 基因位于 11p15.3－p14，长 24kb，至少包括 11 个外显子、5' 非翻译区和 3' 非翻译区，TPH 基因的改变可使 5－HT 系统的功能发生紊乱。目前研究发现 TPH 基因的多态性有三种：内含子 7 的 A779C 多态性（I7A218C），内含子 7 的 A218C 多态性（I7A218C）和内切酶 AvaⅢ的限制性片段长度多态性。TPH 基因是许多精神障碍尤其是情感障碍、自杀行为重要的候选基因。

3　精神分裂

精神分裂（schizophrenia，SP）是由于多基因相互作用导致的复杂疾病，其病因复杂，尚未完全阐明，并且该组疾病的起病往往较缓慢，病程多迁延，反复发作，其终生患病率约为 1%。临床表现为基本个性改变，思维、情感、行为的分裂，精神活动与周围环境和内心体验不协调，脱离现实。大多数病人对疾病缺乏自知力，不认为自己是病态。精神分裂症多起病于青壮年，一般无意识障碍和明显的智能障碍，可有注意、工作记忆、抽象思维和信息整合等方面认知功能损害。部分患者发生精神活动衰退和不同程度社会功能缺损。精神分裂症是精神病中最常见的一种精神病。有家系研究，双生子与寄养子均显示了精神分裂症存在遗传倾向，其遗传机制复杂，支持最多的是多基因遗传。在美国有项调查研究了美国的六个区，其调查资料显示，美国这六个区的精神分裂症的年发病率为 0.43‰～0.69‰，在 15 岁以上患精神分裂症的为 0.30%～1.20%。在我国调查了部分地区的精神分裂症，发病率为 0.09‰。根据国际精神分裂症试点（international schizophrenia study，ISPS）调查了 18 个国家的 20 个中心，其历经了 20 多年 3000 多人的调查报告显示，一般人群中精神分裂症年发病率在 0.2‰～0.6‰，平均为 0.3‰。

精神分裂症自杀率高，约 10% 的精神分裂症最终死于自杀。有关资料显示，美国每年用于治疗精神分裂症自杀未遂的费用约在 1.9 亿美元，在美国因自杀而造成的经济损失每年大约是 70 亿美元。精神分裂症死亡原因中最主要的异常死因是自杀，精神分裂症的自杀风险比普通人群高约 8.5 倍。Berier 等研究发现，精神分裂症自杀死亡者所采取的自杀方式较为残酷，比如跳楼，卧轨，锐器、钝器自杀，咬舌等，具有极高的致死性。它是精神分裂症自杀致死的直接危险。精神分裂症自杀的一个重要特征是以妄想为基础的自杀，而且精神分裂症的自杀与普通人群自杀的年龄趋势不同，精神分裂症的自杀者多见于青年人，平均年龄大约在 33 岁左右，而普通人群自杀多见于老年人，自杀的年龄高峰在 65 岁以上。

最近的研究表明，脑源性神经营养因子（brain derived neurotrophic factor，BDNF）的 G196A 的基因分布有自杀史的精神分裂症患者与正常人不同，并认为可将 BDNF 作为自杀的候选基因。脑源性神经营养因子被认为是一些神经元的存活因子，与中枢神经系统神经元的生存以及胆碱脂能、多巴胺能、5－羟色胺能等神经元活性依赖性的可塑性密切相关。既往的一些研究表明，脑源性神经营养因子在精神分裂症的病因学以及抗精神病药的药理学作用中起着至关重要的作用。其发现在精神分裂症无自杀行为组中，脑源性神经营养因子水平低于正常对照组的水平。有研究发现，D2 受体占优势可能是导致精神分裂症阴性症状的重要原因，而脑内脑源性神经营养因子水平的降低，会导致多巴胺受体 D3 在突触后神经元表达的减少，相应地使多巴胺受体 D2 R 相对占优势。精神分裂症及精神分裂症自杀行为不但与脑源性神经营养因子有关，而且与色氨酸羟化酶有关，Paik 等在探索朝鲜人群的精神分裂症及精神分裂症自杀行为与色氨酸羟化酶基因的关系中发现，色氨酸羟化酶的 A218C 多态性与精神分裂症的自杀行为有相关性，精神分裂症者的色氨酸羟化酶的 A218C 基因型和等位基因的分布与正常对照组之间有显著性差异。但 Zill 等对 TPH2 基因启动子区的已知 SNP-437T＞A 单体型-437T＞A-hCV245410 分析，则未发现该位点与精神分裂症自杀行为间存在关联。

4 酒精依赖综合征

酒精依赖综合征（Alcohol Dependence Syndrome，ADS）是指反复饮酒所致的对酒渴求的一种特殊心理状态，表现为对酒的渴求和经常需要饮酒的强迫性体验，可连续或间断性发作。酒精依赖综合征出现的戒断症状可分为早期和晚期，早期出现如焦虑、不愉快、抑郁的情绪，伴有恶心、呕吐、食欲不振、恶寒、出汗、心悸脉频、高血压等植物性神经症状，还可有睡眠障碍，如噩梦、睡眠浅、入睡困难等，慢性患者常晨起时中指及眼睑震颤，严重者不能咀嚼和站立不稳。酒精依赖的发生率由于社会文化背景不同而不同，男性明显多于女性，白种人多于黄种人。从经常性饮酒发展到酒精依赖大约要经过 10～20 年。酒精依赖症可以被分为Ⅰ型和Ⅱ型。Ⅰ型一般在 25 岁以后发病，很少有自发的酒精探索活动，犯罪性低，受环境影响大，无性别限制，程度较轻。Ⅱ型多在 25 岁以前发病，发病较早，程度较重，经常有酒精探索行动，犯罪性很高，人格特征为对新事物的探索倾向性强。

我国酒精依赖的发生率近年来大幅度上升，平均患病率为 32.27‰，目前还在不断增加。国外，首次报道酒精依赖具有家族遗传性和家族聚集性。家系调查、双生子和寄养子等经典的群体遗传学研究都充分表明，基因在酒精依赖的发展中发挥了重要作用。嗜酒者的后代酒精依赖发生率较高，在对寄养子的研究中同样证实了父亲嗜酒其子女嗜酒的风险将大大增加。

酒精依赖综合征具有高复发率、高自杀率、高疾病负担的特点。Blackt 和 Winokur 在 1990 年回顾研究中发现，有 90% 的自杀者都患有不同程度的精神障碍或有药物滥用史，大约有一半的自杀者伴有抑郁症状，大约有三分之一自杀者患有酒精中毒，在酒精依赖患者中约有三分之一出现过自杀行为。在研究自杀行为中，酒精中毒的作用被广泛关注，酒精中毒是自杀的预兆症状之一。在喝酒的时候经常发生自杀，原因是醉酒者的判断力减弱和一些不良的刺激可能促使自杀。Beck 和 Steer 在对年龄、民族、性别、婚姻状况、受雇佣情况、是否患有抑郁障碍、精神分裂症、是否有药物滥用、酒精中毒史、是否有明显的自杀企图等 10 个以上临床特性研究中发现，酒精中毒的诊断能够预示其最终自杀结局。Murphy 等认为，因酒精中毒而自杀死亡者与抑郁障碍有密切联系，酒精中毒伴反复发作的抑郁障碍是自杀最主要的因素，酒精中毒自杀的终身危险性比普通人群要高得多，为 2%～3.4%。

5 总结

关于自杀行为的动机及危险因素研究有心理障碍因素、精神疾病因素、社会结构因素等。其中，精神疾病因素是自杀的重要原因，不论是青少年还是老年，自杀率的高低与精神障碍都有密切关系。自杀与多种精神障碍有关，对精神障碍患者的自杀危险因素、自杀意念强弱、自杀史、目前情绪状态、对待自杀问题的态度、总体精神状况等全面评估，在积极控制病情的同时，加强对高危人群的心理健康维护和心理治疗力度，必要时还需要建立自杀预警监控系统，当然还需要社会的广泛支持，提高精神障碍患者的社会地位，减少自杀观念的产生，加强对自杀的防范，也是减少自杀死亡率的有效措施。

参考文献

[1] Crosby A E，Cheltenham M P，Sacks J J．Incidence of suicidal ideation and behavior in the United States，1994 [J]．Suicide Life Threat Behave，1999，29（2）：131−140．

[2] 翟书涛．关于自杀的研究自杀的发生机制 [J]．临床精神医学杂志，2002，12（2）：97−100．

[3] 费立鹏．中国的精神卫生问题——21世纪的挑战和选择 [J]．中国神经精神疾病杂志，2004，30（1）：1−10．

[4] Coop S J，Kelly C B，King，et al．5−Hydroxyindoleacetic acid in cerebrospinal fluid and prediction of suicidal behaviour in schizophrenia [J]．Lancet，1992，340（8825）：940−941．

[5] Conwell Y，Duberstein P R，Caine E D．Risk factors for suicide in later life [J]．Biol Psychiatry，2002，52：193−204．

[6] Phillips M R，Yang G H，Zhang Y P，et al．Risk factors for suicide in China：An national case − control psychological autopsy study [J]．Lancet，2002，360：1728−1736．

[7] Kessler R C，Borge．Prevalence of and risk factors for lifetime suicide attempts in the national [J]．Arch．Gem．Psychiatry，1999，56（7）：617−626．

[8] Uebelacker L A，Ps Wang．Clinical differences among patients treated for mental health problems in general medical and specialty mental health setting in the National Comorbidity Survey Replication [J]．General Hospital Psychiatry，2006，28（5）：1387−1395．

[9] Wang P S，Demler O．Changing profiles of service sectors used for mental health care in the United States [J]．American Journal of Psychiatry，2006，163（7）：1187−1198．

[10] Leventhal A M．Sadness，depression，and avoidance behavior [J]．Behav Modif，2008，32（6）：759−779．

[11] Mohammadi M R，Davidian H，Noorbala A A，et al．An epidemiological survey of psychiatric disorders in Iran [J]．Clin Pract Epidemol Ment Health，2005（1）：6．

[12] 杨艳杰，王琳，邱晓惠，等．5−羟色胺与抑郁症及自杀行为关系研究进展 [J]．中国公共卫生，2010，26（4）：496−497．

[13] 翟书涛. 自杀学的精神病学侧面（综述）[J]. 国外医学精神病学分册，1991（18）：1—6.

[14] Roy A. Attempted Suicde in Chronic Sohizo Phrenic [J]. Br J Psyehiatry，1984，144：303.

[15] Beautrais A L，Joyce P R，Mulder R T，et al. Prevalence and comorbidity of mental disorders in persons making serious suicide attempts：a case—control study [J]. Am J Psychiatry，1996，153（8）：1009.

[16] Conwell Y，Duberstein P R，Aine E D. Risk factors for suicide in later life [J]. Biol Psychiatry，2002，52（3）：193—204.

[17] Beautras A. A case control study of suicide and attempted suicide in older adults [J]. Suicide Life Threat Behav，2002，32（1）：1—9.

[18] Harwood J，Hawton K，Hope T，et al. Psychiatric disorder and personality factors associated with suicide in older people：a descriptive and case—control study [J]，Geriatr Psychiatry，2001，16（2）：155—165.

[19] 胡泽卿，刘协和，曹莉萍. 抑郁症的自杀未遂及其危险因素分析 [J]. 中华精神科杂志，1997，30（2）：70—73.

[20] 陈德沂，夏友春，严善明，等. 伴自杀行为抑郁症患者的临床特点 [J]. 中国心理卫生杂志，1996，10（2）：89—90.

[21] 孙振晓，于相芬，刘贤臣，等. 抑郁症未遂自杀及相关因素 [J]. 中国神经精神疾病杂志，1995，21（4）：216—218.

[22] 史春兰，周建峰. 262 例抑郁症自杀行为临床分析 [J]. 临床精神医学杂志，2001，11（1）：31.

[23] Du L，Faludi G，Palkovits M，et al. High activity—related allele of MAO—A geng associatiated with depressed sucide in males [J]. Neuroreport，2012，13（9）：1195—1198.

[24] 沈渔邨. 精神病学 [M]. 4 版. 北京：人民卫生出版社，2001：627—638.

[25] Johnson G F，Hunt G. Sucidal behavior in bipolar manic depressive patients and their families [J]. Compr psychiatry，1979，20（2）：159—164.

[26] Purification L，Femando M，Josede L，et al. Suicide attempts in bipolar patients [J]. J Affect Disorder，1988，15（1）：1.

[27] Chen Y W，Dilsaver S C. Lifetime rates of suicide attempts among subjects with bipolar and unipolar disorders relative to subjects with other Axis I disorders [J]. Biol Psychiatry，1996，39（10）：896.

[28] 张明园. 精神科评定量表手册 [M]. 长沙：湖南科学技术出版社，1993：146—165.

[29] Zill P，Baghai T C，Zwanzger P，et al. SNP and haplotype analysis of a novel tryptophan hydroxylase isoform（TPH2）gene provide evidence for association with major depression [J]. Mol Psychiatrl，2004，9（11）：1030—1036.

[30] Fitzpatrick P F. Tetrahy dropterin dependent amino acid hydroxylases [J]. Annu

Rev Biochem，1999，68：355—381.

[31] Mann J J，Arango V，Underwood M D. Serotonin and suicidal behavior [J]. Ann N YAcad Sci，1990，600：476—484.

[32] Lucki I. The spectrum of behaviors influenced by serotonin [J]. Bio Psychiatry，1998，44：151—162.

[33] Tachikawa H，Harada S，Kawanishi Y，et al. Novel polymorphism in the promoter and coding regions of the human cholecystokin in B receptor gene：An association analysis with schizophrenia [J]. American Journal of Medical Genetics，1999，88 (6)：700—704.

[34] 陈佩俊. 精神分裂病人自杀的特征和原因 [J]. 国外医学精神病分册，1988，15 (2)：104.

[35] Wyatt R J，Henter I，Leary M C，et al. An economic evaluation of schizophrenia-1991 [J]. Social Psychiatry Psychiatr Epidemiol，1995，30：196—205.

[36] Harris E C，Barraclough B. Suicide as an outcome for mental disorder：A meta—analysis [J]. Br J Psychiatry，1997，170：205—208.

[37] Caldwell C B，Gottesman I I. schizophrenia how can research influence training and clinical practice [J]. Psychiatric Bulletin，2001，25：46—50.

[38] Roy A. Depression，attempted suicide，and suicide in patients with chronic schizophrenia [J]. Psychiatry Clin North Am，1986，9：193—206.

[39] Huang T L，Lee C T. Associations between brain-derived neurotrophic factor G196A gene polymorphism and clinical phenotypesin schizophreniapatients [J]. Chang Gung Med J，2007，30：408—413.

[40] Angelucci F，Brene S，Mathe A A. BDNF in schizophrenia，depression and corresponding animal models [J]. Molecular Psychiatry，2005，10：345—352.

[41] Gama C S，Andreazza A C，Kunz M，et al. Serum level sofbrain derived neurotrophic factor in patients with schizophrenia and bipolar disorder [J]. NeurosciLett，2007，420：45—48.

[42] Guillin O，Demily C，Thibaut F. Brain—derived neurotrophic factor inschizophr—nia andits relation with dopamine [J]. Int Rev Neurobiol，2007，78：377—395.

[43] Buckley P F，Pillai A，Evans D，et al. Brain derived neurotropic factor in first episode psychosis [J]. Schizophr Res，2007，91：1—5.

[44] Vogel M，Busse S，Freyberger H J，et al. Dopamine D3 receptor and schizophrenia：A widened scope for the immune hypothesis [J]. Med Hypotheses，2006，67：354—358.

[45] Paik I，Toh K，Kim J，et al. TPH gene may be as sociated with suicidal behavior，but not with schizophrenia in the Korean population [J]. Humered，2000，50 (6)：365—369.

[46] Zill P，Buttner A，Eisenmenger W，et al. Analysis of tryptophan hydroxy lase I and Ⅱ mRNA expression in the human brain：A post-mortem study [J]. J Psy chiatr Res，2005，13 (41)：168—173.

[47] 刘兆玺，张敬悬，翁正. 山东省酒依赖流行病学 10 年对比研究 [J]. 中国行为医学科学，1999，8 (4)：293－295.

[48] 沈渔邨. 中国 9 个城市 4 种职业人群酒依赖协作研究 [J]. 中国心理卫生志，1992，6 (3)：112.

[49] Chiara G，Imperato A. Opposite effects of mu and kappa opiate on dopamine release in the nucleus accumbens and in the dorsal caudate of freely moving rats [J]. Journal of Pharmacology and Experimental Therapuetics，1999 (244)：1067－1080.

[50] Lingford-Hughes A R，Davies S J，Mclver S. Addiction [J]. Br Med Bull，2003，65：209－22.

[51] Kreek M J，Nielsen D A，LaForge K S. Genes association with addition：Alcoholism，opiate，and cocaine addiction [J]. Neuromolecular Med，2004，5 (1)：85－108.

[52] 卢小勇，胡斌，陈宪生，等. 江西省阿尔茨海默病、脑血管病所致精神障碍、酒依赖及精神分裂症患病率的调查 [J]. 中华精神科杂志，2005，38 (1)：22.

[53] 柴萌，于晶妮. 酒依赖患者自杀行为的生物学标记 [J]. 临床心身疾病杂志，2007，13 (3)：277－278.

[54] World Health Organization. Suicide Prevention：A Resource for Primary Care Physicians [R]. Geneva，2000.

[55] Beck A T，Steer R A，Trexler L D. Alcohol abuse and eventual suicide：a 5to 10year prospective study of alcohol abusing suicide attempters [J]. J Stud Alcohol，1989，50 (3)：202－209.

[56] Murphy S M，McDonell M G，McPherson S，et al. An economic evaluation of a contingency management intervention for stimulant use among community mental health patient with serious mental illness [J]. Drug Alcohol Depend，2015，153 (1)：293－299.

根据 RNA 推断死亡时间研究进展

王书剑

四川大学华西基础医学与法医学院

　　死亡时间（time of death）在法医学上是指机体死后经历时间（the time since death，TSD）或称死后间隔时间（postmorteminterval，PMI），死亡时间在多数情况下标志着案件发生的时间，推断死亡时间对于案件的侦破有着重要作用。传统的方法主要是根据尸温、超生反应、胃肠内容物消化程度及各种尸体现象等来推断死亡时间。随着基础医学研究的进展及逆转录－聚合酶链反应技术（RT－PCR）的进步，死后 RNA 的降解也受到了关注。

1998 年，Marchuk 等通过检测成年兔子死后韧带、肌腱、软骨组织内 RNA 含量的变化，证明了 RNA 在死后组织中仍具有一定的稳定性。2002 年，Inoue 等发现了死后大鼠脑、心、肝、肺等各组织内 RNA 含量随着 PMI 的延长而逐渐降低，证明了死后不同组织内 RNA 的降解具有一定的时间依赖性。因此，检测死后组织的 RNA 成了推测死亡时间的新方法。目前，国内外在根据 RNA 检测推断死亡时间方面均取得了进展，本文将针对近年来的相关研究进行综述。

1 法医研究中常用的 RNA 检测方法

1.1 逆转录－聚合酶链反应技术

逆转录－聚合酶链反应技术（reverse transcription PCR，RT－PCR）是聚合酶链式反应（PCR）衍生的技术。该技术将 RNA 的逆转录与 DNA 的 PCR 技术相结合，提取组织或细胞中的 mRNA 作为模板，利用逆转录酶将其逆转录成 DNA，再以 DNA 为模板进行 PCR 扩增，进而获得目的基因。RT－PCR 能够分析微量 RNA 样本，是常用的定量分析 mRNA 表达水平的方法。

1.2 实时荧光定量 PCR

实时荧光定量 PCR（real time PCR）是一种利用循环阈值（Ct 值）与起始模板浓度的对数成反比关系来计算 mRNA 的表达水平的方法。与 RT－PCR 相比，实时荧光定量 PCR 具有高效、稳定的优点，能够有效避开平台反应所带来的误差，在定量分析 mRNA 降解的研究中是一个较为理想的技术手段。在实时荧光定量 PCR 中，内对照的选择是其准确定量的关键。2012 年，张萍等通过实时荧光定量 PCR 检测了 6 个国内常用内对照在心肌组织的表达水平，证明了 U6snRNA 可以作为实时荧光定量 PCR 方法在研究死亡时间与心肌核酸降解规律之间的理想内对照。

1.3 其他方法

其他 RNA 检测手段还包括 northern blot、核糖核酸酶 RNA 作图定量法等，但因此类方法的特异性和灵敏度主要取决于标记探针的特异性与标记强度，同时操作条件要求较为严格，故在近年研究中较少使用此类方法。

2 不同组织中 RNA 与 PMI 的关系

2.1 脑组织

2002 年，Inoue 等通过实时荧光 PCR 技术检测了 20℃ 条件下大鼠脑组织内管家基因——甘油醛－3－磷酸脱氢酶 mRNA（GAPDH mRNA）与 β－肌动蛋白 mRNA（β－actin mRNA）的含量，发现了脑组织中 GAPDH mRNA、β－actin mRNA 的稳定性良好，且其降解与时间呈线性关系。2009 年，任广睦等应用一步法 RT－PCR 技术检测了死后大鼠脑组织中管家基因 GAPDH mRNA 与 β－actin mRNA 的水平，发现大鼠脑组织中 mRNA 在死后 5 天仍可检出，进一步证实了脑组织 RNA 与死亡时间显著相关。此结论与 Inoue

等的研究结果相符合，故认为脑组织中 mRNA 稳定性较好，可用于 PMI 特别是晚期 PMI 的推断。同年，任广睦等还通过实时荧光定量 PCR 技术检测了不同死亡时间大鼠脑中管家基因 GAPDH mRNA 和 β-actin mRNA 水平，发现死后经过时间与循环阈值（Ct 值）呈良好线性关系，并建立了死亡时间推断回归方程（GAPDH：$y=15.312+1.531x$，$r=0.943$；β-actin：$y=15.609+1.750x$，$r=0.953$）。据此认为选用管家基因作为 PMI 推断的研究对象，可在法医检案中消除其他基因因个体差异所带来的误差，更加具有实用性。2011 年，刘岳霖于不同时间点取 20℃ 条件下死后大鼠的脑、心肌和肾组织，通过实时荧光 PCR 技术检测总 RNA 中 β-actin mRNA 的 Ct 值后发现各组织 Ct 值变化与死亡时间呈线性关系，且在脑组织中 β-actin mRNA 降解最为缓慢。同时该研究还针对死亡早期与死亡晚期脑组织内 β-actin mRNA 的降解速率做出了比较，结果没有出现具有统计学意义的改变，故认为脑组织中 mRNA 的降解速率在死亡早期与死亡晚期无明显差异。因而认为脑组织中 β-actin mRNA 可作为晚期 PMI 推断的一个指标。2011 年，朱怡等通过 RT-PCR 和实时荧光 PCR 技术测定了小鼠脑组织中 β-actin mRNA、18S rRNA 的含量变化，发现二者的含量比值与死亡时间的对数存在良好线性关系，与之前的研究结论相吻合，且发现 18S rRNA 在死后脑组织中稳定性强于 β-actin mRNA。2015 年，Corina Nagy 等检测了 4℃ 条件下不同死亡时间大鼠脑组织中的 RNA 含量变化，发现 miR-16、miR-34a、miR-124a、miR134 在死后 4 天仍可检出，RNU6B 与 U6 仅在死后 3 天可检出，但含量变化呈现波动性，与死亡时间为非线性关系。miR-16 与 miR-34a 在死后 1 天到达顶峰，随后下降；miR-124a、miR134 分别在死后 2 天、3 天到达顶峰；RNU6B 与 U6 在死后 3 天到达顶峰，随后降解速率明显加快。故认为 microRNA 与 U6 可作为死亡时间推断的参考指标。

依据目前研究成果来看，脑组织中的 RNA 在死后均具有一定的稳定性。与 microRNA 等相比，管家基因（GAPDH mRNA、β-actin mRNA 与 18SrRNA 等）呈现出时序性降解的特性。同时，与其他组织相比，脑组织中 RNA 保存较为完好，死后 5 天仍可检出，且降解速率在死亡早期与死亡晚期并无明显差异，适用于 PMI 特别是晚期 PMI 的推断。

2.2 心肌组织

2009 年，任广睦等通过 RT-PCR 技术检测了不同死亡时间大鼠心肌中的 GAPDH mRNA 和 β-actin mRNA 的水平，发现心脏 mRNA 在死后 3 天内可检出，在死后 5 天完全消失。2010 年，王全芳等通过 RT-PCR 技术检测 25℃ 下大鼠死后心肌肌红蛋白（myglobin，Mb）mRNA 在体保存和离体保存条件下各相应时间段的含量变化，发现 Mb mRNA 与死亡时间成负相关，且在体保存较离体保存降解缓慢，故认为 Mb mRNA 可作为一个推断早期 PMI 的参考指标。2010 年，李文灿等通过实时荧光定量 PCR 检测 25℃ 条件下不同死亡时间大鼠心肌组织中 microRNA 和 18S rRNA 的含量变化，发现大鼠死后 5 天内心肌组织中 miR-1-2 含量无明显变化，此后开始下降；而 18S rRNA 含量在 4 天内逐渐增加，随后缓慢下降。这证实了不同死亡时间大鼠心肌组织中 18S rRNA 的 Ct 值以及 18S rRNA 和 miR-1-2 的 ΔCt 值与 PMI 呈非线性关系，可以作为早期 PMI 推断的指标。2011 年，刘岳霖等采用实时荧光定量 PCR 的方法检测了 20℃ 条件下不同死亡时间大鼠心肌组织中 β-actin mRNA 的含量，发现在死后 24 h 内心肌组织中 RNA 降解速率显著，且 Ct 值的变化与死亡时间存在一定的线性关系，并建立了线性回归方程（$y=0.1394x+19.044$，$r=0.7331$），认为心肌组织中的 β-actin mRNA 可用作早期 PMI 的推断。

与脑组织相比，心肌组织中的 RNA 降解速率较快。在 25℃ 的条件下，GAPDH mRNA 与 β-actin mRNA 等一般仅在死后 3 天内可检出，而 18S rRNA 等相对较为稳定。故心肌 RNA 一般仅适合于作为推断早期 PMI 的指标。

2.3 其他组织

2009 年，任广睦利用 PT-PCR 检测了不同死亡时间大鼠各组织中 GAPDH mRNA 和 β-actin mRNA 的含量变化，发现 RNA 可检出时间比较结果为：脾、脑（5 天）>心脏、肾（3 天）>肝、肺（1 天）。因而认为脑组织和脾脏中 mRNA 的稳定性较好，适用于晚期 PMI 的推断。2011 年，刘岳霖等利用实时荧光 PCR 技术检测了大鼠死后脑组织、心肌及肾脏组织中 β-actin mRNA 的 Ct 值，发现肾脏 RNA 的 Ct 值与死亡时间存在线性关系。与心肌、脑组织相比，肾脏 RNA 降解速率较快，且在死亡晚期降解速率明显低于死亡早期，推测可能原因与随着死亡时间的推移酶促反应的底物浓度逐渐下降有关。2010 年，王克杰等探讨了小鼠死后脾组织 GAPDH mRNA 和 β-actin mRNA 降解情况与死亡时间的关系，发现在 25℃ 条件下小鼠死后 2 天脾脏可检出 RNA，且与时间呈负相关，可作为推断早期 PMI 的参考指标。2011 年，王克杰等利用 PT-PCR 技术检测了 25℃ 条件下小鼠死后肾组织中 GAPDH mRNA 和 β-actin mRNA 的含量变化，2 天可检出 RNA，RNA 含量变化亦与时间呈现负相关。2011 年，Nienke L 等利用实时荧光定量 PCR 技术检测了骨骼发育成熟的家兔死后骨髓中的 18S rRNA，发现在死后 21 天仍可检出 RNA，认为骨髓中的 RNA 可以成为法医学检测的新指标。

目前普遍观点认为，在死后各组织器官中，肝、脾、肾、肺等组织中 RNA 的稳定性不如心肌与脑组织，且脑组织稳定性最好。但针对各组织中 RNA 与死亡时间的具体关系，仍存在一定的争议。各研究结果中存在的差异，可能与酶、温度、实验动物的生理和病理状态等多种因素相关。可以肯定的是，肝、脾、肾、肺等组织中 RNA 的降解仍然与死亡时间呈现一定的相关性，可用作早期 PMI 推断的参考指标，而骨髓中 RNA 降解与死亡时间的关系，仍有待进一步研究。

3 不同温度条件下 RNA 与 PMI 的关系

2007 年，刘季等利用 RT-PCR 探究死后大鼠脑组织中 GAPDH mRNA、18S rRNA 含量在不同的温度（15℃、20℃）下与死亡时间的关系，发现了随着温度的升高，大鼠脑组织中的 GAPDH mRNA 降解速度增加，而 18S rRNA 降解速度基本不受温度影响。2010 年，王克杰等利用 RT-PCR 技术检测了 10℃、25℃ 下小鼠脾脏中 GAPDH mRNA 与 β-actin mRNA 的降解情况，发现在 10℃ 条件下小鼠死后 3 天仍可检测到 RNA，25℃ 条件下小鼠死后 2 天仍可检测到 RNA。2011 年，王克杰等还检测了 10℃、25℃ 下小鼠肾脏中 GAPDH mRNA 与 β-actin mRNA 的降解情况，发现肾脏中 RNA 随时间发生降解，且在 25℃ 时降解速度远远大于 10℃，由此推测环境温度是影响 RNA 降解的重要指标之一。同年，朱怡等通过 RT-PCR 和实时荧光 PCR 技术探究了小鼠死后不同时间和温度

下脑组织 β-actin mRNA、18S rRNA 的降解规律与死亡时间的关系，发现在 37℃ 的条件下，RNA 降解速度明显快于 4℃，因此认为死后 RNA 的降解速度与温度呈正相关。与 β-actin mRNA 相比，18S rRNA 在降解过程中对温度的耐受更好。2014 年，潘晖等利用实时荧光定量 PCR 检测了大鼠腹部皮肤内 β-actin mRNA、18S rRNA、GAPDH mRNA、5S rRNA、microRNA-203 五种 RNA 在不同温度（4℃、15℃、35℃）条件下不同死亡时间的 Ct 值，发现在 4℃ 和 15℃ 温度组中，β-actin mRNA、GAPDH mRNA 与 PMI 呈良好的线性关系，35℃ 下 β-actin mRNA、GAPDH mRNA 与 PMI 呈现 S 形曲线关系，而 18S rRNA 仅在 15℃ 与 35℃ 时与 PMI 呈现一定的线性关系。而 5S rRNA 与 microRNA-203 在各种温度下表达稳定，适合作为内对照。

环境温度与 RNA 的降解特别是 β-actin mRNA、GAPDH mRNA 密切相关，18S rRNA 受温度影响较小，可能与核蛋白的保护作用有关。因此，在实际检案中，应注意考虑温度因素对于 RNA 降解的影响，从而提高 PMI 推断的准确性。

4 不同死因条件下 RNA 与 PMI 的关系

2014 年，吕叶辉等利用实时荧光定量 PCR 技术检测了不同死因条件下（断颈死、窒息死和失血性休克）大鼠心肌内 GAPDH mRNA、β-actin mRNA、iNOS mRNA、HIF-1 mRNA、TNF-α mRNA、IL-6 mRNA 以及 U6 snRNA 含量与死亡时间的关系。发现在死亡早期，GAPDH mRNA、HIF-1 mRNA、iNOS mRNA、TNF-α mRNA 和 IL-6 mRNA 的 Ct 值在窒息组和失血性休克组呈现不同程度的增加，而 β-actin mRNA 在 3 个组中皆呈现下降趋势；在死亡晚期，随着 RNA 的不断降解，所有实验组 RNA 的相对表达量均不断下降。同时 U6 snRNA 受死因影响最小，表达较稳定，可用作内对照，这一结论与 2012 年张萍的研究成果相一致。

在不同的死因条件下，体内 RNA 所参与的组织细胞缺血、缺氧、炎症反应等一系列病理生理变化也会有所不同，故 RNA 的表达量也可能不同。因此，在通过 RNA 检测结果推断 PMI 时，应考虑死亡原因对 RNA 的影响。进一步探究各 RNA 在不同死因下的特征性变化规律，有利于提高 PMI 推断的准确性。

5 展望

检测死后组织中 RNA 的变化作为推断 PMI 的新方法，近年来受到了国内外学者们的广泛关注。GAPDH mRNA、β-actin mRNA、18S rRNA 等管家基因作为常用的检测指标，被广泛应用于实际检案中，其高丰度的优点使得法医更易从现场检材中获得 RNA。然而，根据 RNA 推断 PMI 的方法目前也存在着一些问题：①RNA 含量的个体差异较大，不同个体生理、病理情况的差异会导致 RNA 含量的不同，如有研究表明 β-actin mRNA 在阿兹海默症患者脑组织中的表达高于正常人。这也为根据 RNA 推断 PMI 增添了难度。②RNA 的降解与环境温度、死亡原因等因素密切相关，然而现有研究并未能证实其中明确的关系，因而在实际应用过程中该方法的应用往往受到尸体条件的限制。进一步明确 RNA 降解与温度、死因的关系，是未来研究的重要方向。③目前研究仅局限于动物实验，在实际检案中应用较少，研究结论缺乏相应的案例分析支持。④不同的操作人员、操作方法均有可能导致 RNA 的检测结果出现差异，因而影响了实验结果的准确性与可靠性。

RNA 作为当前研究的热门问题，在死亡时间的推断上也起着重要的作用。虽然根据 RNA 推断死亡时间在现阶段的实际应用过程中存在着各种各样的问题与局限，但相信随着技术的不断进步与研究的不断深入，这一方法必然会成为一个科学可靠的技术手段。

混合斑中精细胞分离方法的研究进展

郑雨滋

四川大学华西基础医学与法医学院

性侵害案件在暴力犯罪中占有很大的比重，刑事案件检材多数与性侵害有关。在这些法医物证所检验的混合斑检材中，以精阴混合斑最常见，如何从女性阴道分泌液与男性精液组成的混合斑迹中获得精子细胞的准确 DNA 分型，一直是科研人员研究的热点。多数情况下，这类混合斑迹的检验条件较差，特别是少量男性精子细胞处于大量女性上皮细胞的背景下，且黏附于载体上，洗脱效率低，采用常规方法对男性物质进行分离检验非常困难，有时即使获得了分型结果，也往往表现为多组分并存的混合分型，使结果的分析变得相当复杂。因此，从精阴混合斑中分离出精细胞并获得单一的男性 STR 分型，对于案件的侦破有着重要的意义。为了进一步了解精子细胞分离方法的研究进展，为法医实践提供理论依据，为新技术研发提供科研思路，本文将目前存在的较常见的分离方法进行综述如下。

1 差异裂解法

差异裂解法又名两消法。1985 年，Gill 等根据精子细胞膜表面含有大量的硫醇蛋白（cross－linkedthiol－rich proteins）和二硫键，使得精子细胞较上皮细胞更难裂解这一特点，提出了差异裂解法：女性上皮细胞膜在十二烷基硫酸钠（Sodium dodecyl sulfate, SDS）和蛋白酶 K 作用下溶解，释放上皮细胞 DNA 至悬液中，通过离心可获得精子细胞沉淀物。在 SDS、蛋白酶 K 和二硫苏糖醇（dithiothreitol, DTT）的二次消化作用下溶解，进而获得精子细胞 DNA。

该方法由于其试剂易获取且价格低廉，所需条件较低而得到大范围推广，是目前全国各鉴定机构常用的分离混合斑的方法。在实际检案中，用该方法处理条件较好的混合斑检材时，能够有效去除女性成分，获得男性的准确分型。但对于微量、陈旧或精子相对含量较少的检材，可能因消化不完全或过度消化，导致精子 DNA 损失；且差异裂解法操作过程中的反复洗涤可能导致精子细胞丢失或精子细胞沉淀中包裹女性上皮细胞，从而使结果呈现混合分型；此外，差异裂解法操作复杂，耗时较长，需要跟踪操作，无法实现高通量自动化提取。

近年来，有学者在传统的差异裂解法上进行了各种改进，以克服洗涤过程中精子细胞的损失，以及载体引入所带来的影响。

1.1 EZ−tape胶带分离提取载体上的混合斑

EZ−tape 胶带是公安部物证鉴定中心研制的一种针对脱落细胞的提取装置，其原理为利用胶带直接粘取渗透性和非渗透性客体表面上的脱落细胞，胶带固定在基座上易于操作，使用前后存放于有机玻璃密闭容器中，避免污染。

在进行差异裂解法之前，用 EZ−tape 胶带分离提取混合斑的操作，利用了其不破坏检材载体即可取到载体表面目的细胞的特性。这就避免了检材载体带来的载体体积过大、载体本身易碎易烂、载体所含抑制物以及载体深层附着的大量女性细胞等不利因素，缩短了女性细胞的消化时间，简化了精子的离心分离、洗涤等操作步骤，降低了混合斑分离的难度及成本。这一项改进在很大程度上避免了检材载体带来的不利因素，提升了男性精子的检出率。

1.2 精子富集柱分离技术

早先由 Ladd 等提出了孔径过滤法分离精子细胞。后邵武等利用相似的原理，根据精细胞的结构特点设计制作了精子富集柱（包括柱状结构和离心外套管，柱中细胞富集层具有两层膜结构）。检材经过常规差异裂解法初次消化后，即进入精子富集柱中离心：混合斑检材第一步消化后的混合液流经上层富集膜时，绝大多数精子嵌合在其网状结构中，少量漏过的精子被下层拦截膜完全拦截，而等小分子物质则全部透过。通过该手段，使 DNA 等小分子物质透过，而精子细胞被特异性黏附和拦截在富集层中实现分离。

以上方法使混合斑中精子与女性 DNA 的分离更加彻底，减少了精子的损失，缩短了检验时间。该方法对于精子细胞含量较多、未降解的混合斑检材分离效果较好，能够获得单一的男性精子 STR 分型；但对于陈旧、干燥、降解严重的检材，由于堵塞、精子细胞黏附于过滤介质等问题，细胞回收率不高，常常使得分型失败。

除了以上提到的改进之外，还有大量研究者对差异裂解法本身进行改良，建立了Phaselock Gel™法、硅珠法、Differex™法、差异提取试剂盒法和 DNase−I 纯化结合碱性裂解法等分离精子细胞的方法，相比于常规的差异裂解法，以上方法都在一定程度上提高了对女性成分的消化效率，提高了男性分型检出率。但以上方法的分型成功率很大程度上受到检验人员的经验、水平等主观因素以及检材的具体条件的影响。因此，差异裂解法虽有其局限性，但由于其检测成本低廉，对实验室要求较低，目前仍是国内大多数实验室处理精混合斑的主要手段。

2 激光捕获显微切割技术

激光捕获显微切割（laser capture microdissection，LCM）技术是一项自动化分离单一细胞亚群或单个细胞的新技术，它将光学显微技术与激光细胞切割技术相结合，能够在显微镜的直视下迅速准确地选取单一细胞，从而将单一细胞从混合细胞中分离出来，快速得到单一的 DNA 分型数据，提高样本 DNA 的检测成功率。

近年来，LCM 发展出了单纯 LCM、LCM 与免疫荧光染色技术结合，以及 LCM 与荧光原位杂交（fluorescence in situ hybridization，FISH）技术结合 3 种技术，后两种方法与免疫学有关，其区别在于样品的前处理不同。

LCM 法的优点主要是在玻片上将精子细胞从混合细胞中分离出来，从而得到单一的男性 STR 分型；而差异裂解法是首先将女性上皮细胞消化掉，再通过消化精子细胞来提取 DNA，所以在反复洗载体倒掉上皮细胞的过程中有可能损失一部分精子细胞。另外，可能由于女性上皮细胞的消化不充分，而在离心过程中与精子细胞一起沉淀于管底，从而得到混合的 DNA 分型。所以相对于差异裂解法来说，在男性分型检出率上 LCM 法明显优于差异裂解法。

但是 LCM 也有其局限性，即随着精子细胞与阴道上皮细胞混合时间的延长，裂解细胞液中女性 DNA 有可能会黏附到精子的头部。在差异裂解法中女性 DNA 可以通过第一步消化去掉从而将精子细胞分离出来，而 LCM 法分离精子细胞是单一的物理分离过程，不能选择性地将黏附在精子头部的女性成分去掉。因此，即使在显微镜下只看见精子细胞（"纯精液"），也有可能最终得到男性与女性的混合分型。

在实际应用当中，LCM 虽然有其优越性，但其对实验条件要求较高，不适合大量检材的处理及在基层实验室的普及。

3　免疫磁珠法

免疫磁珠法是将精子特异性抗体与磁珠相连，通过特异性的定向捕获达到分离精细胞的目的，随后可以进行精子 DNA 的 PCR 扩增。该技术操作简便，且不影响被分离细胞的生物学性状和功能。近年来，刘莉等学者提出将免疫磁珠法与自动化核酸工作站结合的方法，进一步提高了过程的准确性，减少了因手工操作而引起的失误，缩短了检验时间，提高了每次检验结果的可重复性及均一性。

免疫磁珠法分离精子细胞主要具有以下优势：①分离速度快、效率高、可重复性好；②操作简单，不需要昂贵的仪器设备；③不影响被分离细胞的生物学性状和功能；④操作过程无毒无污染，并可在分离的同时产生纯化、富集效果。但是该方法在应用于实际案件时，也同样存在精子细胞膜表面抗原已降解、无法分离的情况，此时应结合其他技术辅助完成精子细胞的分离。

免疫磁珠法相较于差异裂解法及激光捕获显微切割法来看，激光捕获显微切割法对实验条件要求较高，不适合大量检材的处理以及在基层实验室的技术普及；差异裂解法分离效果较好，但存在女性上皮细胞消化不彻底或精细胞被过度消化的情况，且消化过程较长，过程复杂。因此，免疫磁珠法有更广阔的应用与发展前景。但是，斑迹载体会影响反应液的稳定性及抗体与免疫磁珠的结合，女性阴道分泌物中的微生物成分也会影响抗原抗体反应，仍需要更进一步研究解决。

4 核酸适配体分离精子

核酸适配体是近些年发展起来的一类新型识别分子。20 世纪末，Gold 等受抗体库和随机噬菌体肽库技术的启发，构建了随机核酸库，并利用指数富集的配基系统进化技术（systematic evolution of ligands by exponential enrichment，SELEX）从该库中筛选出了与靶目标可特异性结合的寡核苷酸配基（DNA 或 RNA），即适配体（aptamer）。由于适配体容易形成凸环、发卡、假节、G-四聚体等二级结构，故可以模拟抗原抗体结合的模式，通过特定的空间构象，与精子细胞膜上的靶表位结合成亲和复合体，进而从混合组分中分离出精子细胞。

与传统的抗体相比，核酸适配体分离精子细胞的优势在于：①制备方法更加简单，可以实现体外人工批量合成；②稳定性优于抗体，利于储存；③可以针对精子细胞表面的多种靶表位在核酸库中进行筛选，增加了分离成功的概率；④对精子细胞表面的靶表位具有与抗体相当甚至更高的亲和性。

虽然适配体分离精子细胞的纯度与效率均较高，但同其他免疫学方法一样，当精子细胞膜上的靶表位由于检材降解或被去污剂类洗脱液处理等原因丢失，也会导致分离失败。

5 基于受精素 β 蛋白的抗原-抗体反应分离精子细胞

受精素 β 蛋白（fertilin β，定位于人类 8 号染色体上）有选择性地表达在人类睾丸组织（精细胞）中。伍贤军等通过制备精子表面膜抗原受精素 β 蛋白的特异性抗体，利用抗原-抗体反应和抗体固相耦联技术，将抗体连接到 ProteinA 琼脂糖球珠上，建立固相抗体系统，提出了混合斑精子分离纯化的新方法。

该方法不与阴道上皮细胞存在交叉免疫反应，具有直接、高效、特异性等特点。但由于该方法的抗体制备过程较烦琐且暂无商品化的试剂盒，目前仍有少量文献中见到报道，处于研究阶段，在实际检案中暂未见利用，暂时无法获得实际应用中的效能的反馈。

6 总结

随着 DNA 自动化平台的引进，常规检案和 DNA 数据库建设取得了一定的突破性进展。同时，随着案件搜集 DNA 样本量的增大及国家 DNA 数据库建设的快速推进，待检 DNA 样本数量激增，同时又需要为快速打击犯罪提供有力的证据，因此提高检验通量和缩短检验时间，实现自动化，一直是法医 DNA 工作者研究的重要方向。在性侵案件当中，对精阴混合斑的检验也是如此。以上介绍了常用精子细胞分离方法的特点及其适用范围（见表 1），在检案具体过程中，应根据实际情况进行选择。

表1　常见精子细胞提取方法的特点对比

方法	差异裂解法	激光捕获显微切割技术	免疫磁珠法	核酸适配体
原理	精子细胞膜含有大量二硫键,较女性阴道上皮细胞更难裂解	光学显微技术与激光细胞切割技术结合	将精子特异性抗体与磁珠相连,定向捕捉、分离精细胞	适配体模拟抗原结合模式,与精细胞结合成亲和复合体进而分离精细胞
精子损失率	较高	低	低	较低
男性 DNA 分型率	取决于混合斑检材质量;条件较好的混合斑检材——获得男性准确分型;微量、陈旧或精子含量相对较少——混合分型	捕获30个精子即可得到男性的完整分型	在阴道上皮细胞数量较多时获得的男性 DNA 分型率高于差异裂解法	纯度与效率均较高
实验条件要求	低	苛刻	较低	较低
检测成本	低	高	较低	低
自动化	需要跟踪操作,暂无法实现高通量自动化提取	是一种自动化分离单一细胞亚群或单个细胞的新技术	可与自动化核酸工作站结合	暂未见相关记录
适用范围	条件较好的混合斑检材;大量检材的处理;基层实验室的普及	易通过捕获少量精细胞得到单一的男性 STR 分型	不影响被分离细胞的生物学形状和功能;操作过程无毒无污染	制备方法简单,可体外人工批量合成核酸适配体
局限性	精细胞损失较多;操作较烦琐	条件苛刻;存在女性 DNA 黏附于精子头部的情况,得到混合分型	精子细胞膜表面抗原降解时无法分离	当精子细胞膜靶表位由于检材降解或被洗脱时会导致分型失败

基于血液（痕）检验的年龄推断方法研究进展

谢博文

四川大学华西基础医学与法医学院

　　准确的年龄推断在法医学实践中具有重要的作用,目前主要根据骨骼、牙齿等人类学方法进行年龄推断,其适用范围有限,一般不用于年龄超过 55 岁的个体。其推断结果多为宽泛的参考范围,并不能提供准确的年龄信息,且常受检验者主观因素及经验的影响。血液（痕）作为法医实践中的常见检材,随着分子生物学的不断发展,血液（痕）研究越来越深入，其所能提供的信息也不断被发掘出来，为相关案例纠纷的解决提供了极大的帮助。本文试对近年来国内外基于血液（痕）检验的年龄推断方法进行综述，探究其对于相关法医实践的重要价值及在实践应用时的不足，从而为更加深入的研究提供指导方向。若能从血液（痕）中获得可信度及准确度高的年龄信息，将极大地丰富个体识别在年龄推断方面的内容，具有重要的法医学实用价值。

1　基于血液（痕）中 sjTREC 含量进行年龄推断

信号结合 T 细胞受体删除 DNA 环（signal joint T－cell receptor excision DNAcircle，sjTREC）产生于 T 细胞发育早期的 T 细胞受体 α（T－cell receptor α，TCRα）的基因重排过程中。它作为染色体外的环形删除物稳定存在于细胞中，并不随细胞分裂而复制，其含量代表了初始 T 细胞刚从胸腺组织输出时的数量，从而可作为胸腺近期输出功能的标志之一。

胸腺作为 T 细胞产生、发育及成熟的场所，是人体免疫系统的重要组成部分。过去学界常认为胸腺在萎缩退化后，其产生 T 细胞的功能也随之丧失。自 Douek 首次在研究中发现，中老年人外周血中仍存在一定数量的 sjTREC 后，越来越多的研究表明胸腺退化后仍存在初始 T 细胞的产生、成熟，于是人们开始就人外周血中 sjTREC 数量随年龄的变化趋势进行探究。Zhang 等发现，不同年龄段的个体外周血 sjTREC 数量下降速度的差异。Pido－lopez 等观察到，不同性别的个体在各年龄段中外周血 sjTREC 数量的差异。在 sjTREC 水平与年龄的相关性被充分证实后，两者间的定量关系却无法统一，不同的研究中所得出的定量关系总存在一定程度上的差别。曲东阳等通过对 264 例 0～86 岁健康无关个体的新鲜血痕作 sjTREC 定量分析，归纳出年龄推断的回归方程为 Age＝－7.1815 Y －42.458±9.42（Y＝dCtTBP－sjTREC）。欧学玲等对 225 例汉族不同年龄健康人外周血样品进行 sjTREC 检验发现，供体年龄与外周血 sjTREC 水平呈显著负相关，r＝－0.823（P＜0.001）。Sohee Cho 等对 175 例 16～65 岁的韩国个体的 sjTREC 检验则表明 sjTREC 水平同年龄之间的线性回归关系为 r＝－0.807（标准误差为 8.49）。

对 sjTREC 水平与年龄间定量关系的研究结果的差异是由多方面原因造成的。首先是 sjTREC 定量研究方法与检测指标的差异。有研究者以每 μg PBMC 或 T 细胞基因组 DNA 中 sjTREC 的拷贝数作为衡量 sjTREC 水平的检测单位；有的则先应用免疫磁珠或流式细胞仪分选出目标 T 细胞亚群，再进行 sjTREC 的定量分析。现多采用 Lorenzi 等改良的实时定量 PCR 技术，主要分五步：血液（痕）DNA 提取，δRec 基因片段和对照组 TBP 基因片段的引物及荧光探针设计，sjTREC 标准品制备，sjTREC 含量检测，定量结果［采用 Log（sjTREC/TBP）进行表示］及统计学分析。其免除了分离 PBMCs 或其他 T 细胞亚群的烦琐环节，只需要极少量的全血（200 ng DNA 模板或更少），技术偏差相对较小，有利于数据库的建立。其次是人种、民族及生活地区的差异。欧雪玲和 Sohee Cho 对于中国及韩国个体研究所得的相关系数分别为－0.823 和－0.807。欧雪玲等推测不同民族及地区间通婚程度不同造成基因稳定性的差异，通婚程度越低，其差异越小。另外，检测样本的数量、检测个体的身体健康状况、检材质量也会对所得结果产生影响。

2 基于端粒长度进行年龄推断

端粒是位于真核生物线性染色体末端的特殊序列，由端粒 DNA 与端粒结合蛋白组成。不同真核细胞的端粒拥有相似的 DNA 序列和结构，一般为简单的串联重复序列。其进化上高度保守，不具有编码蛋白质功能，主要作用是保护染色体末端的完整性，防止其降解、融合和重排。由于 DNA 聚合酶末端复制缺陷问题，端粒长度随着细胞分裂次数的增加而逐渐缩短。在正常人体细胞中，发生一次分裂活动，其端粒 DNA 长度会缩短 $50\sim100$ bp。据此，利用端粒长度与年龄的相关性为人们评估人的生物年龄提供了一种可能。

在端粒长度与年龄相关性的研究过程中，经典的方法是采用 Southern 杂交法，其主要步骤为：首先使用特异性限制性内切酶（Hind I 和 Rsa I）对 DNA 样品进行消化，然后将其置于琼脂糖凝胶上进行电泳，再转移至尼龙膜上，与地高辛标记探针进行杂交，洗膜显色后暴露于 X 射线下进行扫描成像，最后采用端粒长度分析软件计算 TRF 平均长度。李长勇等通过对 105 例 $0\sim81$ 岁健康人外周血样本的检测，发现供体年龄与外周血白细胞平均 TRF 长度呈显著负相关，其相关系数：$r=-0.913$（$P<0.01$），推断年龄的回归方程：$Y=-16.539X+236.287\pm9.832$［$Y=$年龄（岁）；$X=$TRF 值（kb）］。刘超等对 123 例 $0\sim75$ 岁健康人外周血样本所测数据进行方差分析和等级回归预测，建立回归方程 $y=174.462-11.406x$，其预测准确率达到 64.23%。Supawon Srettabunjong 等通过对 100 例泰国健康无关个体外周血样本的检测，推断供体年龄与外周血白细胞相关系数为：$r=-0.625$（$P<0.001$），定量关系为：$Y=0.012\ X+113.538\pm9.604$（$R^2=0.391$，$P<0.001$）。同时其研究表明性别对于端粒长度无明显影响（$P>0.05$）。Southern 杂交法定量结果一般准确可靠（上述研究差异可能是由于研究人种差异造成的），但操作复杂，耗时耗力，并要求检材新鲜、量大。一些研究报告还显示端粒信号中常伴有干扰信号，可能造成测量结果不准确。

其他方法如定量荧光原位杂交法，其根据端粒 DNA 重复序列设计探针，并在探针上标记荧光素，端粒越长，重复序列越多，结合的探针也越多，荧光就越强，用图像分析系统进行定量。该方法检材用量少，无须提取 DNA，可原位再现，但操作要求高，费时、费力。流式仪荧光原位杂交，原理与定量荧光原位杂交基本原理相同，但其端粒上结合的荧光素用流式细胞仪中的激光激发，检测端粒荧光斑强度。该方法更适用于特定亚群血细胞端粒长度及高通量血细胞的检测。另外，在对少量检材进行年龄分析且要求快速得出结果时，可应用 tel-PCR 技术，其为测定端粒长度的专门化 PCR 技术，但重复性和精确性不良。

3 基于 DNA 甲基化程度进行年龄推断

DNA 甲基化是指在 DNA 甲基转移酶的催化下，DNA 分子中 S-腺苷-L-甲硫氨酸的甲基转移至其他碱基的过程。修饰碱基多为胞嘧啶，使其变为 5-甲基胞嘧啶（5-methylcytosine，5-mC）。这种 DNA 修饰方式并没有改变基因序列，但它调控了基因的表达。DNA 甲基化多发生于-CpG-序列上，而 CpG 序列主要存在于 CpG 岛中，健康人基因组 CpG 岛中的 CpG 位点通常是处于非甲基化状态，而在 CpG 岛外的 CpG 位点则通常是甲基化的。这种甲基化的形式在细胞分裂的过程中能够稳定地保留。一般认为，DNA 甲基化会导致基因沉默，而去甲基化则会激活基因。故而其在维持染色体的结构、X 染色体的失活、基因印记和肿瘤的发生发展等方面都起重要的作用。

DNA 甲基化与衰老之间的关系最早由 Berdyshev 等通过对驼背鲑鱼的研究于 1967 年提出，其发现鲑鱼基因组 DNA 的甲基化水平随年龄增加而降低。Wilson 等则发现人成纤维细胞中 5−mC 含量随细胞分裂代数的增加而降低。在基因组 DNA 甲基化总量水平随年龄呈下降趋势的同时，部分位点碱基随年龄却发生了高甲基化改变。Rakyan 等通过对 93 例女性血液样本的甲基化水平进行检测，发现其中 213 个 CpG 位点的甲基化水平与年龄呈正相关，147 个位点呈负相关。Brock 等通过对人体不同组织染色体 CpG 甲基化研究，发现非监控模型甲基化存在组织来源差异；同时其观察到位于 CpG 岛的 CpG 随着年龄增加甲基化水平呈升高趋势，而非 CpG 岛的 CpG 则随年龄发生甲基化丢失。Hunter 等则发现不同人种间甲基化水平的差异。对于甲基化水平同年龄间的定量关系，已有研究建立出相应的数量模型，但由于研究的个体及检测甲基化位点差异，往往不能进行统一比较，暂不能用于法医实践中。

在 DNA 甲基化的研究过程中，各种甲基化的检测方法也被开发出来。根据检测目的可分为三类：第一类为基因组总体的甲基化水平检测。其中较经典的是 Kuo 于 1980 年提出的高效液相色谱柱法。其可对高通量混合样本进行检测，显示所有 CpG 位点甲基化的情况，但不能对单独的 CpG 位点甲基化进行定位检测。其他还有 SssI 甲基转移酶法、免疫化学法等。第二类为特定 CpG 位点甲基化水平检测。如甲基化敏感性限制性内切酶（MS−RE−PCR/Southern）法，其操作简易，结果明确。其他方法还有甲基化特异性的 PCR（MS−PCR）法及以此发展而来的基因芯片法和 Sequenom 甲基化测序平台、实时荧光 PCR 法等。第三类为新甲基化位点的探寻。如限制性标记基因组扫描（RLGS）、联合甲基化敏感性限制性内切酶的 MB（COMPARE−MS）等。

4　小结

分子生物学方法在法医学实践中正起着越来越大的作用，其相关研究也越来越多、越来越深入。年龄推断作为法医实践中的重要问题，如何利用现场检材尤其是最为常见的血液（痕）得出正确的结果，是越来越多的研究者正在探讨的课题。本文所述年龄推断的方法分别基于 sjTREC 含量、端粒长度及 DNA 甲基化程度与年龄间的定量关系进行研究，各种方法有其优缺点，但暂时都限于理论研究层面，不能应用于法医实践中。究其原因，总结如下：①检测方法及指标没有统一的标准；②某些检测方法所需要的条件在法医实践中往往不能得到满足，同时检测方法如果过于复杂、烦琐也会限制其使用和普及；③无足够数量的样本对所得定量模型的正确性进行充分的证实。当然，除了上述方法外，其他针对年龄推断的方法也有相当多的研究，如糖基化终末产物、mtDNA 的突变及天冬氨酸的外消旋化等。总之，在年龄推断分子生物学方法的研究中，仍需要研究者对研究技术进行不断创新，不断克服实践中的难题，从而实现分子生物学在年龄推断上的重大进步。

皮肤损伤时间推断的研究进展

屈胜秋

四川大学华西基础医学与法医学院

　　皮肤作为人体最大的器官，是最容易遭受机械性损伤的，因此，在法医学工作中，皮肤损伤时间的推断是我们需要解决的重要问题。皮肤损伤愈合的过程包括炎症期、增生期和组织重建期。在炎症反应阶段，首先是血小板的聚集，然后是白细胞的浸润，如中性粒细胞、巨噬细胞和淋巴细胞，接着是纤维蛋白原的凝固。在增生阶段，新生的肌纤维母细胞牵拉使伤口收缩，新形成的肉芽组织开始覆盖伤口。在重建阶段，表皮再生覆盖于肉芽组织的表面，健康的肉芽组织可提供上皮再生所需的营养及生长因子。炎症反应和组织修复的过程取决于一系列的生物分子的调控，如细胞因子的协同作用，这些生物物质可以成为重要的标记物。有许多方法可以用来检测这些标记物，如研究 mRNA 表达（RT－PCR、原位杂交）、研究蛋白质（酶联免疫吸附法、免疫印迹法）或采用形态导向技术（免疫荧光、免疫组织化学）等。

　　目前用于皮肤损伤时间推断的标记物主要有：白细胞介素－1（IL－1），IL－6，IL－2，IL－8 和肿瘤坏死因子－α（TNF－α），干扰素－y（IFN－y），转化生长因子－β（TGF－β），巨噬细胞炎性蛋白－1（MIP－1），表皮生长因子（EGF），纤维母细胞生长因子（FGF），血管内皮生长因子（VEGF），碱性成纤维细胞生长因子（bFGF），血小板源性生长因子（PDGF－β），胶原蛋白Ⅰ，Ⅲ，Ⅳ和Ⅶ型，α－平滑肌肌动蛋白（α－SMA），纤维结合蛋白（FN），血小板活化因子（PAF），半胱氨酸天冬氨酸酶家族（Caspase），血管细胞黏附分子－1（VCAM－1），细胞间黏附分子－1（ICAM－1），选择素 P 和选择素 E 等。

1　对纤维连接蛋白、凝血因子等的研究

　　贺盟等利用免疫组织化学方法和 Western 印迹法检测 EⅢA＋纤维连接蛋白，观察其表达水平与损伤时间的关系。通过取 48 只成年 SD 大鼠并切割大鼠背部皮肤致伤，分 8 个时间段分别处死大鼠，取其创伤周围皮肤，实验结果显示伤后即刻未出现 EⅢA＋纤维连接蛋白的表达，伤后 0.5 小时，皮肤基底细胞开始出现阳性表达，随损伤时间的延长，阳性着色持续增强。Western 印迹法检测发现，所测得的相对光密度值随损伤时间的延长而逐渐增高，得出了 EⅢA 片段表达变化可以作为法医学早期损伤时间的推断指标的结论。

　　Franklin R. W. van deGoot 等采用 IHC 技术对在伤口出血组织中的纤维连接蛋白、CD62p 和凝血因子Ⅷ的免疫组化表达水平的研究，开发出了一个可以应用于早期皮肤损伤时间推断的概率评分系统。作者对三组样本组织切片的纤维连接蛋白、CD62P 和凝血

因子Ⅷ进行染色，进行染色强度评分（IHC评分）（1＝微弱反应，2＝中度反应，3＝强阳性反应），并对这些标记的概率分数进行了计算。最后得出了如下结论：非受伤皮肤组织样本中纤维连接蛋白、CD62P和凝血因子Ⅷ的IHC评分为0的概率分别为87％、88％和90％。尸检中获取的已知受伤后几分钟就死亡的机械性皮肤损伤样本中IHC评分为1或2的概率分别是82/90％、82/83％和72/93％。损伤后15~30分钟死亡的样本中IHC评分为3的概率分别是65％、76％和55％。也就是说，作者研究出了一个新的可以应用于早期皮肤损伤时间推断的概率评分系统。

2 对细胞外基质蛋白的研究

高阳等应用免疫组织化学和Western印迹法检测小鼠皮肤切创后各个时间段成纤维细胞激活蛋白（FAP）和α-平滑肌肌动蛋白（α-SMA）表达情况。免疫组化结果显示FAP与α-SMA在正常对照组及伤后1小时组小鼠皮肤弱表达，伤后6小时阳性细胞率开始升高，伤后5天FAP阳性细胞率达高峰，伤后3天α-SMA阳性细胞率达高峰，伤后14天FAP与α-SMA恢复至与对照组相同。Western印迹法检测显示FAP和α-SMA从1天起各个时间段均有表达，其中5天为FAP的表达高峰，3天为α-SMA的表达高峰，得到了FAP可作为法医学皮肤切创形成时间的推断指标，α-SMA可作为损伤修复中后期的推断指标，FAP与α-SMA联合使用有望成为推断皮肤损伤时间的有效指标的结论。秦豪杰等采用实时荧光定量PCR技术检测细胞珠蛋白（Cygb，亦称胞红蛋白）及缺氧诱导因子HIF-1α mRNA的表达，将60只健康雄性SD大鼠随机分为9个实验组和1个正常对照组，建立大鼠皮肤全层切创模型，实验组分9个时间段将大鼠处死，提取创周皮肤总RNA，实验结果显示Cygb与HIF-1α mRNA创伤后表达的总体变化趋势基本一致，均于伤后12小时首次达峰，分别为对照组的1.6倍和5.4倍（$P < 0.05$）；随后下降，并分别于伤后48小时、72小时再次升高，至96小时达对照组的2.8倍和5.6倍（$P < 0.05$）。得出了大鼠皮肤切创愈合过程中Cygb与HIF-1 mRNA的表达呈现时序性变化且有一定的相关性，可作为皮肤损伤时间推断的指标的结论。

Judith Fronczek等采用IHC技术通过研究细胞外基质蛋白的形态学特征及其表达水平的测定来推断活体皮肤损伤中的损伤时间。作者对101例取自受试者的已知皮肤损伤时间（范围：4.5小时~25天）的皮肤活组织进行切片检查，对所有活检进行3种形态特征（破溃、角化不全和出血）的分析和3种细胞外基质标记（Ⅲ、Ⅳ型胶原蛋白和α-SMA）的分析。为了进行量化，把组织样本划分为4个不同的时间段，分为0.2~2天、2~4天、4~10天和10~25天的不同损伤时间的伤口。随后基于以上分段研究出了一个概率评分系统，即当观察到有破溃出现时，损伤时间是0.2~2天的概率为45％，损伤时间是0.2~4天或0.2~10天的概率分别为81％和100％。而且破溃的形态特征仅见于0.2~2天、2~4天和4~10天的伤口中，这意味着一个伤口的损伤时间超过10天，观察到破溃的可能性等于0％。在损伤中观察到有或者没有角化不全的概率评分没有多大差异。将出血率分级为3级，分别为≤1％、2~5％和≥6％，在0.2~2天的伤口中三个出血率下观察到的概率分别是30％、24％和23％，在0.2~4天的伤口中三个出血率下观察到的概率分别为56％、57％和56％，在0.2~10天的伤口中三个出血率下观察到的概率分别为85％，

85％和86％。在观察到出血形态的伤口中，Ⅲ型胶原蛋白、Ⅳ型胶原蛋白和α−SMA的表达与伤口的损伤时间没有关系。当肌成纤维细胞中α−SMA为阳性表达时，伤口在0.2～2天的概率为15％，伤口在0.2～4天的概率为50％，伤口在0.2～10天的概率为90％。当肌成纤维细胞中没有α−SMA表达时，伤口在这些时间段的概率分别为30％、59％和84％。正如前面对所有标记的分析，作者已经研究出了一种可以通过对活体皮肤伤口的组织切片检查来计算损伤时间的概率评分系统。

3 对炎性细胞、炎性介质和生长因子等的研究

Takamiya等采用IHC方法研究发现，正常皮肤内检测不到碱性成纤维细胞生长因子（bFGF）和血管内皮细胞生长因子（VECF），但皮肤损伤后bFGF在创伤局部的表皮细胞和成纤维细胞的胞核中开始表达，其变化规律呈双峰改变，即具有两个变化时相：0.5～1小时和24～144小时。并且bFGF在离创缘不同距离的检测部位内的变化趋势不甚相同：在距创缘0～2.5 mm的范围内的表皮细胞内，bFGF的表达于伤后0.5小时达峰值，而在距创缘5～7.5 mm的范围内，则于1小时后达峰值。而VECF在伤后24小时开始在表皮细胞中表达升高，144小时才恢复正常值，呈单峰改变。Takamiya等采用一种基于多重微珠的免疫分析方法同时对一些细胞因子，如IL−2、IL−4、IL−6、IL−8、IL−10、GM−CSF，IFN−γ和TNF−α进行分析用于人体皮肤伤口损伤时间的推断。他们将这些细胞因子的表达分成三个阶段：IL−10、GM−CSF、IFN−γ和TNF−α在皮肤创伤愈合的早期阶段表达，IL−6在中期阶段表达，IL−2、IL−4和IL−8在皮肤创伤愈合的中期到后期阶段表达。虽然获得的数据不能直接应用于实际的法医病理学，但这些标记可能是未来研究的潜在的免疫组化指标。

Ronald Lulf等通过IHC技术对皮肤创伤中的炎性细胞和炎性介质进行切片检查分析来评估是否其可以提高损伤时间推断的准确程度。作者通过对101例取自受试者的已知皮肤损伤时间（范围：4.5小时～25天）的皮肤浅表伤口活组织进行切片检查，对所有的活组织切片进行3种炎性细胞标记物（MPO、CD45和CD68）和4种炎症介质（MIP−1、IL−8、CML和玻璃体结合蛋白）的分析。分析方法与Judith Fronczek等通过研究细胞外基质蛋白的形态学特征及其表达水平的测定来推断活体皮肤损伤中的损伤时间的分析方法一致，得出了如下结论：MPO、CD45、MIP−1、IL−8和CML在损伤时间为0.2～2天的伤口中阳性表达最强，然后随时间下降。值得注意的是，CD45、CD68和CML在损伤时间为10～15天的伤口中表现为轻微但不显著的再一次增加。与0.2～4天的伤口相比时，MPO和CD68在损伤时间为4～25天的伤口中表达阳性率明显下降，与0.2～10天的伤口相比时，MPO在损伤时间为10～25天的伤口中表达阳性率也明显下降。CD45、MIP−1、IL−8和CML在研究的不同损伤时间组别之间没有发现显著差异。作者对以上标记物的分析同样也得出了一个可以用来计算创伤的损伤时间的概率评分系统。

4 对相关信号转导通路的研究

官大威等应用免疫组织化学技术及Western blot方法检测切创后不同时间段皮肤中

烟碱型乙酰胆碱受体的一个亚型（α7nAChR）的表达来检测其时间规律性变化。免疫组织化学结果显示，对照组 α7nAChR 表达于表皮、毛囊、皮脂腺、血管内皮及真皮中少数的成纤维细胞；伤后 6～12 小时切创皮肤损伤区及周边区可见少量多核粒细胞和单核细胞表达 α7nAChR，1～3 天以单核细胞阳性表达为主，5～14 天以成纤维细胞为主。α7nAChR 阳性细胞率于伤后 1 天开始升高，伤后 7 天达最高峰，随后逐渐下降。经 Western blot 检测显示，对照组及各实验组均有 α7nAChR 阳性条带，其中伤后 7 天为 α7nAChR 表达高峰。结论是 α7nAChR 在小鼠皮肤切创愈合过程中呈现一定的时序性变化。

高彦令等应用 IHC、Western 印迹法和 RT－PCR 技术检测小鼠皮肤损伤不同时间段 PI3K、Akt、p－PI3K 及 p－Akt 的表达及其随时间的变化情况，探讨 PI3K/Akt 通路应用于损伤时间推断的可行性。免疫组织化学染色显示，皮肤损伤后，PI3K、p－Akt 阳性染色出现在单核细胞和成纤维细胞中，峰值出现在组织修复期。Western 印迹法显示，各个时间段均有 PI3K、p－PI3K、Akt、p－Akt 的阳性条带，其中 p－PI3K、p－Akt 表达的峰值出现在炎症期和增生期，PI3K、Akt 表达的高峰出现在组织重建期。real－time PCR 结果显示，PI3K m RNA 的峰值出现在炎症期和组织重建期，Akt m RNA 的峰值出现在组织重建期，得出了在皮肤损伤愈合过程中，PI3K、Akt、p－PI3K 及 p－Akt 的表达变化呈现不同的规律性并有较好的时间依赖性，PI3K/Akt 通路的表达规律可以用于法医学损伤时间推断的结论。

总之，到目前为止，有许多不同的技术（如 RT－PCR、原位杂交、酶联免疫吸附法、免疫印迹法、免疫荧光法、免疫组织化学等）可以用于损伤时间的推断。法医病理学家可能更倾向于选择免疫组织化学的方法，因为其具有可靠、敏感的特点，而且经甲醛固定石蜡包埋的组织易于应用。虽然现有的文献中有许多关于活体损伤时间评估的研究，但是在法医病理学的应用中，这些早期的研究成果还需要被其他更多的研究证实。至今也没有标记物已经得到了绝对的验证，但是，通过大量的研究表明，结合几个标记物的分析可能有助于让这些结果在法庭上作为证据时具有足够的敏感性和特异性。

法医病理学

Forensic Pathology

Advances & practices in Forensic Medicine 9

出血性休克合并急性酒精中毒死亡 1 例的法医学分析

江波[1] 许波[2]

1. 福建省松溪县公安局刑事科学技术室 2. 四川省广汉市公安局刑事科学技术室

1 案例资料

1.1 简要案情

李某，男，31 岁。2014 年 7 月某日 23 时许，李某饮酒后回家途中步态不稳，翻越马路中间护栏时不慎跌倒，并躺在护栏旁边；约 10 分钟后，被一辆急速驶来的摩托车自左向右横向碾压其胸腹部，约 15 分钟后被送至医院抢救。

1.2 现场情况

现场位于某市城乡接合部一主干道上，伤者位于道路中间护栏旁，呈仰卧状，距伤者头部北侧地面 820 cm 处见 6 块红色塑料碎片，距伤者头部东北侧地面 900 cm 处见 2 块黑色塑料碎片，距伤者头部南侧地面 350 cm 处见一刹车痕，长 190 cm，距伤者头部北侧地面 420 cm 处见一划痕，长 250 cm，距伤者东北侧 3000 cm 树林里见一红色 "嘉陵" 牌两轮摩托，摩托前护泥板部分缺损。

1.3 病历资料

李某被车撞上致昏迷约 30 分钟后急诊送入院。查体：脉搏 102 次/分钟，血压 110/60 mmHg，呼吸 22 次/分；嗜睡，烦躁，呼出气体有浓烈酒精味；双侧瞳孔等大等圆，对光反射存在。颈软；左胸第 8~12 肋骨触及骨擦感；双肺叩为清音，未闻及罗音；腹部平坦，拒按，脾浊音界增大，移动性浊音阳性，未闻及金属音及气过水音。生理反射存在，病理反射未引出。胸部 DR 片示左胸第 8~12 肋骨骨折。腹部彩超示腹腔积液，脾脏回声改变。诊断：脾破裂，腹腔积液，左胸第 8~12 肋骨骨折。入院后给予补液，完善术前准备，约 5 分钟后李某出现血压进行性下降至 0 mmHg，继而出现心跳、呼吸骤停，抢救约 30 分钟无效死亡。临床死亡诊断：急性呼吸循环衰竭，急性酒精中毒，脾破裂，左胸第 8~12 肋骨骨折。

1.4 尸体检验

死后 2 天尸体检验。尸体上身着黑色长袖衬衣，正面腹部见一轮胎印，胎印宽 8.2 cm，背面见灰尘附着，左上袖肘部后侧处可见一破口，大小为 2.1 cm×2.9 cm，下身着深灰色西裤，尸体腰背部可见浅淡尸斑，左侧胸壁、左肘后侧、右肘外侧体表分别可见 4.5 cm×4.0 cm、2.5 cm×2.2 cm、3.8 cm×4.5 cm 表皮剥脱，左胸第 8~12 肋骨触及骨擦感。解剖见左胸第 8~12 肋骨粉碎性骨折，左肺下叶外侧可见少许挫伤，左侧胸腔积血约 50 ml；腹腔内血性积液约 1900 ml，脾脏周围血凝块约 300 g，脾脏上极包膜下血肿形成，前缘包膜纵行裂开 6 cm。余未见异常。

伤者死后立即采心血，经毒物分析检测，血液中酒精浓度为 362 mg/L，未检出其他常见毒物成分。

2 讨论

根据本案例尸体检验情况并结合案情资料分析，李某死亡原因系脾脏破裂致失血性休克所致，急性酒精中毒起到了进一步的促进作用。形成脾脏破裂的原因，应为身体左侧受到侧方的外力挤压和撞击作用致脾脏破裂。

李某腹腔积血约 1900 ml，约达全身血量的 40%，可致发生失血性休克，已构成致死条件。本案临床资料及酒精检测结果证实，李某于案发前已达醉酒状态。一般来说，酒精中毒血浓度为 100 mg/L，致死血浓度为 400~450 mg/L，但也有血中酒精浓度仅达到 250 mg/L 即致死的案例。李某血中酒精浓度达 362 mg/L，已有致死可能。

失血性休克濒死期的主要临床表现为血压进行性下降，使用升压药难以恢复，最后因呼吸、心跳停止死亡。酒精中毒致死的主要原因是中枢性呼吸抑制，临床表现以呼吸频率、深浅改变，最终呼吸停止为主要特征。本案例中，李某濒死期的临床表现符合失血性休克濒死期的临床表现，因此其死亡原因应为失血性休克而非酒精中毒。但急性酒精中毒可引起呕吐，丢失的消化液及外周血管扩张可加重有效循环血量下降，故酒精中毒对失血性休克有一定的促进作用。

参考文献

［1］吴在德，吴肇汉. 外科学 ［M］. 7 版. 北京：人民卫生出版社，2010：42.

［2］刘良. 法医毒理学 ［M］. 北京：人民卫生出版社，2010：77—83.

［3］闫博. 失血性休克死亡 2 例教训 ［J］. 中国医学创新，2012（34）：198—201.

［4］王彩平，郑运江. 急性酒精中毒死亡原因及预防 ［J］. 临床急诊杂志，2013（8）：396—397.

盗窃过程中猝死 1 例报道

王雷　张翼翔　邢立学

山东省日照市公安局岚山分局

猝死事件在基层法医工作中较常见，通常经过现场勘查及尸体检验基本上可将案件定性，但盗窃过程中猝死较为少见，此类案件突出了偶然性，因此在甄别定性上应更加谨慎，除了检验详尽准确外，现场勘验也应细致全面，尽量搜集更多的证据，使定性有理有据。

1 案例

1.1 简要案情及现场勘验情况

某年 8 月 18 日 6 时许，我局接报：某船厂员工在本厂内发现一具尸体，刑警大队侦技人员遂赶往现场。当日凌晨下中雨，4 时左右渐停转阴。船厂位于沿海公路东侧，船厂东面是海，南面是渔港码头，北面一墙之隔是一育苗场，厂区内北侧为一货场，货场中部有一南北走向土路，土路两侧堆放有整块铁板及铁板废料。尸体位于土路中段东侧，尸体东侧 1.8 m 处有一排东西走向平房，平房内为某焊接公司办公处所。尸体头北脚南俯卧位，衣着整齐，全身湿透。现场尸检尸僵较弱，尚未形成，尸斑位于腹侧，轻微，不显著，右腰背部压有一块 58.0 cm×38.0 cm×2.0 cm 重 55kg 的椭圆形铁板，土路两侧有较多类似铁板废料，货场土路北端距尸体 850 m 处砖石围墙上有攀爬痕迹，贴墙北侧面育苗场厕所墙头上，有新鲜踩踏所留泥沙痕迹，厕所下方沙滩有数枚新鲜鞋印。经比对，由死者所穿雨靴形成，后调查死者系该船厂北侧育苗场的某男（58 岁）。

1.2 尸检情况

尸体检验：尸检于某年 8 月 23 日 9 时 30 分进行。尸长 165 cm，发育正常，营养良好，上身绿色外套，白背心；下身墨绿色长裤，蓝色三角内裤，足穿灰袜子，绿色雨靴。尸斑紫红色，存在于尸体背部未受压处，指压不褪色，尸僵缓解。发长 1 cm 左右不等，色黑白相间，睑结膜轻度充血，双角膜高度浑浊。右额部有 0.5 cm×0.2 cm 表皮损伤，右颧部有 1.2 cm×1.8 cm、2.0×1.8 cm 表皮损伤，右上唇上及右鼻翼有 3.0 cm×2.0 cm 表皮损伤，右下唇内侧有 1.2 cm×1.8 cm 黏膜损伤，口腔内有泥沙，下颌颏部右上有 3.0 cm×2.5 cm 皮下出血，右侧颈部近颏部有 1.2 cm×1.5 cm 皮下出血，腹部正中有 16.5 cm×0.2 cm 皮肤瘢痕，双手十指指甲青紫，左膝关节前有 0.4 cm×0.3 cm 表皮损伤。解剖检验：气管黏膜充血并有黏液样物质附着；双肺淤血肿胀，心底有点片状出血区；胃体充盈，见食糜 200 ml；余脏器未见损伤。

毒化检验：死者胃、胃内容物未检见常规毒物。

病理检验：冠心病，左心室前壁、心尖部及室间隔陈旧性心肌梗死，左前降支Ⅳ级，右主干Ⅱ级，左主干Ⅱ级，左旋支Ⅰ级。肺轻度淤血、水肿。脑、脾脏、肝脏、胰腺、肾脏及喉未见明显病变。

2 讨论

2.1 死亡原因

根据尸体检验所见和毒物化验，死者体表头面部损伤轻微，诸内脏器官未见损伤，毒物化验未检出常见毒物，因此可排除外伤及中毒死亡的可能。根据病理检验，死者脑、脾脏、肝脏、胰腺、肾脏及喉未见明显病变，心脏左心室前壁、心尖部及室间隔陈旧性心肌梗死，冠状动脉有Ⅳ级粥样硬化，说明死者生前有较重冠心病，结合可排除外伤、中毒、心脑等重要器官其他疾病死亡的情况分析，认为死者符合冠心病猝死。

2.2 损伤分析

根据死者面部表皮损伤及皮下出血呈片状、不规则形，且均分布于右侧、突出部位，认为该损伤符合头面部与具有较大平面且表面不光滑的钝性物体接触（如地面）时形成。

2.3 综合分析

猝死是由于机体潜在的疾病或重要器官急性功能障碍导致的意外突然死亡，在猝死发生的各系统的潜在疾病中，以心血管疾病居首。目前常见的猝死诱因有如下几种：①精神、心理因素：狂喜、狂怒、忧伤、悲愤、焦虑、恐惧、惊吓、争吵、情绪激动等因素是引发猝死的常见诱因；②外伤：打击上腹部、心前区、会阴部、颈动脉窦等神经敏感区可引起反射性心跳停止而猝死；③热冷刺激；④过度疲劳：剧烈体力活动或过度疲劳，都可使心脏负荷突然增加，如疾病、登高、游泳、搬抬重物等，有潜在性心血管疾病的患者（如冠心病、心肌病等）常可发生急性心肌缺血或心室纤颤、心脏停搏而猝死。

本案例根据现场尸检尸斑、尸僵情况推断死亡时间为凌晨3时左右，死者穿雨鞋并且全身湿透，说明下雨时死者应在现场。案情调查发现，死者并非该船厂人员。该厂有大门、院墙，大门有门卫，进出大门需出示证件，晚间大门关闭，而门卫也未发现死者从大门出入，因此初步判断死者很有可能是翻墙进入厂区，结合现场勘验发现船厂北墙上及北侧育苗场有死者雨靴的新鲜鞋印，可以判断死者应该是翻墙进入厂区。死者衣着整齐，现场空旷、平静、无打斗痕迹，尸表无打斗、抵抗损伤，说明死者是平静进入厂区废料处。结合现场死者背部压有一块铁板，推断死者是在盗窃铁板过程中，因故倒地且丧失行为能力，并致使面部着地形成皮肤损伤。结合尸检有明显冠心病病理表现，分析认为，死者系在盗窃过程中因搬运重物致过度劳累，再加上精神紧张及下雨淋湿等因素，诱发冠心病发作死亡。该案最后被定性为盗窃过程中意外猝死。

参考文献

赵子琴. 法医病理学 [M]. 4 版. 北京：人民卫生出版社，2009：364-374.

未知名尸体尸源认定的法医学检验

童雪松 刘静 邹金志

四川省郫县公安局刑警大队

未知名尸体的检验是公安机关现场法医检验工作中极其重要的一项，这主要是因为在实际工作中，未知名尸体检验数量较多、占比较大。不论死亡性质是什么，公安机关都必须落实查找尸源，确定死者身份，以便开展后续工作。特别是一些杀人案件中，受害人被抛尸、毁尸是嫌疑人刻意隐瞒犯罪的手段，同时也说明嫌疑人与受害人存在某种关系。通过确定尸源，围绕死者身份展开调查，成为这类案件侦破的主要方法。对未知名尸体尸源进行确认时，常通过尸体衣着、随身物品、身高、染发、耳洞、文身、疤痕、痣疣、色素沉着、牙齿、残疾等形态学特征初步推断，再结合指纹、DNA 比对进行认定。本文通过案例对尸源认定的关键点进行讨论，供同行参考。

1 案例资料

案例 1 某年 5 月 18 日，在某村一出租房屋内发现一具无名男尸。

尸体检验：尸体上下切牙具有一定特征性，体毛丰富；尸体高度腐败，面部被蛆虫噬咬严重，无法辨认其面部特征。尸表及周围分布蝇蛆为一代，未见蛹蛹出现。

现场勘查：该出租房内有两张身份证，分别为：彭某与尚某。

尸源查找：先通过当地派出所分别联系两张身份证人员的家属，通过提供尸体上下切牙及体毛的身体特征，基本确定死者可能为尚某；后通过尸体 DNA 与其家属比对，最终确定该死者为尚某。

案例 2 某年 3 月 23 日，在某村路边的水沟内发现一具无名女尸。

尸体检验：尸体高度腐败，呈巨人观。死者萌出恒牙 28 颗，磨牙 I 度磨耗（莫世泰分级法）；耻骨联合面中部略低平，联合面隆嵴的尖端稍圆钝，联合面周缘无明显的界线性边缘，符合女性耻骨联合分级法二级，综合推断该死者年龄为 20 岁左右。

现场勘查：现场尸体旁水沟淤泥中发现一张身份证记载：李某，女。

尸源查找：通过现场发现的身份证查找李某时，李某现身公安机关，但据李某反映，其身份证于数月前在网吧遗失。通过调取该网吧监控发现，李某身份证曾由黄某在案发前多次使用，而黄某已失踪多时。黄某朋友通过对尸体身高、衣物的辨认，初步确定该死者可能系黄某，后与黄某家属进行 DNA 比对，最终确定该死者系黄某。

案例 3 某年 12 月 30 日，在某村东风渠河边发现一包装有人体碎尸块的旅行箱，碎尸块为一女性躯干部。12 月 31 日，于同河道上游岸边发现一包装有人体碎尸块的编织袋，碎尸块共五块，分别为一女性的骨盆大腿部、双小腿、双前臂。

尸体检验：经检验，上述碎尸块系同一女性尸体，未出现腐败征象。尸块双侧乳房上各有一防溢乳垫，挤压双侧乳房，乳头处有白色乳汁溢出。左腰部有一陈旧性手术疤痕。下腹部有一横行手术疤痕，疤痕长 13 cm。死者死亡原因符合徒手扼颈和绳索勒颈导致机械性窒息死亡。

尸源查找：因尸体受勒颈致面部淤血肿胀，辨认条件不足；尸块周围未发现尸体个人信息；对包裹尸块的各种包裹物排查，均未找到有价值线索；DNA 入库比对无果。结合死者处于哺乳期、下腹部有一剖腹产手术瘢痕、左腰部陈旧性手术疤痕等特征，通过对尸块周边医院进行过剖腹产手术的人员进行排查，最终确定该死者为付某，因与其夫发生矛盾被其夫勒死后分尸。

2　讨论

在法医工作实践当中，时常会遇到未知名尸体，经过认真、详细、科学的检验和分析，许多尸体都可以解决尸源问题，从而对公安机关开展相关后续工作，特别是破获命案提供重要基础。在此，就未知名尸体尸源认定的法医学检验问题提出几点体会。

2.1　新鲜未知名尸体的尸源认定

新鲜尸体的检验条件相对较好，个体特征保存较好，尸源较易认定。检验这类尸体时，应注重以下几点：

（1）注重死者的容貌。新鲜尸体容貌一般变化不大，首先要仔细观察，然后冲洗干净，拍照固定，便于发布寻人启事、协查通报，供死者家属辨认等。

（2）认真查找一切有助于识别身份的证物。在未知名尸体现场，往往能发现身份证、暂住证、手机、电话簿、字条等，勘验时要认真检查甄别，便于联系死者家属、朋友，最后确定尸源信息。

（3）注意死者的体表特征及衣着。体表特征包括尸体身高、相貌、衣着、随身物品，有无文身、疤痕、痣疣、色素沉着、染发、耳洞，及牙齿、残疾等；不同季节、不同地域、不同职业人群特别是女性群体的服饰、打扮具备相当差异性。案例 1 中，根据死者特殊的上下切齿排列以及体毛丰富的特征，能够迅速与其家属明确死者身份。案例 3 中，根据死者左腰部陈旧性手术疤痕及剖腹产手术瘢痕的特征，使得侦查人员在走访排查过程中能够有的放矢，缩小了排查范围。充分了解这些不同的个人特征并将其应用到未知名尸体尸源的查找中，将会起到事半功倍的效果。

2.2　腐败未知名尸体的尸源认定

对腐败未知名尸体的检验，除对尸体衣着、遗留物检查外，尸表必须清洗干净，清除体表发黑表皮层，充分暴露尸表的各种特征（如疤痕、痣疣、文身等），更重要的是尽可能捺印十指指纹入库比对，必要时还可采取结合颅骨复原面貌和颅相重合的技术进行尸源认定。另外，年龄在腐败未知名尸体尸源查找过程中尤为重要，案例 2 即是通过利用耻骨联合面形态特征对死者年龄进行分析推断，误差为 1 岁，该技术误差范围小、结果较准确、效果较明显，在实际案件应用中具有可行性与可靠性。

2.3　DNA 检验

目前公检法系统对尸体尸源信息的确认主要依据 DNA 检验结果，上述三例未知名尸体尸源信息查找案例中也均进行了 DNA 检验鉴定。对于未知名尸体的尸源信息认定，应提取尸体 DNA 检材，包括血、肌肉组织、骨骼关节、牙齿、毛发等，将其录入 DNA 信息库（指全国未知名尸体信息系统、全国疑似失踪人员系统、全国公安机关 DNA 数据库应用系统），并将其与相关疑似人或疑似人的父母、子女等已知 DNA 信息的生物学检材进行比对，确认尸体身份信息。

参考文献

[1] 叶军义，李建坤. 法医在侦破无名尸体案件中的作用 [J]. 河南科技大学学报（医学版），2013（1）：60-62.

[2] 麻爱琴. 对在无名尸案中有效查明尸源方法的探讨 [J]. 辽宁警专学报，2010（3）：38-40.

一起杀人案中颅骨孔状缺损成因法医学分析

杨建军[1]　梁万杰[1]　王小成[1]　邓建云[2]

1. 四川省眉山市公安局刑侦支队　2. 四川省眉山市洪雅县公安局刑侦大队

1 案例资料

1.1 简要案情

某年 7 月 16 日，某地派出所接警报称在该地某公路边山坡下，发现一具未知名尸体。

1.2 现场情况

尸体位于野外山坡下，该山坡坡面堆着丢弃的建筑垃圾及生活垃圾，山坡北面紧靠公路，公路为沥青路面。尸体呈俯卧卷曲状，头部朝南，尸体已高度腐败，尸表有大量蛆虫，尸体头部、胸上部、双足和双小腿被一白色编织袋包裹，包裹头部及胸上部的有三处边缘不规则，面积分别为 23 cm×11 cm、4 cm×6 cm 及 4 cm×5 cm 的破裂口，其中面积为 23 cm×11 cm 的破裂口黏附有少量长 3~4 cm 的黑色毛发；包裹双足及双小腿的编织袋后侧面近底部有两处边缘不规则，面积分别为 15 cm×16 cm、9 cm×5 cm 的破裂口，这两处编织袋破裂口部分边缘呈卷曲状，破裂口边缘纤维黏附有类似沥青样黑色物质。尸体下腹部有一横行缠绕腰背部的周长 140 cm、宽 4.2 cm 的白色不干胶带，腹部有缠绕腰背部 3 周并打死结于左侧腰部的直径 0.2 cm 的灰色细绳。

1.3 尸体检验

四肢尸僵消失，尸体已高度腐败，未见尸斑，尸表有大量蛆虫。面部、额部和双颞部及部分顶部软组织消失，面颅骨和部分颅骨呈白骨化；左侧颞顶额部颅骨有 6.3 cm×9 cm 缺失，其内可见颅骨有 6.1 cm×4.7 cm 孔洞，孔洞呈星芒状，缺损边缘及周围未见压擦痕，未见套环状骨折和线性骨折，缺损边缘平整，磨损面最宽处 1.6 cm，最窄处 0.6 cm，磨损面黏附有少量类似沥青样黑色物质，顶骨磨损面可见大量梳状擦划痕，并嵌有一 0.3 cm×0.2 cm 的黑色小石子，小石子外露面与颅骨外侧面平齐，其表面平整。

颈前部及两侧和右侧胸部皮肤和部分肌肉已腐败消失，部分肋骨与胸骨外露，可见右侧第1～5 肋骨于肋软骨处骨折。腹部及腰背部大部分皮肤已腐败缺失，左侧腰部有一斜行长2.1 cm 深达腹腔的裂创，左侧腰背部有一斜行长 2.5 cm 深达肌层的裂创，二裂创相距6.5 cm，上述裂创边缘整齐，一创角较锐利，一创角较钝。会阴部可见肿胀的阴囊。

切开枕部头皮未见头皮下出血，脑组织已完全液化，未见颅骨线性骨折和颅底骨折。舌骨未见骨折，颈椎未见骨折，双侧肺脏萎缩，未见破裂，心包与心脏未见破裂，打开心脏未见积血。切开腹腔，见腹腔有已腐败血迹及血凝块约 300 g；切开胃，见胃内容物有米饭、肉类等物约 300 ml。肝脏未见破裂，脾脏淤血肿胀，脾脏膈面有长 2.5 cm、深2 cm 的裂创，裂创边缘整齐，创腔无组织间桥。

2 讨论

颅骨损伤包括颅盖骨损伤、颅底损伤和崩裂性骨折，而颅盖骨损伤分为颅骨压痕和擦痕、颅骨砍削痕、线性骨折、凹陷性骨折、粉碎性骨折和穿孔性骨折，崩裂性骨折常见于接触性枪创、爆炸、高坠、碾压、撞击等损伤。本例颅骨孔状缺损周围无颅骨骨缝分离、无颅骨线性骨折，且枢、环椎整体完整，无压缩性骨折，可排除高坠或棒状、斧锤、砖石等工具打击形成；颅骨孔状缺损边缘及周围无砍切痕及片状的骨质缺损，排除有一定的重量的刀具类砍击形成。颅骨孔状缺损的边缘平整，其边缘磨损面有梳状擦划痕，擦划痕方向基本一致，靠近颞顶部处嵌有黑色小石子，其外露面与颅骨缺损面平齐，石子表面平整，颅骨边缘磨损面黏附有少量类似沥青样黑色物质，以颞侧为多；另外，包裹尸体头部的编织袋破裂口边缘不整齐，破裂口边缘呈圈曲状，破裂口边缘纤维同样黏附有类似沥青样黑色物质及少量毛发，结合尸体发现现场位于沥青路面公路边等因素，推断本例颅骨孔状缺损系头颅部在沥青公路路面擦蹭、拖拽所致。左侧腰部及腰背部裂创深达腹腔，脾脏膈面有裂创，腹腔内有腐败积血，颅骨缺损区及周围软组织未见血凝块，分析死者系锐器刺伤腰背部及脾脏致失血性休克死亡后，被他人经沥青路面公路拖拽抛尸于现场，运输过程中头颅部接触地面，造成颅骨孔状磨损缺失。

尸体检验时提取的颅骨缺损边缘、编织袋破损边缘上黏附的黑色物质和尸体发现现场沥青公路表面的黑色物质，经理化检验证实属同类沥青类物质。后经破案证实，犯罪嫌疑人曾某供述：于某日在该县城一商铺内将杨某（男，14 岁，住该县城区）用刀杀死后，用编织袋、绳索和不干胶带等将尸体捆绑包裹，并用二轮摩托车搭载至现场，将尸体拖拽至郊区公路边山坡下抛尸。本例颅骨孔状缺损形成的另外一个因素是，死者年龄较小，其颅骨骨质的有机质相对较多，无机质较少，硬度较小，而弹性和韧性较好，在外力作用下不易发生骨折而易于磨损缺失。

高血压性心脏病致心源性猝死两例

谢飞　　庞涛

四川省南充市公安局高坪区分局

根据我国疾病猝死资料分析，因心血管病引起猝死大约占 50％～60％，居猝死发生率之首。有人在统计 1169 例心源性猝死的病因分析中[1]，占首位的是冠心病，约为 65.53％，而高血压性心脏病较为少见，仅占 1.8％。现报道两例高血压性心脏病致心源性猝死。

1　案例资料

案例 1　蒋某，男，50 岁，某年 12 月 23 日晚在一村民家饮酒后与人发生抓扯打斗，于次日凌晨 2 时左右被发现死于床上。

尸表检验：身高 170 cm，营养良好，体型肥胖，尸斑暗紫红色。颜面部微绀，右眼睑结膜见点状出血。头面部、背上部见多处擦挫伤，手指甲床微绀，余未见损伤及异常。

解剖检验：左颞顶部见 6.8 cm×5.5 cm 头皮下出血，左、右侧颞肌后上侧见 10.5 cm×4.0 cm、2.5 cm×2.0 cm 出血，颅骨无骨折，硬膜外无血肿，硬脑膜无破裂，硬膜下无出血，右额叶见 4.0 cm×2.0 cm 蛛网膜下腔出血。颈部皮下及肌肉无出血，舌骨无骨折，气管腔通畅。胸壁未见损伤，胸肋骨无骨折，双侧胸腔无积血（液），双肺淤血性改变，左肺 505 g，右肺 565 g，心包完整，心包腔无积血，心脏增大，重 495 g，未见损伤，左心房壁厚 0.8 cm，左心室壁厚 3 cm，右心房壁厚 0.3 cm，右心室壁厚 1 cm。腹腔无积血，腹腔内各脏器位置毗邻正常，未见损伤，肝、脾、双肾呈淤血性改变，胃内见黑褐色糊状食糜约 800 g，胃黏膜广泛出血。

组织病理学检验：心肌纤维代偿性肥大，左心室心外膜见点状出血，冠状动脉轻度狭窄，主动脉弓见早起粥样斑改变；双肺水肿，脾小血管、个别肾小血管壁玻璃样变性；脑水肿；肝细胞肿胀变性、肝脂变明显，肝、脾、肾淤血性改变，慢性胃炎，胰腺自溶。

理化检验：心血中检出乙醇成分，其乙醇含量为 237.01 mg/100 ml；胃肝组织中未检出常见安眠药类、有机磷类、氨基甲酸酯类、拟除虫菊酯类和毒鼠强成分。

案例 2　徐某，男，41 岁，某年 2 月 11 日晚因其一朋友夫妻两人打架，其在劝解时突然倒地死亡。

尸表检验：身高 175 cm，营养良好，体型肥胖，尸斑暗紫红色。颜面部微绀，右上唇正中人中处见 0.5 cm×0.1 cm、0.3 cm×0.2 cm 表皮剥脱，左右颈中部及颈前部甲状软骨处分别有 2.0 cm×1.5 cm、2.0 cm×1.0 cm、1.0 cm×0.5 cm 团片状暗红色皮下出血，右手虎口处见一长 2.5 cm 线性表皮剥脱，手指甲床微绀，余未见损伤及异常。

解剖检验：头皮下无出血，颅骨无骨折，硬膜外无血肿，硬脑膜无破裂，硬膜下无出血，蛛网膜下腔无出血；左侧颈部见胸锁乳突肌中份 3.5 cm×2.5 cm 浅层肌肉出血，颈部深层肌肉无出血，舌骨、甲状软骨无骨折，气管腔通畅；胸壁未见损伤，胸肋骨无骨折，双侧胸腔无积血（液），双肺淤血水肿，心包完整，心包腔无积血，心脏增大，重 430 g，未见损伤，左心房 1 cm，左心室 1.5 cm，右心房 0.3 cm，右心室厚 1 cm，室间隔厚 2.3 cm；腹腔无积血，腹腔内各脏器位置毗邻正常，未见损伤，肝、脾、双肾呈淤血性改变。

组织病理学检验：心肌细胞肥大，部分心肌纤维断裂及波浪状改变，心肌间质水肿，灶区纤维化及出血；双肺淤血水肿，灶区见单核淋巴细胞浸润；脾小动脉硬化、肾小球血管玻变；脑水肿；肝、脾、肾淤血性改变，慢性胃炎，胰腺自溶。

理化检验：心血中检出乙醇成分，其乙醇含量为 52.3 mg/100 ml；胃肝组织中未检出常见安眠药类、有机磷类、氨基甲酸酯类、拟除虫菊酯类和毒鼠强成分。

2　讨论

高血压是我国常见病和多发病，虽然单纯高血压本身不足以致死，但部分患者可突发高血压危象、颅内出血或急性左心衰竭，甚至发生猝死。高血压病如不及时控制，将导致高血压性心脏病。高血压性心脏病是由于血压长期升高使左心室负荷逐渐加重，左心室因代偿而逐渐肥厚和扩张而形成的器质性心脏病。高血压性心脏病一般出现在高血压病起病数年至十余年后，根据心功能变化情况可分为心功能代偿期和心功能失代偿期。心肌失代偿时则可能出现急性心衰竭、左心室扩张和严重心律失常而引发猝死。因起病隐匿，病程逐渐发展，部分患者缺乏典型的临床症状，既往史也未曾记载，若突然死亡，特别是在饮酒、纠纷过程中突然死亡后往往形成涉讼疑难案件。

高血压性心脏病的病理变化表现为左心肥大，心脏重量可达 400 g 以上，左心室代偿性肥大（向心型肥大），壁厚可达 1.5～2.0 cm，心室的乳头肌和肉柱变粗，呈圆柱状，突出于腔内，心肌变得松软，心室腔扩张或因合并冠状动脉粥样硬化出现心肌梗死。镜下可见心肌细胞体积增大，间质细胞增殖、纤维组织增生使心肌结构紊乱；左心功能失代偿时出现肺淤血、间质肺水肿等肺静脉高压表现；全身小动脉壁血管透明变性，管壁增厚，管腔狭窄。

本文两案例中，根据尸体检验、病理学检验及理化检验，两死者均见心脏增大，左心室代偿性肥大，镜下心肌细胞肥大，部分心肌纤维断裂及波浪状改变。案例 1 中蒋某心脏重量达 495 g，左心室壁厚达 3.0 cm，合并冠状动脉轻度狭窄。案例 2 中徐某心脏重量达 430 g，左心室壁厚达 1.5 cm，室间隔厚 2.3 cm；脾小动脉、肾小球血管玻璃样变性；双肺显著水肿，其余各器官无明显病变，符合高血压性心脏病的病理改变。在排除其他器官的致命性疾病，排除致死性机械性损伤和机械性窒息，排除常见毒物中毒致死等原因后，可以认定蒋某和徐某均系高血压性心脏病致心源性猝死。此外，本文中两人生前饮酒、与人抓扯（扭打）可引起心室内压力和心肌张力增加，对其死亡有诱发和促进作用。

参考文献

[1] 亢登峰，李晓英，王英元. 1294 例心源性猝死的回顾性分析 [J]. 中西医结合心脑血管疾病杂志，2007，5（1）：63-64.

[2] 黄光照，麻永昌. 法医病理学 [M] //中国刑事科学技术大全. 北京：中国人民公安大学出版社，2002：865-866.

[3] 赵子琴. 法医病理学 [M]. 4 版. 北京：人民卫生出版社，2009：431-432.

根据尸体腐败程度推断死亡时间引起差异 1 例分析

渠吉路[1]　庞传卫[2]

1. 浙江省嘉兴市公安局刑侦支队　2. 天津市滨海新区公安局港南治安分局

1　案例资料

1.1　简要案情

某年 7 月 21 日早上 9 时，在某遗址附近的临时简易房内发现一女一男两具尸体。该现场四周较空旷，简易房未安装门和窗户，门洞位于简易房东南面，简易房北墙中间有另一门洞，窗户位于南墙。两具尸体均头朝西，脚朝东，其中男尸位于南侧近窗户处，女尸头枕男尸左手臂。在两具尸体颜面部及尸体周围发现大量死亡的苍蝇，在朝北的门洞附近发现标有"氰戊菊酯"小玻璃瓶。

1.2　尸体检验

女尸：上身穿黑色长袖 T 恤衫，内穿黑色胸罩；下身穿蓝色牛仔裤，红色三角短裤（裆部检见卫生护垫）。身长 158 厘米，发育正常，营养中等。头发及颜面部皮肤检见大量死亡的苍蝇。尸体呈巨人观，眼球突出，双眼角膜高度浑浊，瞳孔不可透视，头、颈、两侧上肢及背部呈灰褐色改变，皮肤检见腐败水泡形成，部分表皮已腐败脱落，胸腹部及两侧下肢检见腐败静脉网形成。解剖检见大部分软组织呈高度腐败，脑组织高度腐败呈泥浆样改变，胸腹腔脏器高度腐败呈泡沫器官样改变，胸腔内见大量腐败液体，胃黏膜局部呈黑褐色改变。经理化检验在其胃内容物中检出敌敌畏、氰戊菊酯成分。

男尸：上身穿黑白黄相间短袖衬衫；下身穿黑色休闲长裤，白底花色三角短裤（裆部及臀部检见大便黏附）。身长 167 厘米，发育正常，营养一般。双眼角膜中度浑浊，瞳孔尚可透视。口腔内检见死亡的苍蝇。尸斑呈暗红色，分布于身体背侧低下部位未受压处，指压不褪色，尸僵分布于全身各大关节，易缓解。颈部及右上肢见腐败静脉网形成，腹部见尸绿形成。余部位尸表腐败较正常变化不大。解剖检见脑组织轻度腐败，胸腹腔内脏器呈轻度腐败状。经理化检验在其胃内容物中检出敌敌畏、氰戊菊酯成分。

2　讨论

腐败由细菌引起，是死亡后腐败细菌在尸体内大量生长繁殖，使蛋白质、脂肪和碳水化合物分解，组织器官遭到破坏的过程。腐败时可出现尸臭、腐败气泡、水泡、尸绿、腐败静脉网、泡沫器官、巨人观等，属于晚期尸体现象。因为腐败是一个逐渐发展的过程，因此根据尸体腐败的发生、发展程度可粗略地推断死亡时间。

上述一女一男两具尸体，都表现出了不同程度的晚期尸体现象。根据晚期尸体现象发生、发展的过程可推测，一般情况下尸绿通常在死后 24~48 小时开始出现于右下腹部，腐败静脉网在死后 2~4 天左右出现，巨人观在死后 5~7 天左右出现。按照此尸体腐败现象结合角膜的浑浊程度及组织器官的腐败程度推测女尸的死亡时间为 5~7 天，男尸的死亡时间为 2~4 天。然而经过视频侦查，在现场附近的监控中发现 7 月 18 日下午 15 时左右两名死者生前手牵手地出现，因此他们的死亡时间应在 7 月 18 日之后，距离发现尸体间隔 2~3 天。男尸根据腐败程度推测的时间和真正的死亡时间相吻合，女尸根据腐败程度推测的死亡时间和真正的死亡时间相差较大。晚期尸体现象的发生发展是由内在因素和外部环境造成的，内在因素主要包括个体的差异及死亡原因，外部环境主要包括温度、湿度及空气流通等。对于本文所讲的两具尸体，笔者分析认为，内在因素主要是性别的差异以及女性尸体处于月经期，增加了外界细菌侵入尸体内部的机会。虽然两具尸体都处在同样的大环境下，但是由于该男性尸体处于女性尸体和南墙之间，处于一个相对封闭的空间，空气流动小，且男尸处于阴暗、阳光无法直射的地方；女性尸体处于南北流通的地方，且阳光可以直射，加快了腐败速度。因此，仅仅根据晚期尸体现象推测死亡时间有时候是有误差的。

死亡时间的推断是法医学鉴定中最重要的鉴定内容之一，人类对这一课题研究了数百年，但至今尚无简便、易操作、准确性高的单一技术。虽然腐败程度是较为有效的一个指标，但在具体应用时，还应考虑内部因素及外部环境的影响，并结合现场的不同情况进行具体分析。

参考文献

[1] 赵子琴. 法医病理学 [M]. 4 版. 北京：人民卫生出版社，2009：70.
[2] 陈世贤，利焕祥. 命案现场工作手册 [M]. 北京：群众出版社，2010：63.

严重冠状动脉粥样硬化致猝死 1 例

熊伟　蒋平安

四川省遂宁市公安局船山分局

1　案例资料

1.1　简要案情

蒲某，男，48 岁，2014 年 6 月 1 日因感情纠纷与一女子发生争吵，相互抓扯中蒲某倒地后死亡。

1.2　尸体检验

左面颊部可见直径为 0.3 cm 及 0.1 cm 圆形表皮剥脱伴皮下出血，右胸部可见条形大小为 6.0 cm×0.3 cm 皮下出血，右手背可见大小为 1.9 cm×1.1 cm 表皮剥脱，周围可见大小为 4.5 cm×3.0 cm 皮下出血。左手背可见大小为 0.5 cm×0.5 cm 三角形表皮剥脱，左手小指可见大小为 5.0 cm×1.0 cm 散在表皮剥脱，十指指甲发绀。剖验见：颅骨未见骨折，颅内未见出血。心包膜完整，心包内少量淡黄色液体，心脏外形及大小正常，心外膜未见出血。

1.3　病理组织学检验

提取死者心脏、双肺、肝脏、双肾及肾上腺及脑组织送病理组织学检查：心脏左、右冠状动脉粥样硬化Ⅳ级（左冠状动脉旋支变硬，钙化，堵塞 90% 以上），左室壁、室间隔个别心肌细胞肥大，右心室壁血管内见中性粒细胞聚集，肺部分肺泡扩张。肝少许细胞脂肪变性，见点状坏死，汇管区见少许慢性炎症细胞浸润；肾、脑组织未见异常。

2　讨论

由冠状动脉粥样硬化及并发症引起的心脏病称冠状动脉粥样硬化性心脏病，简称冠心病，该病多见于中年以上。冠心病多在有一定的体力活动或精神紧张等诱因时发生，但也有在休息甚至睡眠中发生猝死者。冠心病是目前心血管系统疾病中对人类生命健康危害性最大的疾病，同时也是心血管系统疾病中发生猝死最常见的疾病，大约 20% 左右的冠心病患者，平时可无任何征兆或明显异常感觉而突然死亡。在冠心病猝死案例中，根据冠状动脉粥样硬化和心肌缺血的病理改变，结合既往有冠心病的症状体征，在排除暴力性和其他疾病致死后不难得出结论。该例系中年男性，左面颊部、右胸部及左手皮肤擦挫伤，符合外力作用形成，但该损伤显著轻微，不足以致人死亡。根据尸体及病理检验，死者心脏左、右冠状动脉粥样硬化Ⅳ级，左冠状动脉旋支变硬，钙化，堵塞 90％以上，左室壁、室间隔个别心肌细胞肥大，右心室壁血管内见中性粒细胞聚集。死者生前与人发生争吵及抓扯，该过程诱发冠状动脉硬化性心脏病突然发作，致心脏功能障碍导致呼吸循环功能障碍死亡。

参考文献

［1］莫耀南. 实用法医学司法鉴定［M］. 北京：科学出版社，2008：114.
［2］郭景元. 现代法医学［M］. 北京：科学出版社，2000：201.
［3］赵子琴. 法医病理学［M］. 3版. 北京：人民卫生出版社，2005：370.

硅藻实验在溺水死亡中的应用

王丹　唐寅峰　李建全

四川省南充市营山县公安局

1　硅藻检验的方法

1.1　化学消化法

称检材 20 g 切碎，至烧杯内，在通风橱内加入热的分析纯硝酸（发烟硝酸效果更佳），待组织完全液化，至检材溶液清亮、冷却后离心沉淀。用双蒸馏水稀释沉淀物，以防止酸腐蚀微孔滤膜。用滤膜过滤沉淀物并干燥后，透明、封固、镜检，并在显微镜下计数。

此法是最常用的定量方法，并常用于检查耐酸硅藻及定量时用。

1.2　浸渍法

取 2 cm~3 cm 见方的组织数块，置于 100 ml 蒸馏水中浸渍数小时或过夜；或用硝酸钠处理浸渍液，置 37℃培养箱中 24 小时，然后离心沉淀。取残渣滴在载玻片上固封、镜检，用方格测微器作定量计数。

此法虽简单易行，但硅藻检出率不高。

1.3　硅胶梯度离心法

取肺组织或其他器官组织块 50 g 左右，分别用匀浆机匀浆后离心机离心（3000 转/分），组织细胞碎片浆被悬浮在硅胶液体的上面（即低密度带），硅藻沉淀在离心管的底部（即高密度带）。

此种方法避免了强酸的消化，可使溺死者组织中的浮游生物完整地分离出来，提高诊断率。

1.4 焚灼法

将 20 g 检材置于 3.0 cm×5.0 cm 大小的石英坩埚上，在通风橱内逐渐加热至灰化为止。用数滴硝酸溶解，加入蒸馏水，过滤后镜检。

1.5 酶消化法

胰蛋白酶消化法步骤：对送检的每个器官用双蒸馏水反复冲洗后取 10 g 组织剪碎（如是送检的骨骼，锯去骨的两端，用小勺刮取骨髓）；将上述组织分别置入不同的洁净试管中，加 0.01 mol/L Tris－HCl 缓冲液 20 ml；分别在不同的试管中加入胰蛋白酶 0.4 g，使其浓度为 20 mg/ml；置 50℃ 恒温箱内 6 小时后，观察其液体近透明，离心，弃去上清液沉渣涂片镜检。

此法优点：胰蛋白酶消化法的硅藻检出率均大于强酸消化法；操作简单安全，所需设备少，对人体和环境造成的危害较小。

2 案例资料

简要案情：2015 年 1 月某日，罗某从水库堤坝上跳入水库中死亡。

论证：根据罗某尸体检验及病理检验，其全身皮肤呈鸡皮样改变，双眼睑球结膜充血，口唇紫绀，气管内有泡沫状液体黏附，气管黏膜充血、出血，双肺水肿，边缘部有出血点，双肺淤血，心脏肿胀，心脏表面可见点状出血，胃大弯充血出血，小肠表面充血；病理报告显示：肺：双侧肺血管扩张，肺泡壁毛细血管呈串珠状排列，部分肺泡腔内充满均质淡红染物；喉头及气管：轻度水肿，血管扩张充血；心脏：心肌间质轻度水肿，右心室壁小血管扩张充血明显；肾脏：血管扩张充血明显等。说明罗某之死系生前入水、窒息死亡。

某物证鉴定所法医学检验鉴定报告显示：①从送检的水样中未检见明显硅藻；②从送检的罗某的脏器中未检见明显硅藻。

3 分析论证

藻类在春季生长活跃，此案例适逢冬季，不属于藻内生物大量繁殖期，藻类在水库中生长缓慢，稀少，在罗某脏器及疫水中均未查见明显硅藻，说明疫水中硅藻密度小，数量少，在实验中不容易检出，硅藻实验为阴性，属于正常现象。

4 硅藻检出的结果评价

硅藻与溺死之间的关系，即在诊断生前溺死时一定要多器官检出硅藻，且与疫水中硅藻一致；反之，如在水中尸体的器官中找不出硅藻，也不能确定不是溺死。因此，在根据硅藻实验结果来判断是否溺死时，必须慎重。

参考文献

[1] 赵子琴，廖志刚，王英元，等. 法医病理学 ［M］. 4 版. 北京：人民卫生出版社，2009.
[2] 胡鸿钧，魏印心. 中国淡水藻类——系统分类及生态 ［M］. 北京：科学出版社，2006.

18 例杀人后自杀案件的法医学分析

刘小江　　颜军军

浙江省玉环县公安司法鉴定中心

现场同时出现二具（以上）尸体时，如何正确判断死亡性质、分析损伤机制，为案件准确定性提供依据，是法医需要解决的重点问题之一。

杀人后自杀作为一种特殊形式的凶杀案件，兼有他杀与自杀的特点，此类案件具自身的特殊性。由于直接当事人均已死亡，且现场往往缺乏目击证人，作案的目的、动机有时难以调查清楚。通过细致尸检、科学全面的法医损伤学分析，正确判断死亡性质、损伤方式、致伤工具，对案件定性至关重要。

笔者梳理总结工作以来检验过的 18 例杀人后自杀案件（纳入标准：经过现场勘查、法医学检验和案件调查，并由公安机关对案件性质做出正式认定的案件，各项调查及勘验检查资料完备），对其认定过程进行分析和回顾，总结规律，探讨在此类案件中法医的现场分析思维。

1 一般情况

1.1 行为人与被害人关系

行为人与被害人一般有亲密关系，18 例中 12 例为夫妻或男女朋友关系，1 例为父女，4 例近亲属，仅 1 例为无关人员。

1.2 行为人身份特征

18 例案件的行为人均为中青年男性，社会生活层次一般较低。分析认为，此类人员经济压力较大，在情感受挫时容易产生报复心理，有"同归于尽"的厌世冲动。

1.3 作案动机

18 例案件起因均为男女关系或家庭矛盾，除 2 例预谋外均为激情杀人。大部分案件行为人与被害人有长期争吵史，且在杀人前有激烈争吵，通过对亲属、邻居走访，能够明确引发案件的矛盾纠纷。

1.4 作案场所

大多位于相对封闭环境，其中 13 例位于行为人或受害人住处，2 例位于酒店房间，仅 3 例位于公众场所或野外。

2 法医学损伤特征

2.1 被害人损伤

（1）致伤工具及方式：符合激情杀人一般特征，致伤工具就地取材，生前损伤只有一种致伤工具、一种致伤方式。14 例被害人致伤工具为锐器，2 例为钝器，2 例为掐颈致机械性窒息死亡。

（2）致伤部位：大部分致伤部位都是选择头面部、颈部，且正面袭击的比例较高，相对应的受害人抵抗伤一般较多。

（3）附加动作：此类案件嫌疑人往往会在杀人后对尸体进行清洗、整理妆容，或掩盖尸体面部。少数嫌疑人会对尸体进行刺戳、切割生殖器官等泄愤行为（见 3 例）。

2.2 行为人损伤

（1）致伤工具及方式：13 例选择锐器自杀（杀害死者使用锐器的，均选用同一工具），4 例服毒自杀，1 例高坠。

（2）致伤部位：锐器自杀的除 3 例选择自刺胸腹部外，均为割颈、割腕自杀（其中 6 例同时具割腕、割颈动作）。自伤损伤部位均位于自己的手持凶器可轻松触及的部位，且相对集中。

（3）附加动作：5 例嫌疑人在杀人后有换掉血衣或清洗手部的动作，6 例嫌疑人与被害人倒卧（拥抱）在一起后再自杀。5 例在现场留有遗书或血书，4 例有案后打开门窗，或主动报警动作。

3 法医勘查的要点

3.1 死亡时间不一致性

嫌疑人从激情杀人到自己自杀死亡，往往有整理尸体、书写遗书、反思忏悔、准备自杀等行为，嫌疑人与被害人在死亡时间上往往有明显的不一致性。通过尸斑、尸僵、尸温、胃内容消化程度等辅助判断，可从两具尸体死亡时间的不一致性推断出死亡先后顺序。

3.2 损伤方式的不一致性

行为人自伤与被害人损伤，在致伤部位、致伤工具、致伤方式上都存在不一致性。被害人的损伤具一般他杀特征，可有明显抵抗伤存在，尸体血迹分布往往反映尸体有死后被移尸过程。行为人损伤具一般自杀特征，损伤部位外露，损伤创口平行、集中，有试切试砍损伤，尸体血迹分布上往往反映生前移动、死后位置固定的特征。

3.3 致伤工具痕迹物证

致伤工具上往往可检出嫌疑人血指纹（DNA检测为被害人血迹）。行为人自伤使用杀人同一凶器时，致伤工具上可检出行为人和被害人的混合DNA检材。

3.4 血迹分布及转移

行为人身上往往可有被害人的喷溅、涂擦血迹，通过行为人身上被害人喷溅血迹的分布，可推断出行为人杀人时所处的体位。

3.5 现场环境的排他性

大多数作案现场环境相对孤立，具较好的排他性，可以通过对门窗结构的勘验，充分排除第三人进入（作案）的可能。

3.6 重要指向性书证

6例现场找到了行为人的杀人动机相关的书证，这些书证除了能确定犯罪事实外，还能反映作案动机，应当仔细收集。值得提醒的是，要注意收集电子证据，前不久某地的案件中，行为人就将杀人过程录像记录，这是最好的直接证明案件事实的证据。

4 判断依据

杀人后自杀案件的认定，应当从现场开始，从证据入手，关注细节、利用物证、合理推断。应当坚持死因及性质明确、直接接触、无第三方参与、推断无瑕疵的基本证据原则，在排除合理怀疑的基础上，确定案件性质。

（1）死因及性质明确：通过系统解剖及常规物证、理化检验，被害人、嫌疑人的死因明确，死亡时间无矛盾，有充分的法医学依据和规范的现场勘验认定死亡性质。

（2）直接接触：双方尸体及衣服附着物的生物检材、作案工具的关联性（如锐器上被害人血迹组成的嫌疑人血指纹）、扼颈案件受害人颈部的嫌疑人脱落细胞、女性受害人特殊部位拭子（乳头、口腔、肛门、阴道）检出嫌疑人DNA等。

（3）无第三方参与：案件发生和发展的过程中，排除第三人参与的可能，无第三人参与实施的任何证据。一般认定依据的伤害手法的一致性、现场环境的密闭性、现场足迹的排他性等。

（4）推断无瑕疵：对于作案动机、作案时间及作案过程等无法确切断定的案件，要充分发掘证据，将侦查人员及当事人家属提出的所有疑点一一排除。做到勘查、侦查人员内心确信，当事人家属的猜测无实施可能或无实施现实意义。

判断双尸（多尸）现场是否属于杀人后自杀案件，只有充分、有效地收集间接证据，并使其环环相扣、互相印证，形成良好、充实、完善的证据体系，最终才能得出令人信服的结论。

参考文献

[1] 赵子琴. 法医病理学 [M]. 北京：人民卫生出版社，2009：34—37.

[2] 闵建雄. 命案现场分析概论 [M]. 北京：人民卫生出版社，2013：188—191.

[3] 闵建雄. 法医损伤学 [M]. 北京：中国人民公安大学出版社，2010.
[4] 刘永林. 6 例自杀性犯罪分析 [J]. 刑事技术，2005 (1)：58−59.

颈部刺创致血肿压迫气管窒息死亡的法医学鉴定

刘建锋[1]　刘晶茹[2]
1. 温州市公安局刑事科学技术所　2. 温州市龙湾区公安分局刑事科学技术室

1 案例资料

1.1 案情及现场概况

某日 20 时 48 分接报警称张某（男，50 岁）被人用锉刀刺戳颈、胸部等处，即被送往当地卫生院，因当地医疗条件较差，由"120"急救中心调配急救车送往上级医院治疗。21 时许，"120"随车医生检查发现张某颈部创口纱布包扎处渗血但不明显，可扪及颈部皮肤紧张，患者有呼吸急促表现，运送途中未见颈部大量外出血。"120"医生接诊约半小时后发现患者突然呼吸频率加快，面色发绀，而后呼吸心跳停止。约 5 分钟后，上级医生接诊并继续抢救无效死亡。现场勘查发现地面仅少量血迹，无明显血泊。

1.2 病历资料

急救中心转诊病历记载：21 时 29 分："120"接诊医生发现患者出现烦躁不安，呼吸频率加快，面色发绀，血氧饱和度为 80%，立即予加大吸氧流量为 8 L/min，面罩加压给氧，准备气管插管，后患者血氧饱和度无上升，出现神志不清，牙关紧闭，心跳呼吸停止，继予心肺复苏。上级医院病历 21 时 33 分记载：患者于 1 小时前被人刺伤颈胸部，当即昏迷，送至我院，体检见患者昏迷，双瞳孔散大固定，双肺呼吸音未闻及，心脏博动停止，呼吸停止，颈主动脉及四肢大血管未及搏动，胸骨右缘第 5 肋间及右颈部皮裂伤；21 日 35 时记载：患者仍无自主呼吸、心跳，气管插管暴露声门困难，麻醉科医师予气管插管失败后再予环甲膜穿刺也失败，原因考虑颈部外伤形成皮下血肿压迫气管致塌陷、扁平，五官科医师会诊后认为患者无呼吸心跳，无气管切开的适宜性和必要性。

1.3 检验情况

左面部创，长 1.0 cm，创缘不齐；左下颌部创，长 1.4 cm，创缘不齐，创内见组织间桥，贯通口腔；右颈部创长 0.5 cm，创缘不齐，创周伴片状皮下出血及表皮剥脱；右胸部不规则创，长 1.0 cm，创缘不齐，探查进入胸腔，创周片状皮下出血及表皮剥脱。解剖见：静脉空气栓塞试验阴性，右侧第 3、4、5、6 肋骨骨折，胸骨体第三肋水平位置骨折。右肺上叶内侧缘二处创（相互贯通），右侧胸腔积血，量为 300 ml，左侧胸腔无积血，腹腔未见损伤。颈部皮下组织肌肉巨大血肿，以右侧为著，后纵隔血肿，右侧颈内静脉破裂，会厌部未见损伤，甲状软骨、环状软骨、舌骨无骨折，气管、食道内未见异物；颅腔内未见损伤。组织病理学检验结果：后纵隔血肿，左肺破裂，支气管腔内充满黏液，各脏器呈缺氧性改变。毒物检验结果：死者心血、胃内容中均未检出常规毒物。

2 讨论

颈部损伤可分为开放性和闭合性损伤两种类型。颈部开放性损伤主要临床表现有呼吸道梗阻、大出血、伤道变位、感染等。颈部血管损伤在颈部形成大的血肿、严重的纵隔气肿等，均可造成气管受压致呼吸困难，受颈部组织疏松、气管易于移位等因素影响，往往在血管破裂后，仅有少量甚至完全没有外出血，而在深部形成大血肿，易造成气管受压致呼吸困难。颈部血肿压迫气管致窒息死亡的案例常见于闭合性颈部损伤，开放性损伤引起颈部血肿压迫气管致窒息死亡的案例报道较少。

本例致伤工具为锉刀，虽然形成的是开放性损伤，但由于颈部皮肤创口较小（0.5 cm），加之颈部组织结构的特殊性，共同造成了颈内静脉破裂后仅少量血液流出体外，大量出血在气管周围汇集形成血肿，血肿压迫气管，气管被压扁、塌陷，形成吸入性呼吸困难，终致窒息而亡。

认定本例颈部血肿压迫气管致窒息死亡的依据有：①现场勘查及调查证实体外出血量较少，肺破裂致胸腔内积血仅 300 ml，可排除大出血死亡，但肺破裂致胸腔积血对呼吸功能造成一定的不良影响，对死亡起促进作用；②本例静脉空气栓塞试验阴性，可以排除因颈内静脉破裂所致的空气栓塞死亡；③可排除常见毒物中毒死亡及重要器官致命性疾病猝死可能；④尸检发现有血肿压迫气管的损伤基础；⑤病历资料记载有呼吸困难并窒息的临床表现，如呼吸急促、面色发绀等，亦有气管受压的指征，如气管插管、环甲膜穿刺均失败，尸检及病理检验亦有窒息征象的病理学改变，如睑结膜出血点、支气管腔内充满黏液、各脏器呈缺氧性改变等。

我们在接手此类案件进行死亡分析时，需要从以下几个方面进行考虑：①由于本案是颈部开放性刀伤，在没有解剖之前，应当考虑大出血作为死亡原因的可能，为排除这种可能性，我们需要对现场进行详细的勘查，勘查现场有无血泊。除此之外，还应了解被鉴定人在运往医院的途中有无大量的外出血。本案经过勘查及调查证实，无论是现场还是运送途中均无大出血的表现，故可以排除被鉴定人因大量外出血致死。②由于本案颈部创口较小，现场及被鉴定人在运送途中没有大量的外出血，我们应当考虑被鉴定人有无空气栓塞致死的可能性，为此，我们在解剖之前应当提前做好预案，复习空气栓塞实验的相关操作规范，在解剖时需要严格按照实验规范操作，以排除或认定被鉴定人系空气栓塞死亡。③本案还需要考虑被鉴定人死亡与医疗行为有无因果关系，根据调查了解，本案急诊医生已经采取积极的治疗措施，无漏诊及误诊，无操作不规范等行为，因此本案被鉴定人的死亡原因与医疗行为无因果关系。④本案中毒、严重疾病等常规的排除工作也不容忽视。

参考文献

[1] 赵定麟, 李增春, 严力生, 等. 现代创伤外科学 [M]. 2 版. 北京: 科学出版社,

2013：216-217.

[2] 李开兴，徐忠海. 凝血块压迫颈部气管窒息死亡1例 [J]. 刑事技术，2002 (4)：55-56.

[3] 陈光，李振强，李东明，等. 拳击致甲状腺瘤出血挤压气管窒息死亡1例 [J]. 法医学杂志，2009 (6)：430.

颈动脉窦综合征猝死 1 例

王丹 李建全 唐寅峰

四川省南充市营山县公安局

猝死（sudden unexpected death）是由于机体潜在的疾病或重要器官急性功能障碍导致意外的突然死亡。猝死者身体往往貌似"健康"，预先没有任何征兆或仅有轻微的几乎不会想到可能猝死的症状或体征。在日常生活中，猝死往往在出乎人们意料的情况下发生。

1 案例资料

简要案情

蒋某，男，15岁。某日，蒋某与吴某在网吧，因口角发生抓扯。蒋某用胸部顶住吴某背部，双手抓住吴某头发将其头部按压于地面，吴某双手从背后反手抱住蒋某颈部，持续约三四十秒左右被老板及旁人分开。两人被分开后，在无任何人接触的情况下蒋某自行倒在地上，数分钟后附近医生赶到现场，经检查心跳停止，经抢救无效死亡。

法医学检验

体表检验：双上下睑缘出血，双眼球结膜充血，口唇轻度发绀。左乳突处有一大小为1.0 cm×0.2 cm的表皮剥脱伴皮下出血，左肩关节下5 cm处有一大小为1.0 cm×0.5 cm的表皮剥脱伴轻微皮下出血，左中指指间关节背侧有一大小为0.6 cm×0.1 cm浅表皮肤裂口，十指甲床紫绀，左大腿前内侧距腹股沟5 cm处有两处点状表皮剥脱，大小分别为0.2 cm×0.1 cm、0.1 cm×0.1 cm。解剖检验：右顶部有一大小为3.0 cm×2.0 cm头皮出血，脑血管部分淤血以顶叶为甚。颈前肌群无红染，甲状软骨舌骨未见骨折，左侧甲状腺充血，气管内膜充血，左颈动脉内膜见一大小为0.5 cm×0.1 cm的横行裂口，颈椎无骨折。双肺缘及叶间裂出血呈点片状，肺切面有液体及泡沫溢出；心左室壁及心底可见点状出血。胃黏膜充血出血。病理检验：脑（含小脑、桥脑、延脑）：光镜下见蛛网膜血管扩张充血，脑实质内神经细胞及血管周隙增宽，提示脑水肿。侧脑室脉络膜充血，间质内可见较多钙化小体。延脑脑膜附近有一小动脉，其管壁厚薄不均，局灶区内膜增厚，突向管腔，致管腔狭窄。颈动脉：送检颈动脉一段，见内膜有一长约0.5 cm左右的横行裂口，裂口边缘不整，深约 0.1 cm。裂口处取材，光镜下见裂口深至管壁 3/4 层。裂口不整齐，裂口内可见少量红细胞。另一段外膜处有灶性出血。胃：肉眼观未见异常。光镜下见黏膜和黏膜下层充血。甲状腺：重 8 g，肉眼观无异常，光镜下见间质轻度充血。气管：黏膜下充血，少量淋巴细胞浸润。甲状软骨及会厌：软组织充血。扁桃体：淋巴滤泡生发中心扩大，间质充血。咽部组织：黏膜充血，黏膜下有较多淋巴细胞浸润。

2　分析讨论

颈动脉窦综合征常见于压迫、牵拉颈动脉窦，甚至由于颈部突然转动、衣领过紧等引起，此时刺激血管压力感受器，反射性地抑制血管神经中枢，使血压下降甚至反射性心跳停止而死亡。

本案例中，蒋某侧脑室脉络膜充血，间质内可见较多钙化小体，系侧脑室脉络膜间质内钙质沉着所致；延脑脑膜附近有一小动脉，其管壁厚薄不均，局灶区内膜增厚，突向管腔，致管腔狭窄，符合小动脉血管畸形，但尚未破裂出血，与本次死因无直接因果关系；咽部组织黏膜充血，黏膜下有较多淋巴细胞浸润，符合慢性咽炎的改变；光镜下见左心室壁及室间隔部分心肌纤维断裂，符合濒死期急性心力衰竭所致的一般改变；肺泡壁毛细血管及间质小血管扩张充血，肺泡腔内充满粉红色均质水肿液，其内有散在的红细胞，符合猝死时急性心力衰竭所致的急性肺水肿、肺出血的改变。

蒋某体表损伤轻微，颈部曾受到别人头部向上的轻微顶撞，颈动脉因受牵张力作用致颈动脉内膜破裂口形成、外膜出血（颈动脉内膜有一长约 0.5 cm 左右的横行裂口，裂口边缘不整，光镜下见裂口深至管壁 3/4 层，裂口不整齐，裂口内可见少量红细胞，另一段颈动脉外膜处有灶性出血），故蒋某之死为颈动脉所受的牵张力刺激了颈动脉窦压力感受器，致迷走神经兴奋引起心脏骤停死亡。

针对抑制死应注意：①死亡突然，常迅速继发于某种刺激或诱因之后，死亡与刺激之间有明显的因果关系；②有目击证人证实其某些敏感部位仅受到刺激或轻微的外力而迅速死亡；③通过全面系统的尸检与毒物检验排除其他任何可能的死因，尤其是致命性损伤；④与原发性外伤性休克鉴别：原发性外伤性休克是指体表或内脏的外周传入神经受到强大的机械性刺激，引起交感神经或副交感神经反射功能的异常，导致生命重要器官微循环障碍乃至死亡。

参考文献

赵子琴，廖志刚，王英元，等. 法医病理学 [M]. 4 版. 北京：人民卫生出版社，2009.

1 例酒后死亡的案例分析

潘玉龙　肖亮

成都市公安局新都区分局

1 案例资料

某男，某日在某火锅店饮用白酒后于次日凌晨在其租住房内死亡，现场位于其租住房内，现场未发现翻动及打斗痕迹。

2 法医学检验

死者颜面部未见损伤出血。眼睑未见异常，结膜苍白，未见充血出血，双侧外耳及耳道未见异常。鼻及双侧鼻腔未见异常。口唇未见异常，牙齿未见松动脱落。头皮未见损伤出血。全身体表未见损伤，左手指末端及右手指末端明显发绀，左右足趾末端明显发绀。

解剖检验：头皮下未见出血，颅骨未见骨折，双侧颞肌未见出血，硬膜外、硬膜下、蛛网膜下腔未见出血。脑表面、切面未见异常。颈部皮下软组织及肌肉未见损伤出血，甲状软骨、舌骨未见骨折，双侧扁桃体略肿大，咽喉部见液体及食糜附着，会厌呈红色，颈部血管未见异常，甲状腺表面、切面未见异常。胸部皮下软组织及肌肉未见损伤出血，胸骨、肋骨未见骨折，双侧胸腔内见少许淡红色稀薄液体，胸膜未见粘连，纵隔未见积气出血，气管及支气管内见大量棕黄色液体夹杂食糜，有酒味。双肺表面光滑、暗红色，双肺切面呈暗红色。心包腔内见少量淡红色稀薄清亮液体，心包膜未见粘连，心脏表面光滑，各房室分界清，冠状动脉开口及管径未见异常，各瓣膜及心室房壁、乳头肌及心内膜未见异常。主动脉内膜未见异常，动脉导管已闭。腹腔内见少许淡黄色稀薄清亮液，腹膜未见粘连，肠系膜淋巴结未扪及肿大。肝脏表面光滑、暗红色，切面呈暗红色，未见结节，质实。胆道通畅，胆囊内含少量灰绿色胆汁，未见结石。胰腺、脾脏及双肾均未见异常。食管内见大量液体夹杂食糜弥漫分布，有酒味，黏膜未见出血、糜烂及坏死。胃内容物约 900 ml，为棕色糊状物，内含虾、菜叶等团块状食糜，有酒味，胃黏膜未见出血、糜烂及坏死。肠管未见出血坏死。阑尾呈后位。膀胱充盈。直肠、骨盆、外生殖器均未见异常。

理化检验示：心血中检出乙醇，浓度为 612.3 mg/100 ml，且未发现其他常见毒物。

法医病理学诊断：①双肺淤血、肺水肿；气管、支气管腔内容物吸入。②心肌慢性缺血改变。③慢性淋巴细胞性甲状腺炎。④四肢末梢甲床紫绀。⑤全身各器官组织血管淤血。

3　案例分析

在本案例中：①死者全身体表及内脏器官未见致死性机械性损伤改变，可排除机械性损伤死亡；②死者气管内及支气管腔内可见大量棕黄色液体夹杂食糜，但肺组织内未见异物吸入改变，且死者窒息征象不明显，提示死者气管、支气管腔内的胃内容物吸入多系临终时吸入改变；③根据法医病理学诊断，未发现致死性疾病病变存在；④死者体内酒精含量极高，已达致死血浓度。故此死者应为急性酒精中毒死亡。

因乙醇作为麻醉剂，其主要作用于中枢神经系统，致死原因主要为呼吸中枢麻痹，且酒类饮料的中毒致死量很难确定，受个体差异影响较大，一般认为血液内乙醇浓度达 $400\sim500$ mg/100 ml 时，即能致死。

除酒精中毒外酒后死亡原因仍然较多，主要有：①酒后导致疾病发作，如急性胰腺炎、消化道出血。②酒后导致一些隐性疾病的显性发作，如脑血管畸形、酒后破裂出血、心脏疾病。③酒醉后，因意识模糊或者丧失时，导致吸入呕吐物窒息死亡。④因酒后而导致的冻死等。⑤因与其他药物（巴比妥类、吗啡类等）共同服用时，产生协同作用，导致药物毒性增加死亡。

在法医临床实践中，死者亲属因风俗习惯原因，对酒后死亡的尸体多不同意解剖检验，故在实际工作中很难界定酒后死亡的原因。故笔者以为，在实际工作中，提取酒后死者的心血以排除酒精中毒或者其他药物中毒为必要步骤，特别是在心血中发现巴比妥类、吗啡类等药品时，应高度重视，因其剂量较低时，同样可由于与酒精的协同作用而导致死亡。

列车坠车伤亡法医学检验分析

刘池玮

广西南宁铁路公安处

每年铁路上发生的铁路交通事故较多，对于有旁证或死因明显的列车坠车案常按一般铁路交通事故对待，有关部门在处理此类案件时，为了运行或抢救需要，常常造成伤亡者和现场分离现象，甚至有时找不到现场。另外，列车车厢内流动人员多，成分复杂，对坠车者情况了解甚少，这样无形中就会增加法医检验难度。实践证明，在案情了解少、无旁证、无现场的情况下，尸体检验、分析损伤机制为案件定性提供了关键作用。为此，本文收集了 15 例列车坠车伤亡案例资料进行整理分析，就法医学检验的有关问题进行探讨。

1 案例资料

1.1 坠车伤亡者年龄、性别统计

男性 10 例，女性 5 例。年龄最小 16 岁，最大 54 岁，其中 15~20 岁 1 人，占 6.7%；21~30 岁 4 人，占 26.7%；31~40 岁 6 人，占 40%；41~50 岁 3 人，占 20%；50 岁以上 1 人，占 6.7%。

1.2 坠车车型

从货车坠车者有 5 例（3 例存活），从客车坠车者有 10 例（均死亡）。

1.3 坠车性质及原因

15 例中死亡 12 人，伤 3 人。坠车伤亡原因有：精神病患者跳车 5 人，扒乘货车遇抢劫跳车 3 人，在客车上遇乘警盘查跳车 2 人，发现坐过站跳车 2 人，其他 3 人。

1.4 坠落地点

铁路路肩上 5 例（2 例存活）、边坡 3 例、护道 2 例（1 例存活）、排水沟中 2 例、桥面上 1 例、对面股道 1 例、枕木端 1 例。

1.5 致伤方式

案例中伤亡损伤部位多发生于头面及四肢，致伤方式主要为滚动摩擦、撞击、碾压、拖拉等。

1.6 损伤类型

多为复合伤。挫擦伤 15 例，占 100%；多发性骨折 4 例，占 26.7%；挫裂创 8 例，占 53.3%；肢体断离 4 例，占 26.7%；颅脑损伤 10 例，占 66.7%；胸腹腔器官损伤 5 例，占 33.3%。

1.7 死亡原因

死亡案例中，颅脑损伤 6 例，占 50%；颅脑损伤合并肢体离断 2 例，占 16.7%；颅脑合并胸腹损伤 2 例，占 16.7%；胸腹腔脏器破裂合并肢体离断 2 例，占 16.7%。

2 讨论

2.1 列车坠车损伤特点

统计结果显示，列车坠车损伤部位分布较广且严重，头面部、躯干、四肢，常为多处多种损伤，损伤具有一侧性或一侧为重。

擦伤、挫伤在各部位都可以形成，尤以头面部、四肢等突出部位严重，其方向与列车运行方向相反，躯干部、大腿等部位可形成面积较大的表皮剥脱带。

挫裂创多分布于头面部、四肢等突出部位，形状大小各异，但以小创伤居多。

骨折是坠车损伤中常见的损伤，多出现在颅骨，其次为四肢长骨。颅骨骨折多较严重，所致颅脑损伤往往为致命伤。

碾压伤见体表广泛表皮擦伤、皮下出血、挫裂创和严重的软组织撕裂伤，造成肢体断离、实质性脏器破裂、脑损伤及多发性骨折。肢体断离呈钝性截面断离，断离处边缘有碾压挫伤带，有时碾压后未完全断离，则创面可见血管、神经、韧带等被拉外露，伴有内脏损伤外溢。

2.2 列车坠车损伤形成机制

由于人体从运行列车上由一定高度和速度向地心引力相同的方向坠落，因其自身动能和势能的改变所产生的作用力与坠落地时所产生的反作用力相作用，造成人体损伤。其损伤形成与以下因素密切相关。

坠车时车速和坠落高度：根据动能（$E = 1/2mv^2$）和势能（$A = mgh$）原理，坠车时车速越大，坠车高度越高，其所获得的能量越大，造成的损伤越严重。列车坠车坠落高度相对固定，变动幅度不大，而列车运行速度却时有变化，所以损伤程度与列车行车速度密切相关，即坠车时列车运行速度越快，造成的损伤越重。客车运行速度比货车运行速度要快很多，本组案例中从客车坠落者均死亡，而从货车坠落者有 3 例存活。

坠地后所遇物体性状：坠落地的属性对损伤有直接影响。坠落在铁路路肩、边坡、护道等处时，由于接触面积大、质地相对疏松、缓冲距离长，故而损伤程度相对较轻，有的甚至损伤轻微。本组案例中存活的 3 例均落在路肩泥土、边坡草丛等质地相对疏松的地面。若撞击枕木端头、排水沟、桥梁栏杆等坚硬物体，往往造成严重损伤，甚至是致命性损伤。

坠车时人体各部状态：人体头部和四肢的活动范围广泛，易于受到多种暴力作用而致伤，如骨折、挫裂创等，同时因头部在人体中所处的重要位置和其自身结构特点，所以颅脑损伤构成坠车致死的主要原因，胸腹部在坠车中受撞击等暴力作用而形成胸腹脏器损伤致死者也有发生。

坠车时被卷入车底：坠车碾压常见于头上脚下坠落时形成，下肢碾压伤较多。坠车者离开车体后被气流卷入车下，则可发生拖擦或伴有碰撞或因身体滚动而形成碰撞伤、碾压伤、拖拉伤等损伤，被碾压的组织损伤程度与碾压车辆的重量、速度、轧过的车辆数目等有关。

另外，由于惯性作用人体向前滚动摩擦，衣服撕裂成碎片、剥脱，皮肤有大面积油垢黏附。

对于坠车伤亡案件的检验，结合现场勘查是非常重要的，根据现场遗留物证的分布、血迹、组织碎片位置等，结合衣着情况、损伤情况以及列车坠车损伤的规律特点进行综合分析，有助于分析损伤的成伤机制，准确定性。

四岁女孩坠楼死亡的法医学分析

刘松涛　　胡琳

四川省资阳市公安局雁江区分局

1　案例资料

1.1　简要案情

刘某某，女，4 岁，2015 年 3 月 18 日 10 时许被家属送医院急诊室进行抢救治疗，经抢救无效于当日上午死亡。抢救医生发现死者颈部有伤，怀疑死者有被他人扼颈致死可能，逐报警。

1.2　现场勘查

现场位于某廉租房小区一幢，该小区一幢楼房为六楼一底砖混结构，坐南向北，从东向西依次是一单元、二单元、三单元。楼房三单元与二单元间南侧有一 "T" 形巷道，东侧巷道东西长 327 cm、南北宽 210 cm，巷道地面为水泥地面，在距北墙 126 cm、东墙 270 cm 处有 6.1 cm×4.2 cm 范围的血泊，据称刘某某尸体原位于此处。尸体旁有一压发及黄色儿童塑料拖鞋一只，长 20 cm，鞋底有 "SPORT" 字样。

一幢居民楼楼顶四周有高 116 cm、宽 47 cm 的砖混结构的雨儿墙，三个单元楼楼梯间均可到达楼顶，楼顶平台西侧圈养有狼狗两只，南侧圈墙为铝合金围栏，圈门关闭完好。测得狼狗脚印痕为 8 cm×7 cm 范围的五处类圆形印痕。三单元楼梯间至屋顶南侧、东侧有大量类似狼狗脚印所形成的印痕。屋顶南侧雨儿墙二、三单元之间平台上靠墙叠放有砖块，从下至上依次叠放三块 5 cm 厚的实心砖、一块 23 cm 高的空心砖（均为砖红色）。砖块西侧平台上放有一粉红底白圆点的塑料口袋，袋内装有铅笔、本子、粉红色包及彩色弹珠铁盒一个。叠放砖块对应雨儿墙南侧墙面上有 160 cm×113 cm 的线形划痕，划痕顶端雨儿墙台面上有 90 cm×47 cm 范围的擦拭痕迹，擦拭痕迹西侧 140 cm 处的雨儿墙台面上从东至西依次安放有小（锅盖）天线三个，天线底座均有水泥块压住加固，东侧端天线底座周围可见 45 cm×23 cm 的砖红色粉末迹。据介绍，雨儿墙旁屋顶叠放的四块砖块原均放于天线处用于加固天线。雨儿墙顶端台面擦拭痕迹处对应墙外侧 185 cm 雨棚上，有一只黄色儿童塑料拖鞋一只，长 20 cm，其鞋底有 "SPORT" 字样，由此垂直向下 22 m 地面即是发现死者处。

1.3　法医学检验

尸表检验：死者身长 109 cm，发育正常，营养中等，尸冷、无腐败，上穿灰色戴帽拉链式绒衣一件，下穿黑色休闲裤一条。赤脚，尸斑淡红色，存在于腰背部，指压褪色，角膜清晰，睑球结合膜无出血，唇颊黏膜无损伤，头颅无变形，顶部有 6×6 cm 表皮擦伤，右前额有 2 cm×1 cm 皮下青紫，左耳郭中部有 2 cm×0.8 cm 皮下出血，左下颌缘有 5 cm×3 cm 皮下青紫，左胸锁关节处有 8 cm×3 cm 皮下青紫，左胸部第三至七肋处有 10 cm×8 cm 皮下青紫，左肩关节后侧有 6 cm×3 cm 皮下青紫，左上臂外侧有 15 cm×4 cm 皮下青紫，左前臂后侧中上段有 3 cm×1.8 cm 皮下青紫，左大腿前侧有 20 cm×3 cm、外后侧有 18 cm×3.5 cm 的皮下青紫，左小腿前外侧有 17 cm×2 cm、后侧有 12 cm×1.5 cm 的皮下青紫，左外踝至足背有 12 cm×5 cm 梳状表皮擦伤，右大腿前内侧下段至小腿处有 26 cm×5 cm 皮下青紫，右小腿后侧有 17 cm×0.5 cm 皮下青紫。

解剖检验：头顶部有 9 cm×7 cm 皮下组织出血，颅骨无骨折，颅内未见损伤出血，颈部无损伤，皮下组织无出血，舌骨、甲、环状软骨无骨折，气管内有少许血性泡沫，左三至四肋间肌肉出血，左胸腔积血 200 ml，左肺广泛挫伤出血，左肺门撕裂出血 2.5 cm×1 cm，右肺叶间裂挫伤出血，心包有 2.5 cm×2 cm 的挫伤出血，心尖部有 4.5 cm×2 cm 挫伤出血，腹腔积血 300 ml，脾有 1.5 cm×0.2 cm 破裂出血，脾门处撕裂出血。

2 讨论

2.1 损伤特点

外轻内重、损伤广泛、多发、特定分部。

本例损伤外轻内重特点较为明显，头部、四肢、胸部广泛性皮下青紫出血及表皮擦伤，而双肺、心包、心脏广泛严重挫伤出血，脾破裂出血。

本例死者皮下青紫出血及表皮擦伤分布广泛，多位于尸体左侧，分析应系坠落时身体左侧碰撞挤压钝性物体（地面）所致，而双肺、心包、心脏广泛性挫伤出血，分析应是高坠碰撞中冲击力的传导及强烈震荡作用造成。

全身未见骨折，分析死者系儿童骨骼发育不全，多为软骨，可塑性强所致。

2.2 成伤机制

本例检见死者头部、胸部、四肢广泛皮下青紫及表皮擦伤，多分布于尸体左侧，双肺、心包、心脏广泛性挫伤出血，脾破裂表现为外轻内重。根据颈部表皮无损伤、皮下肌肉无出凝血，舌骨、环甲状软骨无骨折等特点及结合现场勘查，表明死者系高坠死亡，属意外。

2.3 经过回顾

事发当日上午，死者与另一儿童（1 岁多）一同到该楼楼顶雨儿墙处摆放塑料口袋、粉红色包、本子等玩耍时，被圈养的狼狗狂叫吓到后，1 岁儿童跑回家与家人说："狗狗咬姐姐"。死者慌忙中踏上叠放的砖块，爬于雨儿墙顶端不慎发生意外，坠于楼下死亡。

论蕈样泡沫在溺水案件中的实践应用

舒琦舵[1]　郑瓯翔[2]

1. 温州市瓯海区公安分局刑事科学技术室　**2.** 温州市公安局刑事科学技术所

本文通过对 257 例溺水尸体尸表检验中蕈样泡沫出现与否的征象讨论分析，从蕈样泡沫出现的原理、条件以及转归进行了论述，提示了同是溺水案件然而蕈样泡沫出现的情况却大相径庭的原因，为溺水案件中蕈样泡沫的实践应用提供参考。

1　检材统计

温州市公安局瓯海区分局法医室连续 6 年共受理 257 例溺水案件，基本情况见表 1、表 2、表 3。

表 1　各月累计发生溺水案件数

月份	1	2	3	4	5	6	7	8	9	10	11	12
例数	14	11	18	16	20	32	40	27	20	23	11	25

表 2　溺水尸体中出现蕈样泡沫的程度统计及性别差异

程度	明显（覆盖口、鼻）	少量（未溢出口、鼻）	无	血水
例数（257 例）	54	88	65	50
男性（182 例）	31	61	52	38
女性（75 例）	23	27	13	12

表 3　溺水尸体中出现蕈样泡沫的程度进行二次细分

月份	1	2	3	4	5	6	7	8	9	10	11	12
明显（例数）	1	0	1	5	4	13	9	8	5	4	2	2
少量（例数）	3	4	8	5	10	13	18	8	6	6	3	4

因案件侦办需要，针对其中的 53 例尸表检验只检见少量或者未检见蕈样泡沫的尸体进行尸体解剖，发现所有解剖尸体的气管及支气管内均有白色或粉红色泡沫，大部分尸体可见水性肺气肿改变，肺表面可见肋骨压痕，触之有揉面感，切开肺时，流出大量泡沫状液体。提取肺叶进行硅藻检验，均检见硅藻成分。

2　讨论

2.1　溺死及蕈样泡沫出现的原理

（1）溺死是指由于液体机械性地阻塞呼吸道及肺泡，阻碍气体交换，体内缺氧，二氧化碳潴留，而发生窒息性死亡，俗称淹死。

（2）蕈样泡沫是由于冷的溺液进入呼吸道，刺激呼吸道黏膜分泌大量黏液。黏液、溺液及空气三者经剧烈的呼吸运动而相互混合搅拌，产生了大量细小均匀的白色泡沫，这种泡沫因富含黏液而极为稳定，不易破灭消失，抹去后可再溢出。这些泡沫涌出并附着在口、鼻孔部及其周围，宛如白色棉花团堵塞呼吸孔道，故也称蕈样泡沫。

2.2　蕈样泡沫在溺水案件中的普遍特征

（1）根据表 2 显示，蕈样泡沫在溺水案件的检验中并非都能发现，明显的蕈样泡沫更是少见，约占总溺水案件的 21.0%；出现少量蕈样泡沫的情况相对较多，约占总溺水案件的 34.2%；未检见蕈样泡沫的情况约占总溺水案件的 25.3%；由于尸体腐败，出现血水导致无法检见或者区分蕈样泡沫的情况约占总溺水案件的 19.5%。

（2）蕈样泡沫在不同的月份出现在溺水尸体上的情况有一定的区别。根据表 3 显示，蕈样泡沫比较容易出现在天气较暖和的时期，特别是有明显蕈样泡沫征象的情况较集中出现于夏季。春秋季及冬季蕈样泡沫出现较少，或者未能检见蕈样泡沫。同时尸体腐败对蕈样泡沫的检见亦会产生较大的影响，因为开始腐败后，这些泡沫可被血性的腐败气泡代替。

2.3　蕈样泡沫不明显的可能原因

（1）蕈样泡沫的产生需要急速、剧烈的呼吸运动，在死者溺亡前需要一定的存活时间。如果死者溺亡时由于本身的心脑血管疾病引起猝死，尚未来得及充足地呼吸，则蕈样泡沫不明显或者不能检见。

（2）溺亡尸体随着水流漂动或者打捞时被翻动后，由于水流的冲洗以及口鼻腔内的溺液流出导致蕈样泡沫被破坏消失，只留下部分少量泡沫或者溺液。

（3）部分尸体被打捞上岸后由于家属或者打捞尸体者故意或者不规范的操作导致口鼻腔的蕈样泡沫被人为擦拭掉，致使法医尸检时未检见明显的泡沫残留。

2.4　概括总结

（1）根据表 2 显示，男性、女性在溺水案件中均能不同程度地出现口鼻腔蕈样泡沫情况，无明显性别差异。

（2）尸表检见少量蕈样泡沫或者未见明显蕈样泡沫的溺水尸体，经解剖检验及硅藻检测，均能发现明显的内脏溺死征象。因此，蕈样泡沫的有无并非是指向是否系生前溺水死亡的唯一指征。

（3）蕈样泡沫的出现有明显的季节性差异，较常见于气温温暖的季节。出现这种现象跟气温低导致人体在水中存活时间短有关，冬季人落水后由于寒冷的刺激容易引起心脏负荷急剧增大而迅速死亡。

2.5 参考意义

（1）蕈样泡沫在夏季可保持 1~2 天，在春秋季可保持 2~3 天，在冬季可保持 3~5 天。泡沫干燥后，在尸体口、鼻部处或其周围皮肤形成淡褐色之痂皮样残留物。因此在溺水案件中，要特别注意溺亡时间以及气温对蕈样泡沫的影响。

（2）法医工作者针对溺水案件要尽可能早地对尸体进行尸表检验，以最大限度还原溺死征象，捕捉细节。同时要详细询问目击者及尸体打捞者有关尸体的原始状态。

（3）蕈样泡沫的产生是生前剧烈呼吸运动的产物，因此在气管及肺内部同样会有很多泡沫形成。在尸检过程中，如果未检见明显的口鼻腔蕈样泡沫，可以适当按压胸部，使气管及肺内的泡沫外溢，可再次检见口鼻腔蕈样泡沫，从而为生前溺亡提供支持。

（4）蕈样泡沫不仅仅在溺水案件中会出现，很多其他原因导致的死亡亦会出现此类现象，如中毒、癫痫发作等，甚至包括医疗抢救时胸外按压也能在口鼻腔检见少量泡沫样物质生成。因此，法医工作者在对蕈样泡沫进行检验时要充分了解案情，结合其他尸体征象，切不可盲目套用。

特殊情况高坠死亡的现场分析

罗杨　赵渝明　贺小明　李海福

四川省安岳县公安局

1 案例资料

2015 年 1 月 16 日凌晨 7 时许，某县某村村民杨某起床后打开自家房门，发现同村的罗某倒在自家门口院坝内，头部有多处创口，现场地面有大量血迹。罗某，男 63 岁，患老年痴呆症 4 年，平常喜欢到处游逛。

2 现场情况

现场位于某县某村，有一条水泥路与 208 省道相连，相距 1 公里。中心现场位于杨家房屋前院坝、罗家房屋院坝及两家房屋之间的机耕道。杨家房屋为三层砖混结构楼房，坐北朝南，大门为内开双扇木门，开启状，未见异常。在房屋南侧是一个水泥院坝，院坝地面覆盖一层柴灰，扫开柴灰，发现一处 111 cm×63 cm 的泊状红色斑迹，该斑迹南面有三处红色斑迹呈流淌状向南延伸。在该斑迹下方地面发现一处 4.5 cm×3 cm 水泥块缺损痕迹。院坝西南角有一条预制板路连接通往罗家的机耕道，在预制板路面距北侧边缘 28 cm、东侧边缘 233 cm 处发现一处滴落状红色斑迹。在预制板路面距南侧边缘 24 cm、东侧边缘 370 cm 处发现一处滴落状红色斑迹。在该处红色斑迹西侧 790 cm 机耕路上距北侧路边 157 cm 处发现一处滴落状红色斑迹。

杨家室内，在堂屋大门处地面距西侧门框 25 cm 处发现一处滴落状红色斑迹。堂屋的东侧是卧室和储物间，卧室南墙开有一扇窗户，未见异常，卧室内靠北墙放有一张木床，东南角木柜上放有一台电视机。堂屋西侧是杂物间、梯步和通向厨房的房间，在通向厨房的房间地面距南墙 155 cm、东墙 20 cm 处发现一处滴落状红色斑迹。在该房间南侧过道上发现一处滴落状红色斑迹。

从堂屋西侧梯步至三楼的隔楼，隔楼呈东西向分为三部分，在中间部分南墙上开有一个 70 cm×56 cm 的通风洞口。洞口南侧是排水沟，排水沟长 1320 cm，宽 61 cm，内墙高 73 cm，外墙距房檐高 105 cm。在排水沟中部内墙边缘发现一处宽 14 cm 的擦痕，在排水沟外墙瓷砖上发现两处擦划痕迹，该擦划痕迹下方房檐上发现宽 23 cm 的擦拭状痕迹，该处擦拭状痕迹距水泥院坝高 695 cm。

沿机耕路向西至罗家，该房屋由东、西两部分组成，东侧是新建的三层砖混结构楼房，西侧是老式串架房。房屋南侧是一个水泥院坝。院坝东北角竹篾簧上停放一具男尸，男尸头北脚南呈仰卧状，上身共穿九件衣服，最外层为黑色棉衣，棉衣胸前部位黏附有红色斑迹。男尸贴身穿灰色秋衣，其余均为黑色衣服；下穿黑色棉裤、黑色长裤、灰色秋裤各一条；脚穿黑色袜子、黑褐色保暖鞋各一双。男尸头部右前额黏附一块 4.2 cm×3.0 cm 的水泥块，男尸头部左侧上额处发现一条 2.5 cm×1.0 cm 创口，左耳上缘颞部发现一条 2.5 cm×0.5 cm 创口，头面部黏附大量红色斑迹。衣服口袋内发现现金 31.5 元，藿香正气颗粒两袋。在院坝地面距南侧边缘 330 cm、东侧边缘 392 cm 处停放一辆独轮手推车，在车轮上发现一处红色斑迹，在院坝地面发现多处散在的滴落状红色斑迹。

室内堂屋地面距南墙 200 cm、西墙 320 cm 处发现一处滴落状红色斑迹，在堂屋地面距南墙 140 cm、东墙 85 cm 处发现一处滴落状红色斑迹。在一楼梯步间发现一处转移状红色斑迹，在罗家二楼梯步间发现一处转移状红色斑迹。

3 尸体及物证检验

3.1 尸体检验

尸表检验：死者左侧额顶部头颅轻度凹陷畸形，左眉弓上缘额部见 2.5 cm×1.0 cm 挫裂创口，左颞顶部见左耳上缘颞部见 2.5 cm×0.5 cm 挫裂创，创口周围组织均有出血，创缘不整齐，创角钝，创腔内有组织间桥，创口边缘见表皮剥脱，可见颅骨，额骨可触及骨擦感，与颅腔贯通。左颞顶部有 4.0 cm×3.5 cm 方梯形的表皮剥脱。双眼睑闭合，眶周皮下组织出血，呈"熊猫眼"，鼻腔、耳道内有血性液体流出。

解剖检验：双侧额顶部，左侧枕部有广泛的皮下出血，双侧颞肌出血，额骨、左侧颞骨、顶骨、左侧枕骨广泛性、粉碎性骨折，边缘不整齐，有多量骨碎片，颅后窝在矢状面有一线性骨折，左侧颅前窝、颅中窝联合左侧额骨、左侧颞骨广泛性、粉碎性骨折，硬脑膜破裂出血，蛛网膜下腔出血，脑组织挫裂伤。双肺表面见点状出血，双肺根部挫裂伤，左右胸腔约有 5 ml 淡红色血性液体，纵隔内有 14.0 cm×7.0 cm 血凝块，背部斜方肌内侧见散在点状出血，左侧第 1～8 肋靠近肋脊关节处线性骨折，颈 5、颈 6 椎体横突骨折。其全部损伤集中在头部、胸部、脊柱左侧及四肢，体表损伤较轻，内部尤其头部损伤严重、广泛，呈现外轻内重、多发性、复合性的特点，其所有损伤均可由一次性暴力作用形成，左颞顶部4.0 cm×3.5 cm呈方梯形表皮剥脱系左颞顶部皮肤与地面台阶等带凸出面接触所致。

3.2 物证检验

毒物检验未检出常见毒物；现场罗家家中及院坝内、杨家房屋内的多处红色可疑斑迹均不属于人血，杨家院坝内、机耕道上红色可疑斑迹DNA分型与死者一致。

死因：高坠死亡。

4 调查情况

经查，死者罗某患有老年痴呆症，平常喜欢到处游逛，在发现罗某尸体之前，罗某行为异常，曾对其大嫂杨某说有人要偷他的衣服，还把自己的衣服抱到杨家三楼上放置，后被杨某发现，杨某又把罗某抱来的衣服还给罗某的妻子。

在15日晚20时许，杨某在家看电视时，突然听见有东西落地发出"咚"的一声，但因害怕，并未出门去看。在16日早上，杨某起床后就发现罗某死在其院坝内。

5 讨论

由于案发现场遭到严重破坏，尸体被搬移，发现尸体的地方也被柴灰覆盖，在发现尸体的现场周围提取痕迹物证难度较大，以致前期的现场勘查和调查走访一度陷入僵局。侦查民警仔细摸排，技术民警反复细致勘验现场，法医两次尸体解剖检验。走访调查反馈出死者罗某有到其大嫂家三楼存放东西的习惯，死者大嫂于案发前晚20时许听见院坝里有东西落地"咚"一声响等情况。

技术民警在案发当天对现场血迹进行细致分析，现场血迹除发现死者的位置形态为流淌状外，其余多处地方均为零星、散在且颜色较浅淡的滴落状红色斑迹。现场血迹形态不符合假设为凶杀案件的现场重建。技术民警立即对现场血痕进行人血预实验，确定了死者罗某家院坝、堂屋、死者大嫂杨某家院坝、堂屋内的12处滴落状红色斑迹并非人血。

经对现场进行反复勘验检查，在杨某家三楼一通风口外墙上发现有多处擦拭状痕迹。同时在死者罗某衣服上发现残留有与杨某家三楼通风口外墙上相类似的微量物质，再结合法医检验发现，在罗某尸体上并未发现有刀伤，头部创口应为地面台阶等凸出面接触所致，其死亡原因符合死者从杨某家三楼通风口高坠致重型颅脑损伤死亡。

本案初期定性为刑事案件的失误，主要原因是犯了先入为主的错误。一是侦查员较为盲目地介入现场，现场走访不细致，主观臆断局限思维的拓展。对人员进行审查时缺乏耐心和足够的沟通了解，对被审查人员的性格及社会成长经历掌握不足，"先入为主"的思想严重。二是现场勘查人员对现场勘验、尸体解剖检验不彻底，"先入为主"地以他杀思维勘验现场，没有充分发现和利用现场痕迹物证，现场勘验初期没有对现场血痕进行及时、准确的分析，致使勘查的重点发生方向性转移，影响案件后期工作。

6　体会

对有尸体的案件现场勘查的重点为尸体本身、尸体周围的地面及尸体周围的空间。当中心现场被破坏，尸体位置发生改变，尸体周围环境被破坏时，勘查人员要从思维上重新还原现场。

现场血痕的勘验是现场勘查的重中之重，具有极高的现场分析价值，对犯罪嫌疑人的形象刻画和现场重建有重要作用。它既能够为侦查破案提供线索和理论依据，也容易误导现场勘查人员的思维，以致偏移勘查的方向和重点，因此，现场血痕的分析至关重要。

高坠死亡案件的定性是一项综合性工作，仅依赖某一项刑事技术的检验结论来确定高坠死亡案件的性质是极其片面的。只有进行细致的现场勘查、全面的尸体检验及认真的调查取证，再结合毒化结果，才能形成完整的证据链，最终准确定性。

1 例特殊形态高坠伤报道

杜海

四川省达州市公安局刑侦支队

1　简要案情及现场情况

某年 6 月 2 日凌晨 5 时许，在大竹县某村村民张某家门前地面上发现一具下身赤裸女尸，尸体下方有流淌的血迹，周围地面有死者随身携带的物品。

现场勘查：现场位于张某家门前村道地面上，该村道为水泥路面，东西走向，宽 5 m。尸体右侧卧位，下身赤裸，左手放于下腹部，旁边有绿色手电筒 1 个，呈开启状，可见光亮。右脚胶鞋脱落，位于脚西南侧 2 m 处，尸体背部、臀部东侧地面有其携带的挎包、雨伞、衣物等。尸体头部距张某家门前"雨滴线"0.8 m，其住宅坐北朝南，为 1 楼 1 底砖混结构，2 楼阳台未安装防护栏，阳台上方安有晾晒衣物竹竿，阳台距 1 楼地面高 2.8 m。

2　尸体检验及案情调查

死者徐某，女，78 岁，身高 158 cm，丧偶，独居，平常帮人说媒谋取生活。右顶部距右耳上 8 cm、距前额发迹 6 cm 处有 2 cm×2 cm 类圆形表皮剥脱及皮下出血，该处皮下出血中部头皮挫裂，皮下脂肪挫碎，分别向左右两侧弧形延伸撕裂；主创口向下分别有 3 条平行皮下出血，分别为 2 cm×0.3 cm，5 cm×0.3 cm，6 cm×0.3 cm，右顶枕部形成

10 cm×10 cm 囊腔；创口对应的右顶骨、颞骨长 10 cm 骨折线，左侧大脑顶叶、颞极广泛挫裂伤，右中颅凹骨折，胸骨上段横形骨折，双侧 4~8 肋骨骨折，右肺下叶挫创，右胸腔积血 200 ml，双侧膝关节皮下出血。其余部位及脏器未发现损伤及出血，未发现致命性疾病及机械性窒息征象；理化检验：尸体胃及内容物均未检出安眠镇静类药物及常见毒物成分。死因：意外高坠致颅脑损伤死亡。

案情调查：张某陈述：徐某于前日下午来到张家，为其在外地打工的女儿说媒，当晚留宿张家。晚上徐某解小便时，因尿桶内尿液已满，将自己裤子裆部浸湿，便将裤子晾晒于二楼阳台竹竿上，次日凌晨，徐某到阳台取裤子，随后听到"咚"一声，张某走到阳台见徐某倒在门前地面上，害怕说不清楚，便将徐某携带的物品从室内拿出，放在尸体旁边。

3 讨论

损伤机制：前期侦查中，部分技术人员认为系他人持棍棒多次打击头部所致，依据为：右顶部既有类圆形表皮剥脱、皮下出血，又有挫裂创；主创口下方有 3 条平行皮下出血。通过复验尸体，头部损伤无条形皮肤擦伤、皮下出血；无中空性皮下出血；无镶边状挫裂创等棍棒损伤特征。其头部损伤为：在人体坠落触地时，形成类圆形接触面，造成局部表皮剥脱、皮下出血，头皮挫裂，皮下脂肪挫碎，同时因斜向受力，头皮滑动、牵拉形成撕裂；随滑动、撕裂加重，右枕部头皮堆积、皱褶，形成 3 条平行皮下出血及囊腔。

坠落损伤是指运动或静止的人体，从高处坠落于地面或其他物体上所导致的减速性损伤。其损伤特点为：外轻内重；多器官多部位损伤；接触性平面损伤；大多数损伤一次性形成；在着力部位对面形成对冲伤等。通过尸体检验所见损伤结合现场环境及调查，徐某损伤符合高坠所致。

体位性窒息死亡 1 例

陈再娟　张文林

四川省自贡市公安局刑侦支队

1 案例

1.1 简要案情

2014 年 11 月 15 日下午，杨某（男性，67 岁）被发现吊死在一颗桔子树上，死因可疑，要求出警。

1.2 现场勘查及走访调查

现场位于本市某县某镇农村山区的一片桔子林里，位置偏僻，少有人前往。杨某尸体卡在一颗桔子树上。该桔子树较高大，树干直径约 20 cm，杨某右大腿中上段卡在向北侧生长距离地面最近的树杈处，该处树杈距离地面 120 cm，杨某颈部见一条棉布带圈套，该圈套悬挂在向南侧生长的一树枝上，悬挂点距离地面 180 cm。杨某呈头部后仰、双手自然下垂，左腿略弯曲下垂状态。现场无明显打斗痕迹。

据调查，杨某系本市某县某镇农村人，平日节俭，育有一子，平时随儿子居住在县城某小区，最近桔子成熟，遂每天下午 3 时左右搭乘客运车返回山区农村摘取桔子，第二天赶早班车到城里出售，中午到儿子家吃饭。15 日中午，杨某未到儿子家吃饭且其电话一直无人接听，其儿子到处寻找，于 15 日下午在杨某农村自家的桔子林里发现其尸体。经其儿子辨认，杨某悬挂所用棉布带系其裤腰带，约长 110 cm，宽 0.8 cm。

1.3 检验

死者上衣穿戴整齐，上衣外套内兜里有现金 242 元，下身外裤较宽松，足穿胶鞋。发育正常，营养差，尸斑暗红色，主要位于双下肢背侧，指压不褪色。尸僵强，在全身各大关节存在。颜面略青紫，双侧眼睑结膜可见点状出血。十指指甲紫绀，口鼻部皮肤未见明显损伤，口腔黏膜未见损伤，牙齿部分陈旧脱落，牙龈未见损伤。项部近发际处见一索沟，以正中为着力点，经两侧耳前向上提空，索沟约 0.6 cm 宽，深度浅，索沟皮肤皮革样化改变，索沟边缘未见明显皮下出血。颈前部、胸腹部、背腰臀部皮肤未见明显损伤。右手背尺侧见 1.5 cm 长皮肤划伤，右大腿中上段见 10 cm×5 cm 皮肤及软组织弧形凹陷伴皮下出血。其余体表未见明显损伤。解剖检验见：头皮未见损伤出血，颅骨无骨折，脑血管淤血，脑组织水肿。颈项部皮下及肌肉未见明显出血，舌骨、甲状软骨未见明显骨折，颈部血管未见明显损伤。胸部皮下及肌肉未见出血，双侧肋骨未见骨折，胸腹腔未见积血积液，双肺浆膜、心外膜、肝脏包膜均可见点状出血。其余脏器未见明显损伤及病变。

死者心血、胃内容物、肝脏、尿液未检出毒鼠强、氰化物、有机磷农药、巴比妥、安定等成分。

2 讨论

根据检验，死者杨某各脏器未见明显病变，心血、胃内容物、肝脏、尿液常规毒物检验阴性，可排除疾病造成死亡，排除常见毒物中毒死亡。死者颜面部、指甲青紫、双侧眼睑结膜、双肺浆膜、心外膜、肝脏包膜呈点状出血，项部见索沟，索沟皮下及肌肉未见明显出血，舌骨、甲状软骨未见明显骨折，双侧肋骨未见骨折，颅骨无骨折，脑血管淤血，脑组织水肿，右大腿皮肤软组织卡压凹陷伴皮下出血，分析死者杨某系窒息死亡。

体位性窒息是因身体长时间限制在某种异常体位，使呼吸运动和静脉回流受阻而引起的窒息死亡。在本案例中，杨某尸体呈现特殊体位，且项部还检见索沟，系体位性窒息死亡还是缢死，容易分析错误，必须结合现场勘查、外围调查，综合分析。该案例死者在树枝上呈悬挂特殊体位，其项部索沟浅、宽，索沟皮肤皮革样化改变，索沟皮下及肌肉未见明显出血，舌骨、甲状软骨未见明显骨折，颈部血管未见明显损伤。说明项部索沟对人体损伤较轻微，不足以造成死亡。右大腿中上段皮肤及软组织弧形凹陷伴皮下出血，生理反应明显，损伤系生前形成，说明杨某右腿被卡后存活时间较长，因右腿长时间卡压，项部悬挂，致使身体长时间处于悬空状态，由于重力作用使呼吸肌运动受限进而发生呼吸肌疲劳，造成呼吸、心脏及中枢神经系统功能障碍，造成体位性窒息死亡。

该案现场勘查时死者右大腿卡在树杈上，调查表明死者最近每天有回农村摘桔子的习惯，说明死者卡在树杈上极大可能是一主动行为，可能系在爬树摘桔子的时候右脚踩滑导致右大腿被卡在树枝上，因被卡的树杈距离地面较高，加上年老体弱，无法取出右腿，为缓解疼痛，双手可能抓握树枝搭力，但时间一长，双上肢酸麻乏力，故解下自己的裤腰带做成圈套套在树枝上，便于头颈部倚靠，以缓解肢体所受重量，由于所处位置偏僻，无人经过，长时间保持该体位造成体位性窒息，属意外死亡。

参考文献

赵子琴. 法医病理学［M］. 3 版. 北京：人民卫生出版社，2004：288.

外伤诱发冠心病猝死法医学分析 1 例

刘描[1] 高垚[2]
1. 自贡市公安局刑侦支队 **2.** 自贡市公安局大安区分局物证鉴定室

1 案 例

1.1 简要案情

尹某，男，77 岁。于某月 24 日 13 时许，因家人与外人发生纠纷，在家门口吵闹并发生打斗，尹某被人拳击了一下胸口后发生心累、心慌、胸痛不适，于当日入住某镇中心卫生院，在医院治疗 1 天后于 25 日 17 时突发死亡。

1.2 尸体检验

尸表检验 胸部胸骨柄下见软组织肿胀区。颈项部未见明显损伤。腹部未见明显损伤。背臀部未见明显损伤。四肢未见明显损伤。右手背见一针孔，5 cm×4 cm 青紫区，右手腕前侧见一穿刺孔。肛门大小便失禁。

解剖检验 胸壁未见充血，胸骨未见骨折，肋骨未见骨折，双侧胸腔干净。心包完整，心包腔积血约 350 ml，左心室前壁见 3 条：2 cm、1.8 cm、0.8 cm 破口，4 cm×3.5 cm 暗红色区，内膜见出血斑块、凝血，左心室壁厚（心尖处）0.4 cm，心包腔见血凝块。双肺肺气肿。

组织病理学检验　心脏病变：冠状动脉粥样硬化伴管腔Ⅱ～Ⅲ度狭窄；冠状动脉左前降支粥样硬化继发斑块破裂伴血栓形成堵塞管腔；左心室前壁透壁性心肌梗死伴室壁瘤及附壁血栓形成；左心室前壁破裂伴心包腔积血。肺部病变：双肺慢性支气管炎急性发作；双肺肺气肿、肺淤血、肺水肿，双肺组织灶性纤维化。脑椎动脉、基底动脉、前后交通动脉及大脑中动脉粥样硬化伴管腔Ⅱ～Ⅲ度狭窄。主动脉粥样硬化伴溃疡形成。

毒物分析检验　死者胃内容物、肝组织和心血未检出常见毒物成分；心血中未检出乙醇成分。

2　讨　论

冠状动脉粥样硬化性心脏病简称冠心病，目前是心血管系统疾病中对人类健康危害性最大的疾病，同时也是心血管系统疾病中发生猝死最常见的疾病。冠心病猝死的病理学改变包括：①冠状动脉粥样硬化；②心肌梗死。而心脏破裂是心肌梗死最严重的并发症。冠心病猝死发生机制中因大面积心肌梗死时可导致室壁瘤形成甚至破裂。死因分析、鉴定是法医病理学的核心，关系到当事人（死者或嫌疑人）的名誉，甚至罪与非罪，必须在认真检查、掌握大量资料的基础上，分析论证，提出正确的死因结论，为有关案件，包括为民事案件的调处，刑事案件的侦查、审理提供科学证据。要特别注意避免把死因和死亡机制、死亡方式相互混淆。本案例全面正确地进行了死因的分析，首先了解个体死亡判定的情况（年龄、性别、时间、地点、采用的方法），继而查明致死的病变、死亡机制，进而分析其死亡原因。即致命因素有外伤和原发疾病的先后、主次、相互关系，分清主要死因、直接死因、辅助死因、联合死因、诱因，才能明确死亡的类型及死亡方式。

本例死者男性77岁，左心室前壁见3条：2 cm、1.8 cm、0.8 cm破口，4 cm×3.5 cm暗红色区，内膜见出血斑块、凝血，左心室壁厚（心尖处）0.4 cm，心包腔见积血约350 ml及血凝块。心脏器质性病理改变：冠状动脉粥样硬化伴管腔Ⅱ—Ⅲ度狭窄；冠状动脉左前降支粥样硬化继发斑块破裂伴血栓形成堵塞管腔；左心室前壁透壁性心肌梗死伴室壁瘤及附壁血栓形成。根据案情调查，死者曾遭人拳击胸部。尸体检验见心前区见软组织肿胀，胸壁未见充血，胸骨未见骨折，肋骨未见骨折，双侧胸腔干净，心包完整。死者虽然受外力打击胸部，但外力轻微，结合死者心脏器质性病理改变，死者患严重的冠心病及左心室前壁室壁瘤，外伤并非直接导致死亡的原因。分析死者所受外伤为其死亡的诱发因素。排除机械性损伤及机械性窒息直接导致死亡，毒物分析排除常见毒物和酒精等致死因素。综合分析死亡原因符合在冠心病并发室壁瘤破裂及附壁血栓形成的基础上，因冠状动脉左前降支粥样硬化继发斑块破裂伴血栓形成堵塞管腔后继发室壁瘤破裂致心包填塞导致死亡。

本例鉴定提示，在法医学鉴定中，对外伤和自身疾病共同作用造成死亡的鉴定，应慎重分析外伤和疾病的先后、主次、相互关系，分清主要死因。本案死亡原因为冠心病继发室壁瘤破裂心包填塞致死亡，也是主要死因。虽然胸部遭外力打击，心脏存在损伤，但轻微外伤对健康人一般不会致命。本案死者心脏有严重的潜在性病变，在外伤诱发下疾病恶化而引起死亡。综上分析外伤为其死亡的诱因。

参考文献

赵子琴. 法医病理学 [M]. 3 版. 北京：人民卫生出版社，2004：370−374.

雨中电击死法医学鉴定 1 例

刘 金

四川省中江县公安局

电击死是法医实践工作中常见的死亡原因之一，电流斑是判定电流损伤的重要依据。但是，在低电压、潮湿环境、水中触电等情况下，电流损伤可能不会表现出典型的电流斑，从而给法医鉴定工作带来一定的困难。本文以 1 例雨中触电、无典型电流斑电击死案例的法医病理学分析为基础，梳理相关知识，以期为法医鉴定工作者提供借鉴。

1 案例资料

1.1 案情摘要

某年 8 月 27 日，某县公安局接报案人报警称：该县某公司厂区内有一员工倒地、死亡。接警后，法医、现场勘查人员、刑侦人员等到达现场，分别对尸体、现场进行勘验，并对案情进行调查。

1.2 法医检验

尸体检验：衣物、鞋袜湿润，未见破损等。死者外观发育正常，营养良好，尸斑暗红色，位于背侧未受压处。头面部、颈部、胸腹部、四肢完整，未见机械性损伤以及异常改变。脑、心、肺以及其他脏器解剖组织结构正常，未见机械性损伤、基础疾病以及致死性先天畸形等。口唇、甲床发绀，心脏、大血管管腔内见暗红色、流动不凝血。

组织病理学检验：心肌纤维片状断裂、波浪状排列，双肺急性淤血、水肿，全身多脏器急性淤血、水肿等改变，余未见异常。

实验室检验：药（毒）物、毒品检验未检出常见药（毒）物、毒品。

1.3 现场调查

报案人及在场人证实，8 月 27 日小雨，公司厂区内工作区地面积水。17 时 37 分，死者被他人发现仰卧位倒于工作区地面积水处。施救人员到达该区域后，出现明显的触电感，在关闭电源后继续实施抢救，120 急救人员到达现场后即宣布死亡。

某县电力公司现场勘查分析，公司厂区事故区域气泵连接电缆断接处浸泡在积水中，发生漏电现象，且气泵连接电缆所接低压开关不带漏电保护功能，发生漏电时开关不能自动断开。

2 讨论

2.1 死亡原因

根据法医病理学检验，未发现致死性基础疾病、致死性先天畸形、致死性机械性损伤、机械性窒息等典型病理学征象，可排除此类原因导致死亡的可能。同时，实验室检查亦未发现常见药（毒）物、毒品。

但是，法医病理学检验所见之尸斑暗红色、口唇甲床发绀、心脏大血管管腔内见暗红色流动不凝血，以及心肌纤维片状断裂、波浪状排列、双肺急性淤血水肿、全身多脏器急性淤血水肿等非特异性法医病理学征象，在一定程度上提示死者符合急性死亡，在排除上述几类致死原因的情况下，需要考虑电流损伤、物理因素损伤的致死可能。

根据案情现场调查，事故发生时为小雨天气，事故区域存在地面积水情况，死者衣物、鞋袜湿润，与案发现场情况相符。且电力公司现场勘查分析显示，事故区域气泵连接电缆断接处浸泡在积水中，发生漏电现象，且气泵连接电缆所接上级低压开关不带漏电保护功能，发生漏电时开关不能自动断开，存在可能导致水中触电的现场基础。在场施救人员亦证实接触该区域后出现明显的触电感。

因此，根据案情、现场调查以及法医检验，事发现场具有导致水中触电的可能，且法医病理学所见之非特异性病理学征象与电流通过机体可能引起的病理学改变相符，综合分析判断，死者系雨天水中触电死亡。

2.2 电击死的法医学鉴定

电击死是法医实践工作中常见的死亡原因之一，电流斑是判定电流损伤的重要依据。但是，没有电流斑者亦不能轻易排除电击损伤。若接触电压低、环境潮湿或浸泡在带电的水中，导致皮肤电阻减小，加上导体接触面大、接触时间短等因素，使电流通过体表皮肤时所产生的焦耳热大为减少，则不足以形成典型的电流斑，甚至没有任何改变。

在这种情况下，我们需要在全面、系统、细致的法医学检验基础之上，在排除致死性疾病、先天性畸形、机械性损伤、机械性窒息、药（毒）物、毒品的情况下，综合案情以及现场调查情况综合分析判断。

针对无明显电流斑电流损伤的情况，国内外许多学者从组织微观形态学、生物化学等方面进行了一系列研究，尽最大可能探索、发现新的证据和方法。如采用光镜、电镜对组织的微观和超微结构形态进行观察，使用原子吸收光谱、组织化学方法对组织化学成分变化进行分析，这些研究成果对于此类案件的鉴定具有重要的指导意义。我们在接触此类案件的时候，可以在常规法医学检验的基础上，适当地选取一种或几种方法进行观察、判断，以提高法医学鉴定的证明力。

因此，在法医学检案实践中，我们必须严格按照国家、行业的相关标准和规范进行法医学检验和判断，在检案需要、条件允许的情况下尽可能使用新技术、新方法以提高鉴定的准确性。与此同时，我们需重视法医检验与案情、现场调查的无缝链接，必要时可借助现场重建技术，以佐证自身判断的合理性。

参考文献

[1] 赵子琴，廖志钢，王英元，等. 法医病理学 [M]. 北京：人民卫生出版社，2009：353—387.

[2] 季炳均，龚先东. 在水中被电鱼器电击死亡电流斑分析 [J]. 中国法医学杂志，2013，28（3）：261.

[3] 金稀，朱朝祥. 1 例水中触电死亡的法医学鉴定 [J]. 刑事技术，2008（1）：63—64.

[4] 杨超朋，肉孜，田雪梅，等. 无电流斑电击伤的研究进展 [J]. 中国法医学杂志，2012，27（5）：376—378.

现场勘查与侦查结合对 1 例非正常死亡定性

袁野　钟传胤　陈成

四川省绵阳市公安局游仙区分局物证鉴定室

1　案例资料

1.1　简要案情及现场情况

某日，四川省绵阳市游仙区某派出所接王某家属报称：王某，女，在绵阳市游仙区某镇某乡某大队自家住房内死亡，在绵阳市殡仪馆整理仪容时发现颈部有损伤，家属对王某死因产生疑问，请求公安机关侦查。

现场勘查：现场位于绵阳市游仙区某镇某乡某大队，中心现场位于王某自家住房内，房内东墙摆放一张木床，木床西侧 50 cm 摆有一木桌，房间外摆放一张单人木床。现场未发现明显打斗痕迹，未发现明显血迹。因王某死亡当时未报警，该现场为变动现场。

民警现场走访：侦查人员第一次对王某丈夫李某进行询问时，李某说夫妻二人一直分床睡，王某一直睡在屋内，李某一直睡在屋外的木床。王某死的前一天晚上并无异常，第二天早上就在屋内床上发现王某死亡。

1.2　尸体检验

尸表检验：左下颌皮肤见 1.5 cm×1.5 cm 表皮剥脱，颈部正面皮肤见环形色素沉着和表皮剥脱，其中颈部正面右侧皮肤见 3.5 cm×0.2 cm 表皮剥脱，项部皮肤未见明显损伤。四肢长骨未扪及明显骨折，其余部位未见明显外伤。

解剖检验：双侧颞肌未见出血，颅骨未见骨折，颅内未见明显出血，基底动脉可见粥样硬化。胸肋骨未见骨折，双侧胸腔未见积液，心包完整内无积液。胰腺整体明显出血，组织结构分辨不清。胃排空，无异常气味。余脏器未见明显异常。切开颈部皮肤，皮下未见出血，深浅层肌肉均未见出血，舌骨无骨折，椎前筋膜未见异常。

死者无明显窒息征象，全身皮肤未见开放性创口，双手未见抵抗伤，头皮未见损伤，颞肌未见出血，颅骨无骨折，胸肋骨无骨折，颈部皮下未见出血，深浅层肌肉均未见出血，舌骨无骨折，椎前筋膜未见异常。可排除用绳索自缢死亡或者勒死及机械性暴力致死。

1.3　再次现场走访

尸体检验过后，技术室和派出所民警再次对现场进行走访。这次走访，技术人员先就尸体检验情况给侦查人员汇报后，侦查人员明确颈部损伤不是致死原因，确定这次走访的主要目的是要弄清楚死者颈部损伤如何形成。这次对王某丈夫李某进行询问后，李某自述其发现王某死亡时王某是用一根麻绳绑在床边，其颈部套在绳中，发现后，因为死者儿子是该村干部，李某觉得如果王某自杀传出去在本村会有些风言风语，所以才把王某从绳套中取出，放在床上，告诉所有人王某是在床上死亡，并把当时所用的绳子也找出来，而且还询问出王某一直都有自杀行为，本村村主任因王某自杀的事情还亲自到王某家中进行多次劝说，后经询问村主任证实。

2　讨　论

经过尸体检验和侦查走访，最后排除王某死亡为刑事案件。

2.1　原始现场（现场保护）对案（事）件的重要性

当现勘人员到达该现场时，现场已经完全变动，尸体已被搬动，原始状态没有照片记录，也没有找到造成颈部损伤的客体，所以才对王某的死亡不能确定性质。对所有的案（事）件的现场勘查来说，原始现场才能更加完整地还原事实真相，提供更多的现场物证。所以现场勘查是从现场保护就已经开始，现场保护是现场勘查的第一步，做好这一步，才能保证后面的勘查工作顺利进行。

2.2　侦查与现场勘查结合的重要性

第一次走访时，侦查人员没有现场勘查和尸体检验的结果，没有目的性的询问，最后也没有走访到有实际价值的东西。在尸体检验和现场勘查完以后，技术人员和侦查人员碰头，明确了调查方向，第二次对王某丈夫询问时，有针对性地提问，最后王某丈夫才道出了实情。现场勘查是为侦查提供方向，在这个事件中表现得淋漓尽致，侦查员询问后反馈的信息对现场重建提供了重要的支撑。现场勘查也是侦查的一部分，技术人员和侦查人员要分工协作、及时沟通，达到事半功倍的效果。

中药泽泻致急性肝功能衰竭死亡1例

庞涛　谢飞

南充市高坪区公安局刑事科学技术室

服用中草药后死亡的案例在基层法医工作中经常遇到，其死亡原因大多系中草药中有乌头属、雷公藤、钩吻、夹竹桃等中毒所致，其中毒方式大多系因炮制、煎服方法不当、服用过量、误食及自杀等，现报道因服用泽泻后8小时死亡1例。

1 案例资料

1.1 病历资料摘要

蒋某，女，56岁，因患慢性病，较瘦，懒言，乏力，长期脐上有坠胀感，到当地卫生院就医，医院根据患者的检查和临床表现，考虑"慢性胃炎、胃下垂"给予补中益气汤加减2剂煎服，有效，之后又服上药2剂。

2009年9月1日，蒋某再次到卫生院就诊，临床表现：头昏目花、少气懒言、疲倦乏力、四肢不温、腹中雷鸣、舌淡苔白、脉弱、脐上部有坠胀感，予以补中益气汤加减：炙黄芪30 g、党参15 g、炒白术12 g、煨葛根12 g、炒枳壳10 g、炒白芍10 g、苏梗10 g、柴胡10 g、旋覆花15 g、木香10 g、瓦楞子（煅）30 g、炒莱菔子12 g、泽泻15 g、防风15 g。

2009年9月2日晚8时，蒋某服食上述中药后出现呕吐、腹痛，急送当地县级医院治疗，入院时自述既往病史：诉40[+]年前患"肝炎"已治愈，10[+]年前因子宫肌瘤行"子宫全切术"，诉曾作胃镜示"慢性浅表性胃炎伴糜烂"，否认结核病史，否认药物、食物过敏史。入院查体：T 36.1℃、P 90次/分、R 22次/分、BP 77/41 mmHg，平车推入，神清神萎，急性痛苦病容，肢端皮肤湿冷，全身皮肤黏膜无黄染，双瞳等大形圆，直径约0.3 cm，光敏，唇不绀，咽不充血，心肺未见明显异常，腹软，剑突下及右上腹压痛，无反跳痛，肌紧张，肝脾未及，双下肢不肿，余未见异常。辅助检查：心电图未见异常。入院诊断：①药物中毒？休克原因待查，过敏性休克？②慢性胃炎急发。入院后予以常规护理，抗炎：阿洛西林，抑酸：泮托拉唑，对症支持并完善相关辅查等处理。2009年9月2日23时0分抢救记录：蒋某因3小时服用中药后立即出现呕吐，呕吐物为胃内容物及黄色药液，伴上腹胀，查体：BP 77/41 mmHg，剑突下及上腹压痛，立即予以吸氧3 L/min，建立静脉通道，心电监护，重症监护，给予甲氧氯普胺（胃复安）10 mg肌注，地米20 mg静推，肾上腺素1 mg肌注，建立第二组静脉通道，给予生理盐水250 mg＋多巴胺20 mg＋间羟胺10 mg静滴，给予泮托抑酸，抗炎对症治疗，并抽血急查生化、血常规。2009年9月3日1时55分抢救记录：蒋某诉中腹痛，伴心悸，心电监护示

BP 59/34 mmHg，P 92 次/分，急查报告示：WBC 2.2×10^9/L，肌酐 173.2 μmol/L↑（44～133 μmol/L），血糖11.9 mmol/L，钾 3.0 mmol/L，立即给予生理盐水 200 mg＋多巴胺 60 mg＋间羟胺 20 mg 静滴升压，泮托拉唑抑酸，血凝酶1 U 肌注止血及扩容，对症支持治疗，及导尿、禁食，阿托品 0.5 mg 止痛，于 1 时 40 分，BP 55/35 mmHg，建立第三通道，给予低右 500 ml 扩容，对症支持，已告之家属病情危重，并签危重通知书，密切观察病情，并依据血压调节升压药物的剂量及滴速。2009 年 9 月 3 日 4 时 55 分抢救记录：蒋某于 2009 年 9 月 3 日 3 时 58 分突然呼之不应，P 52 次/分，BP 45/23 mmHg，SPO₂ 90%，R 15 次/分，双瞳散大，直径约 0.4 cm，光反射弱，压眶反射消失，患者深昏迷，立即加大氧流量 5 L/min，给予纳洛酮2 mg静注，尼可刹米、洛贝林各 1 支，心三联各 1 支静推，并持续胸外心脏按压，辅助呼吸，于 4 时 3 分监护仪示心率 46 次/分，BP 48/25 mmHg，SPO₂ 89%，R 27 次/分，相继给予阿托品 2 支，尼可刹米 2 支，肾上腺素 1 支静推，心电图呈直线，请麻醉科行气管插管，建立人工气道通气，并继续胸外心脏按压抢救，并吸痰，吸出红色液体约 5 ml，于 4 时 32 分患者监护仪示心跳无显示，给予阿托品 1 mg 静推，肾上腺素 1 mg 静推，于 4 时 46 分患者双瞳散大至边缘固定，光反射消失，心电图呈一直线，行腹腔穿刺未抽出血液及液体，排除肝脏、肿瘤破裂出血。患者因循环衰竭，抢救无效而临床死亡。入院期间辅助检查阳性结果：血液细胞分析：白细胞数目（WBC）2.2×10^9/L↓（4.0～10.0），中性粒细胞数目0.8×10^9/L↓（2.0～7.0），淋巴细胞百分比47.8%↑（20.0～40.0），中间细胞百分比 17.0%↑（3.0～9.0），中性粒细胞百分比 35.2%↓（50.0～70.0），平均血小板体积 11.5fL↑（7.0～11.0）。肾功能检验：尿素 9.6 mmol/L↑（2.5～8.3 mmol/L），肌酐 173.2 μmol/L↑（44～133 μmol/L），葡萄糖 11.91 mmol/L↑（3.9～5.7 mmol/L）。肝功能检验：谷草转氨酶 122.7 U/L↑（0～42U/L），乳酸脱氢酶572.0 U/L↑（80～260 U/L）。

1.2　尸体检验摘要

死后 28 小时尸检：发育正常，营养一般，全身各大关节尸僵形成，尸斑呈暗红色；全身体表未见损伤，面色苍白，双眼睑、球结膜苍白，双唇紫绀，唇及口腔内黏膜紫绀。尸体剖验：脑组织水肿，脑沟变浅，脑回增宽明显；喉头、声门无水肿，气管内膜未见异常积液；胸腹腔内无异常积液；肝脏淤血肿大、质硬；双肾淤血性肿大；脾及胰腺淤血性改变；胃血管扩张、出血，胃内少量内容物，未闻及特殊气味；大小肠充气明显，未见损伤异常。

1.3　病理组织学检验

心脏：重 325 g，心脏代偿性肥大。主动脉见灶性纤维结缔组织增生伴黏液变。脑：脑水肿。双肺：肺水肿。部分肺间质及支气管周见单核淋巴细胞浸润。肝脏：部分肝细胞脂肪变性、肝硬化改变。脾脏：淤血。双肾：淤血。胰腺：淤血。部分胃组织：见间质血管扩张、出血。大小肠：肠黏膜显示慢性炎症。

1.4　毒理学分析及血清免疫检验

死者蒋某肝组织中检出尼可刹米成分，胃组织及胃内容物、未服用完药汁及中药残渣中均未检出常见毒鼠强和有机磷类、拟除虫菊酯类、氨基甲酸酯类农药及安眠药成分。煎服的中药残渣及未煎制的中药中检出与药方成分相符。免疫球蛋白 E（IgE）：89.07 U/ml

（正常范围 0.1～150 U/ml）。

2 讨论

泽泻别名水泽、水泻、如意花、车苦菜、天秃，植物为多年生沼生草本，属泽泻科，性寒，具有利水渗湿的功效。现代医学研究，泽泻可降低血清总胆固醇及三酰甘油含量，减缓动脉粥样硬化形成，泽泻及其制剂还用于治疗内耳眩晕症、血脂异常、遗精、脂肪肝及糖尿病等。泽泻（根茎）是传统的中药之一。用法用量内服：煎汤或入丸、散。目前泽泻被广泛使用于各类中成药中，如七味都气丸、三宝胶囊、山菊降压片、五苓散、分清五淋丸、六味地黄丸、龙胆泻肝丸、耳聋左慈丸、血脂灵片、参茸固本片、枳实导滞丸、前消栓通络片、消栓通络胶囊、锁阳固精丸等。国内目前鲜有泽泻中毒报道，但泽泻全株有毒，以地下根头为甚，具有肝毒性、肾毒性，服用不当，能让肝脏、肾脏出现肿胀以及其他中毒症状。常见中毒症状为腹痛、腹泻等消化道症状，血尿，严重时引起呼吸麻痹。有乙肝患者因服用含泽泻的中药，导致血液、肝、肾多种器官中毒而死亡的报道。泽泻毒理作用：毒性 T 对小白鼠静脉注射的半数致死量为 780 mg/kg，腹腔注射为 1270 mg/kg，口服为 4000 mg/kg。泽泻含有刺激性物质（泽泻醇类物质），内服可引起胃肠炎，贴于皮肤引起发泡，其叶可作为皮肤发红剂。羊吃此植物无害，而牛可引起中毒，表现血尿。泽泻甲醇提取物小鼠静脉注射和腹腔注射的半数致死量分别为 0.98 g/kg 和 1.27 g/kg。病理检查发现肝细胞和肾近曲小管细胞有不同程度的水肿和变性。

本例尸检中尸体体表、内脏器官未见致命性机械性损伤，未见口鼻周、颈胸腹部损伤异常、呼吸道堵塞等机械性窒息征象；尸检中未见有致命性疾病病理改变，也未见过敏性休克病理改变，血清 IgE 测定值正常，毒化分析结果未检出常见毒物成分，故可排除致命性机械性损伤、机械性窒息、致命性疾病、过敏性休克、常见毒物中毒死亡。据病历资料记载，蒋某既往有肝病史，生前就诊时诉脐上坠胀感，结合尸检中见肝脏淤血肿大、质硬，病理组织学诊断见部分肝细胞脂肪变性及肝硬化改变，可分析死者生前有肝硬化病史；其处方药中泽泻具有肝毒性、肾毒性，其余无明显毒副作用，且泽泻大剂量服用后出现恶心、呕吐、腹痛、肝功能异常、血尿，严重时引起呼吸麻痹，死者蒋某生前因腹坠胀感服食含泽泻 15 g（常规用量 6～12 g）的中药后出现呕吐伴上腹痛，肝功能检查出现谷草转氨酶、乳酸脱氢酶显著升高，肾功能检查出现尿素、肌酐升高，提示肝、肾功能损害，与泽泻中毒症状征象特征相符。本例药方配伍无明显禁忌，其他品种中药无明显毒性，在排除其他致死的基础上，分析死者在患肝硬化疾病肝功能不正常的基础上，因服用含泽泻的中药致急性肝功能衰竭死亡。

泽泻中毒死亡常规尸检中很难发现有特殊征象，目前采用的常规毒物分析试验方法确认泽泻及化学成分也比较困难，如怀疑因服食泽泻中毒死亡案例，需要做系统完整的尸体检验，详细了解既往是否有肝、肾病史，有详细完整的住院病历（中毒症状体征、血液生化检验等）、完整的毒化检验、中药成分品种鉴定等，在排除其他原因致死的基础上，结合调查情况、病史等进行综合分析判断。

参考文献

[1] 国家中医药管理局. 中华本草 [M]. 上海：上海科学技术出版社，1999：7094.

[2] 广东省农林水科学技术服务经济作物队. 南方主要有毒植物 [M]. 北京：科学出版社，1970：213。

自杀捅刺颈部死亡 1 例

王丹　李建全　唐寅峰

四川省南充市营山县公安局

1　案例资料

康某，男，50 岁。1 月 5 日 8 时 30 分，李某报警称，7 时许发现其丈夫康某用水果刀自杀了。

现场情况：尸体位于二楼卧室，死者躺于床上，床头及一侧靠于墙，尸体处于右侧卧位，颈部下方地上有血泊形成，双手有血迹黏附，右手握有一单刃水果刀，刀刃向内，头部墙面有点状喷射样血迹，被盖被血迹浸染。

尸体检验：尸温：34.5℃，右颞顶部发际区域内可见两处创口，创角钝圆，形成多创角，创周表皮剥脱，创缘不整齐，双眼结膜苍白，口唇苍白。左侧颈部可见一大小为 3.5 cm×0.3 cm 的创口，呈横形走向，后侧创角有一长 0.5 cm 向后延伸的划痕，创角前锐后钝，创缘整齐，十指甲床苍白，双手血迹黏附。帽状腱膜无出血，右颞肌出血，脑组织未见损伤，苍白，颅骨无骨折，颅底无骨折。左侧颈前肌群可见一大小为 2.5 cm×1.0 cm 横形创口，甲状腺未见损伤、出血，甲状软骨及舌骨无骨折，右侧颈前肌群有血肿，左侧创口向右向后进入食管气管后间隙，左胸锁乳突肌横断，左颈总动脉破裂，边缘整齐，左颈外静脉破裂，边缘整齐，气管食管后间隙血染，可见一大小为 12.0 cm×12.0 cm 血肿形成，双肺苍白，切开胃，胃黏膜苍白，胃内可见菜叶、米粒等食糜约 500 g。

毒物检验：康某肝组织、胃及胃内容物中均未检出常见安眠药及有机磷类、氨基甲酸酯类、拟除虫菊酯类农药和鼠药毒鼠强等成分。

2　分析讨论

此案例尸检头部损伤轻微，颅骨无骨折，颈部创口呈横形走向，创角有向后延伸的划痕，创角一锐一钝，结合现场物证、现场血泊、血液喷洒痕迹等，说明其损伤系自伤的可能性大。

开放性主动脉破裂：刺切、枪弹穿透及爆炸伤等原因可造成主动脉破裂，可即时或在短时间内死亡。此案例中死者口唇苍白，睑结膜苍白，多脏器表面苍白，左颈总动脉破裂，左颈外静脉破裂等，说明其死因系颈部致动静脉破裂致急性失血性休克而亡。针对此类创主要是要判定创的性质及工具，结合现场分辨他杀创、自杀创及意外创。

参考文献

赵子琴，廖志刚，王英元，等. 法医病理学 ［M］. 4 版. 北京：人民卫生出版社，2009.

一起高坠死亡的案例分析

熊伟[1]　谢飞[2]
1. 遂宁市公安局船山分局　2. 南充市公安局高坪区分局

1 案例资料

1.1 案情简介

曹某，女，30 岁，被发现死于一居民小区临街地面，据周围报案称其从该居民小区楼上坠落。

1.2 勘查情况

接报后，技术员迅速赶赴现场进行勘查。死者为女性，尸体位于居民小区靠街面人行道地面，头东脚西呈仰卧状，尸体上身穿黑色长袖 T 恤，下身穿蓝色牛仔长裤，牛仔裤上见多处撕裂，左眉弓外侧见一裂创口，创腔内可见组织间桥，移开尸体，尸体头部下地面见血迹黏附，右大腿中段假关节形成，尸表损伤较轻。经过对死者身份的确认及走访调查，死者租住房位于坠落点上方 11 楼，室内物品摆放较整齐，未发现明显翻动。在卧室内一木条桌上放有自制吸毒工具、锡箔纸、疑似毒品包装袋、银行卡 3 张、红色钱包等物品，条桌上及卧室地面提取烟头 8 枚，卧室靠南墙放有衣柜，衣柜内未发现明显翻动痕迹，卧室西墙装有玻璃窗，玻璃窗呈开启状，玻璃窗上有擦拭痕迹。

1.3 尸体检验

尸体头皮枕部挫裂创，颅骨粉碎性骨折。左眉弓外侧见一挫裂创，深达皮下。双手腕部可见轻微皮内出血，上下肢可见多处表皮剥脱，右股骨骨折，双侧肋骨多发性骨折，双侧胸腔积血，双肺根部撕裂创，心包膜破裂；腹腔内积血，肝脏破裂、脾门处撕裂创，胃空虚，胃黏膜未见出血，膀胱空虚。提取死者心血、胃及胃内容物、阴道拭子，膀胱内提取少量尿液。根据尸体检验，死者损伤内重外轻，符合一次性暴力损伤形成，初步考虑其死亡原因应系高坠死亡。

1.4 检验鉴定

因现场发现吸食毒品工具，提取其尿液，现场快速检测板检测其尿液冰毒呈阳性，提取的阴道拭子检出男性成分，经 DNA 检验后入犯罪人员库内比对出一名抢劫前科人员，现场烟头为多名男性所留，并在犯罪人员库内比对出相关人员。胃及胃内容物、血液及尿液中未检出常规毒物。

1.5 破案经过

在现场勘查中发现死者手机缺失，通过侦查发现案发前有多名不明身份的男青年在小区内及受害人所住楼层出现，DNA 检验比对出犯罪建库人员。

2 经验总结

坠落伤在自杀、意外事件中多见，他杀案件少有。一般对高坠死亡性质的鉴定借助于尸体上有无严重的非坠落损伤、有无中毒等情况，但因均系间接依据，仅仅凭借尸体上损伤的形态学依据常无法做出明确的判断。本案经过现场勘查发现现场物品较整齐，未发现明显翻动及财物损失，现场遗留自制吸毒工具及死者尿液快速检验冰毒呈阳性，尸体检验发现其损伤符合高坠伤的特点：①体表损伤较轻，内部损伤重；②损伤较广泛，多发生复合型骨折，内部器官破裂；③多次损伤均由一次性暴力形成；④损伤分布有一定特征性；⑤多发性肋骨或四肢长骨骨折，甚至肢体横断，故初步考虑其系吸食冰毒引起中枢神经症状后发生的坠楼事件。但经进一步检验死者胃及胃内容物、血液及尿液中未检出常规毒物，其阴道拭子检出男性成分，且在 DNA 犯罪人员库内比对出一名抢劫前科人员，并最终通过侦查手段锁定了犯罪嫌疑人。经侦查表明，此案应系入室抢劫强奸案，后果是致受害人坠楼身亡。通过本案例，要准确地判断高坠死亡的死亡方式，不能仅根据尸体的损伤情况来判断，需结合现场、案情、毒物化验、物证检验及其他特别检查结果进行综合分析，才能做出判断，仅仅从一个或某几个方面往往会先入为主地做出错误的判断，而让凶手逃脱法律的追究。

参考文献

[1] 闵建雄. 法医损伤学 [M]. 北京：科学出版社，2010：266.
[2] 官大威. 法医学辞典 [M]. 北京：化学工业出版社，2009：125.
[3] 郭景元. 现代法医学 [M]. 北京：科学出版社，2000：290.

脾动脉夹层致坏死性胰腺炎引发医疗纠纷 1 例

徐安宁　王用龙　廖进

四川求实司法鉴定所

1 案例

1.1 简要情况

2014 年 1 月 2 日 0 时 56 分，患者入院前 8 小时余无明显诱因出现腹部隐痛不适，呈持续性，阵发性加重，伴背部放射痛，呕吐胃内容物多次，无腹泻，无畏寒发热，送某医院输液、服药治疗，无好转，病情加重入住某县人民医院进行治疗。入院见：腹膨隆，脂肪层厚，腹部见广泛淤斑，未见肠型及异常蠕动波，未扪及包块，左上腹散在轻微压痛，无明显肌紧张及反跳痛，移动性浊音可疑阳性，肠鸣音减弱。入院后给予一级护理、禁食、持续氧气吸入、心电监护、血氧饱和度监护、抗炎、抑酸、解痉、抑制胰腺分泌、补液、对症等治疗。5 时 40 分患者诉腹部及腰背部疼痛难忍，遵医嘱给患者肌注盐酸哌替啶 100 mg。8 时 40 分呼吸科会诊查体"双肺呼吸音粗，40 次/分，未闻及明显干湿鸣"。8 时 50 分患者呼吸困难加重，瞳孔散大，经气管插管、静脉推注肾上腺素、心肺复苏、辅助人工呼吸等抢救治疗，至 9 时 50 分患者心跳、呼吸无回复，救治无效死亡。尸体解剖意见为：系脾动脉夹层动脉瘤形成并破裂出血致急性出血坏死性胰腺炎，导致患者呼吸衰竭死亡。因医患双方对赔偿事宜未能协商一致，申请医疗过错鉴定。

1.2 尸检

双眼睑、球结膜无充血，角膜混浊，瞳孔散大约 6 mm，鼻腔有出血；腹部膨隆，双手背见多个静脉输液针眼，背部可见尸斑，腹部见多个咖啡色斑点，大小为 0.3~2 cm。用 "T" 字切开法依次切开颈部至耻骨上缘皮肤，皮下脂肪厚 2~3.5 cm，并切开肋软骨，充分暴露胸腹腔，发现胸腔暗红色积液约 150 ml，心脏大小 18 cm×11 cm×9 cm，左心室外侧壁可见淡黄色斑点约 0.3 cm×0.2 cm，肺 24 cm×13 cm×7 cm，肺部与胸膜、脊柱、膈肌广泛粘连，分离困难，尤其与膈肌完全粘连，右肺粘连更明显，切面有沙粒感；右侧胸腔暗红色液体约 200 ml，肝脏肿大，边缘圆钝，30 cm×24 cm×10 cm，位于剑突下 1 横指，右锁骨中线下 3 横指；胃肠胀气明显，胰腺呈深红色改变部分区域分叶结构不清，有条形血凝块，5 cm×2 cm×1 cm，位于胰体上缘；右肾囊性变，大小约 10 cm×6 cm×3 cm，皮质厚度 0.2 cm，左肾代偿性肥大，大小约 15 cm×8 cm×5 cm，左肾结石多枚，0.2~0.4 cm。

1.3 组织病理学检查

胰体坏死、出血改变；紧邻胰体上缘脾动脉粥样硬化。管腔重度狭窄，夹层动脉瘤形成并破裂出血；左冠状动脉粥样硬化致管腔重度狭窄（狭窄度达 80%），右冠状动脉粥样硬化致管腔轻度狭窄（狭窄度约 20%），主动脉根部脂纹形成伴出血；肺水肿、出血、淤血，部分肺组织钙化，肺组织与胸膜、膈肌粘连伴慢性炎；右肾中度积水，皮质严重萎缩，左肾代偿肥大，左肾结石；肝脏脂肪变性；脾脏淤血改变，胃黏膜充血。

2 分析

急性胰腺炎是常见的急腹症之一，多见于青壮年，其发病仅次于急性阑尾炎、肠梗阻、急性胆囊炎胆石症。主要病因为胰管阻塞、胰管内压力骤然增高，以及胰腺血液、淋巴循环障碍等引起胰腺消化酶对其自身消化的一种急性炎症。临床以急性上腹痛、恶心、呕吐、发热和血淀粉酶、脂肪酶增高等为特点。临床上分为水肿型和出血坏死型两种。水肿型胰腺炎以胰腺水肿为主，临床多见，病情常呈自限性，预后良好。出血坏死型胰腺炎有胰腺出血坏死，常继发感染、腹膜炎和休克等，病情凶险，死亡率高达 30%～50%。急性胰腺炎的病因：①胆道梗阻引起胆汁返流入胰腺，激活胰酶引起胰腺组织自身消化；②大量饮酒和暴食的情况下，促进胰酶的大量分泌，致使胰腺管内压力骤然上升，引起胰腺泡破裂，胰酶进入腺泡之间的间质而促发；③胰腺的动、静脉急性栓塞、梗阻，发生胰腺急性血循环障碍，导致胰腺发生缺血坏死；④胰腺外伤使胰腺管破裂、胰腺液外溢以及外伤后血液供应不足；⑤胰腺发生各种细菌感染和病毒感染；⑥与高钙血症、高脂血症等病症有关。出血坏死型胰腺炎对全身各系统、器官有严重影响：引起肺水肿、淤血、出血致进行性呼吸困难；损害心脏致心肌梗死、心内膜炎或传导系统损害；蛋白分解产物作用于肾小球及肾小管，造成上皮细胞肿胀、脱落、坏死引起急性肾功能衰竭；胰脂肪酶增多，而使颅内脂肪坏死、软化或出血，引起胰源性脑病；因肠麻痹、呕吐所致严重的脱水及电解质紊乱。上述严重的病理生理改变，可使病人迅速进入休克、死亡。万某腹部出现的瘀斑，也正是少数出血坏死型胰腺炎的体征之一，胰液以及坏死的溶解组织，沿组织间隙可达到皮下，并溶解皮下脂肪，而使毛细血管破裂出血，则局部皮肤呈青紫色，有的可融成大片状，可在腰部（Grey Turner 征）前下腹壁，亦可在脐周出现（Cullen 征）。

夹层动脉瘤是由于动脉内膜撕裂，动脉压力驱使血液经此缺口进入动脉壁，破坏中层，将中层纵形剥离而形成的夹层血肿。胰腺的血供来自胰十二指肠上动脉、胰十二指肠下动脉和脾动脉，前二者供应胰头，脾动脉发出数支供应胰体、胰尾。本案尸检证明，脾动脉发生夹层动脉瘤，必然引起脾动脉凝血而栓塞，使胰腺缺血坏死，引起急性出血坏死性胰腺炎，导致患者多器官功能衰竭死亡。脾动脉夹层引起胰腺急性出血坏死在临床上较为少见。

3 案例编语

在医患关系日渐紧张的今天，法医也被牵入很多的医疗纠纷鉴定案件之中。该案例为急性出血坏死性胰腺炎致死的案例，从出现症状到死亡不足 24 小时，往往让死者家属难以接受，希望通过法律的途径维护自身的利益。该案的关键是尸检和组织病理学检查结果，明确了患者的死亡原因，避免了医闹案件的发生。

如何安全、快速、准确地抽取心血的经验体会

方文杰　樊中川

四川省广元市公安局交通警察支队特勤大队法医室

2013年初本市辖区内发生一起当场2死2重伤的单边道路交通事故，其中肇事车辆的驾驶员死亡且涉嫌酒后驾驶机动车。《中华人民共和国道路交通安全法》第二十二条第二款规定："饮酒、服用国家管制的精神药品或者麻醉药品，或者患有妨碍安全驾驶机动车的疾病，或者过度疲劳影响安全驾驶的，不得驾驶机动车。"《道路交通事故处理程序规定》第二十五条第二款规定："车辆驾驶人有饮酒或者服用国家管制的精神药品、麻醉药品嫌疑的，公安机关交通管理部门应当按照《道路交通安全违法行为处理程序规定》及时抽血或者提取尿样，送交有检验资格的机构进行检验；车辆驾驶人当场死亡的，应当及时抽血检验。"按照这些规定，事故办案民警带领所聘请的法医前往殡仪馆抽取死亡驾驶人的心血，第一次没有及时抽出心血，法医表示必须将尸体的胸腔打开采集心血。死者家属在得知公安机关要抽取驾驶人心血的原因后，当法医和办案民警再次前往殡仪馆抽取心血时，在殡仪馆被死者家属围攻而受伤，经过公安机关防暴大队处置才将办案民警和法医解救出来。该交通事故在后期的事故调查取证和保险赔偿方面因为心血未抽取，未能对死亡的驾驶人员心血进行乙醇含量的检验鉴定而给案件的办理带来很多困难。

在发生道路交通死亡事故后，需要对因该事故所造成的死亡人员进行法医学检验，确定其死亡的原因；对于死亡的车辆驾驶人员，应及时抽取其心血做乙醇含量检验。根据笔者2009年至今从事道路交通事故死亡人员的检验的实际工作情况分析总结，如何安全、快速、准确地抽取死者心血，是法医检验工作顺利开展和案件准确办理的一个重要环节。

1　使用的器械

18号的硬脊膜穿刺针一支，20毫升的注射器一支（可适当备用数支）。

2　尸体情况

因交通事故死亡的车辆驾驶人员，胸腹部整体完整的尸体。

3　穿刺抽取心血的方法

3.1　安全

这里的安全是指对参与抽取心血的法医检验人员的人身安全。因为交通事故死亡人员的法医学检验鉴定，需经家属同意，我们所面临的非胸腹腔解剖尸体抽取心血的数量占所需要抽取心血尸体的近80%，对于涉嫌饮酒后驾驶车辆的死亡人员，是否有证据证明死者生前饮酒驾驶车辆，涉及事故成因的判断以及事故中保险金的赔偿等问题，多数死者亲属不会同意抽取其心血，会阻挠法医的正常工作，有时甚至会危及法医的人身安全。所以法医抽取心血的环境和时间的选择是能否抽取到心血的重要因素。建议在事故发生后尽早地前往存放尸体的殡仪馆或者太平间，避免死者亲属在场阻挠。抽取心血时可请存放尸体场所的工作人员见证，并做好照相和摄像工作。在对尸体进行法医学解剖检验时抽心血，也应规避死者家属，并同时做好照相和摄像工作。

3.2　快速和准确

快速和准确是抽取心血时选取采血部位和穿刺技术的要求，抽取心血前必须注意以下几个方面：

（1）熟悉心脏在人体体表的投影位置，心外形的体表投影个体差异较大，也可因体位而有变化，通常采用4点连线法来确定：①左上点于左侧第2肋软骨的下缘，距胸骨侧缘约1.2 cm处；②右上点于右侧第3肋软骨上缘，距胸骨侧缘约1 cm处；③右下点于右侧第七胸肋关节处；④左下点于左侧第5肋间隙，距前正中线7~9 cm。左右上点连线为心的上界，左右下点连线为心的下界。右上点与右下点之间微向右凸的弧形连线为心的右界，左上点与左下点之间微向左凸的弧形连线为心的左界。心脏由左右心室和心房4个腔室构成，心底朝向右后上方，与出入心脏的大血管融合相连，心尖朝向左前下方。

（2）尸僵的因素。人体死亡后1~2小时，心尖部心肌开始出现尸僵，7~8小时累及全心，尸僵发生后心脏变硬、体积缩小，心血被挤出，心室空虚。

（3）选取抽血的穿刺部位。结合上述的因素，通过选取胸骨左侧第3肋间紧靠胸骨左侧缘，斜向胸骨正中线往右侧胸腔方向穿刺，在感受到2次落空感后停止穿刺，此时穿刺针头停留的部位是心底与大血管的融合连接部位，对于血源就有保证，取出穿刺针芯，将穿刺针与注射器连接，右手握住注射器做抽取心血的动作，感受注射器管腔内负压存在的同时左手握紧穿刺针，可以缓慢地上下移动针体，抽取心血。依照该方法我们每次在做穿刺时可抽取心血6~9 ml左右，有时甚至大于10 ml。

4　注意事项

根据上述的方法均可快速和准确地抽取心血。但是在从事该操作时，应注意以下几点：

（1）做穿刺时应该将穿刺针套和针芯作为一体进行穿刺，如果单独地使用穿刺针套，会将胸壁的皮肤、脂肪和肌肉刺入针套内，堵塞造成注射器管腔内假性负压的感觉。

（2）如果对体表标志胸肋角的部位不熟悉，不能及时地选取胸骨左侧第3肋间这一位置，可以左侧乳头为基准点，在乳头上方第一肋间紧靠胸骨左侧缘做穿刺位，女性死者如果乳房偏大或者松弛下垂等，可将乳头向胸壁做按压固定位置后再向上寻找上方第一肋间。

（3）选取穿刺部位时按照上述方法不能及时抽取心血时，应及时重新选取部位，如体型较瘦的尸体，应选择胸骨左侧靠近剑突的肋间部位。

（4）抽取心血时所做的穿刺孔洞尽量在1个以内，除非是特别难抽的情况下，再做2个以上的穿刺孔洞。

（5）注射器在抽出心血时应注意排除其他液体，如泡沫状的肺内积血液体、食道气管内的液体等，防止污染心血。

（6）抽取到的心血应根据检查项目按照要求及时密闭封存。

参考文献

[1] 赵子琴. 法医病理学 [M]. 3版. 北京：人民卫生出版社，2008.

[2] 柏树令. 系统解剖学 [M]. 7版. 北京：人民卫生出版社，2008.

法医临床学

Forensic Clinical Medicine

"打狗针"中毒的损伤程度评定

刘小江

浙江省玉环县公安司法鉴定中心

近年来,利用弓弩发射"打狗针"实施犯罪的案件趋于高发,全国大部分省(区、市)都有发案。2013 年以来我市先后发生这类案件多达 14 起,仅近半年就已发生 9 起。利用"打狗针"实施犯罪危害极大,严重威胁公众安全。"打狗针"系骨骼松弛剂,肌肉松弛作用快,持续时间短,网购便捷,广泛应用于盗狗,但是也常见人员被伤害。对此类损伤的损伤程度评定,操作上相对困难。笔者查阅相关资料,提出此类损伤程度评定的法律依据、标准适用、判定依据、评定要点,与同行探讨此类伤情的评定。

1 案例

2014 年 12 月 25 日,玉环县公安局接到报警,赵某在路边不明原因昏迷。接警后民警送赵某至医院抢救。抢救时医院发现赵某臀部有一浅表针孔,并发现一支"毒针"挂在其外裤上。经医院治疗,赵某转醒后未遗留明显功能异常。

据赵某交代,网络采购弓弩及"打狗针",与张某相约一起以弩发射"打狗针"的方式盗狗。在操作过程中张某持弩误伤赵某,见赵某倒地后张某潜逃。后在赵某协助下抓获张某,缴获机械弩一支,剩余"打狗针"7 支。据赵某称,之前打狗时,大部分狗是直接死亡,也有部分狗昏迷一段时间后还会醒来。办案单位将"打狗针"送理化检验后认定含氯化琥珀胆碱成分。

2 中毒原理和案件特点

"打狗针"又称"毒飞镖",是用弓弩发射盗窃家狗的主要工具之一。"打狗针"中药液主要成分为氯化琥珀胆碱,又名琥珀胆碱、氯琥珀胆碱(司可林)、琥珀,系骨骼肌松弛剂,肌肉松弛作用快,持续时间短,属医疗甲类麻醉剂,大剂量使用易引起呼吸骤停导致死亡。"打狗针"一旦用于实施犯罪,往往由于受害人无明显中毒症状而难以怀疑为毒物中毒所致。

该类案件具有下列特点:①作案隐蔽性强。弓弩和"打狗针"便于携带,具一定射程,发射无声,麻醉效果快,肌松作用 60~90 秒起效,受害人往往瞬间昏倒,甚至直接死亡,事后较难判断被害原因。②作案工具获得容易。当前,网上购物方便快捷,且私密性好,网络贩卖弓弩和药液的活动十分活跃。③管制缺失。"打狗针"中的氯化琥珀胆碱虽然对人体能造成较大伤害,但未列入国家药品麻醉品管制目录,相关主管部门对其管制办法尚有缺失。③处罚较难。弓弩属于管制品，但实践中处罚力度远低于枪支和管制刀具，并且对携带"打狗针"的行为尚无处罚依据，发现携带弓弩和"打狗针"的人员仅仅是没收弓弩。⑤检验难度较大。氯化琥珀胆碱极易溶于水，若提取现场生物检材和作案工具时方法不当，容易造成检材污染甚至消失，影响检验鉴定和案件诉讼。

3 损伤程度评定

为了有效打击此类案件，必须充分研究案情，对人员损伤进行损伤程度评定，为依法处置此类案件提供依据。

3.1 损伤程度评定的法律意义

中毒损伤程度评定，对案件审理、案犯定罪量刑意义重大，是我国有关法律法规及司法审判的客观要求。《中华人民共和国刑法》有关条款规定，使用毒害性物品造成严重后果或后果特别严重的，应处以相应刑罚。

《中华人民共和国刑法》第 95 条对重伤的定义同样适用于此类中毒的损伤程度评定。由此可见在此类中毒案件中，损伤程度是否达到重伤是量刑的重要参考依据。

3.2 评定标准

"打狗针"中毒是一种化学性损伤，其损伤程度评定也应遵循《人体损伤程度鉴定标准》。

《人体损伤程度鉴定标准》关于中毒致昏迷的损伤程度评定无明确、具体的条款规定。但是附则 6.2 "未列入本标准中的物理性、化学性和生物性等致伤因素造成的人体损伤，比照本标准中的相应条款综合鉴定"可作为损伤评定的依据。比照是否存在生命危险、有无后遗功能障碍，参照附录 A（重伤一级"各种致伤因素所致的原发性损伤或者由原发性损伤引起的并发症，严重危及生命；遗留肢体严重残废或者重度容貌毁损；严重丧失听觉、视觉或者其他重要器官功能"、重伤二级"各种致伤因素所致的原发性损伤或者由原发性损伤引起的并发症，危及生命；遗留肢体残废或者轻度容貌毁损；丧失听觉、视觉或者其他重要器官功能"）的规定进行评定。

3.3 评定时机

《人体损伤程度鉴定标准》4.2.1 规定以原发性损伤为主要鉴定依据的，伤后即可进行鉴定；以损伤所致的并发症为主要鉴定依据的，在伤情稳定后进行鉴定。"打狗针"中毒损伤一般以原发性损伤为主，在抢救成功后即可进行损伤程度评定。少数因药理作用加重原有疾病、遗留后遗症状的，在治疗终结后分清伤病关系，综合评定。

3.4 判定依据

"打狗针"中毒的损伤程度评定应结合中毒靶器官（系统）的结构及功能损害综合评定。"打狗针"中毒，剂量不大、抢救及时治愈后不会留后遗症，但是不及时抢救或剂量过大，可直接造成受害人死亡的严重后果。因此不宜单纯依据损伤后果进行程度评定，应当充分考虑损伤当时的表现，综合判断。

对于"打狗针"这类危及生命的急性中毒，可依据下列表现评定是否危重：①深度昏迷；②血压明显变化；③体温明显变化；④呼吸变化；⑤心律失常；⑥抗胆碱综合征；

⑦肺水肿；⑧吸入性肺炎；⑨精神障碍；⑩肾功能变化。一般认为，出现上述危重表现两项以上，或者出现生命体征改变不经治疗不能自行恢复的，可认为已达危及生命程度。

3.5 评定要点

（1）依据《人体损伤程度鉴定标准》进行评定。

（2）坚持实事求是的原则。详细调查中毒及抢救全程，全面分析、综合评定。

（3）理化检验是基础。必须在理化检验确定毒物的基础上，对照毒理学分析出现的症状及毒物作用原理。

（4）恰当评价医疗因素。不能因为医疗措施得力而低评原发损伤，也不应因医疗不当导致的严重后果而高评损伤。

4 工作建议

类似"打狗针"之类的药物中毒的损伤程度评定，在《人体损伤程度评定标准》中未作明确规定，不具细化操作条件。应当进一步修订、完善《人体损伤程度评定标准》，对中毒、麻醉昏迷等损伤制定详细标准，同时可出台常见毒物中毒损伤程度的血浓度标准，便于损伤程度评定细化操作。

参考文献

[1] 陈钢，郝吉弟. 中毒致人体损伤程度鉴定 2 例 [J]. 法医学杂志，2002，18（3）：181－182.

[2] 李晓强，蒋瑞华. 毒物中毒的损伤程度评定（附 3 例报告）[J]. 法律与医学杂志，1994，1（2）：84－85.

[3] 刘良. 法医毒理学 [M]. 4 版. 北京：人民卫生出版社，2009：190－191.

[4] 任引津，张寿林. 实用急性中毒全书 [M]. 北京：人民卫生出版社，2003.

CT 扫描对鼻骨粉碎性骨折法医学临床鉴定作用

龚 雪

四川省绵阳市人民检察院

自 2014 年 1 月 1 日起施行的《人体损伤程度鉴定标准》对鼻骨骨折的轻伤鉴定基点有所提高。其保留了鼻骨粉碎性骨折，鼻骨线性骨折伴有明显移位的已不再评定为轻伤。其实用性和可操作性有所提升。那么，鼻骨粉碎性骨折的诊断和法医学鉴定，以及明确对反映在 X 片上的鼻骨线性骨折伴有明显移位的，是否存在粉碎性骨折就显得尤为重要。本文报道 2 例与鼻骨粉碎性骨折有关的法医学鉴定案件，供同仁参考。

1 案例资料

案例 1 何某，男，45 岁。被人用拳击伤左眼及鼻部，当即出现鼻部疼痛不适，左侧鼻腔流血，次日在医院行左侧鼻骨骨折整复术。行伤情鉴定时经法医阅 CT 片示鼻骨粉碎性骨折，做出了轻伤的鉴定意见。进行文证审查时，法医复阅 CT 片，怀疑仅为左侧鼻骨骨折，折块未见明显分离、移位，请专家会诊后确诊。依据两院三部《人体损伤程度鉴定标准》，做出了轻微伤的鉴定意见。

案例 2 赵某，男，43 岁。被人打伤鼻部，当即出现鼻部疼痛，右侧鼻腔流血，鼻外观右歪斜，鼻部肿胀消退后行鼻骨整复术。X 片示鼻骨中段见横行透亮线，鼻骨骨折。行伤情鉴定时法医怀疑有鼻骨粉碎性骨折，行 CT 扫描后得到了确诊。依据两院三部《人体损伤程度鉴定标准》，做出了轻伤二级的鉴定意见。

2 讨论

2.1 鼻骨粉碎性骨折的损伤程度鉴定

粉碎性骨折是指骨质碎裂成三块以上，又称为 T 或 Y 型骨折。由于鼻骨特殊的解剖生理特点，决定了鼻骨较易发生粉碎性骨折。根据鼻部外伤史，伴有外鼻挫伤、畸形、鼻出血、鼻部疼痛等临床表现，并结合影像学检查资料可诊断鼻骨粉碎性骨折。对确有鼻骨粉碎性骨折的，依据 2014 年 1 月 1 日起施行的两院三部发布的《人体损伤程度鉴定标准》5.2.4 之规定鉴定为轻伤二级。

2.2 CT 扫描对鼻骨粉碎性骨折的法医学临床鉴定具有重要价值

虽然 X 线检查是临床检查鼻外伤的常规手段，但对于鼻骨粉碎性骨折有一定的漏诊率，因 X 片对一些鼻骨粉碎性骨折不能很好显示或根本就不能显示。究其原因，主要与鼻区结构重叠、投影位置、投照条件、鼻骨形态等因素有关。随着医疗环境的改善，CT 的普及率在我国也有了大幅度提升，加之 CT 检查资费的降低等多种因素，CT 已成为常规性检查。近年来，计算机图像后处理技术也在不断进步，CT 三维成像技术（3DCT）可多角度、多方位展示鼻骨骨折的类型、骨折断端的移位情况，并可充分显示复杂骨的解剖结构与空间立体关系，故选用 CT 或更先进的辅助检查对确诊鼻骨粉碎性骨折有重要价值，大量文章已经做出统计和论述。案例 2 即利用 CT 扫描明确在 X 片上的鼻骨线性骨折确为粉碎性骨折，避免了错案的发生。以此，笔者建议对疑似鼻骨骨折的可都行 CT 扫描，有必要的还可行 CT 后处理技术。一方面有助于临床诊治和科研，减小漏诊、误诊率；另一方面有助于法医临床鉴定，进一步体现司法公正。

2.3 CT 影像易误读为鼻骨骨折的正常结构

鼻骨因其影像学特点易造成误读，因此也就增加了鼻骨粉碎性骨折的误诊率。尤其容易把鼻额缝、鼻颌缝、鼻间缝误读为鼻骨骨折。鼻额缝是鼻骨与额骨鼻突之间的缝连接，在冠状面观察清楚，影像上表现为深浅不一的、横行的小锯齿样透亮影，连接紧密。鼻颌缝是鼻骨外缘与上颌骨额突前内缘之间的缝连接，是影像上最易与骨折混淆的骨缝。鼻间缝为左右两侧鼻骨之间的缝连接，冠状面在 1～2 层图像上可见，呈锯齿状、细直线或 S 形线影，横轴面在各层图像上呈垂直或略斜于鼻骨的短线影，自鼻骨出现直至消失，各层图像上均可见到。鼻骨骨缝与骨折鉴别点为：骨缝有固定位置，而骨折没有；骨缝两侧对称，而骨折没有对称关系；骨缝边缘光滑，而骨折边缘锐利；骨缝对位对线好，而骨折常常有移位。在掌握以上正常影像特点的同时，也要求我们法医提高影像读片技能来减少错案的发生。笔者认为，可利用网络技术在公、检、法内网上增设按系统编排的影像学资料库，并随时上传典型案例影像学资料供同仁参考、学习、讨论。

参考文献

[1] 董保霞，李九月，张玉祥. X 线平片和 CT 三维重建成像在鼻骨骨折诊断中的应用价值 [J]. 疑难病杂志，2012，11（2）：138.
[2] 邹跃，周湘艳，尉可道. 浅析近 8 年来 CT 应用中的防护问题 [J]. 中国医学装备，2005，2（4）：16.
[3] 闫夔，蔡蕾. CT 市场再现配置热 [EB/OL]. 健康报网，2014-04-29.
[4] 王耀明. 螺旋 CT 扫描及三维成像在鼻骨骨折中的诊断价值 [J]. 当代医学，2008，14（20）：59.
[5] 毕凤君. 多层螺旋 CT 三维重建技术在鼻骨骨折中的应用 [J]. 中国耳鼻咽喉颅底外科杂志，2011，17（1）：53-55.
[6] 刘大荒，刘长青，李刚，等. 100 例外伤性鼻骨骨折的 CT 诊断分析 [J]. 中国法医学杂志，2011，26（2）：141-142.
[7] 孙世杭，马智军，孙西河，等. 鼻骨骨折的 MSCT 表现及诊断误区 [J]. 中国中西医结合影像学杂志，2014，12（2）：139-141.
[8] 严治，杨军，胡玉莲，等. 鼻骨骨折影像学检查方法与法医学鉴定 [J]. 证据科学，2008，16（5）：637-638.

单眼二次外伤的法医学鉴定

王宇[1]　曹文凯[2]
1. 四川省甘孜州公安局刑警支队　2. 四川省康定县公安局

在人身伤害的法医学鉴定中，单眼二次外伤的法医学鉴定时有涉及。本文通过对二次外伤的关系进行分析，对损伤程度的鉴定进行探讨。

1 案例资料

1.1 简要案情

某年 8 月 20 日晚，刘某在一饭店与人斗殴，被对方用碎酒瓶刺破右眼，到医院就诊。5 年前该右眼曾被自己用小刀刺伤，导致视力下降。

1.2 本次治疗情况

因斗殴被他人用碎酒瓶刺破右眼。查体：右眼无光感，眼睑水肿，下眼睑顺皮纹裂伤，泪器通畅，眼结膜充血（＋＋），球结膜充血（＋＋＋），水肿（＋＋），角膜 7～11 点纵行穿通伤，大量内容物脱出眼球前方，巩膜、瞳孔结构不清。眼球运动自如，眼压 T_n －3。左眼正常。入院后行右眼清创缝合术，切除脱出的玻璃体和脉络膜组织，探查见角膜伤口经 11 点向巩膜延伸至上直肌后方。术中建议摘除右眼，患者不同意。术后伤口愈合好，前房少量积血，眼压 T_n －3，视力无光感。

1.3 既往治疗情况

5 年前因自己玩耍小刀时不慎刺伤右眼。查体：右眼视力数指/眼前 30 cm，眼睑肿胀淤血，角膜颞侧中外 1/3 自上而下垂直裂口长约 6 mm，巩膜纹理无渗出，颞侧缺失，瞳孔欠圆，向伤口移位，光反射迟钝，前房较浅，晶体全混浊，玻璃体及眼底窥不进，眼压 T_n －1，眼位好；左眼视力 1.2。在显微镜下行右眼角膜清创缝合及白内障囊外摘除术，术中见：颞侧巩膜断裂，晶状体中膜部分溢出，玻璃体脱出，手术于上方角巩膜剪开球结膜，半层切开角巩膜缘。术后视力逐渐恢复，矫正视力 0.1，角膜较透明，伤口对合良好，前房深浅正常，眼压 T_n。

1.4 法医临床学检查

视力无光感。右下眼睑有 2 cm×0.1 cm 的疤痕，平坦。右眼睑球结膜充血（＋＋＋），眼球萎缩塌陷，角膜颞侧有 0.3 cm×0.3 cm 的疤痕，眼球活动减弱。角膜透明，前房消失，瞳孔闭锁，巩膜颞侧缺失，眼底不能窥视，眼压 T_n ＋2，视力无光感。左眼视力 0.6。

2 讨论

对于单眼二次外伤的法医学鉴定，在《人体损伤程度鉴定标准》4.3"伤病关系处理原则"中将本次损伤与既往损伤的关系分为主要作用、共同作用、次要作用。本案中鉴定损伤程度的关键在于分清本次外伤的作用关系，需要从损伤性质、严重程度、加重等级几方面进行分析。

眼是人体暴露器官，易受外伤。根据外伤的致伤因素，眼外伤可分为机械性损伤和非机械性损伤。机械性损伤又分为闭合性眼损伤和开放性眼损伤，前者包括钝挫伤、板层裂伤、表面异物伤，后者为眼球破裂伤、眼球穿通伤及眼内异物伤等。非机械性损伤包括热烧伤、化学伤、辐射伤等。此次损伤为眼球穿通伤。眼球穿通伤在案件中多为尖刀、剪刀、针、竹签、铁丝、玻璃等锐器刺伤眼球，也有爆炸产生碎屑击入眼内。通常情况下，眼球穿通伤对眼球的组织结构破坏较钝挫伤严重，后果也更加严重。

　　眼球穿通伤对眼球的损伤包括：①眼球组织的直接贯通伤。多以角膜贯通伤最为常见，伤口较长，常合并有眼球内容物脱出，或有巩膜或破裂的晶状体囊膜和皮质嵌入角膜伤口中。有时可合并角膜、巩膜同时贯穿，或仅有巩膜贯穿等情况。巩膜贯穿伤口较大者，眼球内的睫状体、玻璃体、脉络膜和视网膜可部分或全部脱出眼球外，引起眼内出血。暴力强大时，可造成眼球对穿性破裂。眼球贯穿性损伤会造成不同视力损伤，同时也造成容貌损毁。②眼球内感染。眼球破裂，致伤物将病菌带入眼球内，轻者引起外伤性虹膜睫状体炎，经正确治疗，可不影响视力；重者引起化脓性眼球内炎或全眼球炎，影响视力。③异物存留对眼球的损伤。异物在眼内存留，引起眼球炎性反应，破坏眼内组织结构，如金属异物长期在眼球内存留，产生氧化分解，可造成失明。④交感性眼炎。当伤眼发生葡萄膜炎，炎症持续不消退时，会导致健眼也发生葡萄膜炎，从而导致双眼失明。

　　眼球穿通伤的法医学鉴定，主要依据治疗后视力减退程度，眼部毁损程度，伴随有无眼睑损伤、瞳孔散大、眼球运动损失等情况，进行全面分析。本案中 5 年前右眼球第一次贯通伤为小刀刺破右眼，造成角膜长约 6 mm 裂口，裂口短，眼球内容物少量脱出，经清创缝合及白内障囊外摘除术治疗，矫正视力 0.1（低视力 2 级），眼压正常，术后视力逐渐恢复。此次该眼被他人用碎酒瓶刺破，裂口长，大量眼球内容物脱出眼球外，巩膜、瞳孔结构不清，经清创缝合术，切除脱出的玻璃体和脉络膜组织，术后前房少量积血，眼压 T_n-3，视力无光感（盲目 5 级）。伤者临床治疗后 6 个月进行法医学检查见右眼球萎缩，视力无光感。此次外伤后右眼视力从低视力 2 级下降到盲目 5 级，下降 3 个级别，并伴容貌毁损（眼球萎缩）。

　　被鉴定人既往外伤致右眼低视力 2 级，但眼球结构基本完好，眼压正常。此次外伤对眼球结构破坏严重，视力损伤盲目 5 级，眼球萎缩。从损伤性质、严重程度、加重等级来看，此次外伤直接对眼球造成严重损伤，既往损伤相对此次损伤而言不是导致严重后果的病理基础，此次外伤对右眼的损伤为主要作用。依据《人体损伤程度鉴定标准》5.2.2.d "一侧眼球萎缩或者缺失"及 5.4.2.a "一眼盲目 3 级"之规定，其损伤程度应评定为重伤二级。

参考文献

刘技辉. 法医临床学［M］. 4 版. 北京：人民卫生出版社，2009.

刀砍伤后诈病臂丛神经损伤 1 例

刘宇铭

广东中鼎司法鉴定所

1 案例

1.1 简要案情

某女，51 岁，因纠纷被他人用刀砍伤颈部和左上肢。因向人民法院提起民事诉讼，委托司法鉴定机构对其损伤进行伤残程度评定。

1.2 法医检验

神志清，步入检室，应答切题。检查见左颈部 7.3 cm "～" 形手术缝合瘢痕，左前臂下后侧见 1.2 cm 缝合瘢痕，左腕部后见 3.0 cm 缝合瘢痕。左肩部无法主动完成外展、后伸等动作，可以被动活动。左肘关节屈曲 30°，无法完成主动运动，可以被动活动。检查见左上肢肌肉未见明显萎缩，肌力 Ⅳ～Ⅴ 级。针刺左上肢，诉无痛觉及触觉。余未见特殊。

1.3 病历摘要

1.3.1 某三甲医院病历

专科情况：颈软，气管居中，颈动脉搏动未见异常，颈静脉无怒张，左颈部胸锁乳突肌后缘中下 1/3 见横行伤口，长约 6 cm，创缘整齐，深达肌层，部分肌肉组织断裂，尚未见活动性出血。

手术记录摘要：①术中见左颈部胸锁乳突肌后缘中下 1/3 有一横行伤口，长约 6 cm，深达肌层，探查发现肩胛舌骨肌断裂，副神经暴露，部分分支离断，肌肉断端渗血，颈椎暴露；②术中发现左前臂可见两个伤口，分别长约 5 cm 和 3.5 cm，创缘尚整齐，深达深筋膜。

诊断证明书摘要（受伤后 6 月余）：临床诊断：①左颈、左手刀砍伤术后；②臂丛神经损伤。处理意见：左颈根部、左手背见手术后瘢痕。左肩关节上举、外展受限。左肘关节可以活动。左上肢感觉下降。

神经电生理检测报告（受伤后 6 月余）：NCV：左侧正中神经、尺神经远端运动潜伏期、波幅及运动传导速度均在正常范围内；左侧桡神经运动传导速度及波幅均在正常范围内；双侧肌皮神经、腋神经运动潜伏期及波幅均在正常范围内，双侧比较未见明显差异。左侧正中神经、尺神经、桡神经感觉传导速度均在正常范围内。EMG：左侧拇短展肌、小指展肌、第一骨间肌、食指伸肌、肱二头肌、三角肌、冈上肌、冈下肌、肱桡肌放松状态下呈电静息，轻收缩运动单位电位时限正常，募集反应呈混合相。F 波：左侧正中神经、尺神经 F 波潜伏期及出现率均正常。结论：未见特征性电生理改变。

1.3.2　某三甲医院病历摘要（受伤后 6 月余再入住其他医院）

诊断：①左颈、前臂刀砍伤术后；②左正中神经损伤；③左肩关节僵硬。

神经电生理报告（受伤后 6 月余）：神经传导检查：左上肢正中神经运动传导波幅正常；潜伏期正常；感觉传导波幅降低，传导速度正常；尺神经运动传导波幅正常；传导速度正常；绕神经运动传导波幅正常，传导速度正常；感觉传导波幅正常，传导速度正常。F 波检查：左侧正中神经运动传到 F 波出现率正常。结论：左侧正中神经感觉传导异常，考虑左上肢正中神经损害，神经丛性损害。

1.4　鉴定结论

法医检验所见的表现为左上肢臂丛神经损伤产生的症状和体征因没有损伤发生的病理基础，评定未达伤残等级。

2　讨论

本案经两家三甲医院住院治疗，诊断均为左臂丛神经损伤，法医活体检验所表现的也为臂丛神经损伤的症状和体征。因此，本案臂丛神经是否损伤、是否存在损伤的病理基础是鉴定的关键。被鉴定人为他人用刀砍伤，因此，如果臂丛神经有损伤，只有可能为刀直接砍断（伤）臂丛神经及其分支。被鉴定人左上肢的损伤部位为左前臂下段，且深度只达深筋膜，该处损伤不可能损伤臂丛神经及其分支。而颈部的损伤，根据手术记录及损伤部位分析，损伤的只可能是副神经，不可能损伤臂丛神经。而副神经为第 11 对脑神经，主要支配胸锁乳突肌和斜方肌，前者主要作用是向对侧转颈，后者主要作用为耸肩。副神经同时可以支配咽喉肌，控制咽喉一般感觉。因此，如果副神经有损伤，也不可能导致肩关节的僵硬及左上肢运动功能的丧失。第一家医院的神经电生理检查结果，被鉴定人臂丛神经及其分支未见特征性电生理改变，与损伤一致，予以采信。而第二家医院的神经电生理结果为左侧正中神经感觉传导异常，而运动传导正常，与刀砍伤神经所产生的病理基础不符，不予采信。另外，检查见被鉴定人左上肢肌肉没有明显萎缩，这也与神经损伤表现不符。综上判断，被鉴定人为受伤后诈病或癔症，对其表现为左上肢臂丛神经损伤的左上肢功能丧失，评定未达伤残等级。

法医临床鉴定中会经常遇见诈病或癔症，诈病或癔症临床表现各式各样，受伪装动机和目的的影响，以及被鉴定人文化水平及生活经验的影响，其表现形式会出现多样化，但所表现出来的症状不符合损伤的病理生理过程的规律，体征不符合解剖生理定位关系，其病程及体检结果都无法用医学理论知识解释。法医临床鉴定遇到诈病或癔症时，需要司法鉴定人充分运用解剖学知识和其他医学知识，对医院的病历资料进行详细审查，对被鉴定人进行仔细检查，去伪存真，做出正确判断。

迟发性脾破裂的法医学检验

杜江　曹锋

四川省资阳市公安局

1 案例

1.1 案例 1

1.1.1 简要案情

2007 年 1 月 11 日，简阳市公安局 110 指挥中心接群众举报称：袁某于 1 月 5 日死亡，尸体已掩埋，可能系被刘某打死。

1.1.2 检验情况

袁某，女，1983 年 6 月 1 日出生；家住简阳市某村某社。开棺检验。尸体身长约 162 cm。尸体轻度腐败，尸僵缓解。尸斑开始形成于背臀部，浅淡红色，压之不褪色。发长 30 cm，发呈黑色，有少量白发。头面部未见损伤，角膜混浊，睑、球结合膜苍白，口鼻未见损伤，口唇苍白。颈部外表未见损伤，胸腹部外表未见损伤。左手腕背桡侧皮肤青紫 3.5 cm×3 cm；右手腕桡侧皮肤青紫 5 cm×4 cm，左青紫皮肤中有表皮剥脱 1.5 cm×0.6 cm；切开青紫皮肤，可见皮下出血。解剖检验见：头皮下肌层未见出血，颅骨无骨折，脑组织无损伤；颈部皮下肌层未见出血，舌骨、甲状软骨未见骨折；胸壁肌肉未见出血，胸骨肋骨无骨折，双肺未见损伤，右肺有少许陈旧性粘连，右侧胸腔积血性液体约 300 ml，右侧膈肌胸面有出血 10 cm×7 cm，呈暗红色，左侧胸腔内淡红色液体约 50 ml；腹壁肌层未见出血，腹腔内积血约 3000 ml，左上腹腔脾窝处有血凝块约 500 g，脾脏质软，脾脏大小为 15 cm×10 cm×2 cm，脾门处有血凝块黏附，该处脾脏被膜呈囊袋状，有 6 cm 裂口，被膜下有血凝块 6 cm×6 cm，其旁有一被膜下小血肿 1 cm×1 cm，切开裂口处脾实质见组织挫碎出血，局部有血凝块。胃、肝、胰、肾、子宫、膀胱等器官未见损伤，胃内有少量食糜及液体约 200 g。

1.1.3 死因

外伤性迟发性脾破裂大出血死亡。

1.2 案例 2

1.2.1 简要案情

2011 年 12 月 21 日下午，伤者钟某在雁江区某镇某村某组宰牛场上班时，宰牛场老板苏某正在宰牛，苏某在挤奶时将牛奶挤到了钟某身上，钟某生气便将一个塑料盆扔往苏某，后苏某用一把"猫猫刀"（斧头）的刀柄朝钟某的左侧腹部打去。伤后，钟某感左腹部疼痛不适，但未到医院诊治，仍继续每天上下班。伤后 10 天（2011 年 12 月 31 日）到一市级医院检查治疗，发现有脾破裂，做了脾切除术。

1.2.2 治疗资料

据某市人民医院住院病历（入院时间：2011 年 12 月 31 日）记录：钟某入院前 1$^+$ 周，自诉被人打伤左侧腰腹部（具体不详），即感左侧腰腹部疼痛，活动时明显，牵扯左侧肩背部不适，院外自行服药、对症处理，症状渐缓解。入院前 2 小时，钟某在活动时左侧腰腹部疼痛加重，胀痛为主，持续存在，牵扯左侧肩背部不适，院外未做特殊处理，行走时腹痛明显，为寻求进一步诊治急来我院，门诊检查后以"脾挫伤?"收入我科。体格检查：T 36.4℃，P 104 次/分，R 22 次/分，BP 102/80 mmHg，神志清楚，自主体位，急性痛苦貌，呼吸稍促，查体欠合作。专科情况：腹稍隆，左侧腹压痛，以左上腹尤为明显，有反跳痛，局部肌张力增高，肝脾未满意扪及，肝区无叩痛，左肾区可疑叩痛，输尿管走行区无压痛，移动性浊音阳性。辅助检查：CT 示：脾挫伤，腹腔少量积液，肝周少许积气影；超声示脾大伴脾实质稍强回声，不除外脾挫伤，腹腔少量积液。在医院行"脾切除术"，手术见：腹腔有暗红色不凝血及血凝块约 2000 ml，以左侧窝尤甚；脾脏包膜下出血，上、中、下可见三处包膜裂口，活动性出血。术中吸除腹腔积血，切除病脾，脾脏病理诊断：被膜下脾破裂。

1.2.3 调查情况

（1）钟某左腰腹部处被打后，仍能继续上班，干的是体力活。

（2）打钟某的斧头总重 4.7 kg，斧柄是空心钢管，长度为 79 cm，空心管直径为 2.5 cm。

（3）钟某被打后至入院前一直存在左腹部疼痛，没有其他受伤的情形。

1.2.4 结论

外伤性迟发性脾破裂，重伤。

1.3 案例 3

1.3.1 简要案情

2015 年 3 月 14 日下午 4 时 30 分许，杨某，男，52 岁，在某区某镇某村某社家门外因纠纷被四五名成年男子用拳脚打伤头部、胸部、腹部等，伤后被送往当地医院治疗，在当地医院住院治疗 2 天后转入上级医院治疗，伤后 9 天（2015 年 3 月 23 日）确诊为脾破裂，并于当日做了脾切除术。

1.3.2 治疗资料

据某市某镇中心医院住院病历（入院时间：2015 年 3 月 14 日）记录：入院前 30 分钟，患者自诉在家外因纠纷被他人打伤头部、胸部、腹部等处，急来我院就诊，门诊以"头部外伤、胸腹部外伤"收住入院。体格检查：T 36.5℃，P 80 次/分，R 20 次/分，BP 110/70 mmHg。发育正常，营养中等，神智清楚，抬入病房，急性面容，被动体位，查体合作。专科情况：胸廓对称无畸形，胸部多处轻度压痛，双肺呼吸音清晰。心脏未见异常。腹部形态正常，腹壁软，无压痛及反跳痛，左肾区叩痛，肝脾肋缘下未扪及。辅助检查：腹部彩超示：肝胆、胰脾、右肾、输尿管未见明显异常；胸部 DR 片示：未见异常。医院行抗炎对症等治疗，2 日后症状无缓解，转上级医院治疗。

某市第一人民医院住院病历（入院时间：2015 年 3 月 16 日 12：40）记录：患者自诉入院前 2 天被打伤后在当地医院治疗（具体用药不详）未见缓解，门诊以"全身多处软组织伤，脑震荡"收入康复科治疗。体格检查：T 36.1℃，P 76 次/分，R 19 次/分，BP 110/65 mmHg。发育正常，营养良好，神志清楚，自主体位，查体合作。专科情况：言语清晰，对答切题，头部压痛，右侧胸部压痛，皮肤无青紫，胸廓挤压（＋－）腹部无明显压痛，无紧张及反跳痛，腰部两侧压痛，皮肤无青紫，腰部伸屈活动稍受限，四肢肌力、肌张力正常。辅助检查：头部 CT：未见异常。诊断：①全身多处软组织伤；②轻型闭合性颅脑损伤。医院行抗炎对症等治疗。2015 年 3 月 23 日，患者自诉腹胀不适，轻微腹痛。彩超示：肝回声稍增强，脾脏低回声，腹腔少量积液。上腹部 CT 报危急值提示脾破裂伴挫伤，腹腔积血。当日即在全麻下行"脾切除术"。术中见：腹腔积血及血凝块约 500 ml，以左侧脾窝为主，脾脏膈面见一条纵形裂口，长度 5 cm，深约 1 cm，伴有活动性出血，附近可见脾包膜下血肿，大小约 6 cm×5 cm，胃壁稍充血，未见确切穿孔改变。

1.3.3 调查情况

（1）杨某确实在 2015 年 3 月 14 日在家外受伤，有拳脚击打腰腹部外伤史。

（2）杨某在镇中心医院治疗期间未发现有其他受伤史。

（3）杨某在康复科治疗时未发现有其他受伤史。

伤后 9 天，杨某出现腹部不适，医院行彩超及腹部 CT 检查，确诊为迟发性脾破裂，并行脾切除术。

1.3.4 结论

外伤性迟发性脾破裂，重伤。

2 讨论

2.1 区分脾破裂是急性还是迟发性破裂是法医学检验的重要目的

脾破裂根据破裂范围分为三种类型：中央型破裂、被膜下破裂、真性破裂。纠纷伤害后的真性破裂因为症状明显，及时就诊的伤者，诊断容易，死亡的伤者，解剖检验可很快明确，不难确定伤害与损伤关系。而纠纷伤害后的中央型破裂或被膜下破裂，由于症状轻或不明显，没有引起当事人重视，当发生转化时，即临床上可见由中央型破裂发展成被膜下破裂，被膜下破裂发展成真性破裂，这种转变常发生于伤后 1～2 周，临床称为迟发性或延迟性脾破裂。因治疗及时，手术切除脾脏可存活，如果未及时诊治，破裂大出血会导致死亡。这种情况下，判定其是迟发性破裂还是新的外伤导致的急性脾破裂是法医学检验的重要目的。如果属于迟发性脾破裂，则说明与伤害有直接关系；如果属于新的急性脾破裂，则与前期伤害无联系。这为司法机关对前期致伤行为人进行责任追究程度提供了重要依据。

2.2 区分脾破裂是急性还是迟发性破裂的重要手段

2.2.1 调查证实受伤在发生迟发性脾破裂时间段内

迟发性脾破裂常发生于伤后 1～2 周，因此，伤害发生的时间要调查确定其在这个时间段内。

2.2.2　调查证实局部有受伤的证据

伤害发生时，有腹部、腰部等受钝性外伤的证据，并且这个外伤能够引起脾脏的中央型或被膜下型损伤。

2.2.3　调查证实未有新的受伤情况发生

对受伤后到发生迟发性脾破裂的时间段要侦查、调查，排除受到新的外伤。

2.2.4　死亡者的解剖检验

尸体解剖检验观察到脾脏的破裂符合迟发性破裂的改变，如被膜下血囊肿、实质（中央型）的小破裂。

2.2.5　必要的脾脏组织病理检验

脾脏如果原有疾病基础，在外伤情况下更容易发生破裂，甚至很轻微的外伤即可导致脾脏破裂。要正确判断是否是病变脾脏的迟发性脾破裂，损伤与脾脏疾病的关系，就离不开对脾脏的组织病理检验，同时，也是判断伤与病谁是主要原因的重要依据。

2.3　三起脾破裂均符合迟发性脾破裂

2.3.1　案例 1 符合迟发性脾破裂大出血死亡

袁某尸体头颈胸腹部外表未见损伤改变，解剖见右侧胸腔有血性液体约 300 ml，右侧膈肌胸面有 10 cm×7 cm 出血，腹腔内积血约 3000 ml，左上腹腔脾窝处有血凝块约 500 g，脾脏 15 cm×10 cm×2 cm 大小，质软，脾门处有血凝块黏附，该处脾脏包膜呈囊袋状，有 6 cm 裂口，包膜下有血凝块 6 cm×6 cm，其旁有一包膜下小血肿 1 cm×1 cm，切开裂口处脾实质见组织挫碎出血，局部有血凝块。这些特征结合案情（调查）说明，死者生前腹部遭受了钝性暴力作用，导致脾被膜下破裂形成被膜下血肿，由于血肿的继续扩大，以及病人的活动等原因导致原脾被膜下破裂发展成真性脾破裂，引起迟发性脾破裂大出血死亡。证实了举报的真实性，为处置当事人提供了科学依据。

2.3.2　案例 2 钟某脾破裂与斧头柄打击左侧腰腹部有直接关系

理由：①调查证实手术前 10 天有左腰腹部外伤史，局部有持续的疼痛；②致伤物为金属空心管斧柄，其硬度、重量在致伤发生的方式上能够导致脾损伤；③伤后虽然继续上班并干体力活，但没有再受伤；④手术见脾脏包膜下出血，上、中、下有三处包膜裂口，活动性出血，切除病脾病理诊断是被膜下脾破裂，与左侧腰腹部受伤后虽有局部疼痛，但能够继续干活，最后因脾脏被膜下出血积聚撑破脾包膜的病理演变过程，符合迟发性脾破裂出血。

2.3.3　案例 3 杨某脾破裂与被多人拳脚踢打腹部等有直接关系

理由：①调查证实手术前 9 天有被多人拳脚打伤腹部的外伤史，局部有持续的疼痛，伤后即到医院治疗；②拳脚踢打腹部属于钝性物体损伤，这种踢打能够导致脾损伤；③伤后及时就医，在两家医院治疗，没有再受伤；④医院治疗过程反映，从初期的彩超示：肝胆、胰脾管未见明显异常，9 天后彩超示：脾脏低回声，腹腔少量积液。CT 提示脾破裂伴挫伤，腹腔积血。手术见：腹腔积血及血凝块约 500 ml，以左侧脾窝为主，脾脏膈面见一条纵形裂口，长度 5 cm，深约 1 cm，伴有活动性出血，附近可见脾包膜下血肿，大小约 6 cm×5 cm。其过程符合腹部受伤导致脾被膜下出血但被膜未破裂，最后因脾脏被膜下出血积聚撑破包膜成完全性脾破裂的病理演变过程，符合迟发性脾破裂出血。

外伤或原发蛛网膜下腔出血的判断

杜江　曹锋

四川省资阳市公安局

蛛网膜下腔出血有原发性或自发性之分，科学判断原发或自发，在法医学尸体检验中意义重大，组织病理检验是区分两种出血的重要手段，准确鉴定，为案（事）件的处理提供科学的判据。

1　案例

1.1　案例1

1.1.1　简要案情

2006 年 8 月 11 日，汪某（男，28 岁，某镇某村人）在某镇某村八社公路边与人发生纠纷时倒地死亡。

1.1.2　检验情况

（1）尸体解剖情况：尸体长 170 cm，发育正常。枕部左侧发际上 1.5 cm 以上在 8 cm×2 cm 范围内有 0.5 cm×0.2 cm、2 cm×0.2 cm、3 cm×0.2 cm 表皮剥脱，其后两条平行，间距 0.5 cm；左颞顶部头皮下肌肉组织暗红色出凝血 3 cm×2.5 cm；颅骨无骨折，硬脑膜无破裂，蛛网膜下广泛性出凝血，各脑室有暗红色凝块；小脑出凝血。枕右侧发际上 3.5 cm 处有 3 cm×1 cm 表皮剥脱，皮内出血，寰椎两侧肌肉组织出凝血，左侧 3 cm×2 cm、右侧 3.5 cm×2 cm，寰枢关节间硬脊膜、软脊膜出血；延髓在寰枢段软脊膜下出血。左侧胸锁乳肌后侧 2 cm×1.5 cm 肌肉组织出血，甲状软骨及舌骨无骨折。心脏外壁点状出血，胃黏膜出血、无腐蚀，胃内有米饭等食物约 400 g；胸腹盆腔脏器无破裂。右手背有 3.8 cm×2.9 cm 青紫肿胀，第三四掌骨侧有横形排列分别为 4 cm×0.3 cm、2.2 cm×0.2 cm 褐色表皮剥脱伤，两者间距为 0.8 cm。

（2）织病理检验情况：提取：大脑、小脑、延髓寰枢段、下颌部深部皮下肌肉及左右下颌腺做病理检验。脑组织病理切片检见左枕叶可见蛛网膜下腔血管扩张，血管内及蛛网膜下可见大量红细胞。双侧小脑半球、左侧小脑半球底部均可见局部的蛛网膜下腔出血改变。右侧小脑半球的中央可见部分液化灶。送检脊髓组织病理切片延髓局部可见蛛网膜下腔出血改变及大片出血区，且局部仅残留用数神经组织。局部延髓周围可见一堆大小不等的血管组织，血管的形态不一，有的管壁较薄，有的管壁较厚，有的管壁缺乏肌层及弹力纤维，有的略为增厚，有的肌层呈嵴状隆起。病理诊断为：脑血管壁发育畸形；蛛网膜下腔出血。

1.1.3 死因

汪某系脑血管壁发育畸形。头部在遭受钝性外力作用时脑畸形血管破裂、蛛网膜下腔广泛性出血死亡。头部外伤是其诱因。外伤导致的颈部运动明显，外伤与出血有直接的作用。

1.2 案例 2

1.2.1 简要案情

2007 年 9 月 24 日凌晨，家住某市某街 1 幢 1006 号的李某（男，52 岁）在家中被人打伤后死亡。

1.2.2 检验情况

（1）尸体外表检验：死者尸体身长 162 cm。右颞顶部有 1.2 cm×1 cm 略呈三角形裂口，边缘有约 0.2 cm 挫伤带，创缘不齐，创内有组织间桥，头顶部有长约 3 cm 陈旧疤痕；左眉弓外侧有长 1 cm 表浅划痕，左眼眶青紫，睑球结合膜苍白无出血，耳鼻腔无出血，下唇有 0.6 cm 擦伤，内侧黏膜有 1.2 cm×1.5 cm 出血，中心部位有 0.5 cm 破口。

（2）解剖检验情况：右颞顶部帽状腱膜下出血 7 cm×6 cm，颅骨顶部与头皮陈旧疤痕对应处有直径 2.8 cm 类圆形凹陷，未见骨折；硬脑膜完整，硬脑膜上下无出血；蛛网膜下腔弥漫性广泛出血，延及小脑、中脑，以大脑基底部最为明显，脑室内见淡红色液体；脑组织无挫伤；颅顶骨、颅骨内板及颅底无骨折；左眼眶青紫处皮下及肌层淤血，无骨折；左第七肋近肋软骨处线状骨折，以骨折为中心有 4.5 cm×1.5 cm 出血，胸腹腔无积血积液。

（3）组织病理检验：脑蛛网膜下腔广泛出血，蛛网膜下腔小血管数量增多，管腔大小不均，多数血管厚薄不均，灶性管壁硬化变性；脑血管周隙及神经细胞周隙增宽。病理学诊断：①大脑基底部、两侧大脑颞叶广泛蛛网膜下腔出血、小脑扁桃体疝；②脑蛛网膜下腔血管畸形。

1.2.3 化验

死者胃及内容物中未检出常见有机磷农药、毒鼠强等。

1.2.4 死因

李某生前有脑血管壁发育畸形。系自发性蛛网膜下腔出血死亡，头部、胸部外伤是诱因。头部损伤轻微。

1.3 案例 3

1.3.1 简要案情

2007 年 11 月 23 日，在某市某村发生一起纠纷，在纠纷中村民张某被人推倒在地不能起来，很快死亡。

1.3.2 检验情况

（1）尸表检验：死者身长 155 cm，左侧额部有一擦伤 1.7 cm×0.5 cm。右眼球结膜片状出血，右侧眉弓有一青紫 1.5 cm×1.5 cm 及皮下出血 3.5 cm×2.0 cm，鼻腔内有血迹，右侧下颌缘有一皮肤挫伤 3.7 cm×0.5 cm，其中有一创口 2 cm×0.5 cm，创口边缘皮肤呈皮革样改变，创缘不整齐，创腔内可见组织间桥，创底深至下颌骨。上唇 1.6 cm×1.5 cm 表皮剥脱，口腔内上唇黏膜有 1 cm×0.8 cm 挫裂伤，口腔内有少量血迹。外耳道未见异常。右颈部皮肤片状表皮剥脱。胸部、腹部外表未见损伤。左手背食指掌指关节处 2.2 cm×2.0 cm 皮肤青紫。

（2）解剖检验：右额部（眉弓内侧）皮下肌层灶性出血，颅顶无骨折，颅底右前凹有一 2.6 cm 线形骨折，骨折处可见有 2.1 cm×1.6 cm 出血，硬膜外、硬膜下无出血，脑底部及小脑蛛网膜下腔广泛出血，右侧大脑蛛网膜下腔广泛出血，脑组织未见挫裂伤。

（3）病理组织检验：大脑右侧颞叶至额叶交界处蛛网膜下腔出血范围 9 cm×6 cm，脑底部围绕脑干处蛛网膜下腔出血范围（6+3）×（1 cm～2 cm），左额叶内面及底面与颞叶交界处片状蛛网膜下腔出血，小脑表面多处片状蛛网膜下腔出血，右额极及内面蛛网膜下腔出血约 4 cm×2 cm，四脑室有少许血凝块。各脑切面未见脑组织挫伤出血灶。显微镜观察：脑膜血管扩张淤血，蛛网膜下腔出血，出血灶内脑膜血管数量增多，血管腔大小不一，管壁厚薄不均，部分血管扭曲变形，可见血管共壁现象，部分血管壁变性；脑组织轻度充血，血管周围间隙及细胞间隙轻度增宽。组织病理学诊断：脑蛛网膜下腔血管畸形，蛛网膜下腔出血。

1.3.3　死因

脑蛛网膜下腔血管畸形破裂致蛛网膜下腔出血死亡；外伤系诱因。外伤构成轻伤。

1.4　案例 4

1.4.1　简要案情

2004 年 3 月某日中午，袁某（男，55 岁）在某县人民医院护理做手术的妻子时，与来看望病妻的亲家一起饮酒后，在病房内高声喧哗，影响了其他病人的休息，护士制止无效，叫来医院的保安解决问题，在此过程中，袁某与保安发生纠纷，抓扯后突然倒地，很快死亡。

1.4.2　检验情况

（1）尸体外表检验：尸体长 170 cm，发育正常，营养好，身体较胖，未腐败；左侧面部有从口鼻流出的血迹痕，口鼻周可见喷溅状的点状血迹，两眼睑球结合膜苍白，角膜开始混浊，瞳孔可见，左眼瞳孔直径 0.4 cm，右眼瞳孔直径 0.5 cm；左眼眶上缘内侧眉毛内有 1.8 cm×1.1 cm、1.7 cm×0.7 cm 表皮剥脱，眉毛上有 0.6 cm×0.3 cm 表皮剥脱、皮下出血；鼻尖及左鼻翼有 2.2 cm×0.5 cm 表皮剥脱，鼻腔内有血性分泌物；上唇左侧唇缘有 1.1 cm×0.6 cm 表皮剥脱，下唇正中及偏左有 1.4 cm×1 cm 表皮剥脱，口腔内有血液及血块，上颌正中两切牙间牙龈破裂出血，下唇内侧正中与上颌切牙相对应处有 2 cm×1.5 cm 呈星状破裂，下颌右侧第二侧切牙陈旧性牙冠折断，左右颊黏膜未见损伤，舌尖未见损伤。颈部外表未见损伤。胸部、腹部外表未见损伤；左上肢肘关节后侧有 3 cm×2 cm、2.5 cm×1.2 cm 皮下出血，右上肢前臂及手背肿胀，右手背尺侧中份手背静脉上皮肤有一个针眼，右手腕桡侧桡静脉上皮肤有一个针眼，右手食指第一指关节背侧有 0.5 cm×0.1 cm 皮肤裂伤，有出血，右手无名指背侧有 0.4 cm×0.1 cm 皮肤裂伤，左、右手背虎口处有指甲印痕。

（2）解剖检验情况：头皮外表未见损伤，头皮下未见出血，颅骨无骨折，硬脑膜外未见出血及血肿，硬脑膜未见损伤，硬脑膜下未见出血及血肿，大、小脑组织未见挫伤出血，大、小脑蛛网膜下腔广泛出血，以脑底部为甚，脑室内为血性脑脊液，颅底无骨折。

（3）组织病理检验：提取脑、心脏、肺脏、肝脏、脾脏、胰腺、肾脏等检验见：脑重

1450 g，蛛网膜下腔广泛出血，右颞叶出血范围 12 cm×10 cm，左颞叶出血范围 7 cm×4 cm，额叶出血范围 6 cm×5 cm，脑底出血范围 7 cm×8 cm。右侧大脑中动脉起始部见一动脉瘤，大小为 1.5 cm×1 cm，背侧见一 0.2 cm×0.2 cm 破裂口。小脑扁桃体疝形成。脑切面未见出血坏死。

1.4.3 化验

提取心腔内血液检验：从中检出乙醇含量为 160 mg/ml。

1.4.4 死亡原因

大脑中动脉血管瘤破裂致原发性蛛网膜下腔出血死亡。生前大量饮酒、情绪激动、外伤是其诱因。根据案情外伤也可以是脑出血发生后摔伤。

1.5 案例 5

1.5.1 简要案情

2008 年 1 月 21 日傍晚 7 时许，某县某村 11 组村民邓某（男，37 岁）被杨某（男，汉族，1972 年 3 月 10 日出生，某县某村 8 组）等人殴打，2008 年 1 月 23 日上午，村民在某村 6 组一块玉米地土沟中发现邓某的尸体。

1.5.2 检验情况

（1）尸体外表情况：尸体上身赤裸，下身穿一条蓝绒裤、灰色秋裤，赤脚，双脚有大量的稀泥和杂草。尸体长 162 cm，面部及鼻腔内有血迹，头部：头顶部有 3 cm×0.2 cm 的横行创口，边缘不齐。顶枕部正中及左侧在 16 cm×16 cm 范围内有 8 cm×0.2 cm、2 cm×0.2 cm 的内上外下斜行创口，10 cm×0.3 cm、6 cm×0.3 cm、5 cm×0.2 cm、5 cm×0.2 cm、7 cm×0.2 cm、1.5×0.2 cm 的纵行创口，1.5 cm×0.3 cm 的横行创口，上述创口边缘不整齐，创腔内有组织间桥，深至头皮内。面部：前额发际处皮肤有 2.5 cm×0.6 cm 的创口，边缘不整齐，创缘有挫伤，右眉外缘皮肤有 2 cm×1.2 cm 的创口，创缘不齐，形成皮瓣，右眼内侧、鼻根部右侧有 1.3 cm×1 cm 皮肤挫裂；左眼外角处皮肤有 3 cm×1.5 cm 的不规则创口，边缘不整齐，双眼睑皮下出血肿胀，双眼睑、球结合膜充血，上唇黏膜有 2 cm×1.3 cm 破裂出血。左上牙 1、2 齿缺失（陈旧性）。颈部：外表未见损伤，皮下、肌肉未见出血。胸部：外表未见创口及皮下出血，肋骨未触及骨折，腹部外表未见创口及皮下出血。背部在 36 cm×35 cm 范围内有密集的、长短不等的 18 条以上的中空性皮下出血，中空宽 0.8～0.9 cm。四肢：右上肢肩关节经上臂至前臂上 1/3 处，在 46 cm×12 cm 范围内有广泛的皮下出血，其中可见 5 cm×0.6 cm、8 cm×1.2 cm、6 cm×0.8 cm、5 cm×1 cm 中空性皮下出血。右手背无名指和小指处有 4 cm×4.5 cm 的皮下出血，中指掌指关节处有 1.5 cm×1.2 cm 的皮下出血，十指掌指关节处有 1.6 cm×1 cm 的皮下出血；左肩关节处有 10 cm×8 cm 的皮下出血。左上肢上臂中段有 10 cm×12 cm 的皮下出血，其中有 20 cm×0.8 cm、20 cm×0.6 cm 的划痕，左肘关节后侧有 12 cm×11 cm 的皮下出血，左前臂后侧腕关节处有 8 cm×6 cm 的皮下出血，左手背有 6 cm×4 cm 的皮下出血，上述皮下出血呈鲜红色。

（2）解剖检验情况：头部皮下组织广泛出血，右侧枕顶部帽状腱膜下出血明显，右侧顶枕部颅骨有 11 cm×0.1 cm 的线形骨折，骨折线至颅后凹，硬脑膜未见破裂，硬膜外、硬膜下未见出血，蛛网膜下腔广泛出血，以顶叶部为甚，呈鲜红色，大、小脑组织未见挫伤出血，右额叶侧有 3 cm×1.5 cm 的出血块，脑组织沟变浅、回增宽，小脑枕骨大孔压迹明显。胃内有黄色乳糜状物约 1500 g，胃黏膜无出血斑及腐蚀斑。

1.5.3 死亡原因

外伤性蛛网膜下腔出血死亡。头部外伤是直接原因。

2 讨论

2.1 区分蛛网膜下腔出血是原发性或自发性是法医尸体检验的重要目的

蛛网膜下腔出血有外伤性和原发性之分。蛛网膜下腔广泛出血常导致急性死亡，特别是在发生纠纷的过程中或纠纷后很快因蛛网膜下腔出血引起死亡。如何科学地鉴别是原发性或外伤性蛛网膜下腔出血，对确定案（事）件性质，为司法机关正确办理提供依据是法医工作的重点。在根本死因是蛛网膜下腔出血时，明确为原发性蛛网膜下腔出血，则外伤只是诱因，致伤人员负次要责任；明确为外伤性蛛网膜下腔出血，则外伤与死因有直接的因果关系，致伤人员负完全责任。案例 1～案例 4，外伤是其诱因，案例 5 外伤是直接原因。

2.2 组织病理检验是判断蛛网膜下腔出血原因的重要手段

自发性蛛网下腔出血有脑血管的病理基础，常见的有脑动脉瘤、脑血管畸形、高血压、动脉硬化性疾病。这些病理基础肉眼不能观察到，需要进行组织病理检验，因此，在遇到此类尸体时，解剖提取脑等组织进行显微病理检验，发现脑血管的生前病理改变显得尤为重要，只有找到了血管的病理改变基础，才能判断蛛网膜下腔出血的原因。案例 1～案例 4 经过组织病理检验证实均是自发性蛛网下腔出血。

2.3 必要时的损伤程度判断，可为法官量刑提供依据

当判明死者蛛网膜下腔出血为自发性时，出血前的外伤等外部因素都是诱因，从专业角度看，判明外伤是诱因已属完整的鉴定，但由于外伤的程度与诱发自发性蛛网膜下腔出血没有必然的权重联系，给量刑带来困难。因此，对于某些有充分的证据证明损伤是发生在脑出血前并对损伤程度进行判断，这对当事人的量刑可提供较有效的依据，如案例 1，外伤导致颈部运动明显，对畸形血管的牵拉扭力明显，外伤的作用也是明显的；案例 3，外伤构成轻伤。对于同时有其他明显诱因，不能明确判定外伤出现时，则不作外伤程度判断，如案例 4。

2.4 必要时的理化检验

由于蛛网膜下腔出血致人迅速昏迷，很快死亡，有些没有第三方证人，有些同时有其他能够成为出血诱因的因素存在，为使鉴定结论更加完善，证据更加合理充分，提取死者相关检材进行理化检验也是必要的。如案例 2，发生在家中，凌晨，没有第三方证人，案例 3 有明显的饮酒，通过检验，案例 2 排除了中毒的存在，案例 3 证明了有成为诱因的大量饮酒的存在。

多人伤害致死案的损伤程度鉴定探讨

刘小江

浙江省玉环县公安司法鉴定中心

在办案过程中，经常遇到多行为人伤害同一受害人致死的案例。公安法医一般仅出具死因报告及死亡性质为他杀或伤害致死的结论，不对损伤程度对死亡的参与度进行评判，也不对非致命伤进行损伤程度评定。

随着审判要求的提升，司法机关不再简单、笼统地以聚众斗殴或伤害致人死亡来定罪处罚。要求法医对死者的死亡原因做出鉴定的同时，还要对死者所受损伤做出全面分析判断，判断哪处或哪些损伤是致命伤，哪些损伤构成辅助死因，哪些损伤与死因无关。与死因无关的生前损伤程度可否进行伤情评定？法医学鉴定结论直接影响对嫌疑人的定罪量刑。

笔者在工作实践中遇到不少这样的案例，为案件的审理提供了有力的支撑，下面就此问题谈谈具体做法，供同仁们探讨。

1 案例

2014 年 12 月 10 日，我县发生一起伤害致死案件，张某在斗殴中多处受伤，派出所民警处警到场时张某已死亡。处警民警当场抓获犯罪嫌疑人李某及王某并缴获作案工具。

2 处置流程

2.1 详细调查、细致尸检

经调查确认，参与伤害张某的嫌疑人有两名，其中李某持水果刀，王某持铁棍。

尸检发现张某唇黏膜苍白、睑、球结膜苍白，主要损伤为左胸刺创、左腓骨粉碎性骨折和左小腿部软组织挫伤。

解剖发现张某左心室破裂，胸腔大量积血，心腔空虚，肝脾包膜皱缩，左腓骨骨折处有少量出血。根据张某的损伤情况，可以判定左胸部刺创为持水果刀的李某造成，左腓骨粉碎性骨折为持铁棍的王某造成。

2.2 分析各损伤与死因的关系

分析认为，死者张某的死因是心脏破裂引起大出血致失血性休克死亡。左胸部刺创为致命伤；左腓骨粉碎性骨折为非致命伤，且对该案失血性休克的死因无明显辅助作用。

2.3 损伤程度鉴定

出具尸体检验鉴定文书，详细论证每处损伤的致伤方式、与死因的关系。对与死因无关的左腓骨粉碎性骨折进行损伤程度评定，对照《人体损伤程度鉴定标准》第 5.9.3 条，评定为轻伤一级。

3 关于伤害致死案损伤程度评定的探讨

3.1 法律法规依据

《中华人民共和国刑法》第九十五条、第三百八十四条，《中华人民共和国刑事诉讼法》第一百四十四条，分别为损伤程度评定提出需求及法律依据。

《人体损伤程度鉴定标准》附录 6.1 "伤后因其他原因死亡的个体，其生前损伤比照本标准相关条款综合鉴定"明确规定，对伤后死亡的个体可以也应当进行损伤程度鉴定。

3.2 适用范围

伤害致死案损伤程度评定，适用于损伤非致命且对死亡无辅助作用的生前损伤。

3.3 注意事项

（1）生前死后伤判断。生前死后伤的判断是启动损伤评定的第一步骤，确定为生前损伤的才可纳入鉴定范围，死后加注在尸体上的损伤不属伤情评定范畴。

（2）死因参与判断。只有与死因无关的，对死亡过程无明显辅助作用的损伤才可进行伤情评定。参与死因构成或对死亡进程起辅助作用的损伤应在尸体检验报告中加以分析，不易单独进行损伤程度评定。

（3）鉴定文书制作。必须先制作尸体检验报告，并在尸检报告中详细论证每处损伤的致伤方式、与死因的关系。另外制作人体损伤程度鉴定文书，参照《人体损伤程度鉴定标准》对符合鉴定条件的损伤进行评定。

3.4 几种常见情形

（1）没有明显突出的致命性损伤，死因为多部位出血导致失血性休克死亡的，每一处出血均应参与死因。所有致使死者出血的犯罪嫌疑人均构成伤害致人死亡罪，不可单独评定损伤程度。

（2）有一处绝对致命伤，如心脏刺创、腹主动脉破裂、严重颅脑损伤等，导致该处致命伤的犯罪嫌疑人构成伤害致人死亡罪，其余非致命性损伤可以参照《人体损伤程度鉴定标准》分别做出相应的损伤鉴定。

（3）有两处以上绝对致命伤，如心脏刺创合并严重颅脑损伤等，导致该两处致命伤的犯罪嫌疑人构成伤害致人死亡罪，其余非致命性损伤可以参照《人体损伤程度鉴定标准》分别做出相应的损伤鉴定。

（4）伤者在遭受伤害后逃离现场，所受损伤不足以致死，在逃离过程中遭遇车祸或其他意外死亡的，其所受损伤也可以参照《人体损伤程度鉴定标准》分别做出相应的损伤鉴定。

总之，具体情况具体分析，明确非致命且不辅助死亡的损伤，可以参照标准进行损伤程度鉴定。鉴定可为查明事实、审理案件提供依据，充分体现法医工作在案件审理中的作用。值得注意的是，在无法鉴别区分多致伤人各自造成的损伤时，不可主观臆断、盲目鉴定。

参考文献

[1] 龚耘. 故意伤害致人死亡犯罪研究 [D]. 成都：西南财经大学，2009.

[2] 田金敖. 人体损伤程度鉴定中存在的问题及探讨 [C]. 中韩法医临床学术交流会论文集，2004.

[3] 李晓郭. 从故意伤害案件的角度看《人体损伤程度鉴定标准》的适用 [C]. 卫生法学与生命伦理国际研讨会论文集，2014.

高坠伤临床法医学分析 1 例

高垚[1]　刘描富[2]　张文林[3]

1. 自贡市公安局大安区分局刑事侦查大队　**2.** 顺县公安局刑事侦查大队　**3.** 自贡市公安局刑侦支队

1 简要案情

曾某（男，25 岁），2015 年 2 月 6 日凌晨报警称，酒后与朋友发生口角，随后在辖区某菜市场旁的巷道内被其朋友殴打。出警民警到达现场后见曾某一人躺于单元楼门外，随即将其送往医院治疗。入院查体：右侧颞顶部可见少许皮肤挫伤，面色苍白，颅神经检查阴性。胸廓挤压征阴性，全腹压痛，下腹明显，可疑反跳痛，无肌紧张，肝区叩压痛，右肾区叩痛。双手可见多处软组织擦伤，双上肢肌力肌张力正常，活动自如，骨盆挤压征阳性，腰骶部压痛，左大腿肿胀明显，外旋畸形，双下肢活动受限，双下肢肌张力正常，肌力无法查出。彩超提示：肝右叶异常回声区，肝肾间隙少量积液，右肾皮质回声不均匀，脾脏回声不均匀。CT 提示：右侧颞顶头皮软组织稍肿胀；环齿右侧间隙较左侧宽；右侧液/气胸，右肺压缩约 40%，右肺中下叶及左肺下叶挫伤；肝右叶挫裂伤伴包膜下出血？腹腔积液/血；骨盆多发骨折，腰 2、3 左侧横突骨折，腰 5 双侧横突骨折，所及左侧股骨干粉碎性骨折；骶前间隙积血。X 片提示：右侧气胸，右肺压缩约 40%。双侧髋臼骨折，双侧耻骨下支骨折，右侧耻骨上支可疑骨折，骶骨右侧翼及腰 5 双侧横突骨折，左股骨中上段粉碎性骨折。入院诊断：右侧颞顶部头皮挫伤；右侧血气胸，双肺挫伤；脾脏损伤可能；右肾损伤可能；腹腔积液/血；腰 2、3 左侧横突骨折，腰 5 双侧横突骨折；骨盆多发骨折；左股骨中上段粉碎性骨折；双手多处软组织挫伤；横纹肌溶解综合征；急性肾功衰。

2 法医临床检验

2015 年 2 月 27 日，法医在肾病内科病房内对伤者进行查体检验：伤者平躺于病床上，查体不配合。头右侧颞顶部损伤情况未能检查，颈部用固定架固定；胸腹部体表未见明显外伤；双上肢活动自如，未见明显红肿瘀青，左手拇指、中指背侧见少许擦伤愈合后表皮脱落痕迹；髋部及双下肢活动受限，左大腿上部肿胀明显，除中上段偏外侧见约 2 cm 类圆形瘀青，其余未见明显外伤；双踝关节及双足未见明显异常。据家属反映伤者臀部有瘀斑，可见右臀部外侧小片状瘀斑，因伤者查体不合作且防止二次伤害，未翻身对背侧损伤进行查体检验。询问其受伤过程，伤者描述被两人用拳打脚踢的方式进行殴打，具体过程已经忘记。通过 2 月 6 日急诊科接诊医生回忆，伤者当时损伤主要表现为颈部、胸腹部压痛，骨盆挤压征阳性，腰骶部压痛，左大腿肿胀明显，外旋畸形，胸腹部及双下肢并未见明显皮下青紫等体表征象。

3 讨论

伤者曾某主要损伤表现为腰 2、3 左侧横突骨折，腰 5 双侧横突骨折；骨盆多发骨折；左股骨中上段粉碎性骨折及多内脏器官挫伤等严重的内在损伤，而体表损伤相对轻微。

成伤分析：

（1）胸部损伤：CT 提示右侧液/气胸，右肺压缩约 40%，右肺中下叶及左肺下叶挫伤。肺挫伤多为迅猛钝性伤所致，如车祸，撞击、挤压和坠落等。当强大的暴力作用于胸壁时，使胸腔容积缩小，增加的胸内压压迫肺，引起肺实质出血及水肿，当外力消除时，表形的胸廓回弹，在产生胸内负压的一瞬间又可导致原损伤区的附加损伤。肺挫伤常常合并其他损伤，如胸壁骨折，血气胸，心脏、心包损伤等。结合本次伤者损伤情况，肋骨及胸骨未见骨折，体表也未见明显外伤，分析肺挫伤系由腹部下方的暴力传导至胸部，使肺部受压，导致肺部下缘损伤。

（2）腹部及骨盆损伤：骨盆由两侧的髂骨、耻骨、坐骨和后方的骶骨、尾骨构成环形，位于躯干下端，连接躯干与下肢，具有支持体重和保护内脏器官的功能。骨盆骨折的致伤原因多见于交通事故、砸伤及高处坠落伤。阅片见双侧髋臼骨折，双侧耻骨下支骨折，双侧坐骨支骨折，骶骨右侧翼骨折，右侧骶髂关节分离，且右侧骨盆环的连续性遭受破坏变形相对于左侧严重。徒手直接暴力无法形成，故伤者骨盆的损伤应为从高处坠落，右侧臀部首先着地所形成。因伤者的损伤使得骨盆严重变形，这种损伤常常会波及盆腔腹腔的脏器受损，伤者肝脏、脾脏、肾脏的损伤高坠形成的可能性较大。

（3）左股骨粉碎性骨折：股骨是人体中最大的长管状骨，须在瞬间暴力作用下才能形成骨折，在不借助工具的情况下徒手拳打脚踢直接打击造成粉碎性骨折的可能性很小。本案中，伤者左大腿体表损伤轻微，可排除打击所致，系高坠过程中接触某物体或落地时撞击地面硬物形成。

（4）横纹肌溶解综合征及急性肾功衰：横纹肌溶解症系一种临床症状，并非一种病。人体的肌肉分为三种：心肌、平滑肌及骨骼肌。其中心肌及骨骼肌是有横纹的，而横纹肌溶解症通常是发生在和我们的肢体运动相关的骨骼肌。横纹肌溶解症较常发生于肌肉受到大力撞击、长时压迫或是过度使用之后，以及特殊体质的患者服用某些药物，也可能引发横纹肌溶解症，是由于横纹肌损伤引起细胞的溶解，释放大量肌红蛋白、肌酸磷酸肌酶、乳酸脱氢酶进入外周血液造成的临床综合征，常伴有严重的代谢紊乱，急性肾衰竭，严重者可因多脏器功能衰竭而死亡。

综上所述，根据病历资料及查体分析伤者骨盆多发骨折，胸腹多脏器损伤，但体表并未见明显外伤，损伤呈现外轻内重的表现，符合坠落伤的损伤特点。此案中骨盆多发骨折及左侧股骨粉碎性骨折徒手打击不能形成，系高处坠落形成。至于肝脏、脾脏等腹部内脏器官的损伤不像胸腔有肋骨胸壁保护，较容易受损，且腹部柔软冬天又有衣物遮挡，徒手打击时体表损伤可不明显，故无法判断腹部内脏器官的损伤与此次被殴有无关系。

假体周围骨折法医学损伤程度鉴定 1 例

翁恺　张望高　马军　谢文江　兰云殿

四川省成都市成华区公安分局

2013 年 8 月 30 日，最高人民法院、最高人民检察院、公安部、国家安全部、司法部联合发布《人体损伤程度鉴定标准》，并于 2014 年 1 月 1 日施行。该标准第 4.3 条首次以标准形式规定"伤病关系处理原则"，有效解决了法医学损伤程度鉴定实践中有关伤病关系处理的难题。本文以 1 例假体周围骨折的法医学损伤程度鉴定案例为契机，分析《人体损伤程度鉴定标准》相关"伤病关系处理原则"在法医学实践工作中的实际应用，以期为法医鉴定工作者提供借鉴。

1 案例资料

1.1 案情摘要

张某，60 岁，男，2013 年 5 月因双侧股骨头缺血坏死（Fivt 4 期）、双侧髋关节骨性关节炎至当地医院行双侧人工髋关节置换手术治疗，术中见：双侧股骨头变形，股骨头骨质增生，软骨面破坏；髋臼变浅，周围增生；关节囊挛缩畸形。

2014 年 9 月，张某与他人发生纠纷，在抓扯过程中摔伤倒地，至当地医院诊治。体格检查：双侧髋部见手术切口疤痕，左髋关节活动受限，左大腿上段肿胀，成角畸形，扪及骨擦感，左下肢外旋畸形，较右侧短缩，肢端血供感觉活动良好。辅助检查：DR 示左侧髋关节置换术后，左侧股骨假体周围骨折，骨折端移位成角重叠明显。诊断为：左侧股骨假体周围骨折。入院后完善相关辅助检查，行"左股骨假体周围骨折切开复位内固定术"，术中见：左股骨中上段长斜形骨折，近端向外上方移位，远端向内侧移位，断端重叠，断端见软组织嵌入，髋关节假体柄尾部外露，近断端包块股骨大转子部前后劈裂，未见明显移位。

1.2 法医临床学损伤程度鉴定

张某外观发育正常，营养良好，双侧髋部遗留手术瘢痕，双侧髋关节活动部分受限，余未见明显异常。复阅送检 2013 年 5 月术前 X 线片显示双侧股骨头坏死，术后 X 线片显示双侧人工全髋关节置换术后，假体在位，未见明显松脱、断裂征象。2014 年 9 月本次伤后 X 线片显示左侧人工全髋关节置换术后，假体周围骨皮质变薄，密度减低，提示假体周围骨质吸收、骨质疏松；左股骨中段（假体柄远端周围）骨折，折线锐利，错位明显，提示新鲜性骨折。因此，张某具有明确的双侧股骨头缺血坏死人工全髋关节置换手术史，2014 年 9 月外伤致左股骨假体柄远端周围骨折诊断明确，根据《人体损伤程度鉴定标准》第 5.9.4.f 条"四肢长骨骨折；髌骨骨折"构成轻伤二级。但是，根据《人体损伤程度鉴定标准》第 4.3.2 条伤病关系处理原则"损伤与既往伤/病共同作用的，即二者作用相当的，应依据本标准相应条款适度降低损伤程度等级，即等级为重伤一级和重伤二级的，可视具体情况鉴定为轻伤一级或者轻伤二级，等级为轻伤一级和轻伤二级的，均鉴定为轻微伤"，本案宜作降级处理，即由轻伤二级降为轻微伤。综上所述，根据《人体损伤程度鉴定标准》第 5.9.4.f 条以及第 4.3.2 条之规定，张某之损伤构成轻微伤。

2 讨论

2.1 假体周围骨折

髋关节人工假体置换术后，股骨的生物力学特性和股骨自身骨质将会发生变化。①股骨生物力学特性的变化包括应力分布（包括轴向、径向和环向）和应力大小的改变，如应力遮挡和应力集中效应。同时髋关节人工假体置换术后除造成应力分布的改变和股骨近端应力大小的改变以外，股骨近端的负荷，如（外力作用）传导机制也会发生一系列相应改变。②股骨自身骨质的变化包括骨质丢失和骨溶解，前者是由于存在应力遮挡效应，后者是由于骨-假体界面组织中的磨损颗粒所致的假体周围接触面骨质溶解现象。上述骨质的变化将造成骨质强度的下降等。

髋关节假体周围骨折是全髋关节置换术后的严重并发症之一，可以发生在术中，也可以发生在术后；可发生在髋臼侧，也可以发生在股骨侧。术后股骨侧假体周围骨折是临床上最多见的骨折类型。骨折的发生与多种因素有关，其中主要有：①外伤。多数为低能量损伤，如摔伤或扭伤；若遭受高能量损伤，则多造成粉碎性骨折。②骨质疏松。骨质疏松降低了骨的机械强度，容易引起骨折。③假体松动。松动的假体柄远端会撞击外侧骨皮质，使局部应力增加，在轻微外力下即可造成骨折。④骨吸收、骨缺损。骨缺损是导致术后晚期假体周围骨折的重要原因之一，尤其多见于翻修手术过程中骨缺损处理不当。

2.2 伤病关系分析

根据案情以及送检病历资料，张某具有明确的双侧股骨头缺血坏死人工全髋关节置换手术史，术后假体周围骨质吸收、骨质疏松，骨皮质变薄，假体周围骨质机械强度降低，但是未发现骨质缺损以及假体周围骨质陈旧性骨折。

同时，2014 年 9 月张某具有明确的摔跌外伤史，伤后发生假体周围骨折，符合低能量损伤，此种外伤尚不足以造成正常股骨骨折。

因此，张某左股骨骨折符合左侧人工全髋关节置换术后假体周围骨折，系 2014 年 9 月摔跌外伤与左侧人工全髋关节置换术后假体周围骨质吸收、骨质疏松共同作用造成，二者在损害后果中作用相当，负有同等责任。根据《人体损伤程度鉴定标准》第 4.3 条"伤病关系处理原则"，予以相应处理。

伤病关系判定以及相应损伤程度的鉴定历来系法医学实践中的难点、争议点，《人体损伤程度鉴定标准》第 4.3 条"伤病关系处理原则"首次以标准形式对相应损伤程度的处理予以明确规定，有效解决了法医学损伤程度鉴定实践中有关伤病关系处理的难题。法医学鉴定实践中，应特别注意可能存在伤病关系情形的案件，综合案情，全面分析，最终得出客观、科学、公正的鉴定意见。

参考文献

[1] 洛克伍德－格林. 成人骨折 [M]. 裴国献，译. 北京：人民军医出版社，2014：544－578.

[2] 王岩. 坎贝尔骨科手术学 [M]. 北京：人民军医出版社，2013.

[3] 胥少汀. 骨科手术并发症预防与处理 [M]. 北京：人民军医出版社，2006：488.

[4] 毛宾尧，庞清江，吕厚山. 人工髋关节外科学 [M]. 北京：人民卫生出版社，2010：426－434.

[5] 夏文涛，周姝. 准确分析伤病关系是人体损伤程度鉴定的关键 [J]. 中国司法鉴定，2013，71 (6)：45－49.

[6] 王旭. 《人体损伤程度鉴定标准》解读与评析 [J]. 证据科学，2013，21 (6)：724－730.

[7] 朱广友，范利华，夏文涛，等. 《人体损伤程度鉴定标准》理解与适用－总则 [J]. 法医学杂志，2013，29 (6)：459－461.

肩袖损伤 2 例

陈猛　冯秀春

四川省人民检察院

肩袖损伤的医学研究较为深入，在诊断和治疗上较为系统、成熟，但在司法鉴定中探讨较少，因多种原因常引起争议。本文就肩袖损伤的机理及 2 例案例的具体情况对司法鉴定有关方面问题进行讨论，以供同行参考。

1 案件情况

1.1 案例1

2014年5月16日，某市某镇农民余某与李某因纠纷发生抓扯，致头面、四肢、腰部等多处损伤。经乡镇中心卫生院、县及市人民医院治疗，2014年10月18日，县公安局物证鉴定室以余某右肩部损伤，致右肩关节功能丧失40%，鉴定其损伤程度为轻伤一级；2015年2月13日，某社会鉴定机构出具鉴定意见为：余某右肩袖损伤为多因一果，不能认定其右肩袖损伤为2014年5月16日斗殴形成。目前余某因外伤致右肩袖损伤，丧失功能44%，评定为轻伤一级。

资料情况：余某，男，1953年10月出生，伤前主要从事收废旧物品工作。

2014年5月16日，某乡镇中心卫生院病历记载：入院前1小时，病员自诉被他人打伤致全身多处疼痛，疼痛以头顶、鼻根部、双肩、腰部、右下肢疼痛明显，阵发加重，以活动时症状明显加重，伴头昏、心慌、恶心。鼻根部等处可见活动性出血。在院外未治疗，以"全身多处软组织损伤、颅脑损伤"收入院。查体：生命体征平稳。专科情况：全身多处压痛，头顶、左鼻根部可见约0.5 cm长裂口，右肩、腰部压痛明显，右小腿外侧可见皮损无出血及功能障碍。当日查X片（头颅、双肩、腰椎、右小腿）示软组织损伤。同月25日，县人民医院复查右肩部X片示右肩关节未见确切骨质增生及骨质破坏，未见确切骨折征象。于2014年6月12日出院，出院诊断：①全身多处软组织损伤；②颅脑损伤；③脑震荡；④右肩部软组织挫伤。

某市人民医院余某住院病历记载：入院时间2014年7月4日，患者2月前被人打伤全身多处，事后感全身多处疼痛伴右肩关节活动障碍，送当地医院就诊，予以支持治疗后全身疼痛明显好转，右侧肩关节疼痛伴活动障碍无明显改变。专科情况：右侧肩关节无明显肿胀及畸形，右侧肩袖止点处压痛，右侧肩关节外展、旋前、旋后、前伸、后伸受限，右侧前臂背侧及右手背侧感觉较左侧减弱，右手内侧肌肌力减弱；右手感觉、血供可；左上肢及双侧下肢感觉、运动及血供可。入院前本院右肩MRI示：右侧冈上肌肱骨附着点信号、冈下肌、肩胛下肌及小圆肌肌腱信号增高，考虑肩袖损伤可能。于2014年7月9日在臂丛麻醉下行"右侧肩袖探查修补＋右肩关节松解术"，术中见：右肩袖后上方可见一小破口，周围有瘢痕增生。术后安置外展支架，予以支持治疗。于同月24日出院，出院诊断：①右侧肩袖损伤（陈旧性）；②脑血管壁钙化。

1.2 案例2

某州电视台记者马某带领摄制小组到某县采访，2013年12月19日晚工作之余约朋友多人相聚，因口角与他人发生纠纷，被多人致伤。经市级人民医院、省级医院治疗，2014年2月13日，市级公安局物证鉴定所鉴定意见为马某的损伤程度为轻伤（面部创口），2014年12月1日，某社会鉴定机构鉴定意见为马某左肩关节损伤致左肩关节功能障碍丧失25%以上，构成轻伤一级。

资料情况：马某，男，1980年11月出生，伤前从事电视台文字记者工作。

2013年12月20日，州人民医院住院病历记载：入院前6小时，患者不慎被人打伤头部，急送当地医院予简单处理后送我院。查体：急性病面容，表情痛苦。专科情况：左眼睑青紫肿胀，左眉弓处，左眼下缘见两处皮肤裂口，长约 4 cm，已缝合。下唇肿胀，内见约 3 cm 皮肤裂口，已缝合。左额头皮压痛，左眼睁眼受限，瞳孔不能观察。神经系统检查阴性，病理征阴性。肢体活动正常。双侧上肢肌力Ⅴ级，双侧下肢肌力Ⅴ级，四肢肌张力正常。头颅 CT：颅内未见异常。病程记录从 12 月 21 日开始出现诉左肩关节活动时疼痛，自觉关节脱位，持续至 2013 年 12 月 29 日，记录有"现出现左肩关节突发疼痛，自觉关节脱位，自行将其复位"，此后不时有"左肩关节活动时疼痛"的记录，2014 年 1 月 2 日补充诊断：左肩关节脱臼。2014 年 1 月 1 日骨科会诊：患者自诉左肩关节伤后有弹响。查体：左肩关节外观正常，关节周围无确切压痛，左肩关节活动可，肢端感觉运动及血供正常。左肩关节 X 片未见异常。综上所述，追问患者既往无左肩关节脱位史，患者伤后是否存在左肩关节脱位尚不明确，建议可予以左上肢前臂悬吊制动，如有条件可进一步行左肩 MRI 检查。2014 年 1 月 14 日，头部＋左肩关节 MRI 平扫示：①脑实质未见明显异常影征；②左上颌窦炎变；③左肱骨头及大结节下少许骨髓水肿，骨挫伤；④左肩胛下肌部分肌束损伤。骨科会诊：左肩关节囊稍松弛，活动有明显弹响，左肩关节外展受限，结合 MRI 检查，患者左肩袖损伤、左肩胛下肌部分断裂诊断明确。若经固定后习惯性脱位仍不改善，则应行左肩关节肩袖修复手术。患者于 2014 年 3 月 6 日出院，出院诊断：脑挫伤、左眼挫伤、左眼球结膜出血、左眼睑皮下出血、腰部软组织损伤、左额颞头皮挫伤、左肩关节脱位。

某省级医院马某住院病历记载：入院日期 2014 年 3 月 27 日，出院日期 2014 年 5 月 15 日。患者因"左肩关节拉伤后脱位 3 月，反复脱位 9 次"入院。入院时查体：视：左肩关节未见肿胀、畸形，皮肤无红肿、破溃。触：左肩关节前后关节间隙轻度压痛，皮温正常，未扪及包块。动量：左肩关节外旋活动受限。左肩关节前抽屉试验（＋），恐惧试验（＋），再脱位复位试验（＋），碾磨征（－）。辅助检查：院外左肩 MRI：左肩关节关节盂前份骨质欠光滑，邻近骨髓见小片水肿灶，左肩关节少量积液。CT：左侧肩关节盂前下缘骨皮质欠规整，肩关节盂前方高密度结节影。于 2014 年 3 月 28 日在全麻下行左肩关节脱位矫正术，术中见左肩关节前下关节囊松弛，关节盂前下方可见有大小约1.5 cm×1.0 cm 骨性缺损。出院时症状体征：左肩关节及左腰部疼痛较前缓解。左肩喙突尖至腋皱襞处可见长约 10 cm 长手术瘢痕，左肩关节未见肿胀、畸形。左肩关节前后关节间隙轻度压痛。左肩关节主动外展约 70°，前屈 80°，后伸 15°。出院诊断：①左肩关节外伤性复发性脱位；②左腰部软组织挫伤。

某公安局物证鉴定所于 2014 年 2 月 13 日根据《人体轻伤鉴定标准（试行）》第十四条评定马某损伤程度为轻伤。2014 年 12 月 1 日，某社会鉴定机构依据法医学临床检查、影像学会诊等，按照《人体损伤程度鉴定标准》第 5.9.3 条 a）款之规定，评定马某左肩关节损伤程度为轻伤一级，面部损伤为轻微伤。

2 讨论

（1）肩袖是由冈上肌、冈下肌、肩胛下肌、小圆肌的肌腱在肱骨头前、上、后方形成的袖套样结构，肌腱末端、关节囊、喙肱韧带、盂肱韧带复合体最终融合成一体止于肱骨结节。肩袖的共同功能是在任何运动或静止状态维持肱骨头在肩胛盂关节面上的旋转轴心的稳定。由于肩袖特殊的解剖学特征和功能特点，经临床和病理组织学研究，在理论上提出了如下几种著名的病因学说：①退变学说；②血运学说；③撞击学说；④创伤。以上学说都有一定的客观依据，更有学者将以上几种学说综合分析，概括肩袖的损伤系多种原因形成，多因一果。但正如 Neviaser 强调指出："四种因素在不同程度上造成了肩袖退变过程，没有一种因素能单独导致肩袖的损伤，其中的关键性因素应依据具体情况分析得出。"笔者认为在司法鉴定过程中，鉴定人员应根据各种客观检查结果，结合病史、外伤史，综合分析外伤、疾病在后果中所起的作用，按照《人体损伤程度鉴定标准》"伤病关系处理原则"得出意见。

（2）案例 1 伤者受伤时 60 岁，伤前从事收购废旧物品工作，经常搬运重物。该例有明确的肩部外伤史，伤后即出现右肩部的症状和体征。据病历记载伤后 1$^+$ 月在市医院诊治时有右肩关节功能障碍。影像学检查：伤后 9 天 X 片示右肩关节未见确切骨质增生及骨质破坏，未见确切骨折征象；伤后 6 周 MRI 示右侧冈上肌肱骨附着点信号、冈下肌、肩胛下肌及小圆肌肌腱信号增高。手术见右肩袖后上方可见一小破口，周围有瘢痕增生。因此，综合以上情况分析，伤者右肩袖存在一定的退行性改变基础，在外伤的作用下，引起冈下肌肌腱断裂形成瘢痕修复，外伤应为主要因素，外伤与后果之间有因果关系，根据右肩运动功能丧失状况，评定为轻伤一级成立。

案例 2 伤者受伤时 33 岁，伤前主要从事教师和电视台文字记者工作。该例鉴定纠纷的产生主要原因为伤者入院时左肩无阳性的症状和体征记录，也无相关检查支撑。伤后第2 天才出现主诉左肩疼痛，住院期间出现左肩关节脱位。该例肩袖损伤有住院期间的 MR检查和手术发现作为支撑，可以明确为外伤形成。

（3）在司法鉴定实务中，肩袖损伤的鉴定难点主要有两个方面：一是肩袖损伤存在的证据支撑和伤病关系的明确。在基层医院医疗条件不够的情况下，X 线片或 CT 往往不能很好地反映出局部软组织的损伤，在鉴定时补充进行 MR 检查，又存在伤病关系的鉴别问题。因此，及时的 MR 检查极为重要，在证明损伤的存在和鉴别疾病与损伤的关系上起到关键性作用。从影像学检查反映出的病理变化部位、形态、影像特征等鉴别伤病的同时，要结合职业特点考虑重大暴力和经常性微小暴力造成的损伤特征，结合案情来分析外伤和疾病的关系，不能不考虑具体情况简单分析为一因多果或外伤造成。二是致伤方式的推断。在刑事案件或民事纠纷中，需要法医人员推断肩袖损伤的致伤方式，如鉴别是直接打击还是跌倒或过度牵拉。以上损伤方式的鉴别首先要明确是否外力打击，要收集是否有体表损伤或外力作用于衣物等的证据，其次要看除肩袖损伤之外其他损伤的部位和范围，最后是肩袖损伤的部位及特征，从作用力的方向、间接暴力损伤还是直接暴力损伤予以鉴别。从报道的文献可供参考，急性损伤常见的暴力作用形式是：①上臂受暴力直接牵拉，致冈上肌腱损伤；②上臂受外力作用突然极度内收，使冈上肌腱受到过度牵拉；③腋部在关节盂下方受到自下而上的对冲性损伤，使冈上肌腱受到相对牵拉，并在喙肩弓下受到冲击而致伤；④来自肩部外上方的直接暴力，对肱骨上端产生向下的冲击力，使肩袖受到牵拉性损伤。

浅议儿童失血性休克的损伤程度鉴定

贺建评[1]　高垚[2]　陈波[3]

1. 自贡市公安局刑警支队　2. 自贡市公安局大安分局刑警大队
3. 内江市公安局市中区分局刑事科学技术室

1 案例

1.1 简要案情

2015 年 10 月 5 日 0 时 5 分，犯罪嫌疑人何某窜至明某家中，用刀将明某家中的 4 人杀伤。

1.2 病历资料

明某，女，6 岁，入院前 1[+] 小时，患儿颈部被刀砍伤，现场予以加压包扎止血，体格检查：T 不升，P 150 次/分，R 27 次/分，BP 88/52 mmHg。查体：神志嗜睡，全身皮肤及衣服大面积血染，面色苍白，肢端皮温低，皮肤弹性稍差。口唇苍白，左侧颌下见长约 7 cm 皮肤裂伤，胸骨上窝横行皮肤裂伤，长约 10 cm，伤口深达气管前筋膜，气管未见明显损伤，左侧胸锁乳突肌完全断裂，右侧胸锁乳突肌部分断裂。患者于 2015 年 10 月 5 日急诊全麻行颈部探查＋清创缝合术。2015 年 10 月 5 日 7：55 查房，查体：T 37.0℃，P 146 次/分，R 25 次/分，BP 95/52 mmHg。液体输入量为 2070 ml，尿量为 970 ml，血红蛋白为 90 g/L。出院诊断：①创伤失血性休克；②颈部刀砍伤；③水电解质酸碱平衡紊乱，代谢性酸中毒，低钾血症。

1.3 法医学检验

查体：患儿身高 135 cm，体重 28 kg，左颈部见 5.1 cm 长皮肤瘢痕，颈前见"Y"形皮肤瘢痕，长度分别为 8.5 cm、3.1 cm。

2 讨论

不同年龄阶段的儿童的各项生命体征完全不同，如表 1 所示：

表 1　各年龄段儿童的呼吸脉搏（次/分）

年龄	呼吸	脉搏
新生儿	40～45	120～140
<1 岁	30～40	110～130

年龄	呼吸	脉搏
1～3 岁	25～30	100～120
4～7 岁	20～25	80～100
8～14 岁	18～20	70～90

儿童各年龄的血压：不同年龄儿童血压的正常值可用公式推算：收缩压（mmHg）＝80＋（年龄×2）；舒张压应该为收缩压的 2/3。年龄越小，血压越低。6 岁儿童的正常脉搏为 80～100 次/分，收缩压约为 96 mmHg。而现行的《人体损伤程度鉴定标准》中关于失血性休克的鉴定条款见表 2。

表 2　休克分度

程度	血压（收缩压）	脉搏（次/分）	全身状况	损伤程度
轻度	12～13.3（90～100 mmHg）	90～100	尚好	轻伤二级
中度	10～12（75～90 mmHg）	110～130	抑制、苍白、皮肤冷	重伤二级
重度	<10（<75 mmHg）	120～160	明显抑制	重伤二级
垂危	0		呼吸障碍、意识障碍	

对照表 2，本案例伤者完全符合休克分度的轻度，可以构成轻伤二级。但笔者认为儿童的休克鉴定（特别是 7 岁以下）不能单纯地只按照表 2 的相关数据来鉴定，应结合受伤当日的液体输入、出量、休克指数以及血红蛋白的降低来综合估算失血量。结合小儿的血液总量（小儿的血液总量相当于体重的 8%～10%，而正常成人血液总量相当于体重的7%～8%）计算得知失血量的百分比，然后再对比成人休克的临床表现来最终确定儿童休克的分度。

本案例中，被鉴定人明某受伤时血压虽然为 88/52 mmHg，但是受伤当日的液体输入出量差为 1100 ml，明某的血液总量约为 2800 ml，失血量约占总量的 39%；休克指数为1.7；通过血红蛋白计算失血量约为 900 ml；综合计算失血量占自身血液总量的 35% 左右，达到成人休克分度的中度。结合明某的体征（神志嗜睡，面色苍白，肢端皮温低，皮肤弹性稍差，口唇苍白），完全可以说明明某的失血性休克完全达到《人体损伤程度鉴定标准》中的中度，最终评定为重伤二级。

参考文献

[1] 吴在德. 外科学 [M]. 6 版. 北京：人民卫生出版社，2003：47.
[2] 沈晓明. 儿科学 [M]. 6 版. 北京：人民卫生出版社，2003：31.

人体损伤程度评定中手功能计算探讨

贾廷伟　　唐祥勇

四川省宜宾市公安局物证鉴定所

　　各种致伤因素所致手功能障碍是法医临床鉴定中经常遇到的问题，2014 年 1 月 1 日开始施行的《人体损伤程度鉴定标准》，对手功能丧失程度的评估缺乏具体的计算方法，导致实际检案中经常会遇到一些困难，笔者就工作中遇到此类问题的操作方法做一介绍，以抛砖引玉。

　　手是集运动、感觉、表达功能为一体的智慧器官，各种手损伤造成的功能障碍严重影响着人们的生活。在伤害案件的法医鉴定中，客观公正地对手损伤导致的功能障碍程度进行评定，关系到案件的公正处理，因此，对手损伤后的失能值进行客观具体的计算就显得尤为重要。

　　2014 年 1 月 1 日开始施行的《人体损伤程度鉴定标准》（以下简称《标准》）中对手缺失和丧失功能的计算做了较粗略的说明，如"一手拇指占一手功能的 36%，其中末节和近节指骨各占 18%"。但在实际检案中普遍存在手指关节功能部分丧失的情况，《标准》却未制定具体的计算方法。

　　手的关节诸多，其运动功能主要包括：拇指及手指掌指及指间关节的屈伸；拇指的屈、伸及收、展；腕关节的屈、伸及桡尺偏。在手损伤后，往往会遗留手指关节的运动功能障碍。目前各国通用的手功能丧失计算方法是求出整个手指、拇指或腕关节的失能百分数，再换算成整个手的失能百分数，经 Swanson 改进后的美国医学会制定的手指各关节运动失能标准，对手指掌指关节、指间关节在背伸失能、屈曲失能及关节强直失能三种情况均给出了参考值。笔者认为，这种方法虽然具有严谨的科学性和相对客观的公正性，但《标准》及其规范性引用文件中均未直接进行引用，且基层法医对美国医学会制定的标准知之甚少，所以，从法律程序上和实际运用来看，均缺乏操作性。

　　手损伤致手功能丧失程度的评价，笔者认为可参照《标准》中关于肢体关节功能丧失程度评价方法进行计算和评估。即测量伤指的实际活动度，再关联该指的正常活动度，从而计算出该指运动功能的丧失程度。但是，《标准》中未对手各关节的活动范围给出参考值。

　　笔者认为，在评价拇指功能丧失程度时，可以以健侧拇指关节的活动度作为正常参考值，这样就尽可能地排除了个体差异的问题，得到一个较客观准确的失能值；在另一手拇指关节存在功能障碍，无法获得关节活动度参考值时，则依据《标准》中规范性引用文件的要求，参照 GB 18667《道路交通事故受伤人员伤残评定》（以下简称《道交》）附录 1 "肢体关节活动范围及测量方法"中手指关节活动范围进行测量和计算。这就从程序上和实体上对《标准》中没有拇指关节活动度参考值的问题给予了解决。对除拇指外的其余四指的屈曲、伸展运动活动度，笔者参考《法医学手册》"临床法医学"中的"各关节活动度测量"表，采用前述方法得到除拇指外的其余四指关节的失能值。

以上就是笔者对《标准》中有关手功能评定的一些想法和做法。由于本人水平有限，恳请各位提出意见和建议，以期对《标准》中手功能评定的完善起到一定的作用。

参考文献

[1] 王澍寰. 手外科学 [M]. 3 版. 北京：人民卫生出版社，2011.
[2] 陈世贤，闵建雄，王季中. 法医学手册 [M]. 上海：上海科学技术出版社，1998.

浅议医疗因素对法医损伤程度鉴定的影响

代义[1]　高剑[2]
1. 四川省屏山县公安局　2. 四川省高县公安局

法医损伤程度鉴定通过对人体受伤程度的评估，可用于道路交通事故、职业疾病等司法鉴定的标准。然而由于各医院的医疗环境存在一定的差异，软硬件条件的不同，个体伤残的类型不同，均会对最终的损伤程度鉴定结果造成不良的影响。为了提高损伤程度鉴定的准确性，对患者提供最优的治疗方案，缓解患者的病程，维护社会的安定、和谐，必须将医疗因素纳入法医损伤程度鉴定中。本文从常见的医疗风险因素对法医损伤程度鉴定的影响进行分析，并结合实际案例进行分析，以期在结合医疗因素的考量之下为损伤程度鉴定制定出严谨的标准及可靠的科学依据。

我国司法部、最高人民法院等机构于 2014 年 1 月 1 日颁布了《人体损伤程度鉴定标准》，主要用于对轻微伤、轻伤以及重伤的损伤鉴定。损伤程度鉴定不仅可对交通事故处理以及职业病治疗提供有力的证据，而且能对患者的病症做出最准确的评估，对后期的治疗提供科学的依据，有利于患者更快地恢复健康。然而医疗因素却对法医损伤程度的鉴定有着不容忽视的影响，常见的医疗风险因素为医疗差错、医疗事故、医疗技术等，而导致医疗风险的主要因素又可从医院的管理、医护人员的素质、医疗硬件设施等方面进行细节性的分析。本文主要从医疗技术、医疗条件以及医疗事故三个方面对其进行详细分析，具体如下。

1 法医损伤程度鉴定中常见医疗因素分析

1.1 医疗技术

医疗技术因素最为复杂，由于治疗方案不当、手术指征不明确或医疗观念错误等，均会对患者的损伤程度鉴定造成极为不利的影响。

（1）治疗方案：患者在接受任何治疗措施时，均会存在一定的风险。药物治疗或手术治疗均会因不同的损伤程度及损伤类型而带来不同的效果。医院在为患者制定治疗方案时，一旦在手术指征、治疗方式、用药方案等任何一个环节出现失误，均会对最终的治疗结果造成影响。例如对于部分可能存在胸腔积血的患者，若未能对其进行手术指征的判定即对其进行开胸探查，则会对患者的内脏器官或组织血管造成不可避免的损伤，也可能出现一定的术后并发症，加大了患者的病情。

（2）个体差异：个体差异也是法医损伤程度鉴定不容忽视的一项因素。部分医护人员在进行治疗时是在以往的经验上实行的统一的标准，未能充分考虑个体因素对检查结果的影响，也对后期的治疗埋下了隐患，导致部分患者出现并发症。

（3）医疗观念：法医在进行损伤程度鉴定时通常较关注患者的外伤史或其致病因素，临床医师通常对损伤病症的诊断及治疗更为关注。两种不同的医疗观念可能会决定不同的医疗材料，例如针对骨折损伤的患者，临床通常根据CT或X线片等影像学材料进行损伤鉴定，而部分骨折类型在一般性的影像学材料下容易出现较高的漏诊率及误诊率。由于鉴定目的的不同，临床医疗部门对于轻微损伤的鉴定不够准确，而法医则在司法的目的上对轻微损伤的鉴定更为完整、准确。

1.2　医疗条件

医疗条件是影响法医损伤程度鉴定结果中最重要的因素之一，主要表现在医院的设施设备、级别等硬性条件以及诊疗水平、操作技能等软件条件。大部分地方性医院或诊所无法达到县级以上的医疗服务水平，对于损伤程度鉴定的结果有着极大的影响。主要可归纳为以下几点：①硬件设施。由于医院的硬件设施受限，对于涉案病例的资料保存不全，根据办案单位的要求，仅能提供部分病例材料以及影像学资料。同时，还可能存在提供材料不够正规的现象，无法符合司法部门所要求的鉴定标准。②管理混乱。司法部门在对涉案人员进行损伤鉴定时，需要评估患者的外伤史，然而部分医疗部门管理混乱，冒名使用医保卡的现象较多，导致涉案人员的病例资料以及影像学材料与实际人员不符，无法对病例进行综合评估，对损伤程度的鉴定结果也存在一定的隐患。③预后不良。由于部分医疗部门的诊疗水平或操作技能不佳，患者的原发损伤并不是十分严重，然而在治疗后出现一定程度的并发症，导致预后不良。

1.3　医疗事故

原发损伤病例能否采取完善的治疗措施并得到转归，改善最终结局，与医护人员的道德及素质有较大的关联。大部分医疗事故均因医护人员的操作失误或监护不严等造成，在完成损伤程度的鉴定过程中，必须保持客观、科学的态度，不能因好的医疗效果而减轻原发损伤的严重程度，也不能将医疗事故所导致的病情加重而夸大原发损伤的程度。因此，法医进行损伤程度鉴定时，必须将医疗事故因素排除在外，以当时的伤情为依据，结合自然转归的情况，最终做出科学、严谨的综合鉴定。

2　医疗因素对法医损伤程度鉴定影响案例分析

医疗因素对法医损伤程度的鉴定具有一定的影响，上文主要分析了医疗技术、医疗条件以及医疗事故三方面因素对鉴定结果的影响，下文则根据具体的案例对其进行深入分析。

2.1　治疗方案的失误对法医损伤程度鉴定的影响

伤者陈某，年龄 58 岁，被邻居家狗咬伤，之后立即前往医院进行包扎治疗，注射狂犬疫苗，给予消炎药的口服治疗。经影像学检查未见骨折，经法医鉴定为右手指挫裂伤，伤口大小为 3 cm×2 cm，经过 12 天的注射用药、口服用药以及创口换药之后，伤口出现了流脓、流血。又经 20 天住院治疗后进行拍片检查，显示指骨骨髓炎，需于掌骨远端进行截指。此次案例中法医鉴定损伤结果是否为轻伤呢？首先，患者于受伤后立即入院治疗，其治疗措施符合常规处理办法，然而患者却出现指骨骨髓炎病症，主要是因为开放性骨折所引发的感染，软组织因挫伤感染最终迁延至骨骼，造成了脓性指头炎。因患者的创伤原因为咬伤，本身具有一定的污染性，而最终的骨髓炎与咬伤存在直接的因果关系，截指也是因咬伤所致，经综合鉴定，评估为轻度损伤。在此案例中，对治疗方案以及是否及时治疗存在较大的争议，经鉴定，得出医疗部门的治疗方案存在缺陷，对于预见性的隐患未能及时防治，饲养人并不能全权承担骨髓炎所致的伤害，狗咬伤导致的截指结局仅仅为间接因果关系，因此，法医损伤鉴定为轻微伤。

2.2　医疗条件受限对法医损伤程度鉴定的影响

伤者张某，女，34 岁，因邻里纠纷被砍断左手中指，立即就医治疗，经确诊执行断指再植手术治疗。然而当地医疗水平十分有限，还未引用先进的显微手术技术，且外科水平有限，若转至上级医院进行治疗，则需在路上耽误更多的时间。因再植手术的时限一般为 6~8 小时，路途遥远，可能会延误最佳的治疗时机，在与家属商议后同意在当地采取再植手术。最终手术失败，断离手指坏死。此次治疗的结局主要是受到医疗条件的限制，医护人员的专业水平局限。然而考虑到断指再植手术本身可引起创面较大的污染，患者个体体质存在差异，断指的时间不等，这类不确定因素均会对手术的成功与否造成影响，可纳为大部分医院行断指再植手术的危险因素。再植手术的成功率是影响最终转归效果的主要因素之一，然而无论手术成功与否，患者的手指功能也会受到影响。最终鉴定患者断指为重伤，无论再植手术成功与否，加害人均应承担相应的法律责任。

2.3　医疗事故对法医损伤程度鉴定的影响

伤者李某，男，27 岁，因打架导致头部受伤入院。经 CT 及其他影像学检查可见头皮血肿、颅骨骨折、硬膜外血肿等多处颅脑损伤。头皮血肿的面积约为 5 cm×7 cm，出现了轻微的精神萎靡，但意识尚清醒。入院第二天复查，其病症并未减轻，其颅内血肿面积增大，经观察符合各项手术指征后，主治医师决定自行采取开颅手术治疗。由于该医师技艺并不熟练，且刚进修不久，此次手术行为并未向上级报告，术中因操作失误将大脑矢状窦刺破，患者出现失血性休克，最终死亡。此次手术经医疗鉴定为一级技术事故，患者的死亡与原损伤无直接因果关系，经法医鉴定原颅脑损伤为轻伤。

结束语

医疗因素对法医损伤程度鉴定结果有着较大的影响，通常患者受伤入院治疗后因医疗技术、医疗条件以及医疗事故等各方面的因素对最终的治疗及转归结局有着一定的影响，而法医在进行原损伤程度的鉴定时需排除医疗因素的影响，才能保障鉴定结果的科学性。

参考文献

[1] 刘冬梅，沈寒坚，夏文涛，等. 医疗干预对损伤程度鉴定与伤残等级评定的影响 [J]. 中国司法鉴定，2014，24（2）：39－42.

[2] 林霞，王春平，胡安全，等. 法医学鉴定制度改革与社会鉴定机构的培育 [J]. 改革与开放，2013，31（17）：23－25.

[3] 李伟. 23 例外伤性脑梗塞的临床法医学鉴定分析 [J]. 中外医疗，2013，32（20）：3－5.

[4] 李建勋，胡洁. 浅析损伤程度鉴定在实践中的困扰 [J]. 法制博览，2015，15（2）：202－203.

[5] 傅佳. 浅议医疗因素对法医损伤程度鉴定的影响 [J]. 中国法医学杂志，2012，27：109－110.

[6] 史立辉，姜子明，欧风雷，等. 手术因素对人体损伤程度鉴定影响 367 例分析 [J]. 中国法医学杂志，2014，29（4）：379－380.

视神经损伤致视力下降的法医学鉴定

陈海东[1]　胡德义[2]
1. 深圳市公安局刑警支队技术处　2. 深圳市公安局南山分局刑警大队

目前，眼外伤后缺乏较为客观的视力检测方法，视力判断主要依赖主观视力检查。在胡俊等的实验中，约有 73.8％的被鉴定人试图夸大视力下降的程度，说明伪装视力下降甚至伪盲的情况较多。本文就视神经损伤的法医临床鉴定进行较系统的探讨，特别是对 VEP（视觉诱发电位）在视神经损伤法医临床检验中的应用进行了较全面的介绍。

此类鉴定需要重点考虑以下几方面的问题。

1 有明确的眼部外伤史及病理改变

视神经的损伤机理很复杂，有直接损伤，也有间接损伤。

1.1 直接损伤

直接损伤包括：①眼球与神经急速扭转；②视神经孔处或视神经管处骨折；③颅前凹骨折，使视神经受到牵拉、撕裂甚至切断；④眼球受到挤压，使视神经撕脱；⑤视网膜裂伤可延伸损伤视神经。

1.2 间接损伤

间接损伤包括：①视神经管及周围眶骨质损伤，造成硬脑膜血管撕裂至视神经鞘膜积血、渗出，引起视神经出血、水肿、变性；②视神经鞘膜撕裂，使该段视神经硬膜内外出血；③由于硬膜下血肿蔓延至视神经硬膜下腔引起出血；④急性重度颅脑损伤常引起脑血管痉挛，影响视神经血供，从而导致视神经营养障碍；⑤脑水肿或颅内高压使眼静脉回流受阻而坏死。

伤后早期即临床诊断者，有外伤史、主述视力下降、早期眼底正常者，临床诊断"视神经挫伤"属合理怀疑，鉴定时，则需要细致甄别。需待伤后 3～6 个月重新进行眼科视力及眼底等相关检查，判断是否存在视神经挫伤。若存在视神经挫伤，则伤后 3～6 个月多有视神经纤维层变薄等改变，通过 OCT、眼底色泽改变等检查可以做出判断。

2 鉴定时间

视神经损伤的鉴定以伤后 3～6 个月为宜，有些伤情复杂的鉴定还应延长至伤后 6 个月以上。总之，应以伤后治疗终结，伤情进入稳定期为准。

3 排除其他原因所致的视力下降

3.1 排除影响视力的其他病变或损伤

影响视力和视野的因素很多，要排除角膜、前房、晶状体、玻璃体等部位病变或损伤所致的视力下降和视野缺损，才可考虑视神经所致的视力下降或视野缺损。

3.2 判定伤病关系及外伤参与度

有的眼外伤是在原有疾病的基础上发生的，在鉴定时还需要对眼部原发疾病的情况进行判断，以确定疾病与外伤之间的关系及外伤的参与度。

3.3 排除影响 VEP 结果的疾病

要排除视神经炎、Leber 遗传性视神经病、中毒性弱视、青光眼、多发性硬化等对 VEP 有影响的疾病的存在，以免影响 VEP 的检测结果。

4 进行细致、周密的 VEP（视觉诱发电位）检测

常用的 VEP 技术包括 FVEP（闪光视觉诱发电位）和 PVEP（图像视觉诱发电位）。FVEP 主要用于检测被鉴定人的受检眼的神经传导通路是否仍然存在传导功能，可鉴别其视力下降程度究竟是否达到无光感的程度。在鉴别通过心理、物理学方法测得的视力下降程度究竟是否真实可靠时，主要应用 PRVEP、SPVEP（均属 PVEP）。

4.1 视觉诱发电位的原理

视觉诱发电位（VEP）是视觉刺激在大脑皮质视觉中枢产生的生物电，从本质上讲，属于通过信号平均技术在头皮记录的脑电图中提取出的诱发电生理电位。视觉诱发电位检

查是闪光或图形刺激视网膜后，通过视路传递，在枕叶视皮质诱发出的电活动，是一种对视路功能客观而无创性的检查方法，反映了视觉信息从视网膜到大脑皮质视觉中枢信号的传递过程。Wildberger 报道，VEP 主要代表视野中央 $10°\sim20°$ 范围从神经节细胞突触、轴索、视神经到枕叶视皮质视觉产生过程中所伴发的电活动，能敏感地反映视神经各区神经元的轴索和髓鞘的完整性及功能状态。

4.2　视觉诱发电位的观察指标及正常标准

P_{100} 在 VEP 各成分中最为明显和稳定，因此作为分析 VEP 的最可靠成分，在观测 VEP 时要重点观测 P_{100} 波的潜伏期与振幅。P-VEP 波幅反映视网膜机能正常的神经节细胞数量，峰潜时值与视信息在视路中的传导速度有关。

在对伤眼进行 VEP 检测时也应检验健眼作参照。

Wanger 就正常 PVEP 的判断提出了三条标准：①双眼 P_{100} 的振幅之差小于 30%；②刺激双眼的 VEP 振幅较刺激单眼的 VEP 振幅增高 25% 以上；③双眼 P_{100} 潜伏期之差小于 5 ms（也有较多文献认为双眼差值应小于 10%）。

4.3　影响 VEP 结果的原因及疾病

（1）伤者人为原因导致 VEP 的抑制。VEP 为皮层电位，精神状态对 VEP 的结果有一定的影响。采取诸如过度沉思、注意力不集中于棋盘格平面及眼球会聚等随意活动可使 VEP 减弱或消失。

（2）视神经炎时表现为 VEP 潜伏期延长和波幅降低，通常波幅变异性较大，潜伏期变异性较小，视神经纤维受累侧眼 VEP 的 P_{100} 延迟，平均峰潜伏期几乎延长 30%，波幅减低 50%，而未受累侧眼的 VEP 均正常。

（3）在 Leber 遗传性视神经病中，可有 VEP 的异常，许多有严重视力受损的病人记录不到 VEP，或表现为反应小、波形离散及延迟。

（4）对于缺血性视神经患者，可出现 VEP 的延迟，但波幅的降低通常更具特征性。

（5）中毒性弱视中 VEP 波幅明显减低，但潜伏期通常正常。

（6）青光眼患者的 VEP 常为潜伏期异常。

（7）多发性硬化中，VEP 对确诊多发性硬化具有很高的诊断价值，这已得到大量研究的反复证实，阳性率通常可达 $70\%\sim97\%$。

（8）前视觉通路的压迫性病变也可导致 VEP 潜伏期延长，VEP 潜伏期延长并非多发性硬化和视神经炎所特有的表现。

4.4　消除或减少被鉴定人人为影响 VEP 的方法

（1）当怀疑被检查者陷入深度沉思时，应唤醒被检查者，提醒其注视靶标。

（2）当怀疑注视度不良时，要求被检者注视屏幕中央的靶心并默数不确定单位时间内图案跳动的次数。

（3）当怀疑诈病时，应谨慎采用 VEP 结果，通过用大视野、大棋盘格和双眼刺激的方法来刺激被检眼。

（4）当怀疑 VEP 是因随意抑制所引起时，也可采用"开始-终止"这种刺激方式随机给予刺激，以使得受检者不知道什么时候刺激将会出现，这样欺骗手段就难以施展了。

4.5 VEP 的结果判定中要注意的问题

（1）注视不良可以造成 P_{100} 波潜伏时间延长，波幅降低甚至消失，对此不要误认为视功能障碍。

（2）伪盲者 VEP 波形变异很大，时好时坏，此时应重做，并在重新检测时对被检者加以提醒。

（3）有的视野严重损伤的患者，虽然有时视力很好，但也可能造成 VEP 的无波，因此在分析 VEP 结果的同时要注意中心视功能和周边视功能情况。

4.6 VEP 在法医临床鉴定中的其他应用

（1）推断视力预后恢复情况。有学者认为 P_{100} 波形是否出现对于预后判断很重要，有 P_{100} 波形者 90％视力可以提高，无 P_{100} 波形者提示预后不良。可以肯定 VEP 记录不到的患者，其视力恢复的可能性是不乐观的。

（2）可用 PVEP 推测视力。根据不同视力对应不同大小视角，按视力表视力原理，计算各刺激视角下理论视力大小，通过该方法推算出来的视力值称为 VEP 视力。De Keyser 等认为，在受检者和 VEP 刺激视角之间存在线性关系，但是不同的实验者得出不同的对应结果，这是由于不同的实验条件和刺激参数所造成的，正是由于该原因限制了这项技术的应用。胡俊等的实验证实，在健眼视力的检测中，主观视力与客观视力（VEP 视力）的符合率达 90.8％。

有明确的眼部外伤史，有些伤者还有眼底视神经萎缩的表现，排除其他原因（除视神经损伤外）所致的视力下降，VEP 检测有 P_{100} 的波峰值和 P_{100} 波峰潜伏期的异常改变，反映出伤者的视神经功能障碍有损伤的客观基础，检查所得出的视力下降的结果是可信的，可以采纳作为损伤程度鉴定的依据。VEP 是一种客观而敏感的指标，对视神经损伤的法医临床学鉴定具有不可或缺的作用，随着研究的不断深入，PVEP 在未来用于推测客观视力方面具有广阔的前景。

参考文献

[1] 胡俊，彭新，张泽润，等. VEP 鉴定伪盲眼的临床法医学研究 [J]. 国际眼科杂志，2008，8（10）：2059-2061.

[2] 张海东，王旭. 外伤性视神经损伤的法医学鉴定 [J]. 中国法医学杂志，2002，17（4）：225.

[3] 刘瑞珏，夏文涛. 眼科司法鉴定实务 [M]. 北京：科学出版社，2014：98.

[4] 司法部司法鉴定管理局. 人体损伤程度鉴定标准适用指南 [M]. 北京：法律出版社，2013：52-53.

[5] 夏文涛，朱广友. 几种视觉诱发电位技术推断正常成人远视力的比较 [J]. 法医学杂志，2007，23（4）：255-256.

[6] 王小军，苏兆安. 视觉诱发电位在挫伤眼视神经损伤的应用 [J]. 眼外伤职业眼病杂志，2008，28（1）：26-27.

[7] 魏英勇，寇恒禄. 视觉诱发电位检查在眼外伤司法鉴定中的应用 [C]. 2009 年全国

法医司法鉴定学术研讨会论文集，2009：28.

外伤性流产在法医临床鉴定中应注意的问题

陈海东[1]　　胡德义[2]

1. 深圳市公安局刑警支队技术处　　2. 深圳市公安局南山分局刑警大队

外伤性流产在法医临床鉴定中时常见到，由于流产的病因多样，干扰因素多，较难鉴定，如何判断外伤与流产的关系是一个较复杂的问题。在《人体损伤程度鉴定标准》中，把外伤性流产分为外伤性难免流产（轻伤）和外伤性先兆流产（轻微伤）。不论是外伤性先兆流产还是难免流产，在进行鉴定时以下几方面的问题值得注意。

1　伤者是否已怀孕

要鉴定是否有流产，首先要明确伤者受伤前是否已怀孕。根据停经史，HCG 检查（尤其是血 β－HCG）、B 超检查、病历资料等对怀孕进行系统诊断准确性比较高。多数情况诊断怀孕比较容易，但有的情况下由于伤者伤前检查不全面，不容易诊断。

HCG 有 α、β 两个亚基，其中 β－HCG 是胚胎滋养层细胞分泌，诊断早孕具有特异性，在孕后 6~8 天即可在母血中检出，是诊断早孕的敏感指标。因此，有条件时早孕诊断应尽量做 β－HCG 检查。

由于 HCG 不具有特异性，不能仅凭 HCG 检查阳性就诊断怀孕。

产后 9 天或流产术后 25 天，HCG 应恢复正常。

在内分泌疾病（如脑垂体疾病、甲亢）和妇科疾病（如卵巢囊肿、子宫癌等）中，HCG 也可能升高。

近年来，发现某些恶性肿瘤，如默契胎瘤、胰腺癌、胃癌、肝癌、乳腺癌等，HCG 也会增高。因此，也将 HCG 看作肿瘤标志物之一。

2　胚胎（胎儿）发育是否正常

鉴定人一定要关注受伤时，胚胎（胎儿）是否发育正常。通过 B 超、激素水平（如 HCG、黄体酮、孕激素）等检测结果，通常可判定胚胎（胎儿）发育是否正常。如果胚胎（胎儿）发育不正常，则可初步排除外伤是导致流产的直接原因。

一般情况下，妊娠 5 周 B 超见胎囊，6 周左右见胎芽，7~8 周胎心搏动。宫内早孕，可根据孕囊的平均直径（MSD）来判断孕龄，孕龄（天）＝MSD（mm）＋30；判断孕囊内有无胚胎，如果有，应测量胎芽的长度或胚胎的头臀长（CRL），能较准确地反映孕龄，孕龄（天）＝CRL（mm）＋42。随着妊娠天数增加，母血中 HCG 值也随之升高，正常情况下 2 天左右升高 1 倍，8 周左右达高峰。

孕妇受伤后，应尽早进行 B 超和 HCG 检查，同时也应参考之前的同类检查，判断胚胎（胎儿）是否发育正常。

3　伤者是否在外伤前已有稽留流产

笔者曾见过稽留流产的孕妇同时受到外伤作用的特殊情况，如不认真鉴别，很容易误诊为外伤性流产。

稽留流产是指胚胎在宫内死亡 2 个月以上，但未自然排出，妇科检查：子宫小于妊娠月份，宫口闭，B 超检查未见胎心，妊娠试验可转为阴性或滴度较低的阳性。现在由于超声波的广泛使用，胚胎死亡可及时发现，很少有超过两个月才被诊断。应仔细询问，明确伤者伤前是否已有腹痛，是否伤前已有阴道流血，胎儿大小是否与孕期不相符，有无异物排出；在伤后立即做子宫 B 超确定有无孕囊或胚胎，有无胎心搏动，进行 HCG 检查明确其含量是否与孕期相符，如结论是否定的，则可判断为稽留流产。

4　非外伤性流产的病因

自然流产的发生率约占妊娠总数的 10%～18%。范光升认为，如果把患者月经稍延长、月经量稍多或正常，实际上就是一次未着床的流产计算在内，则自然流产的发病率可高达 50%～60%。流产发生在妊娠 13 周前终止称为早期流产，发生在 13 至 28 周前终止称为晚期流产。早期流产中约 60%～70% 系染色体异常。

一般情况下，健康孕妇受一定程度的外伤，甚至严重的外伤，并不必然导致流产，多数流产是因胚胎发育异常或母体有疾病。非外伤性流产的病因有：①遗传因素。包括染色体数目异常，染色体结构异常，染色体数目和结构均异常。早期流产中约 60%～70% 系染色体异常。②环境因素。孕妇接触环境中的物理、化学因素、有毒物质影响胚胎的发育，如有机汞、CO、乙醇、铅、镉、放射线、细胞毒性药物。还有学者报道电磁辐射可影响 DNA 的合成和基因的表达。③父母双方的原因。父方精液中有细菌，受精卵种植后易流产；母体患有全身性疾病，如各种传染病的急性期、细菌、病毒、原虫感染可经胎盘进入胎儿血循环。④内分泌疾病。孕妇合并内分泌疾病，如甲状腺功能低下、黄体功能不足等，在早期流产中约占 30%。⑤生殖器官疾病。母体生殖器官畸形，子宫肌瘤、宫腔粘连、宫颈功能不全、宫颈内口松弛等。⑥母儿血型不合。ABO 血型或 Rh 血型不合。⑦免疫方面。因妊娠后母儿双方免疫不适，导致母体排斥胎儿的免疫因素引起。

5　评估外伤与流产的关系

引起流产的原因很多，孕期容易发生自然性流产，而外伤性流产的比率较小，凡是涉及流产的临床法医学鉴定，首先要考虑到自然流产的可能性。因此，在法医鉴定中一定要鉴别清楚流产是否确实是外伤性流产。

鉴定人通常应首先询问流产者的职业、年龄、停经时间、孕产史、流产史等基本情况，并详细了解孕后就医检查内容。通过了解其生活环境和饮食起居，排除环境因素所致的流产；通过对夫妻双方的传染病筛查和生殖器官检查，排除全身性疾病和生殖器官疾病所致流产；通过对黄体酮、孕激素等的检测，排除内分泌因素所致的流产；通过免疫检测，如检测抗心磷脂抗体（ACL）、狼疮抗凝物（LA）等成分，必要时咨询妇产科医生，排除免疫方面所致的流产；通过对手术取出物或流产排出物进行染色体数目和结构的检查，排除遗传因素所致流产；通过对流产胎儿进行损伤和病理检查，排除胎儿自身原因所致流产。

有明确外伤史的流产者，应详细了解损伤的部位、力量的大小、摔跌的情况、致伤物的性状，认真审查病历资料，全面掌握伤后的临床症状和体征，综合判断是否是外伤性流产。

如果损伤部位是腹部、腰部，并在腹部、腰部留下损伤痕迹（如挫伤等），或者受伤过程中失去平衡重重摔跌，在损伤后不久就出现腹痛、下腹坠胀，并伴有阴道流血，在排除非外伤性流产因素后，应判断损伤为流产的主要原因是外伤性流产。

6   综合判断确定外伤性流产

判断外伤性流产应注意以下几点：

（1）有明确的腹部、腰部等外伤史。

（2）受伤的妇女确于伤前怀孕。

（3）怀孕妇女所怀胚胎（胚芽）在伤前正常，发育与孕期相符，HCG值与怀孕时间相符。

（4）怀孕妇女无习惯性流产史，也无易致流产的疾病和体质。

（5）怀孕妇女于伤后不久即出现流产的症状、体征，并且流产发生在伤后短期内（通常数天内）。

（6）有条件时应尽量对妊娠排出物进行病理检验，特殊情况下应对母体排除物或取出物进行遗传学检查。

外伤性流产的鉴定需考虑的因素复杂，但是只要建立一定的思维模式，在充分考虑各方面影响的基础上，化繁为简，还是能够提高鉴定的准确性的。

参考文献

[1] 杨玲. HCG检测及应用 [J]. 中外医学研究，2009，7（13）：93.

[2] 范光升. 生育调节与流产 [M]. 北京：人民军医出版社，2009：78—94.

[3] 汪隽，张长青，甄大为. 42例外伤性流产的法医学分析 [J]. 法律与医学杂志，2006（13）：295—296.

头皮创口及瘢痕损伤程度鉴定文证审查 1 例

朱鹏¹ 吴爽² 蒋师¹ 张嘉陵¹ 林伟¹

1. 成都市人民检察院技术处　　2. 大连医科大学附属第一医院内分泌科

《人体损伤程度鉴定标准》中将皮肤"创口"及"瘢痕"长度一并列出，且量值相同。在实际应用中对处于临界状态的创口或瘢痕长度，由于鉴定时间的不同可能会出现不同的鉴定意见。现将一实际案例报告如下。

1　简要案情

2014 年 2 月 21 日，周某在某市某小区门口被郑某等 3 人打伤。伤后于 2014 年 2 月 22 日，进行损伤程度鉴定，鉴定意见为轻伤二级；于 2014 年 9 月 17 日，由另一家鉴定机构进行重新鉴定，鉴定意见为轻微伤。现材料送达我处，要求对两份鉴定意见书进行文证审查。

2　办案过程

审查见：据某市人民医院住院病历记载：周某因"头部外伤后感头痛头昏伴伤口流血3 小时"入院，查体：脉搏 86 次/分，呼吸 20 次/分，血压 114/78 mmHg 平稳，神志清楚，查体合作，GCS 评分 15 分，左额部两处头皮裂伤各约 3 cm、5 cm，周围肿胀并见擦伤，未触及明显颅骨骨折线及凹陷，双上臂、右膝软组织肿胀并见擦伤，四肢各关节活动正常。头颅 CT 示（片号 00119649）：目前颅内未见确切出血及脑挫裂伤症。入院后予以头颅 CT、胸部 CT、血常规、生化等检查，并予预防感染对症支持等治疗。诊断：左额部头皮挫裂伤，左胸壁、双前臂、右膝软组织擦挫伤。法医检查：2014 年 2 月 22 日对周某进行检查，见其神清合作，自述被他人用砖块击伤头面部；检见其左头额顶部有两条创口，各长 5.5 cm 和 2.7 cm，左眉弓外侧有一长 1.2 cm 的创口。右上臂有片状皮肤擦伤。根据病历、法医检查结合案情分析，周某于 2014 年 2 月 21 日被他人用砖块击伤头面部，致其头部创口长度累计达 8.2 cm，根据《人体损伤程度鉴定标准》5.1.4a 条"头皮创口或瘢痕长度累计 8.0 cm 以上"之规定，周某之损伤程度为轻伤二级。2014 年 9 月 17 日由另一家鉴定机构对被鉴定人的损伤程度进行重新鉴定，法医临床学检查见：左侧顶部见5.3 cm 色素脱失瘢痕，其下方见 2.5 cm 色素脱失瘢痕，该两处瘢痕均伴毛发脱失，颜面部未见明显瘢痕。根据送检材料，结合此次法医临床学检查分析，周某于 2014 年 2 月 21日被他人用砖块击伤头面部，致其头部后遗瘢痕长度累计达 7.8 cm，根据《人体损伤程度鉴定标准》5.1.5c 条"头皮创口或瘢痕"之规定，周某之损伤程度为轻微伤。

经审查，我们认为如果严格按照《人体损伤程度鉴定标准》5.1.4a 条"头皮创口或瘢痕长度累计 8.0 cm 以上"及 5.1.5c 条"头皮创口或瘢痕"之规定，两份报告的鉴定意见均正确，但第一家鉴定机构不能提供鉴定当时创口长度的原始照片，第二家鉴定机构提供了鉴定当时瘢痕长度的照片，因此我们倾向于认同第二家鉴定机构的鉴定意见，即周某之损伤程度为轻微伤。

3　经验总结

《人体损伤程度鉴定标准》中涉及创口和瘢痕的条款有十余处，依据《〈人体损伤程度鉴定标准〉适用指南》的解释，鉴定时直接根据检验所见（无论是未缝合创口，或是已缝合但尚未愈合的创口，还是创口愈合后形成的瘢痕）直接测量创口或者瘢痕的长度，援引相应条款鉴定损伤程度即可。这样的规定为鉴定过程带来一定方便，即不需要考虑瘢痕收缩的问题，也不需要用瘢痕长度推算创口长度，但仍存在一个问题，即皮肤创口愈合后，其瘢痕的长度较创口长度缩短是客观存在的事实。当创口长度处于临界范围时（例如本案例），初次鉴定依据创口长度得出轻伤的鉴定结论，而重新鉴定时，创口已经愈合成为瘢痕，依据瘢痕长度则得出不构成轻伤的鉴定结论。即同一损伤会因鉴定时间的不同而得出不同的鉴定结论。

本案例中，因为第一家鉴定机构不能提供鉴定当时创口长度的原始照片，所以我们倾向于认同周某损伤程度为轻微伤的鉴定意见。然而，如果两家鉴定机构都可以提供清晰的照片证明自己的鉴定意见是正确的，那又该如何取舍呢？我们认为只要能够证明创口长度确实达到了轻伤二级的要求，重新鉴定时就不应该以瘢痕长度来否定初次鉴定意见。但是有人认为，这样就违背了法律的从轻原则。如果用瘢痕长度鉴定为轻微伤而否定了以创口长度鉴定的轻伤二级，那对受害者来说是否又有失公平？关于创口和瘢痕的鉴定是否应规定一个鉴定时限？这就需要权威部门出台一个更加有说服力的适用指南。

另外，本案例提示我们，在平时鉴定过程中遇到创口和瘢痕相关鉴定时，应特别注意以下几点：一是要及时对损伤局部进行拍照留证，并按照规定放置比例尺，确保照片能够清晰反映创口或瘢痕长度；二是要严格按照相关规范进行测量，确保创口或瘢痕长度测量的准确性；三是对头部创口或瘢痕进行测量和拍照时，最好要求被鉴定人剃除创口或瘢痕周围的毛发，以免影响其长度测量；四是在检察技术文证审查时，应该要求送检者提供能清晰显示创口或瘢痕长度的照片。

外伤性流产与稽留流产法医学鉴定

王路艳[1]　张德贵[2]　简兴怀[3]

1. 四川省叙永县人民检察院　2. 四川省叙永县公安局刑侦大队　3. 四川省泸州市人民检察院

1 案例资料

1.1 简要案情及早期病历

叶某某，女，42 岁，末次月经是 2014 年 9 月 30 日，现孕 13^{+6} 周。2015 年 1 月 5 日因与他人发生纠纷被人殴打，因腹痛于受伤当日到当地人民医院就诊。产科检查：阴道未见流血，外阴（－），阴道（－），宫口闭合，子宫鹅蛋大、呈椭圆形，孕 2 月大小，未听到胎心音。B 超检查提示：早孕，子宫体积增大，宫腔内见一大小约 5.5 cm×2.9 cm 的孕囊回声，其内可见 0.8 cm×0.6 cm 的胎芽回声，原始心管搏动不明显。2014 年 12 月 2 日 B 超提示：孕 9 周，宫内早期妊娠、活胎，子宫未增大，妊娠囊内见到有节律的胎心搏动。

2015 年 1 月 26 日，叶某某因出现规律腹痛及阴道流血再次到该医院就诊。产科检查：孕 16^{+6} 周，宫体前位，子宫 2 个多月妊娠大小。彩超示：子宫切面径 7.4 cm×5.3 cm×6.6 cm，包膜完整，肌层回声分布尚均匀，宫腔内见一大小约 4.8 cm×3.4 cm 的孕囊回声，未见胎芽，未见原始心管搏动，提示胚胎停止发育。同年 2 月 1 日阴道出血增多，检查见胎盘组织堵塞宫腔口，行刮宫术。术后病理学检验示：蜕变之胎盘组织。次日超声示：宫腔内异常回声，宫壁异常回声（肌瘤可能）。行清宫术。同年 2 月 9 日出院，出院诊断：稽留流产，子宫肌瘤。

1.2 法医学检查

2015 年 1 月 6 日，叶某某于当地鉴定机构法医学检查见：左腰部 7 cm×3 cm 皮下青紫肿胀，局部压痛；左大腿外侧 11 cm×4 cm 皮下青紫肿胀，局部压痛；余（－）。

2 讨论

流产分为自然流产和人工流产。稽留流产的临床主要表现为早孕反应消失，子宫停止增大反而缩小，与停经日期不符；妊娠试验阴性；产科检查宫口闭合，子宫较停经周数小，未听到胎心音。稽留流产的病因多与母体或胚胎自身病理因素有关，诸如内分泌异常、异常孕产史、妊娠合并子宫肌瘤、染色体异常、免疫功能不全、高龄妊娠等。环境因素、遭受外伤也可引起。

外伤性流产是指因腹部遭到钝性暴力或全身创伤作用后，激惹子宫引起子宫收缩或外力直接作用于子宫引起的妊娠终止。稽留流产又称过期流产，是自然流产的一种特殊类型，指胚胎或胎儿已死亡滞留宫腔内尚未自然排出。外伤性流产的主要依据有：①有明确的腹部损伤史；②受伤的妇女确实是一名怀孕的妇女；③受伤前该妇女怀孕一切正常，伤后多在24小时内出现流产的症状与体征（如腹痛、阴道流血等）；④伤后子宫不再增大反而缩小，出现稽留流产的症状体征；⑤排除能够引起稽留流产的非外伤性因素。

本例虽然有外伤史，但一般健康孕妇虽受一定程度甚至严重程度的外伤，不一定会导致流产，而多数是因母体原有疾病或习惯性流产所致。因此，要确定外伤与流产的因果关系，应确切评价外伤的程度，并通过详细的病史分析及全面的临床、病理学检查，才能做出科学的诊断。

根据病例资料分析，叶某某的稽留流产不能确定与外伤有关，其依据如下：①叶某某为高龄孕妇，并患有子宫肌瘤，有习惯性流产的既往史，这些均为导致稽留流产的高危因素。②根据2014年12月2日（伤前1月余）的B超检查，无法证实胚胎于受伤之前仍然存活。③B超检查结果，叶某某受伤当日孕13^{+6}周，子宫增大如孕2月，子宫增大与妊娠月份不相符合，胚胎在受伤之前就已死亡的可能性大。④2015年1月5日（受伤当日）未听到胎心音，根据听到胎儿心音可确诊为活胎，于妊娠12周后可用Doppler胎心听诊器经孕妇腹壁听到胎儿心音，进一步证实胚胎在受伤之前就已死亡。⑤叶某某左腰部、左大腿外侧有组织挫伤，但受伤24小时内未出现阴道流血等症状，与外伤性流产的特征不相符。⑥根据不同妊娠周数的宫底高度，12周末宫底高度在耻骨联合上2~3横指，16周末宫底高度在脐耻之间。受伤当日，叶某某孕13^{+6}周，宫底高度在耻骨联合上2~3横指，外伤未伤及子宫，达不到使孕妇流产的程度。综上，笔者认为此次流产与外伤有关的依据不足。

本例鉴定提示，在外伤性流产的鉴定中，要结合临床体征、专科及影像学所见、鉴别诊断和外伤史的调查综合分析，才能做出正确结论。

参考文献

[1] 吴芝芬. 295例稽留流产调查分析 [J]. 临床与实践，2006，10（4）：322－323.

[2] 刘技辉，邓振华. 法医临床学 [M]. 4版. 北京：人民卫生出版社，2009.

[3] 庄洪胜. 最新人体损伤程度鉴定标准条文详解与适用指南 [M]. 北京：人民法院出版社，2015.

[4] 乐杰，谢幸，丰有吉. 妇产科学 [M]. 6版. 北京：人民卫生出版社，2003.

迟发性脾破裂法医临床学鉴定 1 例

鄢文学　郑志

四川省资阳市公安局雁江区分局

1　案情

2015 年 3 月 14 日下午 4 时 30 分许，杨某，男，52 岁，在某区某镇某村 11 社家门外因纠纷被 4~5 名成年男子用拳脚打伤头部、胸部、腹部等，伤后被送往当地医院治疗，在当地医院住院治疗 2 天后转入上级医院治疗，伤后 9 天（2015 年 3 月 23 日）确诊为脾破裂，并于当日做了脾切除术。

2　病历资料

（1）据某市某镇中心医院住院病历（入院时间：2015 年 3 月 14 日）记录：入院前 30 分钟，患者自诉在家外因纠纷被他人打伤头部、胸部、腹部等处，当时出现头部、胸部、腹部等处剧烈疼痛，呈持续性，伴头昏、心慌等，急来我院就诊，门诊以"头部外伤、胸腹部外伤"收住入院。体格检查：T：36.5℃，P：80 次/分，R：20 次/分，BP：110/70 mmHg。发育正常，营养中等，神智清楚，抬入病房，急性面容，被动体位，查体合作。专科情况：胸廓对称无畸形，双肺呼吸运动如常，胸部多处轻度压痛，肺叩诊清音，双肺呼吸音清晰，未闻及干湿性啰音。心前区无隆起，心尖搏动正常，心率齐，各瓣膜未闻及病理性杂音。腹部形态正常，腹壁软，无压痛及反跳痛，左肾区叩痛，肝脾肋缘下未扪及，肠鸣音正常。辅助检查：腹部彩超示：肝胆、胰脾、右肾、输尿管未见明显异常；胸部 DR 片示：未见异常。医院行抗炎对症等治疗，2 日后症状无缓解，转上级医院治疗。

（2）某市第一人民医院住院病历（入院时间：2015 年 3 月 16 日 12:40）记录：患者自诉入院前 2 天被打伤后出现意识模糊，家属自诉昏迷约 1 小时，持续性呕吐，呕吐胃内容物，在当地医院治疗（具体用药不详）未见缓解，头昏、头痛，腰部疼痛明显，活动受限，门诊以"全身多处软组织伤，脑震荡"收入康复科治疗。体格检查：T：36.1℃，P：76 次/分，R：19 次/分，BP：110/65 mmHg。发育正常，营养良好，神志清楚，自主体位，查体合作。专科情况：言语清晰，对答切题，头部压痛，无明显包块，右侧胸部压痛，皮肤无青紫，胸廓挤压（+-）腹部无明显压痛，无紧张及反跳痛，腰部两侧压痛，皮肤无青紫，腰部伸屈活动稍受限，四肢肌力、肌张力正常。神经系统病理征未引出。辅助检查：头部 CT 示：未见异常。诊断：①全身多处软组织伤；②轻型闭合性颅脑损伤。医院行抗炎对症等治疗。2015 年 3 月 23 日患者自诉腹胀不适，轻微腹痛，未进饮食，腰部疼痛减轻，四肢活动尚可。腹部彩超示：肝回声稍增强，脾脏低回声，腹腔少量积液。上腹部 CT 报危急值提示脾破裂伴挫伤，腹腔积血，请普外会诊。普外会诊意见：迟发性脾破裂，转普外治疗。当日即在全麻下行"脾切除术"，术中见：腹腔积血及血凝块约 500 ml，以左侧脾窝为主，脾脏膈面见一条纵形裂口，长度 5 cm，深约 1 cm，伴有活动性出血，附近可见脾包膜下血肿，大小约 6 cm×5 cm，肝脏、胆囊表面光滑，未见确切裂口，胃壁稍充血，未见确切穿孔改变，胰腺在位，未见确切破裂、血肿，肠管通畅，未见确切破裂、穿孔改变。

3　调查情况

（1）据当时的询问材料，杨某确实在 2015 年 3 月 14 日在家外受伤，有拳脚击打腰腹部外伤史。

（2）询问医生，杨某在医院治疗期间未发现有其他受伤史。

（3）询问杨某在康复科治疗时的临床患者，在治疗期间也未发现有其他受伤史。

（4）9 天后，杨某出现腹部不适，医院行彩超及腹部 CT 检查及请普外会诊确诊为迟发性脾破裂，并行脾切除术。

4　讨论

（1）杨某脾破裂与外伤拳脚打击左侧腰腹部有直接关系。理由：①手术前 9 天有拳脚打击腹部外伤史，并有腰腹部疼痛。②根据拳脚打击的力度能够导致脾脏损伤。③伤后先在当地医院治疗，2 日后转入市级医院康复科治疗，没有其他受伤史。④9 日后确诊脾破裂，并行脾切除术，术中见腹腔积血及血凝块约 500 ml，以左侧脾窝为主，脾脏膈面见一条纵形裂口，长度 5 cm，深约 1 cm，伴有活动性出血，附近可见脾包膜下血肿，大小约 6 cm×5 cm，与腹部受伤后虽有腰腹部疼痛，但未破裂，最后因脾脏包膜下出血积聚撑破包膜的病理演变过程，属于迟发性脾破裂出血。

（2）迟发性脾破裂伤后早期可以不出现任何出血征象，腹部亦可无阳性体征，诊断此病需要注意以下几点：①外伤后无明显症状，突发腹部剧烈疼痛或腹部疼痛迅速加剧，并出现失血性休克表现者，应考虑脾破裂。②左上腹有外伤史，怀疑有脾破裂者，至少在 2 周内应观察腹部病情发展情况，定期检测脉搏、血压、血红蛋白、红细胞数量及血细胞比容。③如果患者有左肩牵扯痛，脾区持续性的叩痛、左上腹部有固定性浊音、上腹部包块进行性增大时，应考虑迟发性脾破裂的可能。④选择相关的检查及辅助检查，诊断性腹腔穿刺，抽出腹腔不凝血；X 片示左膈肌升高或活动受限；B 超可发现脾包膜下及脾内低回声区，腹腔积血；CT 能显示脾脏轮廓，可发现脾包膜下血肿或者实质性损伤。

（3）在外伤性迟发性脾破裂的法医学鉴定中，应注重以下几个方面：①要查证被鉴定人是否有外伤史，并要证明外伤与其脏器损伤有无直接因果关系。②要判断致伤工具及致伤方式能否引起迟发性脾破裂。③排除在特定时间段其他可能引起迟发性脾破裂的外伤。④认真审查医院治疗记录资料，判断是否是外伤性迟发性脾破裂及切除脾脏临床病理学检查，了解伤前是否存在其他病变。

影像学复查在法医临床鉴定中的作用

林德聪[1]　龚雪[2]

1. 四川省三台县公安局刑事科学技术室　2. 四川省绵阳市人民检察院

因为临床治疗与法医鉴定的目的性不同，如果法医临床鉴定仅仅依靠临床治疗的影像学资料，就很容易漏诊、误诊。本文中两例肋骨骨折、一例鼻骨粉碎性骨折在鉴定时由于进行了影像学复查，修正了之前的诊断，提高了鉴定质量。现报告如下。

1　案例资料

1.1　案例1

伤者王某，男，60岁，2012年7月25日因胸部外伤入院，入院后CT（三维位重建）见左侧第11肋线形骨折。住院1周后出院。出院诊断左侧第11肋骨骨折。医治过程中未再进行影像学复查。2012年8月23日委托进行损伤程度鉴定，鉴定时复查CT（三维重建）见左胸第11、12肋骨骨折，折线模糊，折端见骨痂生长。鉴定为轻伤。

1.2　案例2

伤者母某，女，49岁。2015年5月31日因头胸部外伤到门诊治疗。门诊查体胸廓挤压试验阳性，X线检查未见明显骨折征象。诊断胸部软组织伤，肋骨骨折可疑。门诊随访。2015年6月2日法医临床检查发现左胸腋下位置压痛、叩击痛。行CT检查发现左侧第4、5肋骨腋段骨折。鉴定为轻伤二级。

1.3　案例3

赵某，男，43岁。2014年3月被人击伤鼻部，当即出现鼻部疼痛，右侧鼻腔流血，鼻外观右歪斜。X片示鼻骨中段见横行透亮线，鼻骨骨折。鼻部肿胀消退后行鼻骨整复术。行伤情鉴定时疑有鼻骨粉碎性骨折，行CT扫描后得到了确诊。鉴定为轻伤二级。

2　讨论

目前在法医学活体检验鉴定中，应用较多的影像学技术有X线、CT、MRI及B超等。其优点在于可以无创地透视体内情况，而其弊端也在于无法确保非直视下观察的准确性。因为临床治疗与法医鉴定的目的性不同，所以关注的重点也存在差异。大部分被鉴定人在伤后住院时，根据情况会做诊断性的影像学检查。在诊断明确后，需要复查的再进行复查，如颅内出血、骨折术后等。在对单纯的、可进行保守治疗的损伤进行治疗时，往往诊断明确就不再进行影像学复查了。本文案例中的肋骨骨折、鼻骨骨折，在法医临床的日常鉴定中比较常见，治疗期间多数只进行 2 次影像学检查。法医鉴定人员应该注意的是，在确定骨折的同时必须想到并发症的发生，从而正确运用鉴定标准去评定伤情。在进行鉴定时，因为损伤本身的影响，鉴定时的情况与受伤当时的情况已经明显不同，仅仅依据一两次住院期间的影像学检查进行鉴定，很容易漏诊、误诊。所以，在进行法医临床鉴定时，应根据其临床治愈时间，选择相应的影像技术进行复查，以提高诊断准确率，维护当事人的合法权益，保证鉴定的科学性、客观性。

参考文献

冀建华，李新奇，靳永胜，等. 肋骨骨折影像学诊断与法医学鉴定 [J]. 法律与医学杂志，2007，14（2）：I007－I009.

单侧腕关节离断伤法医临床学损伤程度鉴定 1 例

刘金

四川省中江县公安局

损伤程度鉴定是法医实践的重点之一，肢体损伤则是日常生活、工作中常见的损伤类型。2013 年 8 月 30 日，最高人民法院、最高人民检察院、公安部、国家安全部、司法部联合发布《人体损伤程度鉴定标准》，并于 2014 年 1 月 1 日施行。虽然该标准较为全面、系统地规定了法医鉴定工作中常见损伤类型的损伤程度鉴定规范，但是对于单侧肢体离断伤并未做出具体的规定，以致此类损伤的鉴定实践中出现诸多争议。本文以 1 例单侧腕关节离断伤的法医临床学损伤程度鉴定为契机，供各位同仁交流、探讨。

1 案例资料

1.1 案情摘要

侯某，24 岁，男，2015 年 8 月 25 日因"刀砍伤致左腕部疼痛出血伴活动受限 1^+ 小时"至当地医院诊治。体格检查：左腕关节以远肢体不全离断，仅桡背侧少许皮肤连接，创缘整齐，近端创面出血活跃（喷射状），血管、神经、肌腱断端及腕关节面外露，远端肢体组织颜色苍白，无毛细血管反应、皮温冰凉，张力低。诊断为：①左腕关节以远肢体离断伤；②左腕部开放性血管神经肌腱损伤；③左腕关节脱位。入院完善相关辅助检查后，在臂丛麻醉下行"左腕不全离断伤清创、血管神经肌腱探查修复、腕关节脱位复位内固定、关节囊及侧副韧带修复、石膏固定"手术治疗。术中见：左腕关节以远肢体不全离断，仅桡背侧少许皮肤连接，左腕关节开放性完全性脱位，腕关节囊及关节韧带断裂；左手拇长屈肌腱断裂，左手食、中、环、小指指伸肌腱、指深浅屈肌腱断裂，左桡侧腕屈肌腱、尺侧腕屈肌腱、掌长肌腱断裂；左侧尺动脉、桡动脉及其伴随静脉、正中静脉、肢体静脉断裂，血管断端内血栓；左侧尺神经、正中神经、桡神经及腕背侧皮神经断裂。

1.2　法医临床学损伤程度鉴定

2015 年 9 月 26 日，按照 SF/Z JD0103003—2011《法医临床检验规范》、SF/Z JD0103006—2014《法医临床影像学检验实施规范》对侯某进行法医临床学检查。外观发育正常，营养良好，查体合作。左前臂下段背侧见一 5.5 cm 弧形线状瘢痕，左前臂下段桡侧至背侧见一 11.0 cm 环形线状瘢痕。左腕关节活动功能明显障碍，仅可微动；左手各指掌指关节、指间关节屈曲功能可，伸展功能明显受限，肌力正常，余无明显特殊。

1.3　损伤程度鉴定

根据《人体损伤程度鉴定标准》第 6.4 条、第 6.16 条，对比第 5.9.1.a 条、第 5.10.1.a 条、第 5.9.2.m 条、第 5.10.2.d～f 条之规定，侯某左腕关节离断伤构成重伤二级。

2　讨论

2.1　鉴定依据、时机

送检病历资料中体格检查以及术中所见显示，侯某左腕关节以远肢体不全离断，仅桡背侧少许皮肤连接，创缘整齐，近端创面出血活跃（喷射状），左腕关节开放性完全性脱位，腕关节囊及关节韧带断裂，血管、神经、肌腱断端及腕关节面外露等，提示左腕关节离断伤诊断明确。

2014 年 1 月 1 日施行的《人体损伤程度鉴定标准》第 6.16 条规定：组织器官缺失是指损伤当时完全离体或者仅有少量皮肤和皮下组织相连，或者因损伤经手术切除的。器官离断，经再植、再造手术成功的，按损伤当时情形鉴定损伤程度。朱广友等关于"人体损伤程度鉴定标准理解与适用—脊柱与四肢损伤"一文中亦对此进行了相关释义、说明。

因此，根据送检病历资料以及《人体损伤程度鉴定标准》第 6.16 条之规定，侯某左腕关节离断伤诊断明确，应按损伤当时情形予以损伤程度鉴定，伤后即可进行评定。

2.2　损伤程度鉴定

2014 年 1 月 1 日施行的《人体损伤程度鉴定标准》第 5 部分"损伤程度分级"中，无单侧肢体离断伤相关具体规定，本案无法根据该标准中具体的、明确的条款进行损伤程度评定。但是，可根据《人体损伤程度鉴定标准》第 6.4 条之规定"本标准未作具体规定的损伤，可以遵循损伤程度等级划分原则，比照本标准相近条款进行损伤程度鉴定"。

《人体损伤程度鉴定标准》第 5.9.1.a 条规定"二肢以上离断或缺失（上肢腕关节以上，下肢踝关节以上）构成重伤一级"，第 5.10.1.a 条规定"双手离断、缺失或者功能完全丧失构成重伤一级"，显然，本案中侯某左腕关节离断伤尚未达到相应重伤一级的标准。但是，该标准第 5.9.2.m 条规定"一足离断或者缺失 50% 以上，足跟离断或者缺失 50% 以上构成重伤二级"，第 5.10.2.d～f 条之规定"一手拇指离断或者缺失超过指间关节、一手示指和中指全部离断或者缺失、一手除拇指外的任何三指离断或者缺失均超过近侧指间关节构成重伤二级"，表明侯某左腕关节离断伤已达重伤二级标准。

因此，根据《人体损伤程度鉴定标准》第 6.4 条，对比第 5.9.1.a 条、第 5.10.1.a 条、第 5.9.2.m 条、第 5.10.2.d~f 条之规定，侯某左腕关节离断伤已达重伤二级标准，未达重伤一级程度，宜评定为重伤二级。中国法医学会全国第十八届法医临床学学术研讨会中，张海涛等"一手离断的损伤程度评定"一文专门就此类损伤相关条款的适用予以相关讨论。我们认为，在此类损伤的损伤程度评定中，不宜仅引用单个具体条款，分析说明中所出现条款均应详细列出，并作为损伤评定的依据。

2.3 《人体损伤程度鉴定标准》适用注意事项

《人体损伤程度鉴定标准》的颁布、实施有效地解决了令广大法医工作者长期困扰的诸多难题。虽然目前其仍存在着一系列的问题，但是该标准的总则、附则以及附录部分的相关规定仍为其有效适用提供了解决之道。

然而，中华人民共和国公安部、司法部《人体损伤程度鉴定标准》颁布、实施后，相继出台的相关释义、指南却存在部分争而未决的差异，给法医学鉴定工作带来了一些争端，需要主管部门以及广大法医鉴定人员予以相应努力。

参考文献

［1］朱广友，范利华，夏文涛，等. 人体损伤程度鉴定标准理解与适用——脊柱与四肢损伤［J］. 法医学杂志，2015，31（3）：230－234.

［2］王旭. 人体损伤程度鉴定标准解读与评析［J］. 证据科学，2013，21（6）：724－730.

［3］何畅，黄晓强，李军，等. 人体损伤程度鉴定标准两部解释的差异及剖析［J］. 福建警察学院学报，2014，139（3）：13－16.

［4］徐大勇. 人体损伤程度鉴定标准存在的问题及其对策［J］. 医学与法学，2015，7（3）：12－14.

肋骨骨折伤残等级鉴定

张嘉陵[1]　赵志章[2]

1. 四川省成都市人民检察院　2. 四川省广元利州司法鉴定中心

1 简要资料

冯某，男，52 岁，2015 年 8 月 10 日工作中从约 5 米高处摔下受伤。急诊入院，左胸部压痛，未扪及骨擦感，胸部 X 光片、CT 及肋骨三维成像示：左侧多根肋骨（2~11）

骨折。医院诊断：头皮血肿，左侧多支多根肋骨（2-11）骨折左，肺挫伤，胸腔少量积液，头部左胸部多处软组织挫伤。

鉴定要求：依照《劳动能力鉴定　职工工伤与职业病致残等级》标准鉴定伤残，后又增加参照《道路交通事故受伤人员伤残评定》标准鉴定伤残等级。

鉴定过程：调取胸部 X 光片、CT 及肋骨三维成像进行专家会诊，确诊左侧多支多根肋骨（2~11）骨折且左第 5、6、7、8 肋骨为双骨折。

2 鉴定意见

（1）依照《劳动能力鉴定　职工工伤与职业病致残等级》国家标准（GB/T 16180—2014）8 级第 45 条"双侧≥3 根肋骨骨折致胸廓畸形"之规定，鉴定为 8 级伤残。

（2）依照《道路交通事故受伤人员伤残评定》国家标准（GB 18667—2002）第 4.8.5b 条"胸部损伤致 12 肋以上骨折"之规定，鉴定为 8 级伤残。

3 讨论

（1）关于胸廓畸形。一类是疾病所致的鸡胸与漏斗胸，另一类是外伤所致的连枷胸或胸壁塌陷。外伤性肋骨骨折导致胸廓畸形短期内主要是严重影响肺功能，进一步影响血流动力学，重者可能呼吸窘迫、休克、窒息。疼痛对呼吸的影响视畸形程度不同而明显差异。

胸廓畸形的程度一般可分为重度、中度与轻度。

重度：胸廓的形态和结构明显变形，并出现功能的明显异常；中度：胸廓形态和结构有变形（如移位或错位），并功能异常；轻度：胸廓形态和结构受到确切损伤胸骨粉碎或多发肋骨骨折，并一定程度影响呼吸动度（胸廓舒缩受限）。

（2）肋骨骨折的数量与部位。"职工工伤与职业病致残等级"明确为 3 肋及以上，没有述及一根肋骨的多处骨折如何认定；《道路交通事故受伤人员伤残评定》标准中明确为 12 肋，也没有述及多根肋骨中多处骨折如何认定。

（3）两个标准表述的差异。数量上的差异：3 肋与 12 肋。骨折的后果：前者规定致胸廓畸形，后者没有解释和描述；骨折的类型均未规定。问题是什么类型的骨折或者一般情况下多少根肋骨骨折会造成胸廓畸形？胸廓畸形的实质要点与程度范围是什么？两个标准都未见解释与说明。

（4）掌握与应用。笔者认为，肋骨骨折以多少处认定更符合客观，有利于保护伤者的权益，有利于法治及社会和谐稳定。此外，法医鉴定原则之一，鉴定损伤程度可轻可重时以下限为宜；鉴定伤残等级，可上可下时以上限为宜。

锐器致心脏血管损伤后
遗假性动脉瘤法医学案例报告1例

万洪林　李华军

四川求实司法鉴定所

1 简要案情

2014年6月3日，陈某被人用刀刺伤，1小时后送至县人民医院。查体：生命体征平稳；神志清楚，急性痛苦容，查体合作。胸廓无畸形，左心前区可见长约3 cm的锐器伤裂口，有活动性出血，已行加压包扎处理，胸壁无明显压痛，双肺叩诊呈清音，双肺呼吸音清晰，心率92次/分，心律齐，未闻及病理性杂音。CT检查提示：左前心包增厚，并纵隔少许积气。诊断为全身多处（胸部、上腹部、左腰部、左臀部）锐器伤，胸骨体穿通伤，心包裂伤，心包积液，纵隔积气等。于6月3日急诊行"剖胸探查止血术、心包裂伤修补术"，术中见：患者胸骨下段、左侧第4肋间、左侧胸骨旁线内侧穿通伤口，深入纵隔，致心包有一约1.5 cm长裂口，创缘出血，心包腔内积血，量约60 ml，心包膜部分淤血、肿胀，胸腔内少量积液。于6月4日行"剖腹探查、胃穿孔修补术"，术中见：中上腹壁锐器贯通伤，伴活动性出血，胃体部见一长约0.8 cm刺伤口，胃壁全层贯通，伴活动性出血。术后继续止血、抗感染、补液，对症治疗。

2014年12月26日，某市人民医院陈某的"彩超检查报告"记载：室间隔中下段及左室心尖部室壁收缩活动明显减弱，微量心包积液。2015年1月8日，某大学医院陈某的"CT冠状动脉造影检查报告单"记载：左冠状动脉前降支中段囊袋状突出，系动脉瘤，请结合临床。2015年1月15日，某大学医院陈某的"心脏功能增强扫描检查报告单"记载：室间隔心尖部、左心室下壁透壁性心梗。2015年4月9日，军区医院陈某的"冠状动脉造影诊断报告单"记载：左侧冠状动脉前降支中段囊袋状突出，考虑假性动脉瘤并周围血栓形成可能。

2015年4月14日，陈某因"胸痛10月，加重半年"入院。查体：生命体征平稳，神志清楚，查体合作。左胸前外侧可见一约12 cm左右手术瘢痕，双侧颈静脉无怒张。胸廓对称无畸形，双侧呼吸动度一致，无胸膜摩擦感，双肺听诊音清，未闻及明显干湿性罗音。无心前区隆起，心前区未及触抬举样搏动，心界向左侧增大，心率约89次/分左右，心律齐，心脏各听诊区未闻及明显病理性杂音。肝颈静脉回流征阴性。未触及水冲脉，未闻及股动脉枪击音，无微血管搏动征，无杵状指（趾），双下肢未见水肿。诊断：左冠状动脉前降支假性动脉瘤。于4月23日行"冠状动脉假性动脉瘤修补术"，术中见：前降支近中1/3处，冠脉有一囊性血管瘤，并与伴行静脉粘连。

2015 年 5 月 22 日因审理案件需要，要求鉴定陈某左冠状动脉前降支假性动脉瘤与其 2014 年 6 月 3 日所受损伤之间的因果关系。

2　法医临床学检查

被鉴定人陈某在家人陪同下自行步入检查室，神志清楚，问答切题，检查合作。检查见：胸壁沿胸骨见一长 16.0 cm×（0.6~1.0）cm 的皮肤瘢痕，其下方见 2 处 1.0 cm× 0.5 的皮肤瘢痕，左胸壁见 22.0 cm×（1.0~1.5）cm 的皮肤瘢痕，左胸壁腋段见一 3.0 cm×1.0 cm 的引流瘢痕。腹平坦，无隆起，无压痛及反跳痛，未见胃肠型及异常蠕动波；左腹部见 13.5 cm×1.3 cm 的皮肤瘢痕，其左侧见 3.0 cm×1.0 cm 的皮肤瘢痕，右下腹见 1.0 cm×1.0 cm 的皮肤瘢痕。右腰背部见 1.3 cm×0.8 cm 的皮肤瘢痕；左腰部见 1.5 cm×1.0 cm 的皮肤瘢痕；左臀部外上象限见 1.5 cm×1.0 cm 的皮肤瘢痕。左小腿下段内侧见 7.5 cm 的纵行皮肤瘢痕。余无特殊。复阅送检影像学资料：受伤当日检查示左前心包增厚，并纵隔少许积气。第一次术后 1 月复查示，前下心包膜局部增厚。第一次术后 7 月复查示，左侧冠状动脉前降支中段囊袋状突出。第二次术前 14 天复查示，左侧冠状动脉前降支中段囊袋状突出。

3　讨论

3.1　假性动脉瘤

假性动脉瘤是指动脉管壁被撕裂或穿破，血液自此破口流出而被主动脉邻近的组织包裹而形成血肿，多由于创伤所致。假性动脉瘤是血管损伤的并发症，因火器伤、刺伤、医源性损伤等致动脉壁全层破裂出血，由于血管周围有较厚的软组织，在血管破口周围形成血肿，因动脉搏动的持续冲击力，使血管破口与血肿相通形成搏动性血肿，约在伤后 1 个月后，血肿机化形成外壁，血肿腔内面为动脉内膜细胞延伸形成内膜，称为假性动脉瘤。其与真性动脉瘤的区别在于，不具有动脉血管的外膜、中层弹力纤维和内膜三层结构。

3.2　本例因果关系分析

根据被鉴定人陈某的病历资料记载，入院前被刀刺伤，伤及心前区等处，伤后主要以胸部伤口流血不止，心前区等处伤口疼痛不适，伴胸闷、心慌，恶心及呕吐一次，其伤后不久有心前区钝痛，同时其心电图检查提示下壁、前间壁病理性 Q 波，入院急诊行心包裂伤修补术，术中见胸骨下段、左侧第 4 肋间、左侧胸骨旁线内侧穿通伤口，深入纵隔，至心包有一约 1.5 cm 长裂口，创缘出血，心包腔内积血，量约 60 ml，心包膜部分淤血、肿胀，说明其损伤已达心包，甚至达心脏，即使伤及冠状动脉外膜，而未造成冠状动脉的全层破裂，也不会导致冠状动脉内的血液溢出，由于其没有打开心包探查，故无法通过原手术记录明确是否存在心脏冠脉损伤，但存在假性动脉瘤形成的病理基础。因"伤后胸痛 10 月，加重半年"于 2015 年 4 月 9 日冠脉 CT 及 2015 年 4 月 16 日冠脉造影，见左侧冠状动脉前降支中段囊袋状突起，诊断为假性动脉瘤。根据被鉴定人陈某第二次住院病历的手术记载，手术证实"前降支近中 1/3 处，冠脉有一囊性血管瘤，并与伴行静脉粘连"，说明左冠状动脉前降支假性动脉瘤存在。根据被鉴定人首次住院病历记载及目前检查所见，其刀口对应左室前壁、左冠状动脉中段部位，假性动脉瘤存在部位与伤情对应。结合假性动脉瘤的发病机制，及陈某假性动脉瘤的发生、发展、治疗过程，认为其多由外伤所致。

致伤工具推断 1 例

田彬[1]　徐安宁[2]　廖进[2]　王能义[2]

1. 成都市第七人民医院　2. 四川求实司法鉴定所

致伤工具的推断，对判断损伤形成的原因起着至关重要的作用，也对判明案件性质起着非常重要的作用，一旦推断错误，将会对本来属于民事纠纷的案件判断为刑事案件。因此，作为法医工作者，应该充分运用法医学知识，全面、认真、实事求是地加以分析，客观公正地得出结论，以保护公民的合法权益。

1　案例

1.1　简要情况

2013 年 2 月 25 日下午 4 时许，当事人廖某因土地临界问题同本村村民刘某发生纠纷而打斗，在打斗过程中造成廖某右脚脚踝受伤。当事人廖某称刘某用锄头打伤其右外踝，造成右踝骨骨折。刘某则否认自己用过锄头打廖某的右踝，并称：廖某受伤可能是三人在打斗过程中，廖某的丈夫有过推倒刘某导致其压在廖某右脚上，可能造成廖某右脚受伤。因双方说法不一，对廖某右踝损伤的致伤工具进行鉴定。

1.2　法医学检查

右踝较左踝稍肿胀，右外踝有一 8.5 cm 的纵形手术切口愈合痕，右内踝有一 4.0 cm 的斜形手术切口愈合痕，右踝关节活动功能部分受限，右髋关节和右膝关节活动功能正常，右下肢痛触觉存在。并邀请影像学专家对其受伤部位 X 片进行会诊，意见为：右侧踝关节胫骨内踝及腓骨外踝外伤性骨折，远折端外踝骨折分离移位。

某县公安局送检锄头一把，检查情况如下：锄头重 4 kg，锄头的结构基本上分为锄板（金属）、锄背（金属）、锄柄（一般为木质）三部分。送检锄头锄柄长 140 cm，锄板长 21 cm，宽 11.2 cm，锄背长 18 cm，宽 4.8 cm。

2　讨论

正常人体骨骼受到外力作用时，骨质的完整性部分或完全受到破坏，这样的损伤就称骨折。人的骨骼坚硬而富有弹性，一般在剧烈的机械力作用下，才会发生外伤性骨折。骨折时一般都伴有周围软组织损伤。如果用锄头击打廖某右外踝部，有以下 3 种情况：①致伤时若为锄板棱边击打在人体上，打击时大幅度挥动，质重，作用力集中，损伤较重，一般为条状皮肤挫裂创或条状挫伤，反映出铁质钝器打击的形态特征；若使用锄刃作用在人体上，一般为开放性锐器创，或直接伤及内外踝骨质，可见锐器损伤的形态特征，两创角钝，创腔内无组织间桥。②若锄背直接损伤在右外踝上，在皮肤上可出现长方形皮下出血或挫伤，挫裂创，可见致伤工具的形态特征，亦可反映出锄背的边缘和皮下出现骨折或粉碎性骨折。③致伤时若为锄柄打击在人体上，一般为中空型皮下出血，反映出锄柄的形态特征，如使用力量强大，可造成骨折。根据某县公安局送检的案发现场对廖某拍摄的伤情照片和右踝部外踝的伤情，廖某右内外踝未见皮下出血和开放性创口及擦伤、挫伤、挫裂创等损伤，结合廖某的住院病历记载：右内外踝也未见皮下出血和开放性创口及擦伤、挫伤、挫裂创等伤情存在，仅表现为右踝部肿胀明显，触压痛，扪及骨擦感及骨擦音，右踝关节活动功能受限，属于闭合性损伤，未表现出锄头所致损伤的特点，因此认为，廖某右外踝部的损伤可以排除锄头直接致伤所致，使得这一原本是刑事案件认定为民事纠纷。

法医物证学

Forensic Genetics

DNA 检验在亲兄妹强奸案件中应用 1 例

梁万杰[1]　王远川[2]　朱敏[1]　张少航[1]

1. 四川省眉山市公安局刑事侦查支队　2. 四川省仁寿县公安局刑事侦查大队

虽然公安部门在日常受理的案件中经常遇到各类强奸案件，但是发生在亲兄妹间的强奸案件，因为社会伦理道德等原因，比较少见。同胞兄妹因在常染色体 STR 检验中有很多基因座位点相同，给此类案件的比对认定工作带来困扰。关于此类案件的研究和论文比较少，就自身遇到的这起案件，提供一些经验教训，供大家参考。

1　案情资料

2015 年，在某乡发生一起强奸案。受害人汪某 1，嫌疑人汪某 2。从汪某 1 内裤裆部剪取的布料前列腺特异性抗原（PSA）预实验为弱阳性。

1　实验室检验

1.1　检验过程

确证试验：剪取内裤裆部带可疑斑迹的布片，经行标 GA 766－2008 所述 PSA 金标试纸检验法检验，结果为弱阳性。

DNA 提取：按行标 GA/T 383－2002 中二步分离法提取内裤裆部布片 DNA。第一步：取溶液将布片上的物质消化后，去除上清溶液，取沉淀少许，HE 染色镜检，高倍镜下每个视野仅见少量精子头，第二步：采用 Chelex 法提取精子 DNA；按行标 GA/T 383－2002 中 Chelex 法提取汪某 1 和汪某 2 的 DNA。

STR 多态性检验：取所提检材 DNA 适量，采用 Identifiler 试剂盒，经 PCR 复合扩增 STR 基因座；扩增产物经 ABI－3130 型 DNA 序列分析仪进行电泳分离和激光扫描分析，得到上述检材的 STR 分型结果。

1.2　检验结果

检验结果见表 1、表 2。

表 1

基因座	D8S1179	D21S11	D7S820	CSF1PO	D3S1358	TH01	D13S317	D16S539
内裤布片	12/14	29/30/33.2	8/11/14	10/13	15/16	9	9/11	9/10

续表1

基因座	D8S1179	D21S11	D7S820	CSF1PO	D3S1358	TH01	D13S317	D16S539
嫌疑人血迹	12/14	30	8/11	10/13	15/16	9	11	9/10
受害人血样	12/14	29/33.2	11/14	10/13	15/16	9	9/11	9/10

表 2

基因座	D2S1338	D19S433	VWA	TPOX	D18S51	Amel	D5S818	FGA
内裤布片	17/18/20	14/14.2/15.2	15/17	8/11	13/14/17	X/Y	10/11/12	19/20
嫌疑人血迹	18/20	14/15.2	17	8	13/14	X/Y	10/11	19/20
受害人血样	17/18	14.2/15.2	15/17	8/11	14/17	X	10/12	19/22

3 讨论

强奸案件中，受害人碍于个人隐私、面子、情感等原因，报案时间晚，导致很多有价值的生物物证毁损灭失。这起案件，受害人碍于亲情，报案时间晚，办案民警只提取到受害人内裤以供检验（由于受害人清洗下身，阴道拭子 PSA 预试验为阴性）。

在受理该案件时，民警没有详细询问案情，主观上以为就是一个普通的强奸案。该内裤可能因为嫌疑人成分比较少，检验多次都无法得到单一的 DNA 分型结果，只在其中一次得到 DNA-STR 混合分型。笔者将该混合分型首先与受害人比对，发现受害人的分型都包含在其中，峰高、峰面积都符合受害人占主要成分的混合分型；将内裤 DNA 混合分型与嫌疑人比对后，发现嫌疑人的分型也都包含在其中，峰高、峰面积都符合嫌疑人占主要成分的混合分型。调阅受害人和嫌疑人的 DNA 分型图谱比对，发现两者的 5 个 STR 基因座分型结果完全一致。两者是否有亲缘关系呢？在与办案单位核实后，才了解到嫌疑人与受害人为亲生兄妹。重新审视三个物证检材的 DNA-STR 图谱，发现内裤布片上混合物的 DNA 分型无论是在分型结果，还是在峰高、峰面积上都符合受害人和嫌疑人混合所留的推断，从而出具了鉴定报告，为办案单位侦破此案提供了科学依据。

通过该案的侦察检验，提示广大公安办案人员在今后受理案件时，一定要详细询问送检人员的情况，在检验得到 DNA 混合分型时，对结果的分析应用一定要谨慎。

参考文献：

侯一平. 法医物证学 [M]. 第 2 版. 北京：人民卫生出版社，2004.

DNA 数据库建设与个体隐私权保护

郑瓯翔[1] 舒琦舵[2]

1. 温州市公安局刑事科学技术所 2. 温州市瓯海区公安分局刑事科学技术室

DNA 检验技术在司法实践中的作用，依赖于案件现场生物检材的发现与提取、人员样本的采集以及 DNA 数据的比对。DNA 数据库建设规模的逐渐扩大和样本的持续增多，是 DNA 检验技术发挥破案作用的关键因素。近年来，DNA 数据因其强大的证明能力被大众熟知，也由于其与人存在紧密的关系而越来越为人关注，因此有必要考虑如何更好地处理 DNA 数据库建设与个体隐私权保护之间的矛盾。

1 DNA 数据库建设与隐私权保护的矛盾

DNA 数据库的作用是将现场物证和人员的样本进行 DNA 检验，所得的检验信息储存于计算机系统，进行不同案件的串并、物证 DNA 信息与人员样本信息比对，以确定犯罪嫌疑人。

一般来说，隐私权包括个人生活安宁权、私人信息保密权和个人私事决定权；具体来说，它是法律赋予公民的享有个人的与公共利益无关的私人活动、私人信息和私人事物进行决定，不被他人非法侵扰、知悉、收集、利用和公开的权利，属人格权的一种。

DNA 比对的样本与人身的密切关系，引起了对侵犯人权采集的样本进行检验所获得的 DNA 证据的合法性和可采性的质疑。因此本文以 DNA 数据库建设为基点，从与之相关的身体隐私和基因结构隐私的冲突展开讨论，阐述观点。

1.1 样本采集与公民身体隐私的冲突

DNA 数据库样本来源一般分为三种：第一，被采样人主动提供样本，包括被采取刑事处罚措施的前科人员；第二，强制采样，主要指未经同意强制从其体内或体表必集样本，包括未被明确定性的犯罪嫌疑人、被告人，各地自行制定文件要求采集的几类人员，以及大规模的、没有明确目标地排查嫌疑人的拉网式采集；第三，现场物证，包括现场犯罪嫌疑人的丢弃物。

一般来说，用于 DNA 检验的生物检材主要有血液、口腔擦拭物或唾液斑、精液或精斑、各种组织、毛发、尿液、牙齿、骨骼等。根据样本跟身体的紧密关系程度。1984 年，英国率先在《警察与刑事证据法》中对样本进行分类，规定：血液、精液、精斑、尿液、唾液、任何其他组织液或阴毛，或者从人身上的腔孔中提取的液体等样本均为隐私样本，除阴毛之外的毛发样本、从指甲或指甲下提取的样本、从人的腔孔部位之外的任何其他身体部位提取的液体为非隐私样本。1994 年，英国的《刑事审判与公共秩序法》又扩大了非隐私样本的范围，将唾液归为非隐私样本。我国目前虽没有对生物样本进行如此分类，但是随着国家司法健全和个人法律意识的提高，对涉及隐私的问题将更加敏感，可能会成为司法领域争论的另一焦点。

我国从 1998 年开始着手建立全国 DNA 数据库，与国外先立法后建库不同，目前我国尚无法律规定关于 DNA 样本采集、使用、保存、销毁以及对被采样人司法救济的手段，DNA 人员样本采集方面往往援引的是《中华人民共和国刑事诉讼法》（2012 年修正）第 130 条的有关规定。2015 年，公安部修改了《公安机关刑事案件现场勘验检查规则》，该规则虽为强制采集提供了支持，但强制采集人员的范围仅针对犯罪嫌疑人，并没有对其他被强制采样的对象做出明确规定，且该规则仅适用于公安机关刑事案件现场勘验检查办理，适用范围较窄。

我国采集人员样本以采集血样为主要形式，由于强制提取个体血样违背个人意愿，并且采样过程中给被采样人带来生理上的疼痛（穿刺采血），一定时间内限制了人身自由，无疑侵犯了个人尊严。而对于某些隐私样本来说，采集时会让个人身体某些部位暴露在与本人无关的个体的视野下，会引起个体极大的抵触情绪，侵犯了公民的隐私权，尤其是对仅仅只是有轻微嫌疑的个体或为了大规模排查而进行人员样本采集的无关个体，这种侵犯就是赤裸裸的违法行为。

对于 DNA 检测来说，除了样本提取有可能会侵犯到公民身体隐私外，更重要的是 DNA 结果分析会涉及到分子水平的基因结构隐私。

1.2 DNA 检验与公民基因结构隐私权的冲突

随着分子生物学技术的深入研究和高度发展，科学家们发现，人类的生理特征、病理特征，甚至某些行为和个性特征都全部或部分由基因控制，受基因影响；也有研究发现，人的智力和个性与 DNA 序列存在一定的相关性；还有一些研究发现，某些基因与同性恋、攻击行为、犯罪行为、酗酒等行为有关。Valerio Barrad（1993）认为，一个人的基因图谱甚至比他的相貌和声音更是一个人先天固有身份特征的反映。如果对一个人来说，他的相貌、声音、其他生理特征等先天特征需要法律保护，防止隐私权被侵犯，那么决定那些特征的基因必然是一个人身份的真正体现，更应该加以保护。

我国公安机关 DNA 鉴定主要采取的是 STR 扩增技术。不同的人的基因上 STR 片段有一定的差异，这些差异可以反映某一种族或人群的特征，通过对家系和正常基因片段进行对照研究，可以找到与疾病高度相关的 STR 位点，进行克隆测序以后就可能发现目的基因。这些分子水平的基因结构正是 DNA 研究的原始材料，对基因结构的保密也成为对个人基因隐私保护的最大挑战。目前，我国对 DNA 数据库的使用并不十分规范，对人员样本的保留和使用也无明确规定，这都可能对人身权利构成侵犯。主要表现在：

（1）血液样本的保存。这是一个潜在的、持续的对个人基因隐私的侵害，虽然目前的 DNA 检测位点主要是位于非编码区（主要对基因表达起调控作用，不能转录为相应的信使 RNA 指导蛋白质的合成，不包含生理特征基因、疾病基因或行为基因），但是未来随着 DNA 技术的发展，是否会检测编码区的序列，或者储存的血液样本是否会被利用来做各种目的基因及序列的研究。这种侵权主要表现在未来会使其他无关个人有获取被采集人的个人健康状况的遗传信息的可能性。

（2）DNA 包含的遗传信息除了用于个体同一认定之外，还可以显示个体间的关联性或亲属关系。随着人们思想的开放，要求亲子鉴定的家庭数量日益增多，其中更免不了个人私下申请鉴定的情况，这种鉴定对家庭和谐产生一定影响，有时甚至直接破坏家庭稳定。这种亲属关系的关联性也成了部分个体不愿被人知悉的一面，也是现今社会比较普遍的一类新的隐私问题。

（3）基因信息发展之路将会从能揭示个人身体状况到精神特征的"个体本质信息"，从而对隐私权有特殊的威胁，可能导致个体面临社会孤立、困惑等。

2 协调 DNA 检验与隐私权保护的冲突

自 DNA 技术运用到司法领域以来，每一次 DNA 数据库的扩大都会引起激烈的争论，甚至有些法律守护者将 DNA 数据库的逐步扩大谴责为"监视蔓延""对隐私的危险侵蚀"。世界卫生组织曾经对人类生物医学研究和人类基因研究召开专门的研讨会，声明禁止基因操作实验中的许多可能产生对人类危害的实验研究，以防止基因研究活动对人类卫生健康造成危害或对人类伦理标准产生冲突。故 DNA 检验过程一定要通过完善的立法来平衡其与隐私权保护之间的冲突。

由于 DNA 的强制采样涉及被采样人的隐私，也是一种一定时间被限制人身自由的行为，DNA 样本的保存又面临潜在的对民众基本权利的威胁以及未来基因研究可能被滥用的预见，因此必须要制定相应的法律法规来规范实际操作。

2.1 国外先进立法借鉴

在法庭 DNA 技术出现之前，德国的刑事诉讼法第 81 条 a 已赋予追诉方在案件需要并满足一定条件的情况下强制从被指控人身上抽取血液进行检验。虽然当时 DNA 检验结论作为证据使用在法律层面上还争议不断，但实际上 DNA 证据已经被诸多司法机关普遍接受，只是在对个人基因信息的保护方面存在争执。德国 1997 年通过的刑事诉讼法修正案，补充规定了第 81 条 e 和第 81 条 f，明确了在刑事诉讼程序中在满足一定条件下，可以采集犯罪嫌疑人的身体细胞，实施分子遗传学调查、检验，为 DNA 证据在司法中的运用铺平道路。1998 年德国联邦警署开始仿效英国筹建 DNA 数据库，基于预防犯罪及惩治未来犯罪的目的，对将来可能实施犯罪的人强制抽血进行 DNA 检验，但这一做法缺乏法律依据，因此立法机关又增加了第 81 条 g，规定了被强制采样的犯罪嫌疑人必须满足的条件，并且这样的样本只能用于司法部门所需的个别 DNA 位点检测，一旦不再需要进行检测时，应立即予以销毁。

随后，德国立法机关还通过了《DNA 身份确认法》，详细规定了 DNA 检验实施的前提、目的、实施人、机构、采样情况以及何时可以强制采样，以及数据分析与保存、样本保存与销毁等内容，建立健全国家法庭科学 DNA 数据库。

2.2 完善样本采集规范

将隐私样本与非隐私样本在立法上进行分类，规定唾液属于非隐私样本，此举实际上加大了可以强制采样的力度。同时，由于唾液保存效果较血样而言，其降解程度要明显很多，也一定程度上减少了未来可能造成的侵权。在法律上明确规定了可以被强制采样的人员类型和范围，并进行严格控制。

必须要进行拉网式采集样本时，针对这种无法律规定又无个别怀疑对象的大规模强制样本采集，我们可以学习美国的先进做法——通过法庭判例要求"特别需要"的平衡检验。①如果强制采集是为了满足政府执法的特别需要，如果政府的利益超过了个人的隐私负担，采集是合理的。②法庭认为有必要进行采集，通过令状的形式采集个体样本。

2.3 严格规定样本保存时效与数据管理的立法

对 DNA 检验可能涉及未来技术发展造成对公民基因结构隐私的侵犯，我们要严格规定样本保存的时效与 DNA 数据管理，以平衡 DNA 检验与隐私权的冲突。

DNA 检验鉴定由于存在随着技术的发展可能需要检测更多位点的情况，或者是数据库中出现不可逆转的错误，所以需要对样本进行保留。但是样本保留时间的延长会增加侵犯隐私权的潜在威胁，只要样本被保存着，被滥用的可能性就会持续存在，所以法律应该规定 DNA 样本保存的时效，或者说设置样本被强制销毁的日期。

我国香港特别行政区规定，当疑犯的控罪被撤销、疑犯在庭审前被释放，以及庭审罪名不成立时，DNA 样本应被销毁；瑞典规定对被释放后 10 年内不重新犯罪的罪犯，才能撤销其 DNA 信息；比利时规定罪犯的 DNA 信息入库时限为 30 年；英国规定只有被宣判无罪，才能撤销嫌疑人 DNA 数据。我国可以根据国情、借鉴不同地区的做法，通过立法来协调，即对被定罪的及刑满释放的人员，依法被采取强制措施的人员，被判无罪且数据库中确无比中案件的人员，经拉网式排查被确定的无关人员，数据库保留信息的时间各不相同，其中对于无罪及经排查明确无关的人员，应当及时撤销个人信息。

对于 DNA 数据的使用，应予以授权，并且仅在规定范围内使用，超范围使用数据或未经授权者使用数据信息的行为应受处罚，造成数据泄漏以致侵犯他人隐私权的应承担法律责任。

参考文献：

[1] 赵兴春. 中国国家 DNA 数据建设政策分析，江苏警官学院学报，2007（22）：6.

[2] 朱富美. 科学鉴定与刑事侦查 [M]. 中国民主法制出版社，2006.

[3] 刘晓丹. DNA 样本强制采集与隐私权保护 [J]. 中国人民公安大学学报（社会科学版），2012（3）：96。

[4] 赵兴春. 刑事案件 DNA 检验采样与鉴定立法现状 [J]. 证据科学，2009（17）：106.

[5] 张跃兵. 我国刑事司法中 DNA 技术的立法建构 [J]. 北京人民警察学院学报，2012（5）：14.

[6] 周维平. 诉讼法视野中的法医 DNA 证据研究 [J]. 证据科学，2009（17）：496.

[7] D. H. Kaye. The impact of behavioral genetics on the criminal law：Behaviral genetics research and criminal DNA datatases [J]. Law & Contemp，259（2006）：299.

[8] Catherne M，Valerio B. Genetic information and property theory [J]. New. U. I. Rew. 1993，87（3）：1037—1086.

[9] 邱格屏. 论刑事 DNA 数据库的基因隐私权保护 [J]. 中国司法鉴定，2007（02）：23.

[10] 赵兴春. 法医 DNA 鉴定实验室质量控制和质量保证 [J]. 中国法医学杂志，2002 (1)：34.

[11] 李昌珂. 德国刑事诉讼法典 [M]. 北京：中国政法大学出版社，1995.

[12] 何家弘，张卫平. 外国证据法选译（上卷）[M]. 北京：人民法院出版社，2000.

[13] 吕泽华. DNA 鉴定技术在刑事司法中的运用和规制 [M]. 中国人民公安大学出版社，2011.

[14] 焦文慧，宋辉. 英美国家犯罪 DNA 数据库建设及应用 [J]. 上海公安高等专科学院学报，2013 (23)：86.

巴中地区汉族人群 17 个 Y-STR 基因座遗传多态性

邹军根　胡丽梅　张自雄　向峰

四川省巴中市公安局物证鉴定所

人类男性的 Y 染色体呈父系伴性遗传，在法医学检验中有着独特的作用。通过调查巴中地区汉族男性 17 个 Y-STR 基因座遗传多态性，本文旨在为法医学个体识别、亲缘关系鉴定等研究提供基础数据。

1　材料与方法

1.1　样本与主要仪器

样本：245 例巴中地区居住三代以上汉族无血缘关系的男性个体血样来自本实验室两年来建库样本，采血卡保存。

主要仪器：ABI PE9700 扩增仪，ABI 3130XL 遗传分析仪。

1.2　方法

采用 Chelex-100 法提取血样 DNA，PCR 扩增采用 $25\mu l$ 体系，取 $1\mu l$ 样本 DNA 用于 PCR 扩增。按 AmpFLSTR Yfiler 试剂盒说明书对 DYS19、DYS389I、DYS393、DYS389II、DYS391、DYS456、DYS458、Y-GATAH4、DYS439、DYS635、DYS438、DYS392、DYS385a/b DYS390、DYS437、DYS448 等 17 个 Y-STR 基因座进行复合扩增，扩增产物分析采用 $10\mu l$ 体系，取 $1\mu l$ 扩增产物用 ABI 3130XL 遗传分析仪进行检测，用 Gene-Mapper ID X 软件进行分型。

1.3　统计学分析

各基因座的等位频率与单倍型检出频率用直接计数法计算，基因多样性（GD）按公式 $GD = [n(1-\sum P_i^2)]/(n-1)$ 计算，n 为所检验样本数，P_i 为第 i 个等位基因的频率。

2 结果与讨论

245 例巴中地区居住三代以上汉族无血缘关系的男性个体 17 个 Y-STR 基因座检出的等位基因及频率分布见表 1，各基因座 GD 值见表 2。本文所统计的数据显示，17 个 Y-STR 基因座在巴中地区汉族人群中均具有较好的多态性，可用于巴中市汉族人群的亲子鉴定、个体识别以及法医遗传学分析。

表 1 巴中地区汉族人群 17 个 Y-STR 基因座等位基因频率（n=245）

DYS19

A	N	F
13	10	0.0408
14	64	0.2612
15	115	0.4693
16	38	0.1551
17	16	0.0653
18	1	0.0040
19	1	0.0040

DYS389I

A	N	F
11	1	0.0040
12	124	0.5061
13	77	0.3142
14	43	0.1755

DYS393

A	N	F
11	1	0.0040
12	134	0.5469
13	61	0.2489
14	39	0.1591
15	10	0.0408

DYS391

A	N	F
6	1	0.0040
9	9	0.0367
10	177	0.7224
11	54	0.2204
12	4	0.0163

DYS437

A	N	F
13	4	0.0163
14	153	0.6244
15	84	0.3428
16	4	0.0163

DYS456

A	N	F
13	2	0.0081
14	31	0.1265
15	152	0.6204
16	46	0.1877
17	11	0.0448
18	3	0.0122

DYS458

A	N	F
13	1	0.0040
14	5	0.0204
15	36	0.1469
16	43	0.1755
17	72	0.2938
18	41	0.1673
19	29	0.1183
20	16	0.0653
21	1	0.0040
22	1	0.0040

Y-GATA-H4

A	N	F
8	1	0.0040
10	17	0.0693
11	82	0.3346
12	130	0.5306
13	15	0.0612

DYS439

A	N	F
9	1	0.0040
10	16	0.0653
11	108	0.4408
12	89	0.3632
13	25	0.1020
14	6	0.0244

DYS635

A	N	F
19	27	0.1102
20	57	0.2326
21	75	0.3061
22	41	0.1673
23	25	0.1020
24	18	0.0734
25	2	0.0081

DYS438

A	N	F
8	1	0.0040
9	5	0.0204
10	165	0.6734
11	63	0.2571
12	10	0.0408
13	1	0.0040

DYS392

A	N	F
10	1	0.0040
11	40	0.1632
12	35	0.1428
13	81	0.3306
14	76	0.3102
15	10	0.0408
16	2	0.0081

DYS390

A	N	F
20	1	0.0040
21	4	0.0163
22	16	0.0653
23	94	0.3836
24	75	0.3601
25	48	0.1959
26	7	0.0285

DYS448

A	N	F
17	6	0.0244
18	46	0.1877
19	105	0.4285
19.2	1	0.0040
20	59	0.2408
21	27	0.1102
22	1	0.0040

DYS389II

A	N	F
26	1	0.0040
27	13	0.0530
28	78	0.3183
29	72	0.2938
30	53	0.2163
31	19	0.0775
32	8	0.0326
31,32	1	0.0040

DYS385a/b

A	N	F
10,18	1	0.0040
10,19	1	0.0040
11	10	0.0408
11,12	13	0.0530
11,13	5	0.0204
11,14	3	0.0122
11,16	4	0.0163
11,17	8	0.0326
11,18	4	0.0163
11,19	2	0.0081
11,20	1	0.0040
11,22	1	0.0040
12	10	0.0408
12,13	2	0.0081
12,14	2	0.0081

DYS385a/b

A	N	F
12, 15	3	0.0122
12, 16	10	0.0408
12, 17	8	0.0326
12, 18	9	0.0367
12, 19	10	0.0408
12, 20	12	0.0489
13	14	0.0571
13, 14	5	0.0204
13, 16	5	0.0204
13, 17	13	0.0530
13, 18	13	0.0530
13, 19	20	0.0816
13, 20	4	0.0163
13, 21	2	0.0081
13, 22	1	0.0040
14, 16	1	0.0040
14, 17	2	0.0081
14, 18	5	0.0204
14, 19	4	0.0163
14, 20	3	0.0122
14, 21	2	0.0081
14, 22	1	0.0040
15	1	0.0040
15, 16	5	0.0204
15, 18	3	0.0122
15, 19	1	0.0040
15, 20	4	0.0204
15, 23	2	0.0081
16	2	0.0081
16, 17	8	0.0326
16, 18	2	0.0081
16, 19	1	0.0040
17	2	0.0081

表 2 巴中地区汉族人群 17 个 Y—STR 基因座基因多样性

基因座	GD	基因座	GD
DYS19	0.6483	DYS439	0.6612
DYS389I	0.6168	DYS635	0.7994
DYS393	0.6194	DYS438	0.4802
DYS391	0.4296	DYS392	0.7487
DYS437	0.4940	DYS390	0.6822
DYS456	0.5639	DYS448	0.7133
DYS458	0.8179	DYS389II	0.7590
Y—GATA—H4	0.6003	DYS385a/b	0.9259

参考文献

［1］公安部物证鉴定中心. GA/T 383—2014 法庭科学 DNA 实验室检验规范［S］. 北京：中国标准出版社，2014.

［2］郑秀芬. 法医 DNA 分析［M］. 北京：中国人民公安大学出版社，2002.

［3］王新杰，黄磊，郝宏蕾，等. 潍坊地区汉族人群 25 个 Y—STR 基因座遗传多态性［J］. 中国法医学杂志，2012，27（5）：400—402.

法医学技术在犯罪现场重建中的作用

樊中川[1]　方文杰[1]　韩军[2]　薛亮[1]

1. 四川省广元市公安局交通警察支队特勤大队　　2. 四川省广元市公安局物证鉴定所

1 前 言

1.1 犯罪现场重建

犯罪现场重建是近年来侦查学问题研究中较为热点的话题之一，针对其基本概念和含义，不同的专家和研究者表述不尽相同。李昌钰博士认为："所谓犯罪现场重建，是指通过对犯罪现场形态、物证的位置和状态以及实验室物证检验结果的分析，确定犯罪现场是否发生特定的事件和行为的整个过程。犯罪现场重建不仅包含科学的现场分析、现场形态证据和物证检验结果的解释，而且包括对相关信息的系统性研究和整个事件的逻辑性表述。"郝宏奎教授认为："犯罪现场重建是指基于对犯罪现场的痕迹、物证的位置和状态及其相互关系的考察分析，以及对物证的实验室检验结论的利用，结合所获取的相关客观事实，合乎逻辑地以抽象、形象或实物模拟的方法，重新构筑犯罪现场所发生的犯罪内容和犯罪过程，并探明与之相关的犯罪行为的个人特点和犯罪条件的侦查活动。"也有研究者认为："犯罪现场重建是以犯罪现场勘查为基础，综合运用临场分析、物证检验、情报信息和侦查实验等多种侦查方法，科学地推断犯罪行为发生的有关情节，甚至犯罪行为发生的全过程的合乎逻辑的现场认知方法。"可见，不同的专家、学者对犯罪现场重建这一概念的解释和表述是有所不同的，但尽管如此，其基本含义大致相同，那就是：通过对现场痕迹物证的形态、特征的研究，以及对各种侦查信息和实验室检验结果的分析判断，再现犯罪行为发生的经过以及痕迹物证形成的原因和过程，这样就可以帮助侦查人员确定案件的性质、推断犯罪行为的轨迹，从而明确侦查范围和方向，直至最终破获案件。

1.2　法医学技术与犯罪现场重建的关系

法医学技术的应用最早可以追溯到宋朝，我国伟大的法医学家宋慈系统地总结和提出了一些科学的理论，为我国的法医学发展做出了贡献。近代，林几教授为我们国家现代法医学的发展奠定了基础。随着科学技术的进步，法医学也与时俱进，不断地出现了新技术、新认识。犯罪现场重建和法医学技术交汇融合，使我们对犯罪现场的认识更加透彻和明了，指向性更加明确，法医学和犯罪现场重建的关系也更加紧密，为案件的侦破以及后续的司法程序的完整性提供了保障。

2　犯罪现场重建与法医学

2.1　概念

2.1.1　犯罪现场

犯罪现场（crime scene）是指犯罪行为人实施犯罪活动的地点和遗留有与犯罪有关的痕迹、物品的一切场所。具体而言就是犯罪行为人在一定的时间、空间内，采用一定的方法和手段实施犯罪，由其行为造成的危害后果引起客观物质环境的改变，以致留下痕迹、物证的相关场所。犯罪现场的构成要素可以概括为时间、空间、物质形态变化。犯罪现场可以有很多分类，常见的分类：原始现场与变动现场、主题现场与关联现场、伪装现场与伪造现场、静态现场与动态现场、室内现场与露天现场、宏观现场与微观现场等。

2.1.2　现场重建

现场重建是指侦查人员通过对现场痕迹，物质的位置、状态、相互关系的考察分析，以及对物证的实验室检验结论和其他信息的利用，结合所获得的相关客观事实，符合逻辑地以抽象、形象或实物模拟的方式，重新构筑犯罪现场发生的犯罪内容和犯罪过程，并探明与之相关的犯罪行为人的个人特点和条件的一项侦查措施。

2.1.3　法医学

法医学是应用医学、生物学、化学和其他自然科学理论解决法律问题的科学，它给侦查犯罪和审理民事或刑事案件提供证据。法医学技术在命案的侦破过程中的作用举足轻重，其作用之一就是通过对现场的生物物证和其他相关物证的分析利用还原受害者和嫌疑人的活动轨迹，重建犯罪现场。

2.2 犯罪现场重建的意义

2.2.1 有利于进一步认识犯罪

现场重建的目的就是对现场事件形成过程和犯罪行为过程进行认识，通过对犯罪现场加以重建，有利于进一步了解判明事件性质、犯罪行为人与被害人之间的关系及犯罪行为的发生过程。

2.2.2 揭示死亡真相

作为法医，在命案现场重建时，始终将死亡的过程作为最主要的工作来做，因为死亡过程本身就是命案的关键之处。把握住了现场的本质，重建现场后还原了事件发生过程，就能揭示死亡真相。

3 几种法医学技术在现场重建中的应用

3.1 血迹形态分析技术

犯罪现场的血迹是重要的痕迹物证之一，它在命案现场的出现率非常高。血迹本身就能提供有用的信息，如 DNA 信息。结合现场血迹还能够反映出作案活动的动态过程，这可以给现场重建提供很大的帮助。

3.1.1 血迹的分类及其在现场重建中的作用

（1）喷溅状血迹。典型的喷溅状血迹呈长条状，一端膨大，另一端细小狭长，膨大端边缘光滑，另一端有时会出现拖尾，整个血迹的尖端处表示血迹的喷溅方向。作用：它是受害者在生前出血的有力证据；喷溅状血迹是原始现场的反映，是行为人行为过程的反映；根据血迹的位置、方向、分布特征可以确定行为人与受害者的相对位置关系；喷溅状血迹还能反映现场物品位置是否有变动等。

（2）溅落状血迹。溅落状血迹是指物体碰撞在表面有血液的物体上，或者表面沾血的物体与其他物体碰撞时形成的向四周分散的血迹。作用：判断打击点的空间位置，反映受害者与行为人的相对位置；判断打击速度和打击工具的种类；反映行为人打击的顺序以及打击动作；反映现场物体是否移动过，一旦有过移动，溅落状血迹的分布就会出现空白区域。

（3）抛甩状血迹。抛甩状血迹是指沾血的物体运动（抛甩、挥动）时留在现场物体上的血迹。典型的血迹形态呈弧形，起点多为圆形，而后变为椭圆形。作用：能够反映出打击的体征，抛甩状血迹多为流畅而平滑的弧形；能够表明中心现场的位置，作案人受伤后的血迹也可能抛甩在现场。

（4）滴落状血迹。滴落状血迹是指血滴经自由落体运动留在客体表面形成的血迹。血迹呈圆形、椭圆形。作用：滴落状血迹可以反映受害者存在活动能力，意识清楚；分析作案人受伤出血，如在现场翻动部位或者逃离现场的路线上发现有滴落状血迹，大多数为作案人所留。

（5）流注状血迹。流注状血迹是指血液因自身重力作用，沿物体表面自然向下流动所形成的血迹。血迹呈上粗下细，上淡下浓。作用：反映出受伤出血过程中的体位变化，从血迹的方向，分析流注状血迹形成的先后顺序，可确定其受伤过程中的体位变化；反映出尸体是否有过移动。

（6）血泊。血泊是指量较多的血液聚集而成的血迹。一般存在于相对平坦的客体上。作用：确定案件的原始现场；分析是生前出血还是死后出血，生前出血形成的血泊血量大范围大，死后的血泊范围小；推断被害时间，血泊的量大，干燥的时间迅速，量小，则干燥时间缓慢，因此可以根据血泊的干涸程度推断受害人大致的死亡时间。

（7）转移状血迹。转移状血迹指沾血物体的特殊形态以直接接触的方式在载体上留下的血迹。常见的有血手印、血指纹、血足迹等。作用：现场遗留的血指纹、血掌纹、血脚印等能直接认定嫌疑人；通过对血迹的分析，能够大致反映作案工具的基本形态特征。

（8）擦拭状血迹。擦拭状血迹是指沾血的物体以碰撞等运动方式直接与载体接触所形成的血迹。多于嫌疑人清理现场时遗留，如拖把拖地、人体被拖动的痕迹等。作用：有助于分析作案过程，杀人前后擦拭状血迹的分布、形态有所区别，因此可以用以分析作案过程及先后顺序。

（9）浸染状血迹。浸染状血迹是指血液在有吸附性的物体上所形成的血迹。浸染状血迹主要存在于人体受伤后的创口周围，血迹形态多样。作用：有利于获取犯罪证据。浸染状血迹在现场存在广泛，但是有些被嫌疑人处理过，应当仔细勘验。根据浸染状血迹还可以估计出血量和确定是否为原始现场。

3.2 弹道分析技术

弹道损伤是法医学中机械性损伤的一种，损伤的特征性较强，容易与其他的机械性损伤区别，因此在现场重建中有很大作用。就法医而言，弹道分析技术主要是研究弹头对人体的损伤形态、作用机制以及射击角度和方向等。

3.2.1 射击方向

射击方向的确定在人体反映为两个方面，一是弹头与身体相切留下的痕迹，二是进入体内形成的创道。

（1）皮肤、内脏组织的损伤。创口的周围可以检验到油污（常见于制式枪支）或者火药残留颗粒。弹头与体表或内脏相切形成的创伤形态为射入口、射创管、射出口连在一起，皮肤撕裂，撕裂角的方向即为弹头射出方向。

（2）颅骨的损伤。主要依据骨折线的形态分析推断，洞状射入口颅骨内板一般呈斜面状，颅骨外板不明显。弹头在颅骨表面快速擦过形成的放射状骨折线可以判断方向，射入口的骨折线较射出口的骨折线长。

（3）颅骨骨折的顺序。两次以上的损伤形成的骨折线不会交叉。如两次射击，造成的骨折线是不同的，当一条骨折线在延伸过程中被另外的一条挡住，那么这条骨折线后形成。由此，被阻断骨折线的弹孔是射出口，另外的一个就是射入口，进而可以判断射击方向。

3.2.2 射击角度

射击角度的测算可以用公式得出。弹孔可以是圆形或椭圆形，理想情况下，弹头进入的方向与人体垂直，即 90°射入人体，弹孔为圆形。如果弹孔是椭圆形那么射击角度 θ 为：

$$\theta = \text{arc} \left(\sin \frac{\text{弹孔短轴长度}}{\text{弹孔长轴长度}} \right)$$

3.2.3　射击距离

射击距离的确定比较复杂，但是判断接触、近距离、远距离射击还是有一定的规律可循。

（1）贴近射击（1~6 cm）。射入口有烟垢痕和密集的火药烧伤痕；入口的边缘撕裂明显；弹孔缺损不能合拢；衣物上形成"＋""T"形裂口，枪口压痕等。

（2）近距离射击（6~60 cm）。孔较圆整，烟垢分布呈环层，清晰，火药颗粒较散。一般不可见撕裂创道，无烧伤痕。

（3）远距离射击（>60 cm）。可见弹头造成的射入口，但缺乏其他的射击残留物，特征不明显。

3.2.4　枪弹伤性质的确定

涉枪案件中常见自杀、他杀、意外。它们的区别需要结合现场、枪支、尸体及案情等方面综合分析。

（1）射击部位。射入口在死者自己能够达到的部位则自杀、他杀、意外都有可能，而自己不能达到的部位则肯定是他杀、意外。

（2）射击距离。远距离射击属于他杀、意外，贴近和近距离射击则需要具体分析。

（3）射击残留物。多数自杀者的手上肉眼可见大量火药残留物及明显的烧灼痕迹。

（4）致命伤。一般出现两处以上绝对致命伤就应考虑他杀，一次多为自杀。

（5）自杀有特殊征象。自杀者的心理状态往往是犹豫不决或者害怕，常见部位多为致命部位。

3.3　虚拟技术

随着尸体检验技术的发展，虚拟解剖技术应用到法医学实践中，将更好地解决尸检结论准确性和伦理学的矛盾。虚拟解剖是一种非侵入性的技术，采用数字成像技术原理，计算机体层扫描（CT）和磁共振成像（MRI）技术作为主要诊断手段，可获取尸表及尸体内部详细的影像学数据，而后建立完整的三维立体图像，再对图像中骨骼、软组织、血管等情况进行检查，找出有关死亡原因、死亡方式等的线索。虚拟解剖技术可以对脏器的病变或损伤的位置进行准确定位，在提取脏器做实验室检验时，可以有的放矢，不必对脏器破坏过多，可尽量保存尸体的完整性。在国外，虚拟解剖技术已从理论水平逐渐走向实际案例的应用。

在法医实践中，有时会遇到严重腐败的尸体或携带艾滋病等传染性疾病的尸体，虚拟解剖技术的应用可以有效保护鉴定人的健康安全，这也是一个伦理学的问题。另外，在有些非常疑难的案件中，尸体可能会需要多次检验，虚拟解剖技术可以避免尸体的破坏。因此，虚拟解剖技术可在法医学实践中发挥重要的作用。目前，在国内只有少数发达地区开始使用计算机断层扫描（CT）和磁共振成像（MRI）技术作为辅助检验鉴定手段。随着经济的不断发展，虚拟解剖技术被会逐步推广应用。此外，研制适合法医尸检的 CT、MRI 等虚拟解剖技术设备，在解决法医尸检结论准确性和伦理学的矛盾中，虚拟解剖技术有望起到重要作用。

参考文献

[1] 李昌钰. 犯罪现场勘查手册 [J]. 第 1 版. 北京：中国人民公安大学出版社，2006.

[2] 郝宏奎. 论犯罪现场重建 [J]. 犯罪研究，2003，(4)：13－21.

[3] 吕云平. 对犯罪现场重建若干问题之探讨 [J]. 公安学刊，2007 (1)：54－57.

[4] Aghayev E，Thali M J，Sonnenschein M，et al. Post－mortem tissues ampling using computed tomography guidance [J]. Forensic Sci Int，2007，166（2－3）：199－203.

[5] Bolliger S，Thali M，Jackowski C，et al. Postmortem non－invasive virtual autopsy：death by hanging in a car [J]. J Forensic Sci，2005，50（2）：1－6.

[6] Yen K，Vock P，Tiefenthaler B，et al. Virtopsy，forensic traumatology of the subcutaneous fatty tissue：multislice computed tomography（MSCT）and magnetic resonance imaging（MRI）as diagnostic tools [J]. J Forensic Sci，2004，49（4）：799－806.

改良硅珠法在微量 DNA 检验中的应用初探

董迎春[1]　李永生[1]　朱怡[2]　李诗柳[3]

1. 苏州市公安局吴中分局　**2.** 苏州大学　**3.** 成都市武侯区检察院

微量 DNA（trace DNA），也称低拷贝模板（low copy number，LCN），是指量少的 DNA，Gill 等最早将其定义为 DNA 模板量少于 100pg。口腔脱落细胞和皮肤上皮细胞粘附的各类检材，这些都是潜在的 DNA 证据来源，能够为侦查破案提供科学依据，是法医遗传学领域研究的热点之一，但目前尚缺乏一种适用性广、简便快捷、效果理想的方法来处理微量 DNA。在前期研究的基础上，经过进一步改进优化，本文旨在探究改良硅珠法在微量物证检验领域的应用价值。

1　材料与方法

1.1　材料与样品制备

AmpFISTR Identifiler Plus 试剂盒中阳性对照 9947A（0.1ng/μl）。

为观测实验的稳定性，实验分为 5 组，每组 21 例样本；模板 DNA 量从 10pg 至 610pg 不等，以 30pg 为等差，以经过定量阳性对照的 9947A（0.1ng/μl）为模板和无核酸酶水按需进行调配；后将所需样品量转移至脱脂棉签上。

1.2 DNA 提取

①将棉签放入离心套管中，加入 $180\mu l$ 裂解液，99℃ 裂解 5 min；②8000g 离心 2 min，弃套管；加入吸附液 $1000\mu l$，硅珠 $16\mu l$，涡旋后静置 15 min；③8000g 离心 1 min，弃上清液；加入 $800\mu l$ 漂洗液，充分混匀后离心 1 min，弃上清液；④56℃金属浴烘干沉淀物，加入 $20\mu l$ 洗脱液，充分混匀后 56℃金属浴洗脱 15 min；⑤16000 g 离心 2 min，取上清液进行 PCR。

1.3 PCR 扩增与 STR 分型检测

扩增体系为 $20\mu l$：mix $8\mu l$，prime set $4\mu l$，DNA $8\mu l$。扩增程序为 95℃11min；94℃ 20s；59℃ 3min，32 个循环；60℃10min。STR 分型在 ABI3500XL 型荧光分析仪上完成。

2 结果

通过数据分析，实验结果表明模板 DNA 量在低于 100pg 时样品检测结果均显示不同程度的位点丢失；模板 DNA 量在 100pg 及以上时样品全部位点均被检出，模板 DNA 量在 160pg 及以上的样品，图谱峰值均在 1000RFU 以上，杂合子等位基因峰高比均大于 0.5。实验样品检测结果见表 1（表格中两组数据分别代表各实验样本检测出的基因座数和等位基因数与标准品 9947A 的比值）。

表 1 实验样品的检验结果统计

模板 DNA 量	1 组	2 组	3 组	4 组	5 组
10pg	7/16 13/32	8/16 15/32	7/16 13/32	9/16 17/32	7/16 13/32
40pg	13/16 22/32	11/16 20/32	13/16 24/32	12/16 22/32	11/16 20/32
70pg	15/16 28/32	16/16 32/32	15/16 28/32	15/16 29/32	16/16 32/32
≥100pg	16/16 32/32	16/16 32/32	16/16 32/32	16/16 32/32	16/16 32/32

3 讨论

随着犯罪分子反侦查意识的日益提高，现场明显可见的生物物证（如血迹、毛发、唾液斑、人体组织等）常被犯罪分子销毁和破坏，而相比之下，微量生物物证具有体积小、较为隐蔽、不易察觉、不易毁灭等特点，是犯罪现场极其具有潜在价值的物证。微量检材DNA 的纯化提取及模板量的保留是当今法医 DNA 检验的一个难点，因为微量物证自身的低拷贝性及实验操作方法、试剂等的影响，往往检出率低。为了提高检出率，相关人员进行了诸多研究，报道的方法有 Chelex 法、过柱法、磁珠法、有机法、硅珠法、硅胶膜法、NaOH 法等。

杨电等通过对 5 种接触 DNA 检材提取纯化方法的比较后认为，DNA 回收率最高的为 Chelex 法，但因其不能去除 DNA 溶液中的杂质和降解的 DNA 碎片而存在缺陷。具有自动化、高灵敏度、提取高纯度 DNA 等优势的磁珠法目前得到广泛应用，先后有大量研究证明其检验微量物证的优越性。Lirmea 等认为 STR 检验成功的标准为：检出性别及 9 个以上的 STR 基因座。Greenspoon 等运用磁珠法证明提取到 0.2ng 以上模板 DNA，就可以成功进行性别和 10 个基因座以上的 STR 分型；钱程等通过实验比较磁珠法与硅珠法，前者能够从 $1\mu l$ 稀释 60 倍的血液中高效提取 DNA，而 3ng 9947 标准 DNA 用后者未检出结果，因此认为在回收痕量 DNA 时硅珠法灵敏度明显不够。本研究结果显示，在模板 DNA 含量为 40pg 及以上的样品中均可获得性别和 10 个基因座以上的 STR 分型，但有位点缺失；100pg 时可检验出全部 STR 分型，但位点峰值和均衡性欠佳；160 pg 时可检出优质 STR 分型图谱，即理论上提取到 27 个细胞可获得理想结果，本研究结果优于相关报道中磁珠法的检验效果，分析可能与实验操作方法、实验耗材设计、实验试剂、扩增程序等有关。

硅珠法可获得高纯度 DNA，如何减少检材 DNA 在实验过程中的损失，是决定该方法能否运用于微量生物物证检验的关键。笔者在对改良硅珠法的稳定性及灵敏性进行研究后，通过进一步设计和完善实验方法，得出了本研究中较为理想的结果。与之前报道的硅珠法相比，本研究方法从转移、提取和纯化等六个环节进行改进：①使用具有过滤杂质功能的离心套管，免去负压吸引的移管步骤，最大程度降低了 DNA 的损失量；②适当加大了吸附液的用量，使裂解液和吸附液的量达到更合理的比例，从而保证了硅珠对水溶性 DNA 的充分结合；③降低了硅珠悬浊液的用量，使 DNA 更容易洗脱；④简化漂洗，减少了漂洗过程中的 DNA 损耗；⑤采用小体积洗脱，进一步提高了模板 DNA 的浓度；⑥增加 PCR 循环数至 30 个。

通过增加 PCR 的循环数可以提高检验的成功率，在使用 32 个循环时，即使模板量仅为 25~50pg（相当于 4~10 个细胞核 DNA），也能得到完全的 DNA 图谱。此外，通过对日常受理的接触性检材的检验结果进行回顾性分析，手机与电脑接头类检材上的 DAN 检出率均在 82% 以上，说明本方法适合相当部分现场检材的检验。

本文所用方法检验灵敏度高、操作简便、更省时、模板 DNA 回收率高、纯度较为理想，适用于微量物证的检验。

参考文献

[1] Gill P，Whitaker J，Flaxman C，et al. An investigation of the rigor of interpretation rules for STRs derived from less than 100 pg of DNA [J]. Forensic Science Int，2000，112：17.

[2] 董迎春，李诗柳，朱怡等. 改良硅珠法提取 DNA 的灵敏性及稳定性评价初探 [J]. 中国法医学杂志，2015，30（1）：59－61

[3] Lirmea A．S，EwelinaJ．B，Meehthild Prinz，et al. Optimization of a simple，automatable extraction method to recover sufficient DNA from low copy number DNA samples for generation of short tandem repeat profiles [J]. Forensic Sci Int，2005，46（4）：578－586.

[4] 杨电. 接触 DNA 检材提取纯化方法的比较及法医学应用 [D]. 广州：南方医科大学，2010.

[5] Greenspoon S A，Ban J D，Sykes K，et al. Application of the bioMek 2000 laboratory automation workstation and the DNA IQ system to the extration of forensic casework samples [J]. J Forensic sci，2004，49 (1)：29−39.

[6] 钱程. 国产磁珠用于法医 DNA 检验的研究 [D]. 沈阳：东北师范大学，2009.

[7] 杨百全，李晨旭，杨文胜，等. 用磁珠法提取痕量 DNA [C]. 中国化学会第二十五届学术年会论文摘要集（下册），2006：43.

[8] 郑秀芬，凌凤俊，涂政等. 模板 DNA 磁珠提取法 [J]. 中国法医学杂志，2003，18 (02)：107.

[9] 王平康，骆延，王光志，等. 磁珠法快速提取鉴定 DNA 的实验研究 [J]. 生物学通报，2006，(06).

[10] 王岩. 法医 DNA 常量检材 Chelex−100 提取法研究 [D]. 长春：吉林大学，2012.

[11] 王林生，苏勇，顾林岗. 硅珠法提取 PCR 模板 DNA [J]. 中国法医学杂志，2000，15 (1)：36−37.

[12] Oota H，Saitou N，Matsushita T，et al. Molecular genetic analysis of remains of a 2 000year old human population in China and its relevance for the origin of the modern Japanese population [J] Am J Hum Genet，1999，64：250

[13] 严江伟，唐晖，王静，等. DNA 提取方法和 PCR 循环次数对 STR 扩增成功率的影响 [J]. 中国法医学杂志，2005，20 (3)：151−153.

[14] 董迎春，李诗柳，言梦非，等. 1025 例涉案手机和电脑接头类检材的 DNA 检验分析 [J]. 刑事技术，2015，40 (4)：332−333.

自焚造成两人死亡现场勘验

胡琳　刘伟

四川省资阳市公安局雁江区分局

　　刑事技术部门勘验的各类案（事）件的现场中，起火燃烧现场时有出现，起火燃烧现场具有物品损毁重、勘验环境恶劣、跨专业领域广的特点，因而起火原因、燃烧过程及案件定性难。本文将一起自焚造成两人死亡案件的起火燃烧现场勘验情况及体会总结如下。

1 简要案情

　　2015 年某日 10 时许，某市某派出所接到群众李某报警，称某街一门市发生火灾，灭火后在屋内发现一具烧焦尸体，被救出的男孩经医院抢救无效死亡。

2　现场勘验

现场位于某街一门市内。中心现场门市内共有四个房间，自西向东依次是外间、卧室、厨房、厕所。外间西墙安卷帘门（救火时被撬坏），顺南墙安放烤箱，顺东墙安放冰柜，东北角堆放纸箱等杂物，顺北墙安放桌子。南墙墙面距地 180 cm 向上至屋顶处被熏黑；东墙墙面距地 200 cm 向上至屋顶处被熏黑；北墙墙面距地 200 cm 向上至屋顶处被熏黑，屋顶面被熏黑。

卧室东西长 410 cm、南北宽 330 cm，西墙北端安木门，其宽 100 cm、高 200 cm，门开向北墙，门锁完好，门正面距地 52 cm 向上至屋顶处被熏黑，门背面被熏黑，门后侧挂有一插线板，插线板一端的电线连接到外间，电线未见熔化，插线板上插着的充电器完好。靠南墙、顺西墙是一烧塌的床，床东西宽 150 cm、南北长 200 cm，床上残留有木板、床垫的弹簧等。在床上距南墙 20 cm、西墙 55 cm 处仰躺着一具部分碳化的男尸，床上西北角残留有布片，棉絮内发现一局部熔化的黄色打火机。

尸体背部所接触位置由表及里依次叠放黄色线织物残片、米黄色保暖内衣残片、黄色布片，尸体臀部所接触位置残留有紫色布片，木板部分被烧毁，其底面碳化严重，床中部发现一块被烧过的纸板。床西侧墙面上有 210 cm×158 cm 白色区域，该区域周围墙面被熏黑，床南侧墙面西端距地 148 cm 处有 28 cm×35 cm 的墙体剥脱。

床东侧倒放着钢架，钢架之间连接呈立方体结构，长 83 cm、宽 37 cm、高 164 cm。卧室东南角残留被烧过的电视机外壳、电视柜、衣物、音箱等物品，其中电视柜南北长 122 cm、东西宽 60 cm、高约 70 cm，在木柜底部发现有一直径为 30 cm 的白色线圈，线圈表层被烧毁，线圈中间连接了一个蓝色塑料块，电视柜位置发现的电线未见熔化，该处对应的东墙、南墙面由地面向上有 142 cm×316 cm 的白色区域，周围墙面被熏黑，该处对应的东墙面上距地 180 cm 处有 85 cm×146 cm 的墙体脱剥脱。东墙墙面上方中部两扇玻璃窗呈关闭状，窗户玻璃无明显破损。北墙墙面距地 138 cm 向上至屋顶处被熏黑，东北墙角距地面 231 cm 处悬挂一部分熔化的空调挂机，顺北墙由东向西依次摆放内装毛线的纸箱、桌子、饮水机、茶几，纸箱表层覆盖黑色胶状物、桌面上物品被熏黑，饮水机南面烧毁严重，茶几上物品被烧毁，卧室屋顶被熏黑。

在厨房内，西墙上距北墙 176 cm 处安木门，其宽 100 cm、高 200 cm，门开向厨房南侧，门锁完好，门正面距地 35 cm 向上至屋顶被熏黑，门背面未被熏黑。靠西墙、顺北墙摆放一木床，木床上堆放衣服等杂物，木床西端物品部分被熏黑，厨房东侧是灶台、煤气罐等物品，厨房屋顶盖玻钢瓦，屋顶西北角有个孔洞（救人时破坏的），厨房东南角是厕所，厕所西墙安木门，门开向南墙，门锁完好。

3　尸体检验

3.1.1　无名尸体

尸体衣物已全部烧毁。残存尸长 138 cm，全身皮肤肌肉碳化。尸体呈"拳斗姿势"，头颅外形完整，头发被完全烧毁，头皮及皮下大部分碳化，仅见枕部残存 8.0 cm×

7.0 cm头皮组织。面部皮肤及皮下组织碳化，口鼻腔内有烟灰、炭末，口腔黏膜无损伤出血。颈项部、胸腹部皮肤组织碳化，背、臀部左侧皮肤组织碳化。四肢皮肤及皮下组织碳化，右上肢皮肤及皮下肌肉组织碳化，部分骨骼外露、脱落；双手握拳状，右小腿残存28 cm，左大腿残存32 cm。残存头皮下（枕部）无出血，残存颞肌无出血，颅骨无骨折。喉头充血，食管内无异常，喉头、气管、支气管内黏膜有烟灰、炭末，气管无破裂、舌骨、甲状软骨无骨折，残存肌肉组织无出血。胸部皮下肌肉组织无出血，胸骨、肋骨无骨折，双肺水肿、充血、出血，无破裂，双侧胸腔内无积血、积液；心包、心脏无破裂、无出血，心包腔内无积血、积液。肝、脾等脏器无破裂，腹腔内无积血、积液，胃内有褐色液体约30 ml，胃大弯处黏膜见片状出血。盆腔内各脏器无破裂，盆腔内无积血、积液。

3.1.2 男孩

尸体长105 cm，发育正常，营养中等，尸冷，未腐败，尸僵已缓解，尸斑见于背部，深红色，未褪。黑色头发，发长6 cm。头颅整体无变形，左额距正中线1.5 cm处见一1.0 cm×0.5 cm皮肤擦伤，瞳孔直径0.4 cm，双侧睑结膜见点状出血，鼻腔内有黑色物质，口腔黏膜无损伤出血。头皮、颈项部、胸部、背部及四肢无损伤。双手指甲青紫。喉头充血水肿，食管内无异常，气管内黏膜出血，支气管内见淡黄色液体。双肺黏膜层见点状出血、表面附着有淡黄色物质，切面见淡黄色液体溢出，双侧胸腔内有淡黄色积液，左侧约50 ml，右侧约60 ml；肝、脾淤血，腹腔内有淡黄色积液约300 ml，胃内有褐色液体约5 ml，胃大弯处黏膜出血。盆腔内各脏器无破裂，盆腔内有淡黄色液体约50 ml。

4 物证检验

4.1 理化检验

现场提取物中检出与汽油一致的成分；两具尸体的胃及胃内容物均未检出甲胺磷、对硫磷、甲氰菊酯、氰戊菊酯、毒鼠强。

4.2 血液一氧化碳含量的检测

无名尸体心血中检出一氧化碳，碳氧血红蛋白饱和度为64.9%；男孩心血中检出一氧化碳，碳氧血红蛋白饱和度为9.5%。

4.3 DNA检验

据提取无名尸体肋软骨与男孩、男孩母亲余某做DNA检验及亲缘认定，该尸体系男孩的生物学父亲凌某。

死亡原因：

凌某系烧死；男孩系一氧化碳中毒致呼吸循环衰竭死亡。

5 调查访问

调查了解到，死者凌某生前有痛风、类风湿、酒精肝等疾病，行动不方便，其与妻子余某近两年关系不好，孩子也顽皮。凌某得病后不与周围邻居来往，经常关门在家看电视。访问得知门市内日常电器没有使用汽油的情况。

6 案件分析

综合分析本案是凌某自焚。依据如下：

（1）现场的唯一出入口卷帘门紧闭、完好。屋顶上的洞口，经核实是群众救火时破坏的。

（2）案发当日屋内只有凌某和其儿子，凌某死在卧室床上，男孩晕倒在厕所。

（3）现场有两个起火部位，即电视柜放置处和卧室床上。

（4）两处起火部位分别提取到燃烧残留，其中卧室床上凌某尸体衣物、电视柜处蓝色塑料块均检出与汽油相一致的成分。

（5）现场发现的烧焦尸体是凌某，经尸体检验查明其死因系生前烧死，男孩系一氧化碳中毒致呼吸循环衰竭死亡。

（6）调查访问知，凌某生前身患疾病，被家人嫌弃，深居简出；男孩在厕所被困；门市内没有使用储存汽油的情况。

（7）各电器及线路未见电流过载引起的熔融等痕迹，未见卧室内有烧燃用器物。

7 体会

7.1 现场保护是顺利勘验起火燃烧现场的重要保证

起火燃烧现场由于受物品烧毁、消防灭火、群众围观等因素影响，现场痕迹物证容易遭受破坏，因此采取相应的保护措施，是勘验工作顺利进展的保证。现场灭火人员在灭火过程中应尽量保持现场物品的原始状态，如果有变动情况，应告知勘验人员；现场勘验前，勘验人员应根据现场环境及调查访问情况，准确划定保护范围，禁止无关、闲杂人等随便出入现场。

7.2 勘验前现场访问是弄清原始现场的重要环节

现场勘验前询问相关知情人，如居住人员信息、灭火人员情况等，详细了解火灾现场内物品的原始情况，灭火人员对现场物品原始状态的改变情况。

7.3 勘验中准确提取起火燃烧现场的痕迹物证，正确包装、及时送检，是检验鉴定发挥作用的前提条件

起火燃烧现场物品毁损严重、环境恶劣，这些给勘验技术人员在现场提取到有检验价值的痕迹物证造成了困难。为了提高勘验工作效率，技术人员应重点勘验疑似起火部位的物品，对原始现场进行详细勘验，要特别注意有煤油、汽油、柴油等刺鼻气味的燃烧残留物。勘验中提取到的燃烧残留物要用塑料口袋密封，勘验结束后要立即送理化实验室检验。本案中技术人员根据上述方法，在尸体未燃的背部、电视柜放置处提取到燃烧残留物，经密封、送检，成功检出与汽油相一致的成分。

7.4 分析判断现场起火部位、起火点是火灾现场勘验的重要任务

判断起火部位、起火点需要结合火灾现场墙面烟熏痕迹分布、物证检验结果、调查访问等情况。本案中根据墙面的烟熏区域、高度，卧室房门处于未关闭状态等，判断出起火

位置。墙面上形成的白色区域及形状、墙体剥脱现象都是起火部位判断的重要依据，结合在白色区域对应的尸体周围、电视柜摆放处提取到的燃烧残留物中检出与汽油相一致的成分，判断出该两处起火部位。

7.5　多次勘验现场，可避免漏勘、错勘，提高现场勘验质量

起火燃烧现场物品烧毁严重，勘验工作量及难度相对较大，往往一次性勘验不够全面，需要将现场封存一段时间，多次进入现场勘验。本案中，接警当晚由于光线的原因，技术员仅对现场原始状态进行了固定，次日再次进入现场详细勘验，才提取到引起火灾的关键物证。根据现场提取物证检验情况多次进入现场复勘，并对现场进行重建，为准确分析起火部位等提供了可靠依据。

7.6　公安刑事技术部门与消防部门的充分合作，是准确判定火灾现场性质的重要保障

火灾现场勘验应通过公安刑事技术部门与消防部门的充分合作，相关技术人员充分发挥本专业特长，开展现场勘验工作，互通信息，及时研判，才能确切地分析出起火原因、起火部位，从而准确判定起火燃烧现场的性质，为下一步工作提供重要依据。

利用 DNA 技术破获系列强奸幼女案

胡丽梅[1]　张瑞[2]　邹军根[1]

1. 四川省巴中市公安局刑侦支队　2. 四川省巴州区公安分局刑侦大队

1　案例资料

案例 1：2010 年 7 月某日，在某区某幢四楼楼梯间处发生一起猥亵幼女案，受害人马某，7 岁。

案例 2：2010 年 9 月，在某花园小区内发生一起强奸案，受害人马某，8 岁。

案例 3：2010 年 10 月，在某小区四单元四楼发生一起强奸案，受害人鲜某，9 岁。

2　DNA 检验

阴道拭子是常见的混合检材，分别含有男、女性成分，采用两步消化法，将女性成分消化去除，PCR 扩增，ABI3130 基因分析仪得出 DNA-STR 分型。

案例 1～案例 3 中，在受害人的阴道拭子以及案发时所穿的内裤裆部均检出同一男性的 STR 分型，从而将三起案件并案侦查，经与嫌疑人韩某比对同一，破获该案。

3 讨论

巴中市公安局自 2008 年 DNA 实验室成立以来，先后通过 DNA 数据库串并和比中直接破获案件 140 多起，使得许多积案、异地作案、作案手段不同的案件通过 DNA 数据库都能得到串并和破获，充分体现了 DNA 数据库网上自动比对、串并功能的强大威力。DNA 技术节约了侦查经费，缩短了破案周期，实现了由人到案、由案到人的侦查格局。

利用 DNA 数据库进行串并和排查是案件成功侦破的重要手段。在本案例中，利用 DNA 数据库将跨时三个月、案发地点不同的 3 起强奸幼女案并案侦查，是侦破这 3 起强奸幼女案的关键，同时也提高了基层技术民警在各类刑事案件现场发现、提取生物物证并及时送检的重要性和积极性。

现场物证在 12 年后命案侦破过程中的作用及思考

刘永强　　胡建

四川省简阳市公安局

1 简要案情

2003 年 9 月，某镇某路居民杨某报案，称自家屋内死了一个人。公安机关接警后到现场查明：死者名叫周某，女，17 岁，生前在某路杨氏西饼屋内打工，被人杀死在杨氏西饼屋第三层的卧室内。

2 现场勘验情况

现场位于某镇杨氏西饼屋。该楼为二楼一底共三层的砖混结构。中心现场在杨氏西饼屋三层的卧室内。该卧室为一进二间，系木质单扇门。东侧卧室为杨某之女杨某的卧室，卧室内进门北侧地上有一不完整横条纹鞋印，前掌宽为 9.6 cm。

西侧的一间为受害人周某的卧室。卧室内东北侧墙角有一张床，床的西侧为一翻倒的角柜，为 53 cm×125 cm×155 cm×45 cm，该角柜上面有一不完整的手印。在西北墙角有一女尸，尸体头南脚北仰卧于地。尸体颈部缠绕一白色电吹风线。尸体臀部下有血泊 40 cm×70 cm。尸体左脚处地上有一内裤。在角柜南侧有翻倒的学生课桌一张，西南墙角有一书柜。书柜东侧靠南墙有一玻璃茶几。

3 尸体检验情况

尸体上身穿粉红色蝴蝶图案短袖 T 恤一件，胸戴白色乳罩一个，T 恤及乳罩被向上掀起，左右乳头外露，下身赤裸，赤脚。耳垂及指、趾甲青紫，眼睑球结膜有点状出血。

死者面部、颈部有短条状、片状表皮剥脱，颈部甲状软骨上有一白色电吹风线缠绕一周，于左颈部叠压，未打结。颈部电吹风线缠绕勒颈索沟不明显，未形成皮革样变，勒痕处皮下及肌层无出血，勒痕下的短条状表皮剥脱完整。右肺、心脏表面有点状出血，各脏器淤血显著。

会阴及臀部：阴阜及大、小阴唇无损伤，小阴唇处有少许凝血，外阴下方近肛门处皮肤有血痕，见流注状痕；处女膜于六点钟位破裂，裂口向阴道黏膜延伸 1.4 cm；臀部均匀粘附大量血迹。

4 现场及尸体勘验提取物证

4.1 现场物证

不完整的鞋印和不完整的手印各一枚。

4.2 尸体物证

尸血一份；死者内裤一条；电吹风一个；死者上衣一件；左乳擦拭纱布一份；右乳擦拭纱布一份；阴道分泌物一份；会阴部擦拭纱布一份；会阴部两侧擦拭纱布一份；死者左、右手指甲。

5 死因及物证检验情况

死因：生前遭他人扼压颈部致窒息死亡；颈部在死者处于濒死期或死亡后不久被电吹风线缠绕；死者被性侵害。

物证检验情况：阴道分泌物经精斑预实验检验为阴性，镜下未见精虫；指甲及乳头、会阴、大腿两侧擦拭纱布未检出他人 DNA。

6 案件分析

（1）嫌疑人和平进入现场，现场上未发现攀爬痕迹，卷帘门门锁未见技术开锁和配制钥匙开锁的痕迹。嫌疑人可能是溜门或预先进入现场隐藏，伺机作案。

（2）尸检发现死者有被性侵的迹象，嫌疑人应为男性。

（3）现场遗留有泡沫凉鞋鞋印，鞋码 38～39。据调查，穿该类凉鞋的嫌疑人年龄要么偏大，要么偏小，经济条件较差，个子较小。

（4）现场搏斗痕迹明显，死者与嫌疑人进行了激烈的搏斗。死者是一名 17 岁女性，说明嫌疑人的控制力较差，嫌疑人应是年龄较大的老年人或年龄较小的人员。

（5）现场有翻动迹象，且财物有损失，死者保管的卷帘门钥匙也不见了，分析有可能是以图财为目的，转变为杀人的案件，嫌疑人可能有盗窃前科。

7　案件的侦破

7.1　当年的侦破

当年案件发生后，专门成立案件侦破专案组，对当时在蛋糕店内打工的人员进行了详细调查，对蛋糕店的店主及死者父亲重点调查，对反映出的有盗窃前科和习惯夜生活的社会闲散人员进行调查，所有嫌疑人员均有不在现场的证据。该案件经过长时间侦查，没有取得实质性的进展，侦查工作陷入僵局。

7.2　两年后（2005年）的侦查

案发两年后，专案组扩大调查侦查范围，嫌疑人被纳入，经侦查，案发时，嫌疑人未满15岁，年龄太小，且据其母亲反映，当天晚上嫌疑人提前离开了蛋糕房，本人的陈述与其母亲说法一致，故被排除。

7.3　第三次侦查

2014年专案组再次研判，决定从当年提取的物证中寻找破案线索，技术人员考虑到刑事物证检验技术的进展，对该案件当时提取的相关物证进行梳理，梳理出部分可能留下嫌疑人生物特征的物证再次检验。从提取的死者指甲和大腿内侧擦拭纱布上发现了一个男性的DNA生物样本。据此，针对案件所涉的人员开展"Y"系排查，经检验，死者身上遗留的物证与采集到的一个名叫"晋某"的有亲缘关系。

经查：晋某的爱人叫鄢某。案发时，鄢某就在"杨氏西饼屋"店内打工，其子晋小某经常在蛋糕店内玩耍，与死者周某熟悉。据鄢某讲，案发当晚，晋小某在蛋糕店玩耍，大约晚上十点钟左右，晋小某跟他母亲鄢某讲自己走了，鄢某认为晋小某离开了蛋糕店。晋小某作案的嫌疑极大。再提取鄢某的血样进行DNA检验比对，确认死者身上遗留的生物DNA与晋小某一致。

7.4　破案情况

嫌疑人晋小某供述：当时自己不满十五岁，经常看市面上的色情影像和书籍，对异性产生了强烈的好奇感。死者周某是自己比较熟悉的女性，加上周某已17岁，身材好看，就经常将周某幻想为性侵的对象。案发当晚，嫌疑人在店内玩了一会后，对其母亲说自己回家了，却趁人不备，藏在楼顶上的杂物间里。等工人都离开蛋糕店，老板夫妇进屋休息，周某一个人在房间睡了后，嫌疑人从杂物间出来，来到周某的房间（房间门未锁），看见周某睡在床上，于是就对其抚摸。周某被惊醒，为防止其喊叫，嫌疑人晋小某用双手掐其颈部，双方发生了激烈的搏斗，在搏斗中，周某抓伤了嫌疑人的颈部。嫌疑人掐住周某的颈部，发现周某没有动了，还害怕其喊叫，又用电线勒住周某的颈部，直至发现其没有再动后，嫌疑人对周某的乳房等部位进行了抚摸，用手指对阴部进行了侵犯。最后，嫌疑人在周某的住房内找到卷帘门的钥匙，来到底层门市，在柜台抽屉内找了几百元钱后，用钥匙打开卷帘门离开蛋糕店，回到外公家睡觉了。

8 成功侦破该案的亮点

8.1 物证的全面提取为该案件的侦破奠定了坚实的基础

在对该案件的现场勘验和尸体检验过程中，技术员对现场和尸体、物证进行了尽可能全面地提取，为破获该案打下了坚实的基础。在现场凌乱的鞋印中发现了一枚不完整的鞋印和一枚不完整的手印，这为前期侦查工作提供了排除嫌疑的依据。法医在尸体检验中，对嫌疑人有可能接触的尸体部位，如乳头、会阴、大腿等进行了生物物证的提取，对死者指甲进行了提取。为 12 年后破获案件奠定了坚实的物证基础。

8.2 稳定的物证保管人和妥善的物证保管，成为该案破获的关键

该案件的成功破获，离不开规范的物证管理。我局的物证保管室从 2003 年起进行了四次搬迁，每次物证保管室的搬迁都极有可能对物证造成损坏或污染。这 12 年来，物证管理人员没有离开过保管岗位，具有高度的责任心，对物证进行了妥善的保管。由于受当时物证检验技术的限制，未检出有价值的证据。但对提取物证的保管并没有松懈，最后，成功地从当时提取的检材上检出了有嫌疑人 DNA 的物证，成为破获该案件的关键。

此案物证历经 12 年后，仍能检出嫌疑人的 DNA，证明了物证的科学保管，证明了当年的检验方法不能做出结果的检材，在方法改进后完全可能有很好的检测结果。所以，要树立科学保管物证、跟踪技术进步、反复检验物证的科学意识。

8.3 侦技结合开展"Y"排查，减少了成本，缩短了破案时间

有了铁的证据，技术人员与侦查员积极沟通，指导侦查员开展"Y"系排查。通过对几次侦查案件卷宗材料的详细查阅、分析，对嫌疑人进行详细的刻画。按照先易后难、由内向外、由近及远的原则，整理出需要接触、提取生物样本的人员名单，迅速对名单上的人员进行生物检材的采集，在第一"网"中就将嫌疑人"网"了出来。

9 该案件破获后的思考

案件告破了，根据犯罪嫌疑人的可信交代，有以下几点值得我们思考。

9.1 对外围现场勘查做得不够

技术人员在勘查现场时，侧重于中心现场的勘验，主观地认为嫌疑人是躲藏在底楼门市内的，而没有对蛋糕店内其余的地方进行仔细勘验。后据嫌疑人供述，当时他是躲在楼顶上的杂物间内，现场勘验时，技术人员只是粗略地看了一下，由于房间内比较杂乱，就没有进一步详细勘验。因此遗漏了嫌疑人躲藏时可能遗留的物证。

9.2 对现场的保护意识不够

非侦查技术人员在现场随意走动，随意翻动现场物品等，会给技术人员提取、甄别有用的物证造成了极大的困难。

9.3 对案件的定性准确性不够

由于现场有财物损失，加上死者阴道内未出现精斑，主观地认为该案件是一起以盗窃

为目的转变为杀人的案件，侦查重心就一直放在查找有盗窃行为的人员上，放松了对可能有性侵行为人员的调查。

9.4 对嫌疑人的排查细致度不够

对嫌疑人年龄的刻画上，当年年龄段划分偏窄，虽然划出了嫌疑人的年龄段：要么年龄偏大，要么年龄偏小，但都以成年人为对象，而嫌疑人当年是不满 15 岁的未成年人，侦查中就将嫌疑人排除在外。

对嫌疑人的陈述查证不细。2005 年第二次启动侦查时，侦察人员就将嫌疑人纳入了侦查范围。但是侦查员对嫌疑人员的陈述没有进一步查证，只是认为他与其母亲的陈述一致，并且未提取嫌疑人指纹进行比对，就轻易相信了他而放过调查。如果 2005 年提取了嫌疑人的指纹，一经比对检验，案件将提前 10 年告破。

命案犯罪现场分析重建

庞传卫[1] 渠吉路[2] 魏素红[1]

1. 天津市滨海新区公安局港南治安分局　2. 浙江省嘉兴市公安局刑侦支队

命案犯罪现场分析重建是坚持以犯罪现场为中心，全面收集现场痕迹及现场访问信息，客观、合理地分析各类痕迹信息，尽最大可能地发掘其隐含信息，并有机地将各种信息联系起来，反复推敲，共同研究，坚持实事求是，坚持"勘验、分析、再勘验、再分析"的认识规律，不断地修正和完善对现场的认识及分析重建，再现犯罪行为的过程。犯罪现场分析重建可推断出犯罪心理变化轨迹，以确定案件的性质，分析判定作案过程和作案手段，进而划定侦查范围、明确侦查方向，描画出作案人特征，收集犯罪证据。

1 命案犯罪现场分析重建坚持的基本原则

1.1 必须坚持实事求是的原则

实事求是的原则是命案犯罪现场分析重建工作的根本性原则，要求法医专业人员必须从犯罪现场和犯罪实际出发，客观、全面地反映犯罪信息，如实地记录犯罪情况。

1.2 必须坚持合法合理原则

命案犯罪现场分析重建的目标是为了确定侦查方向和范围，提供侦查线索和犯罪证据，准确找出犯罪嫌疑人，破获案件，因此要严格按照法律的规范、办案的程序、操作的规程来办事。

1.3 必须坚持严谨细致的原则

命案犯罪现场分析重建要求在现场勘查、提取痕迹物证、现场调查、分析判断和假设推理等各个环节都要求合乎逻辑规律，分析重建要尽可能严谨周密、丝丝相扣。

1.4 必须坚持科学准确的原则

命案犯罪现场分析重建通过现场痕迹物证的提取和检验鉴定，从而证实现场痕迹与犯罪行为、现场痕迹与犯罪嫌疑人的关系。

2 命案犯罪分析重建的主要内容

现场勘查和现场调查是现场分析重建的基础和前提，现场勘查和调查的好与坏，对现场分析重建起着非常关键的作用。在现场勘查和调查工作中，法医专业人员必须做到及时、全面、准确、客观和细致。在现场勘查和调查中获取到的大量犯罪信息，不仅反映了犯罪嫌疑人的作案轨迹，而且映照着犯罪嫌疑人的心理活动、心理状态和个性心理特征。法医专业人员要对获得的全部犯罪信息进行去伪存真、去粗取精的筛查，用客观、科学和辩证的方法，分析研究痕迹物证产生的原因和具备的条件，推理判断犯罪嫌疑人的行为过程、心理轨迹、个性特征，再把这些分析的结果条理化，形成对案件的整体印象和总体看法。在分析中，物质痕迹得出的结论能直接成为揭示犯罪、证实犯罪的有力证据，心理痕迹得出的结论揭示了犯罪嫌疑人的心理活动，能为分析案情、侦查破案提供线索，为寻找其他物证提供思路。两者可以有效结合、相互佐证，如手印、足迹、工具痕迹、整体分离痕迹等除本身具有同一认定的价值外，也直接存储着与犯罪心理有关的诸多信息。心理痕迹中的动机、目的，变态的心理等，也会在犯罪嫌疑人的犯罪行为中流露出来。法医专业人员建立犯罪嫌疑人与被害人或犯罪现场之间的联系，关键在于对痕迹物证的审查。同时更多地发现犯罪嫌疑人遗留的痕迹物证对完善揭示其犯罪的证据链条，使结论更加可靠、确凿有着深远意义。如果犯罪嫌疑人将犯罪现场破坏，那么从被害人、知情人那里获取到的意识痕迹、心理痕迹就显得尤为重要，既可作为鉴别现场痕迹物证的依据，也能使现场分析得到印证。犯罪现场分析重建就是法医专业人员用专门知识和手段，获取犯罪信息，通过现场分析，还原犯罪活动的过程。

3 提高命案犯罪现场分析重建的措施

在西方一些发达国家，犯罪现场分析重建工作开展较早，发展也比较快，是庭审科学的重要组成部分。在我国，这项工作较为滞后，现场勘查和现场分析重建发展也不平衡。犯罪现场分析重建是复杂的系统工程，应该贯穿整个刑事案件侦破的全过程。但是由于现场分析重建直接受现场勘查条件、技术设备以及法医专业人员的业务水平、逻辑分析推理能力等诸多因素的影响，因而具有不确定性、主客观限制性和渐进性。这就要求法医专业人员要不断提高业务水平和逻辑分析能力，尽可能地全面收集和提取现场痕迹物证，科学客观地进行现场分析，减少先入为主的主观臆断，确保现场分析重建工作顺利进行。

1.1 提高思想认识，积极推进命案犯罪现场分析重建工作

法医专业人员要充分认识到犯罪现场重建是增强刑事侦破能力，提高办案质量和破案率的关键，是推进刑事侦查事业发展、促进庭审科学进步的必由之路。

1.2　重视现场勘查和现场调查，努力收集犯罪基础信息

现场勘查和现场调查是刑事案件侦查的基础，尽可能全面地收集和提取现场遗留的痕迹物证，为分析研究案情提供充分条件，为刑事鉴定确定证据提供足够材料。

1.3　提高现场分析和判断推理能力，为命案犯罪现场分析重建做足准备

命案犯罪现场重建是通过现场分析来实现的，现场分析是对犯罪行为进行逆向思维的过程。法医专业人员要与刑事技术人员、侦查人员相互配合、取长补短、形成合力，有效地推动现场分析重建的工作。

1.4　培养高素质的法医专业人才，促进刑事技术的进步

法医专业人员不但要有丰富的知识和熟练的业务技能，还要有严谨的逻辑思维方法和综合判断能力，在技能和技术运用上注入侦查意识，并在这个意识的支配下进行现场勘查和检验工作，才能对现场整体进行分析判断，不断提高发现、提取和利用现场各种痕迹物证的能力，发挥命案犯罪现场分析重建的作用。

1.5　加强法医硬件建设，为命案犯罪分析重建提供装备保障

命案犯罪现场中的各种痕迹物证，一般都需要运用专门技术器材和手段来发现提取，特别是对一些微量物证的提取，要求更高。刑事犯罪现场中所提取的痕迹物证，要转化为案件侦查的线索和庭审的证据，也同样要借助先进的科学技术装备建设，才能从根本上提高现场勘查的发现、提取和利用率，使现场痕迹物证和现场各种犯罪信息得到充分利用，使法医检验工作得到切实保障，为庭审起诉提供更多的有效诉讼证据。

参考文献：

[1] 吕云平. 犯罪现场教程. ［M］. 北京：群众出版社，2000.
[2] 宋占生. 中国公安百科全书. ［M］. 长春：吉林人民出版社，1989.
[3] 王大中. 犯罪现场勘查. ［M］. 北京：群众出版社，1991.

浅谈性侵犯案件中法医生物检材提取的注意事项

刘建丰

浙江省永嘉县公安局刑侦大队

强奸、猥亵等性侵犯案件是基层法医经常碰到的严重侵害人身的犯罪案件，在这类性侵犯案中，生物物证的发现和提取极为重要。目前，大多数性侵犯案件在现场、受害人和犯罪嫌疑人身上均可提取到良好检材，例如阴道混合斑、没有污染的纯精斑以及唾液斑和毛发等，这些都在性侵犯案件中有定性作用并在将来的起诉、判决等环节可能成为重要的证据。但有时性侵犯案件中存留极少量的检材，由于法医工作人员工作不仔细，或者对一

些生物检材提取意识不足，或者是受害人个人的行为（比如擦洗、大量出汗等）而消失，无法将更有价值的生物检材提取到并送到实验室进行检验，使侦察工作无从下手。本文针对生物检材提取的一些注意事项做如下讨论，供同行参考。

1 案情调查的注意事项

性侵犯案件在现场勘验、技术取证前，法医工作人员应向受害人或其监护人详细了解有关的案情，从而有针对性地开展技术取证工作。应注意详细了解被害人的受伤情况、衣着情况等。被性侵犯时是否被暴力手段控制（使用什么暴力、工具、打击部位或其他方法），双方身体接触的细节，有无射精、防卫反抗情况，衣服损坏情况，犯罪嫌疑人在防卫、抵抗中有无受伤，受伤部位及程度等。

2 现场勘验的注意事项

询问受害人被性侵犯时所在位置，其臀部下方是否有衬垫床单、被褥、毯子、毛巾、衣物、报纸等物品，注意从这些物品上发现提取精液、精斑、毛发、避孕套等；在被性侵犯当时及之后是否擦拭阴部，用何擦拭，要注意提取毛巾、卫生纸、衣服等擦拭物。若有作案工具、打击痕迹、门窗等处的撬压破坏痕迹，要注意提取血迹、烟头等生物检材。

被性侵犯的现场，农村多在野外，城市多在室内。在室外现场，嫌疑人为了寻找侵害对象，常常会在现场附近长时间逗留，在逗留过程中，会留下大量可供 DNA 检验的生物检材，比如便溺、吐痰、抽烟、嚼口香糖、喝水、吃瓜子等都可留下大类生物物证。这些生物物证，尤其对被性侵犯未遂案件的取证和系列被性侵犯案件的串并，有很大的帮助。而室内现场，都有明确的入口和出口，留下的生物检材往往不受天气影响而破坏，因此更容易获得。

3 检查受害人的注意事项

3.1 衣着的检查

收集受害人被性侵犯时所穿衣物，由于受害人的反抗，受害人的衣裤等可能被撕破，造成纽扣脱落、裤带拉断、裙子撕破、胸罩拉坏等，这些除证明是否发生暴力侵害行为外，物品上面均可能有来自案发现场或嫌疑人的相关物证，应注意这些部位脱落细胞的提取。特别要注意提取受害人被性侵犯时可能沾附有嫌犯精液的内裤、裙子、连裤袜、裤子等衣物，以及被性侵犯后当时穿的内裤或内裤上的护垫等。

3.2 身体的检查

3.2.1 体表的检查

性侵犯案中，若犯罪嫌疑人对受害人的口唇、脸面、鼻尖、耳、颈部、手部、乳房、外阴等处进行亲吻、牙咬、舌舔、吮吸等动作，要注意这些部位唾液斑和脱落细胞的提取。性侵犯案中，犯罪嫌疑人多数有用手抓受害人的乳房及口吸、牙咬等行为，若用指甲抓，常在乳房上有月牙状抓伤痕，用指腹捏压常在皮肤表面有指腹大小片状的皮下淤斑。若用口吸可见乳头边缘皮肤有牙齿咬伤的痕迹。这时应仔细观察分析牙痕的形状及特点，必要时可以做出模具，以备找到犯罪嫌疑人做比对认定。应及时在乳头、乳房、损伤处皮肤上提取唾液斑或嫌疑人脱落细胞。

性侵犯案件中往往双方都有过激烈搏斗，可能会在受害人的指甲内残留有犯罪嫌疑人的皮肤、毛发、衣服纤维等物证。对于毛发、衣服纤维等明显可见的物证，可以直接提取，对于不可见的微量生物物证，应注意提取受害人的指甲。

若犯罪嫌疑人完成射精行为，要注意受害人的外阴部、大腿内侧、下腹部、阴毛等部位的检查，精斑干燥若附在阴毛上可形成乳白色的干燥物，容易被发现，若存留在皮肤表面却不易观察，可用特殊光源进行仔细查找。

3.2.3 腔道内的检查

性侵犯案中有些犯罪嫌疑人为了性兴奋强迫受害人口交或肛交，此类案件的发生呈逐年增多的趋势。因此受理案件后，应该首先问明受害者，嫌疑人实施了那些性暴力，从而有目的地提取生物检材。对性侵犯杀人案件和女性被杀案件中，应该做到常规提取口腔、阴道、肛门拭子。

同时，若受害人处于醉酒状态，或用安眠药、麻醉剂等使受害人失去抵抗能力的，应及时提取尿样、呕吐物、洗胃液、血等进行毒化分析。

4 检查犯罪嫌疑人的注意事项

收集犯罪嫌疑人作案时穿着的衣物，应注意检查衣物上面是否有来自受害人或案发现场的相关物证。

检查嫌疑人有无因被害人防卫、抵抗而留下的相应损伤。如受害人指甲在作案人的手部、面部、胸背部、外阴部等处皮肤上留下的抓伤，如受害人牙齿在作案人的鼻尖、嘴唇、手指、肩部、上臂、阴部、衣物等处的咬伤，如受害人有受伤出血时，可在嫌疑人衣服或体表留有血迹等，如嫌疑人有用手指抠被害人阴部等动作，则可能会在作案人的指甲内残留被害人的皮肤、血迹等物证，检查犯罪嫌疑人的生殖器是否有受害人的抵抗伤，在阴茎包皮褶皱内有无阴毛附着。同时注意这些部位的血迹、唾液斑及脱落细胞的提取。

作案人强奸被害人，有时可能没有射精，在案发现场或被害人体内无法提取到精子，提取作案人的阴茎拭子也可作为重要物证。一是阴茎拭子可以提取到被害人的阴道脱落细胞；二是强奸处女致被害人处女膜破裂出血，可提取到被害人的血迹；三是如被害人在案发前与其男友或丈夫有过性生活，可能会在作案人的阴茎拭子上提取到其男友或丈夫的精子。

参考文献

[1] 侯一平. 法医物证学 [M]. 3 版. 北京：人民卫生出版社，2013.
[2] 万立华. 法医现场学 [M]. 1 版. 北京：人民卫生出版社，2012.

浅议接触性 DNA 检验在案件侦查中的应用

肖向宇　夏昱　白小刚

成都市公安局刑警支队技术处

1 接触性生物检材

接触性生物检材是指通过人体接触而将人类 DNA 遗留在客体上形成的生物类检材，主要指指纹、皮肤及黏膜脱落细胞。皮肤占人体重量的 15％，是人体最大的器官。人的表皮细胞 1 月更新 1 次，每天大约脱落 400000 个细胞。皮肤每平方厘米含有 100 个汗腺，10 个油腺，腺液分泌时也同时含有较多能量代谢细胞。接触性生物检材一般可分为口腔细胞和体表脱落细胞两类，口腔细胞类检材主要涉及牙刷、吸管、饮料瓶口、碗筷类、口香糖、果核、果皮等；体表脱落细胞类检材主要涉及衣服帽子手套鞋类、绳索类、刮胡刀、梳子、指纹等。这些细胞通常经过接触转移到其他物体上，从而成为案件现场中很重要的一类生物物证来源。

2 接触性生物检材的提取、检验现实情况

随着法医 DNA 技术的发展，案侦人员对现场生物检材的认识逐步加深，现场勘查人员除了提取常规检材外，也开始加强对接触性生物检材的提取。就笔者所在的刑事技术 DNA 实验室来说，接触性生物检材的提取数和提取比率在近几年出现了大幅度的上升，具体情况如表 1 所示。

表 1　近年接触性生物检材提取数与提取比率

年份	常规检材数	接触性检材数	接触性/常规检材比率
2011	9223	2658	28.8％
2012	9075	3673	40.5％
2013	10080	5433	53.9％
2014	11114	10552	94.9％
2015（1—6 月）	4817	5037	104.6％

由表 1 可以看出，自进入 2014 年以来，接触性生物检材的提取大幅度提高，2015 年上半年接触性生物检材提取数甚至超过了常规生物检材提取数。究其原因，一是现场勘查人员对接触性生物检材的认识日益加强，认识到了接触性生物检材对案侦工作的重要性；

二是实际工作中盗窃案的现场勘查率、生物检材提取率大幅上升。而在盗窃案中，由于犯罪嫌疑人的反侦察意识增强，常规的指纹已经越来越难提取，犯罪嫌疑人也很少在现场遗留血痕、烟头等常规生物检材，所以提取接触性生物检材就显得尤为重要。

通过分析 2015 年上半年的盗窃案及送检检材，笔者发现盗窃案有以下特点：

（1）盗窃汽车、车内财物案件大幅增加，主要集中在城区。

（2）盗窃党政机关电脑案件大幅增加，郊县单位明显。

（3）盗窃工地建筑材料、柴油案件大幅增加，集中在偏远郊县。

上述几类盗窃案在现场勘查中一般都不易提取到常规生物检材，现场勘查人员常常提取接触性生物检材，如车把手、方向盘、排挡杆的提取拭子，网线、电源线接头的提取拭子，油桶把手的提取拭子等。

犯罪现场的接触性生物检材往往以各种形式存在于现场，肉眼很难分辨现场的各种载体上是否有人类细胞的存在，也很难判断人类细胞在载体上的具体位置。盲目提取难以获得所需要的有效 DNA，这对现场勘查人员提取此类生物检材造成了困难，同时由于接触性生物检材上的人类 DNA 含量和纯度，因受体差异、接触时间、载体性质等诸多因素的差异制约，对实验室检验人员的 DNA 检验也带来了极大的不确定性，无法保证接触性生物检材的检验质量。表 2 是笔者所在实验室接触性生物检材的检出率。

表 2　接触性生物检材的检出率

年份	接触性检材数	接触性检材检出数	接触性检材检出率
2011	2658	1035	38.9%
2012	3673	1491	40.6%
2013	5433	2450	45.1%
2014	10552	3530	33.5%
2015（1—6 月）	5037	1461	29%

不同种类接触性检材检出率见表 3、表 4（2015 年 6 月 1 日至 14 日检验结果）。

表 3　不同种类接触性检材检出率（口腔细胞类）

载体	数量	检出单一 DNA	检出混合 DNA	未检出	检出率	有效检出率
牙刷	20	12	4	4	80%	60%
饮料瓶口	20	11	2	7	65%	55%
吸管	20	10	3	7	65%	50%
杯子	20	9	2	9	55%	45%
易拉罐	20	9	1	10	50%	45%
水果	20	9	0	11	45%	45%
乳头拭子	20	10	4	6	70%	50%
食品	10	3	0	7	30%	30%
总计	150	73	16	61	59.3%	48.7%

表 4 不同种类接触性检材检出率（体表脱落细胞）

载体	数量	检出单一DNA	检出混合DNA	未检出	检出率	有效检出率
口罩	8	5	1	2	75%	62.5%
手表、戒指	11	7	0	4	63.6%	63.6%
帽子	6	3	1	2	66.7%	50%
手套	20	6	8	6	70%	30%
刮胡刀	7	4	0	3	57.1%	57.1%
衣物	20	6	4	10	50%	30%
鞋子	20	4	4	12	40%	20%
袜子	20	6	3	11	45%	30%
裤子（口袋、腰带）	20	4	1	15	25%	20%
内衣（领、袖口）	20	6	6	8	60%	30%
指纹	20	7	0	13	35%	35%
大便纸	10	7	0	3	70%	70%
工具类（刀、撬棍等）	30	5	4	21	30%	16.7%
物品类（网线、电源线接头）	30	5	2	23	23.3%	16.7%
房间类（窗户、窗框）	50	2	2	46	8%	4%
总计	292	77	36	179	38.7%	26.4%

从表 3、表 4 可以看出，牙刷、饮料瓶口、吸管、杯子等接触口腔的检材相对干净，可能留有口腔细胞含量高，这些检材有效检出率最高；而咬食过的食物及残渣类、水果皮、水果核等检材，因为有果酸、防腐剂等外源性干扰，有效检出率相对较低。穿戴过后未清洗的口罩、手表、帽子类载体也可以取得较高的有效检出率，刮胡刀等生活用品也取得满意的效果。衣物、工具类、物品类、房间类载体的有效检出率较低，这可能与这几类载体接触人员复杂，有灰尘、泥土等外源性干扰有关。

接触性生物检材与常规生物检材不同，要求从现场提取到实验室检验都需要从业人员更加认真、细心、负责。很多现实案例的经验教训都已经充分证明，凡是认真负责、深入细致地进行工作的人，即使碰到被破坏的现场，也能从"蛛丝马迹"中获取有用的痕迹物证。草率敷衍，即使完整的现场，也可能造成损失或遗漏应该提取到的痕迹物证，使本来可以用于揭露、证实犯罪的客观证据从眼皮下溜走。笔者所在的实验室经过统计分析发现，杀人案中接触性生物检材检出率最高，盗窃案中的接触性生物检材检出率最低，这明显跟现场勘查人员、侦查人员对案件重视程度有关，具体如表 5 所示。

表 5 不同案件中接触性生物检材检出率比较

案别	杀人案	伤害案	抢劫案	毒品案	盗窃案
接触性检材检出率	53%	41%	39%	33%	29%

3　提升接触性生物检材在案侦工作中应用

3.1　现场勘查

在现场勘查时，寻找发现现场痕迹物证必须严格遵循先重点、后一般，先观察、后显现，先静观、后动观，先带手套、后动手等工作原则。进入现场后，应在调查访问的基础上，明确寻找发现现场痕迹物品的重点区域、重点物体、重点部位，做到胸中有数、有条不紊。

寻找案件现场痕迹物品应根据不同案件性质的特点，结合现场变动的情况，利用生活常识进行推理，分析犯罪嫌疑人动作及其习惯等因素，有针对性地提取检材。要以作案活动为中心，以行为人可能破坏的部位为重点，灵活判断各类物件被挪动、翻动、毁坏、丢散等现象，从中寻找出作案人触及有关的物体留下的痕迹物品。

在现场提取接触性生物检材时，现场勘查人员需 2 人以上，培训上岗、胆大心细、责任心强。防止检材污染是首要任务，尤其是防止现场指挥人员、侦查人员及现场勘查人员带来的污染，要求提取人员穿着手术衣，佩戴一次性手套、口罩、帽子、鞋套，提取用具要求消毒洁净。在提取过程中，要针对不同的检材采用适宜的提取方法，如：直接提取法（剪取）、棉签擦拭法、亲水胶纸粘贴法、负压吸引法。提取后要分别包装，细心保存，及时送检。

表 6 是笔者所在实验室总结的几种接触性生物检材提取方法的优劣比较。

表 6　几种接触性生物检材提取方法比较

物证类型	DNA 收集情况	几种方法的比较	建议提取方法
光滑客体	富集情况	吸尘法＞擦拭法＞粘取法	建议使用两步擦拭法，注意提取时载体的大小，水的适量程度。也可以使用粘取法。
	抑制情况	吸尘法＞擦拭法＞粘取法	
	混合情况	吸尘法＞擦拭法＞粘取法	
粗糙客体	富集情况	吸尘法＞擦拭法、粘取法	建议使用吸尘法，不具备条件的可使用滚擦法，粘取法不易操作。
	抑制情况	擦拭法＞粘取法＞吸尘法	
	混合情况	吸尘法＞粘取法＞擦拭法	
衣物客体	富集情况	吸尘法＞粘取法＞剪取法	视检材情况决定使用方法。
	抑制情况	剪取法＞吸尘法＞粘取法	
	混合情况	吸尘法＞剪取法、粘取法	

3.2　实验室 DNA 检验

3.2.1　初处理（提取 DNA）

接触性生物检材送到实验室后，实验室人员应针对不同类型的检材采用不同的提取方法，以期使其 DNA 纯度和浓度满足后期的 PCR、电泳的要求。实验室常用的提取方法有：①Chelex－100 法；②有机法；③硅珠或硅膜法；④磁珠法。

表 7 是这几种提取方法的优劣比较。

表 7　实验室常用的 DNA 提取方法

提取方法	提取速度	人工投入	污染概率	DNA 损耗	提纯能力
Chelex-100 法	快，100 个/2 小时	全人工	小	无	低
硅膜法	慢，12 个/2 小时	全人工	中	较大，可浓缩	较高
磁珠法	较快，36 个/2 小时	半人工，可自动化	小	小，可浓缩	高
有机法	慢，12 个/2 小时	全人工	大	大	较高

同时笔者所在的实验室还根据各类接触性生物检材的不同特点，有针对性的采用上述几种提取方法的组合方式进行提取。如：Chelex 法＋有机法、Chelex 法＋磁珠法等。

以白灰墙面上血迹的提取为例，采取不同现场提取和实验室处理方法，检出情况如表 8 所示。

表 8　对同一检材采取不同现场提取和实验室处理方法检出结果

提取方法	处理方法	结果
刮削法	Chelex 法	未获得分型
	Chelex 法＋过柱法	未获得分型
	Chelex 法＋磁珠法	获得分型
棉签、纱线擦拭法	Chelex 法	获得分型
粘取法	Chelex 法	未获得分型
	Chelex 法＋过柱法	未获得分型
	Chelex 法＋磁珠法	获得分型

3.2.2　DNA 定量

对接触性生物检材而言，DNA 定量有其特别重要的意义：①通过定量，可以判断 DNA 提取液中是否有抑制，是否有降解，是否需要纯化；②DNA 量是否过大，需要稀释；③DNA 量是否偏低，选择增加模板量或增加扩增循环数。

3.2.3　质量控制

接触性生物检材的 DNA 检验，一般获得的 DNA 模板量会非常少，属于低模板（LCN）检验，可能会产生非特异性扩增或等位基因丢失、影子带增强等问题。实验室应严格按照操作规范进行检验，特别是做好防污染措施，同时应建立质控库，将现场人员和实验室人员入库以作甄别使用。

3.2.4　检验结果的认识

侦查人员、实验室人员应对接触性生物检材检验出的结果有正确认识，要考虑到所有接触到该载体的个体，都有可能将脱落细胞遗留在上面，所以要结合现场勘查和调查，判断接触性检材属于犯罪嫌疑人遗留的可能性，是否有利用价值，而不能简单地说哪个接触性生物检材上检出了某人的 DNA，此人就一定是犯罪嫌疑人。脱落细胞有容易遗留、转移的特性需要我们慎重对待检验结果。

法医 DNA 技术在许多重大疑难案件的侦破中发挥了重要作用，但随着犯罪分子反侦察手段的增多，一些明显的常规生物检材（如血痕、精斑、毛发、烟蒂、人体组织等）常被犯罪分子有目的地破坏。而接触性生物检材容易被犯罪分子忽视，这些检材能够也应该成为我们充分利用的生物物证来源，这些物证可以存在于犯罪现场，也可能存在于犯罪分子及受害者的衣物、用具上，因而如何更好地利用接触性生物检材对案件的侦破有着非常重要的意义，也值得我们去探索。

参考文献：

[1] 刘海东，胡兰，侯常永，等. 犯罪现场生物检材的发现、提取策略 [J]. 中国司法鉴定，2009，46-48.
[2] 王琴，章申峰，李佑英，等. 微量脱落细胞 DNA 检验方法的比较分析 [J]. 刑事技术，2014，4：54-55.

DNA 检验在现行命案侦破中的指导性作用

赵刚 欧娟
四川省资阳市公安局

1 案情

2015 年 5 月，被害人杨某（男，58 岁）从某乡工地干完活后，驾驶摩托车返回某镇自己家，7 时许在某村 7 社村公路上被人发现倒地受伤，很快死亡。经初步检验考虑死者系颈部贯通创致左侧颈静脉破裂大出血死亡，致伤工具不明。受伤情况无目击证人，现场未找到致伤物，初期调查未获得有价值线索，死亡性质一时难以确定。

2 物证检验及分析

现场勘查提取了 50 份血迹、可疑斑迹进行 DNA 检验，从其中距尸体 10 米远的几处滴落状血迹检材检出的 DNA-STR 基因分型与死者不同。由于在技术人员接警到达现场前，现场已被发现的村民，抢救的医生，围观、帮助的村民进入，血迹来源不清楚。结合现场勘查情况，这几处血滴在现场呈成趋分布，并与死者滴落血迹分布有交叉，因此，血迹为与死者生前有接触的人受伤留下的可能极大，即几处滴落血迹应该是嫌疑人所留。死亡性质很快明确，死者杨某系被他人所害。

3 侦查方式及破案情况

3.1 建议家系排查查找犯罪嫌疑人

由于现场地处农村，是村村通道路，发案期间，乡村地区不是大量外出打工人员回家的季节，外来人员也很少，具有利用家系排查犯罪嫌疑人条件，建议采取家系排查。

3.2 排查破案

在技术人员的建议下，从案发地由近及远采集人员血样。结果在排查到 200 余份样本时，案发现场血迹 Y-STR 分型与附近刘某家族在 27 个位点上一致。侦查人员立即展开对刘某家族亲缘关系人的侦查。刘某（男，13 岁），5 月 10 日未参加学校组织的考试，其母为其向老师请假的理由是手受伤无法握笔参加考试，刘某的嫌疑明显。5 月 27 日，抓获刘某，经 DNA 检验比对，现场点状滴落状血迹正是其所留。其本人也如实交代了案发当晚放学后因玩耍耽误了回家时间，就想打"摩的"回家，于是便坐上了受害人的顺路摩托车。由于身上没有钱，打算快到家的时候就逃跑。当车行到案发地的时候，怕受害人追要车钱，就刺了其颈部一刀，受害人停下摩托，下车追赶，担心被抓住的刘某又刺了受害人一刀，受害人回转推车准备骑车再追时，因失血过多倒地身亡，嫌疑人趁无人发现迅速逃跑。在行凶过程中伤到自己右手，在现场滴落下血迹，留下证据，此案成功告破。

DNA 数据库应用在破命案积案中的作用

赵刚　欧娟

四川省资阳市公安局

1 简要案情

2008 年 11 月 29 日中午 13 时许，某县公安局刑警大队接到派出所电话，称某寺守庙的袁某（男，84 岁）死亡。

2 现场勘查及检验情况

经现场勘查分析，确定为一起盗窃转抢劫杀人案。案发现场经过反复勘查，共提取物证 27 份，4 次送检，在现场的"可乐塑料瓶"和"血茄烟"中检出同一名男性的 DNA，非受害人所留，怀疑为嫌疑人所留，但不能肯定。因为受害人还经营了一个小卖部，不排除在此购物者或游客所留。

3　侦查情况

通过现场遗留的这份 DNA，警察先后排查重点嫌疑人 20 余名，家系排查 18 人，未排查到有价值的线索，将 DNA 结果录入全国 DNA 数据库应用系统，无比中结果。

4　破案情况

2011 年 4 月，该起案件的 DNA 与福建厦门市警方检验的一起"盗窃案"中现场物证牛奶盒吸管上检出的 DNA 比中，办案警察到达厦门，当地警方提供了当时案发现场提取到的八枚指纹。办案民警将指纹带回我省，经我省指纹数据库比对，指纹比中成都市公安局指纹库中的违法人员刘某（2010 年 10 月在成都因盗窃入狱），该嫌疑人就是死者寺庙附近的村民，其杀人嫌疑陡增。抓获嫌疑人刘某后，经 DNA 检验，确定当年命案现场的两份物证正是其所留。嫌疑人对当年因盗窃被发现而抢劫杀人的犯罪事实供认不讳，此案告破。

5　讨论

当年排查工作不到位，存在疏漏，嫌疑人刘某就住在案发地附近，与寺庙同村，结果警察通过人员排查和家系排查均未发现。

在刑事案件中，多种刑事技术手段的联合应用，可为案件侦破带来新的契机。目前，随着 DNA 技术的快速发展，其为案件侦破提供重要证据的作用越来越凸显，与指纹技术具有同等的认定价值。指纹技术作为一种传统的有认定价值的证据，早已为大家所熟知，指纹数据库建立更早，一部分人员可能只采集了指纹入库。该案提示我们，指纹和 DNA 数据采集入库同等重要，其联合使用会对案件侦破带来良好效果。

现场血迹推断出血点位置的研究进展

游盛中[1]　高振[2]　袁自闯[3]　余彦耿[3]　权力[1]　李伟敏[4]

1. 四川省资阳市公安局经济开发区分局　2. 广东省广州市公安局南沙区分局
3. 广东省公安厅刑事技术中心　4. 广东省韶关市翁源县江尾中学

在有关命案现场的法医学检验中，血液是最有价值且最常遇到的生物学物证之一。现场血迹则是一种能够反映出作案活动过程的痕迹物证，包含了大量与罪犯相关的信息。因此，对血迹的研究一直受到法医学领域的重视，并将其作为一门科学不断深入。查阅国内外文献，我们发现，对于血的种类、成分分析技术发展很快，也很成熟，可以说已经到了非常精确的地步，但针对现场血迹形态的分析、研究相对比较薄弱。血迹形态学是一门新兴的边缘学科，它涉及有关血迹数量、形态、大小及位置的检验。因此，判断出血点位置是现场血迹形态分析的任务之一，也是犯罪现场重建的重要内容之一。根据国外最新的血迹分类方法，血迹可分为被动血迹、投射状血迹、变动状血迹三大类。本文拟对被动血迹及投射状血迹中因撞击（包括垂直撞击与成角度的撞击）所形成血迹的相关文献进行综述，为推断出血点位置的血迹形态学及动力学研究提供参考。

1 垂直撞击所形成血迹的出血点位置的推断

垂直撞击作用所形成的滴状血迹大多呈圆形，其形态及大小要受到血滴体积、撞击速度及不同介质表面特性的影响。Mac Donnell 对血滴的体积研究表明，$50\mu l$ 是"典型"的血滴体积，它更接近于静脉出血所形成的血滴体积。基于此，国内学者罗亚平等对滴落状血迹进行了大量研究，结果表明：当血滴体积为一固定值（大多在 $50\mu l$ 左右），在静态条件下，在较为光滑的介质上，滴落状血迹的直径与滴落高度（即转化为垂直撞击速度）存在着较好的相关性，并得出了相应的回归方程；在慢走、疾走、跑、快跑等动态条件下，滴落血迹为圆形或椭圆形，沿运动方向的一侧出现突起；高度、速度分别对介质上的血迹形态产生影响，只在水泥路面上两者有交互作用。罗亚平等通过三种不同血滴体积的模拟实验，提出对数回归模型更符合实际情况，提出结合使用两种模型推算出的高度范围可以作为分析现场滴落状血迹的参考。但国内的研究大多都没有对血滴体积、撞击速度的相关性进行进一步的研究。

国外学者 Pizzola Peter A 等通过对固定靶面、移动靶面及斜面的模拟实验研究表明：犯罪现场血迹的宽度，等同于原来球状血滴下落时的宽度，在斜面上撞击形成的血迹与在移动靶面上撞击形成的血迹可能是等效的，但它们之间的形态是存在差异的。Lee Hulse-Smith 等针对撞击速度及血滴体积的研究表明：血迹直径及边缘突起数目会随着血滴直径及撞击速度的增加而增加，而与滴落介质表面的粗糙度呈负相关，并通过盲法实验对其实验结果进行了验证，最后得出计算血滴体积与撞击速度的公式，即已知血迹直径与突起数目便可推断出血点位置。然而研究的血滴体积范围较小，为 $14\sim45~\mu l$，且由于一些介质表面形成的血迹不会出现突起，公式无法应用于比较光滑的介质。

血滴体积，尤其是滴落时血滴的体积主要受与其接触的载体的影响，因此不同的载体会产生不同的血滴体积，可远大于 $50~\mu l$。结合案发现场，圆形的滴状血迹可能是不同的载体上滴落形成的，如一根头发、刀子、锤头、手指、衣物等，从这些载体上滴落的血滴体积有着巨大的变化，如一根头发上的血滴可小至 $13~\mu l$，毛巾袜上的可大至 $160~\mu l$，并且国外还有学者测量了血滴从不同常见物体上被动滴落的情况下所产生的血迹直径，因此不能忽视血滴体积对血迹形态的影响。

2 成角度撞击所形成血迹的出血点位置的推断

2.1 拉绳法

血滴接触客体形成痕迹，如果客体表面光滑、平整，血痕的形态要么呈圆形，要么呈椭圆形。也就是说，滴状血痕的总体形状是椭圆形，椭圆形的其中一侧形态光滑，被称为

"头部"，另一侧会形成类似小尾巴状的痕迹，被称之为"尾部"。根据滴状血痕的形态可以判断血滴接触客体时的角度，椭圆形的长边与宽边如果近似，则血滴是以垂直滴落的方式形成血痕的；椭圆形的长边与宽边距离相差越大，说明血滴接触客体的角度越小。不同大小的血滴，如果接触角度相同的话，产生的血痕形态基本相同。因此，技术人员可以通过观察已知接触角度的血滴形成的血痕形态，掌握不同接触角度形成的血痕形态，从而在犯罪现场对血痕进行初步的分析。通常计算血迹角度是先测量椭圆形的短轴和长轴的比值，然后根据正弦函数确定与比值对应的入射角度，即算出血迹是以多大的角度撞击在载体上的。邓大中等还通过实验提出一种改良的计算方法——拉绳法，从而减小传统计算方法的误差。

采用拉绳法判断出血点的原始位置需要两个步骤：第一步需要在水平面上确定血源的集中区域，即将血迹的长轴连成直线，并向后延伸，多条直线交汇于一点，这一点就是在二维空间上确定的集中点；第二步则是要判断血源的空间位置，即通过已知的入射角拉绳确定出血点的空间位置。拉绳法作为一种传统而实用的方法，已经使用多年。该方法由于具有直观性，在法庭上向陪审团解释出血点的位置时非常有用。

2.2 三角函数计算法与绘图法

采用三角函数计算法，需要我们从侧面观察原始血迹图形，将每一个单独的血迹构造成一个直角三角形。绳线是直角三角形的斜边，撞击角设为锐角 θ，从血迹头部到血迹集中区域的连线长度是锐角 θ 的邻边。撞击角的正切乘以从血迹底部到二维空间的血迹集中点的距离，就可得出对边的长度，这个值即是血源的空间距离，从而最终推断出出血点位置。此法可用于替代比较烦琐的拉绳法，虽然结果较为准确，但是须注意的是，这种方法是以血滴飞行轨迹是直线为前提的。但实际上，血滴的飞行由于受到重力和空气阻力的影响，其飞行轨迹是抛物线形。对于飞行距离相对较长的血滴来说，尽管不能准确地确定血滴的飞行路径，但是却可以据以确定或否定大致的飞行轨迹。

绘图法等同于以上原理，每条绳线都可以组成一个直角三角形，平面 X 轴和 Y 轴之上的距离等于撞击角的对边。由于血迹集中区域的几何位置决定了水平轴和垂直轴的交叉位置，确定血源区域就等同于确定水平轴上方的位置。

2.3 计算机程序法

随着计算机技术的发展，利用计算机的图形、图像处理技术使得完全淘汰拉绳法成为可能，计算机软件可以给技术人员提供更为高效和快捷的方法以确定出血点位置。利用计算机分析出血点有很多优点：①操作简便，不必在现场对每个血迹一一测量；②在坐标平面上分析，血滴飞行轨迹一目了然；③计算方法更科学，计算速度快，结果更可靠；④不破坏现场物证，还可与其他勘查工作同步进行，提高了工作效率。

1987 年，加拿大渥太华法庭科学计算机中心的 Alfred Carter 博士开发了最早的血迹形态计算机辅助分析软件 Trajectories，随后由 Son Jose 米勒法庭科学软件公司的 Richard 和 Victoria Miller 推出了专门计算出血点位置的软件 No More Strings。1992 年 Alfred Carter 博士又开发出功能更强的 BackTrack 套装软件，能综合分析出 12 个不同平面上血迹的出血点位置。由于血滴的实际飞行路线不是直线，所以拉绳法、三角函数法及绘图法必然会产生误差，而计算机回放程序恰恰可以采用俯瞰绳线避免这一问题。De Bruin 等通过改良的捕鼠器制作血迹，用于推断出血点位置，采用计算机程序计算后发现选择靠近血源位置且宽度大于 1.5 mm 的血迹用于推断出血源可提高其准确性。Connolly C 等则通过模拟实验研究证明，选择靠近血源位置及较小的椭圆形血迹可减小与实际值的误差。李浩等利用数学模型，将现场血迹的数码相片输入计算机程序中，在血迹上套选对应的椭圆形，通过椭圆参数计算出血迹的长、宽、方向角、接触角等数据，观察血滴飞行路线在坐标平面上的投影，可以分析出出血点的坐标参考值。该方法与人工拉线测量法相比，具有简便、快捷、高效等优点，结果也较接近实际值。为缩小与国外软件的差距迈出了重要的一步，但同样无法避免重力和空气阻力因素对计算结果造成的干扰。

2.4 公式计算法

Lee Hulse-Smith 等对垂直撞击形成的圆形滴状血迹进行研究，得出了可用于计算血滴体积及撞击速度的公式，而这个公式仅适用于垂直撞击，其只是成角度撞击的特例。而 Clare Knock 等则在此基础上，进一步做研究并推导出计算成角度撞击的血滴体积及撞击速度的公式。公式计算法虽忽视了空气阻力作用，但却将重力因素考虑到其中，大大提高了推断出血点位置的准确性。但由于此研究仅仅停留在纸面上，进一步的工作还须考虑不同粗糙程度界面的影响及采用盲法实验进行验证，进而才可将其应用于犯罪现场血迹的研究。

3 回归方程法判断动脉喷溅血迹的出血点位置

动脉喷溅血迹是指人体动脉血管破裂，血液喷出所形成的血迹，是人生前出血的有力证据，必定可以反映出原始现场。根据动脉喷溅血迹的位置、方向、形态、大小及分布特征，可用于推断作案人与被害人之间的相对体位，确定变动体位关系。动脉喷溅血迹的分布及形态特征：整体上呈线形或弧形分布，较多出现于墙面和地面；单个血点可呈类圆形、椭圆形或长条形，在同一条动脉喷溅血迹中，三种形态渐次过渡。

对于动脉喷溅血迹的喷射源的定位，可应用前述多种推断方法，前提是血迹呈圆形或椭圆形。但命案现场有许多喷溅血迹往往呈条带状，回归方程恰好可应用这种形态的喷溅血迹。高振等通过自制的动脉喷溅装置，模拟出水平方向上不同压力及管径下形成的动脉喷溅血迹，建立了不同高度的压力及管径对喷射距离的多重线性回归方程。该方程避免了重力及空气阻力引起的误差，为推断出血点位置提供了有价值的参考信息。此项工作仅对血液在水平方向上喷射于白纸条件下形成的血迹进行了初步观察，由于血液的喷溅是动态的，影响的因素很多，回归方程的使用需进行验证。

4 结语

血滴的真正飞行路径是弧形的，用直线方法测算出的出血点位置会比实际原始位置偏高，并且血滴飞行得越远，高出幅度就越大。这种误差必然会存在于拉绳法、三角函数法、绘图法及部分计算程序法中，通过选择靠近血迹集中区域及较小的血迹可减小这种误差。公式计算法及回归方程法的应用使更多影响因素得以被考虑，但其准确性需进一步的验证。因此，在血迹检验时，应根据血迹形态特点，选择合适的推断方法或将几种方法综合起来进行推断，从而得出较为准确出血点位置。

参考文献：

[1] 李浩，张博，李媛，等. 利用计算机分析出血点位置的一种方法 [J]. 中国人民公安大学学报（自然科学版），2007，13（2）：24—28.

[2] Peschel O, Kunz S N, Rothschild M A, et al. Bloodstain pattern analysis [J]. Forensic Sci Med Pathol，2011，7（3）：257—270.

[3] James S, Kish P, Sutton T. Principles of bloodstain pattern analysis-theory and practice [M]. Boca Raton：CRC Press，2005：100—252.

[4] Mac Donnell H. Flight characteristics and stain patterns of human blood [M]. Washington：National Institute of Law Enforcement and Criminal Justice，1971：1—77.

[5] 李凡，韩冰，马书玲，等. 9 种介质上滴落状血迹的模拟实验研究和应用 [J]. 刑事技术，2006（1）：7—10.

[6] 罗亚平，丁锰，张伟，等. 滴落状血迹形态与滴落高度的相关性研究 [J]. 中国人民公安大学学报（自然科学版），2008（2）：1—5.

[7] 贾晓雪，唐佩佩，王志鸿，等. 四种介质上不同高度垂直滴落状血迹形态研究 [J]. 江苏警官学院学报，2011（3）：180—185.

[8] 马书玲，李凡，韩冰，等. 滴落状血迹形态大小与滴落高度及速度的模拟实验研究 [J]. 河南科技大学学报（医学版），2004（4）：241—244.

[9] 李凡，韩冰，马淑玲，等. 水泥地面上滴落状血迹形态的模拟实验 [J]. 中国司法鉴定，2006（4）：18—19.

[10] 罗亚平，丁锰，张伟，等. 滴落状血迹形态与滴落高度的相关性研究 [J]. 中国人民公安大学学报（自然科学版），2008（2）：1—5.

[11] Pizzola P A, Roth S, De Forest P R. Blood droplet dynamics I [J]. J Forensic Sci，1986，31（1）：36—64.

[12] Hulse—Smith L, Mehdizadeh N Z, Chandra S. Deducing drop size and impact velocity from circular bloodstains [J]. J Forensic Sci，2005，50（1）：54—63.

[13] Hulse—Smith L, Illes M. A blind trial evaluation of a crime scene methodology for deducing impact velocity and droplet size from circular bloodstains [J]. J Forensic Sci，2007，52（1）：65—69.

[14] 罗亚平. 利用滴状血痕推断接触角度的理论分析 [J]. 公安大学学报（自然科学版），2003（1）：5—8.

[15] 邓大中，许木池. 溅落血痕入射角的改良计算法 [J]. 广东公安科技，2003（3）：39—41.

[16] 罗亚平. 利用喷溅血迹判断出血点 [J]. 中国人民公安大学（自然科学版），2003（7）：5—8.

[17] De Bruin K G, Stoel R D, Limborgh J C. Improving the point of origin

determination in bloodstain pattern analysis [J]. J Forensic Sci，2011，56（6）：1476－1482.

[18] Connolly C，Illes M，Fraser J. Affect of impact angle variations on area of origin determination in bloodstain pattern analysis [J]. Forensic Sci Int，2012，223（1－3）：233－240.

[19] Knock C，Davison M. Predicting the position of the source of blood stains for angled impacts [J]. J Forensic Sci，2007，52（5）：1044－1049.

[20] 高振，袁自闯，游盛中，等. 动脉喷溅血迹动力学及形态学的模拟实验观察 [J]. 中国法医学杂志，2013（3）：199－202.

野外亡人案件的现场重建

岳挺

重庆市合川区公安局刑侦支队

1 案情简要

2014 年某月某日早晨 6 时许，有群众在重庆市合川区某镇一条土路上发现一男子躺在地上，"120"急救人员到场确定该男子已死亡。群众报警后民警第一时间赶到现场，发现现场有血迹且男性尸体口鼻部处有血迹，随即通知技术部门对现场进行勘查、检验。

2 现场勘查、检验情况

2.1 现场勘查情况

现场位于土路上，该土路为由西向东为缓坡，土路为略带湿润且有一定塑性的泥质路面。土路北面为工地（正在施工），西面为南北走向大道，南面为杂草空地，东面为某小区。

中心现场位于土路靠某大道一侧，尸体距离某大道 14.7 m，头西脚东仰面躺于地面（此前"120"急救人员到达现场并确认该男子已死亡，对尸体有翻动）；尸体位于土路的小沟壑中，沟壑两侧壁高 0.2 m；在尸体脚东北侧有类梯田形泥土呈扇形堆积；在尸体脚部正东方向的地面上见 2.5 m×0.2 m 的细纤维状印痕；在尸体脚部正东方向的小沟壑内距尸体左脚 2.5 m 处地面见蹬踏痕迹，痕迹方向为东北，尸体脚部正东方向距尸体右脚 3.02 m 处地面见蹬踏痕迹，痕迹方向为东南，尸体脚部正东方向距尸体右脚 4.17 m 处地面见蹬踏痕迹，痕迹方向为东南，在三处蹬踏痕迹相应位置的地面上均见有细纤维状印痕，细纤维状印痕间间距分别为 0.4 m、0.35 m；在尸体脚部正东侧的小沟壑内距尸体脚部 7.2 m 处地面见鞋印并伴有擦划痕迹，擦划痕迹方向朝向东北，距擦划痕迹东侧偏南 1.0 m 处地面见一只记号笔及一只水性书写笔，距擦划痕迹正东侧 0.9 m 处地面上见两处泥土立体鞋印，鞋印花纹无法辨识，该擦划痕迹北侧 1.8 m 处为一泥土形成的凹陷带，在凹陷带内见有泥土立体鞋印，鞋印花纹与死者所穿鞋鞋底花纹相同。凹陷带北侧 2.2 m 为土路边沿，边沿与边沿外的地面高度相差 0.5 m；在土路边沿处有两处血迹，血已侵入泥土中；在血迹东北侧见有鞋印，鞋印鞋尖朝向西南，鞋印花纹与死者所穿鞋鞋底花纹相同；土路边沿北侧 1.5 m 处有一支记号笔，在记号笔东南侧土路边沿斜坡处见踩踏痕迹，痕迹方向朝南。

2.2　尸体检验情况

2.2.1　衣着情况

死者上身着长袖蓝色工作服，面料为精粗纺织纤维，在上衣右侧胸口口袋上方见"××"字样，上衣双侧衣袖肘关节部位以下背侧有大面积泥土附着（泥土已干）；下身着蓝色工作长裤，腰间系一白色皮带，双脚着白色棉袜及白色平底旅游鞋，旅游鞋鞋底及鞋正面、外侧面均粘附有泥土，长裤双侧膝盖部位见大面积泥土附着（泥土已干），右侧膝盖处有泥土块（泥土块未干），泥土块上有细纤维状印压痕迹。经检查及调查，死者身上所穿蓝色套服为××厂的工作服。

2.2.2　尸体检验情况

死者头顶部见头皮血肿并扪及颅骨骨折，额部见斜形擦痕，双侧鼻腔有出血并流至鼻外，面部眉弓、鼻部、口唇部粘附有泥土，嘴唇紫绀肿胀，左侧颧骨扪及骨折，其余部位检验及解剖检验因家属拒绝未进行。

2.3　现场调查及走访情况

2.2.1　死者身份调查

经调取××厂资料及工友辨认，死者为胡某，18 岁，于 2014 年 4 月经社会招聘到该厂上班，生前为焊接车间小件部生产小组组长。

2.2.2　死者生前生活及工作情况

死者生前与他人无过节、无矛盾，平时性格开朗，喜欢和同龄工友小聚，喜欢上网。工作中纪律性、责任心较强，因工作努力和负责被任命为生产小组组长。

2.2.3　上下班情况

焊接车间日常上班分三班，为早、中、晚班，死者生前最后一班为中班，应在发现死者当日凌晨 00：30 下班。××厂厂区距离死者居住的某小区距离较远，平时步行单程需要 40 分钟；居住小区有两个进出口，一个位于某大道路边，另一个位于发现死者位置的土路坡顶处，该进出口距离厂区稍近但晚上无路灯且雨天道路泥泞，死者平时上下班均从位于某大道的小区正门口进出。

2.2.4　随身物品情况

胡某裤包内的钱包无翻动，财物未见损失；经工友确认，胡某的手机未发现却可以拨通，但一直无人接听和挂断。

3 对现场相关痕迹、物证的认识及现场重建

3.1 对现场相关痕迹、物证的认识及分析

3.1.1 死者脚部东侧地面上的痕迹

死者脚部东侧泥土地面见 2.5 m×0.2 m 的细纤维状印痕，该印痕形态从整体观察为横条形痕迹，横条形痕迹之间的间隔基本一致，对痕迹局部进行细微观察，发现每条横条痕迹上有连续间隔的细小凸起，密集、排列性强，考虑为纺织物品，如衣物与地面接触后形成。

死者脚部东侧泥土地面上的蹬踏痕迹均为地面泥土湿润、松软的情况下由一定宽度的造痕体在动态情况下形成的；蹬踏痕迹的痕起缘与痕止缘距离短于死者所穿鞋的长度，蹬踏痕迹的宽度与死者所穿鞋相近，在痕迹的痕底面的蹬踏方向上见不规则的阶梯状凹痕，分析为蹬踏过程中停顿所形成；在死者左脚东侧延长线上的一处蹬踏痕迹方向朝东北，在死者右脚东侧延长线上的两处蹬踏痕迹方向朝东南，反映出痕迹方向性不同，分析为死者在蹬踏过程中形成。

死者脚部东侧泥土地面上的两处擦划痕迹的长度、宽度与死者鞋的长度、宽度基本吻合，痕迹具有方向性，方向朝东北，分析为死者鞋在滑动情况下形成。

3.1.2 死者脚部东侧地面上的物品、物证

死者脚部东侧地面上的记号笔及水性书写笔经调查，为厂区各车间配发给工人及管理人员的工作用笔，结合对死者工友的调查，获悉死者习惯将记号笔及水性书写笔放于工作服双侧上衣口袋内，站立状态下记号笔及水性书写笔无法落出上衣口袋，分析死者在该处不应为站立状态。

记号笔及水性书写笔北侧的泥土立体鞋印的长度和宽度与死者所穿鞋的长度、宽度吻合，因承痕体的原因，无法辨识鞋印花纹，鞋印的鞋尖方向朝西南，记号笔及水性书写笔的位置位于同方向上，立体鞋印与记号笔及水性书写笔相距 1.2 m，分析死者在此处曾有停留且身体面朝西南方向，结合对记号笔、水性书写笔物证以及两处物证间的距离推断，死者应为非站立体位，由此推断死者在此处曾有跌倒，并将记号笔、水性书写笔遗落在地面上。

3.1.3 土路上凹陷带内的立体鞋印

凹陷带内泥土湿软、可塑形，立体鞋印长度、宽度与死者鞋的长度、宽度相吻合且鞋印的花纹与死者所穿鞋鞋底花纹相同，立体鞋印的鞋尖方向朝南，分析死者走过该处。

3.1.4 土路边沿处的痕迹、物证

土路边沿处的血迹已侵入地面土地中，血迹呈类圆形，血迹中心处颜色较血迹外侧深，分析该处血迹的形成过程时间较长且血滴呈近垂直状态遗留于地面。

记号笔物证的位置位于土路边沿北侧，结合土路边沿与边沿外地面有 0.5 m 的高度差以及连接土路边沿的斜坡处有踩踏痕迹、血迹东北侧地面的鞋印（鞋尖朝向西南），分析记号笔应为死者在向西南方向移动过程中跌倒后遗留在地面上的，推断当时死者身体已受伤、行动缓慢、反应迟缓。

3.2　勘查过程时的后续调查情况

在现场走访及调查时找到当日与胡某一同下班且时同行的王某，了解到案件发生的情况。

王某陈述：当日中班下班后，因回宿舍路途较远且已夜深，胡某邀约其一同爬运输新车的挂车回租住小区。

在确定车辆后，王某爬上挂车左侧，胡某爬上挂车右侧。

在快到租住小区附近时，胡某喊跳车，但王某因害怕未同时跳车，而是等车速缓慢时才跳车，同时因跳车后落地不稳摔倒致左侧脸部、手部、膝部形成不同程度的表皮擦伤。

王某跳车后拨打胡某手机，手机可接通但无人接听；回到宿舍后也未见胡某，随后就回自己的宿舍休息了。

3.3　痕迹、物证及其他证据支撑下的现场重建

胡某在案发当日凌晨下班后与王某一起爬运输新车的挂车回小区，王某在挂车左侧，胡某在挂车右侧，在挂车行驶至租住小区附近时胡某喊跳车，随即胡某从挂车右侧跳车（王某的陈述）。胡某触地过程中身体（主要是头部）受到钝性物体（可能为石块）冲击，因发案时间为夜间，道路两旁无路灯且自身已负伤，于是决定从最近的土路返回租住小区。随后，受伤的胡某伤势越发严重，行动能力已无法支撑其前行，便跌倒在土路边（上身的记号笔掉落）。稍后胡某起身向土路南侧行走至土路边沿的斜坡处跌倒，且在此处停留一段时间（土路边沿处的鞋印、踩踏痕迹、血迹形成）。胡某再次起身走向位于土路中间的小沟壑，由于此处地面泥土湿软、湿滑，造成胡某再次跌倒（水性书写笔掉落、鞋印及擦划痕迹形成），随后胡某因伤势严重无法起身行走（此时胡某面朝西），依靠双膝及双肘交替用力向前爬行（地面的蹬踏痕迹、细纤维状印痕形成），在爬行 9.1 m 后无继续爬行的能力并最终在该处死亡。

4　野外亡人案件的调查、勘查要点

野外亡人案件的调查、勘查工作是有难度的，难点在于调查人员对案件发生过程认识的不确定性和案件从发生到发现的时间不确定性，由此造成客观存在于现场的相关信息量小甚至随着时间的推移而灭失。此外，野外亡人案件在案发时往往无目击者，死者的行为过程、活动情况就更加难以判别，但野外亡人案件的现场勘查工作仍需开展。

4.1　野外亡人案件的走访调查要点

4.1.1　走访案件的发现人及报案人

走访发现人时，应首先询问其发现的时间、地点以及为何能在野外发现现场、在何种情况下发现现场，其次重点询问发现现场后现场当时的相关情况，尸体发现时的位置、姿势、状态等，如有可能再询问发现人案发现场附近的人员活动情况，发现前的天气、气候情况，周围环境的情况以及当地的习俗、风俗情况，以便全面掌握第一手现场信息。如发现人与报案人非同一人，则还需询问报案人的报案情况。

4.1.2　走访案件现场的保护人员

走访现场保护人员同样十分重要，首先向其了解开始保护前的现场状况、开始保护现场使用的保护方法和措施，其次向其了解是否有人进出过现场，有哪些人出入，进入现场人的活动情况，如轨迹、触碰物品情况，为后期现场实地勘查中排查、排除无关痕迹物证做好前期工作。

4.1.3 尽快核实、查证死者身份

到达现场后应先尽快核实死者身份及相关的信息，包括死者的姓名、性别、年龄、背景资料（职业、性格、家庭情况、生活情况、经济情况、情感情况等）。如为无名尸，要拍摄死者的面部辨认照及衣着照片，采集死者十指指纹及掌纹，采集死者生物检材进行物证检验和查询，还应查看死者随身有无特殊物品以及身体上的一些特殊体征。

4.1.4 走访案件的知情人

如有案件知情人应将其作为重点进行走访和调查，调查了解其对案件的知晓程度并进行询问，固定其陈述内容。

4.2 野外亡人案件的勘查要点

4.2.1 尸体所在位置是勘查的重点

勘查现场时应以尸体为中心，勘查其周围的环境情况并固定尸体周围的相关物证。

（1）尸体位置周围的地面。尸体周围地面是相关痕迹物证的最大承载体，仔细勘查可以获得死者生前相关的活动信息。

（2）尸体位置周围的物品。尸体周围的物品往往与死者有关，通过勘查和分析可能会获得死者的身份背景信息、生前活动信息，必要时可以开展物证调查工作，确定物品的来源和销售、使用范围。

（3）尸体所处的空间位置。勘查尸体所处的空间位置可以获得更多的隐含信息。人的活动和行为均受意识控制，并受特定心理活动的支配，死者生前的主观活动信息可由现场的空间位置和周围存在的客观环境所决定，因此勘查和分析现场尸体所处的空间位置信息十分必要。

（4）尸体位置周围的变动痕迹。案件从发生开始，案件现场随即形成，并伴随着时间的推移、天气情况的变化以及人为因素、动植物因素的影响而发生变化、变动。事物的存在和运动都有其特定的规律，特别是在特定时空条件下，事物的运动规律更具唯一性。因此尸体位置周围的变动痕迹的勘查和分析同样十分重要，对于客观、全面认识现场情况有重要意义。

4.2.2 尸体位置的外围现场勘查和搜索

对尸体所处位置的外围现场勘查十分必要。死者生前进入现场一定有其特定的路线和方式，勘查外围现场可确定其进入现场的方式、路径，是否有其他活动情况，通过对外围现场遗留的物证的深度解读，可更加全面、客观地认识整个案件的发生过程、发生原因。有条件对气味进行搜索、追踪时可使用警犬以获取更多的物证，尽可能完整地还原整个案件情况。

野外他杀高度腐败尸体现场分析 1 例

周跃科[1]   盛平[2]

1. 四川省眉山市青神县公安局   2. 四川省眉山市公安局园区分局

1 案例资料

1.1 简要案情和现场勘查

2015 年 4 月 1 日 17 时许，一村民在岷江河滩处的油菜地里发现一具尸体，后经 DNA 亲缘关系认定，该尸体为 2015 年 2 月 12 日失踪人员王某（女，28 岁）。现场位于岷江西岸河滩一处油菜地里，油菜高 2 米，生长茂盛。尸体呈仰卧位，头西脚东，上下肢摆放整齐，尸体四周油菜环绕，尸体旁 20 cm 范围内油菜下部向外倒伏，在距尸体北侧 3 米处有一条小路向西通往河堤，向东通往岷江，尸体脚部与小路间有一条宽 40 cm 的油菜下部向南倒伏痕迹，油菜上部弯曲向上生长，部分油菜枝条见折断后再生长现象。

1.2 尸体检验

衣着检验：上身穿橙色羽绒服，内着黑色长袖针织衫和黑色胸罩，下身穿黑色短裤和黑色打底裤，双脚穿黑色高跟皮鞋。衣物后部和鞋底有大量沙土附着（与河滩泥土相同），羽绒服衣帽内、右颈部、背部见腐败血凝块。胸罩左侧上端见 5 条破口，纤维断端整齐。将羽绒服清洗干燥后仔细检查：衣领高 10 cm，衣领上缘及衣帽上缘为卷曲的棉质布料，右侧衣领内侧缘卷曲布料处有一条 3.0 cm 破口，纤维断端整齐，伸展布料见破口上段有一纤维间桥，两侧纤维整齐断裂，在该破口下方衣领上段至中段有 3 处由外上至内下的斜行破口，长度均为 2.3 cm，宽度 0.1 cm，破口纤维断端整齐，创角外锐内钝，羽绒服内层布料对应部位有 3 处破口。左胸部至左腹部共有 25 条斜行破口（其中左上胸部 9 条，左下胸部 12 条，左腹部 4 条），最长 2.5 cm，最短 2.0 cm，破口纤维断端均整齐，创角一锐一钝，锐角朝向和破口走行方向不一，部分破口相交、相连，对应部位内层布料均见破口。剪取二层针织衫胸腹部布料清洗干燥后仔细检查，见左胸部有 21 条破口，纤维断端整齐，部分破口相交、连续，单条破口最长 2.2 cm，破口方向不一，左腹部有 4 条破口，纤维断端整齐，破口方向为外下向内上斜行。

尸表检验：尸体高度腐败，面部皮肤皮革样化，尸体背部残存皮肤可见片状暗红色尸斑，全身软组织液化，肋骨白骨化，尸体各处见大量各代蝇蛆。

解剖检验：右颈部液化软组织内见腐败血凝块，左胸部液化软组织内见腐败血凝块。舌骨未见骨折。左侧第三肋骨前支下端有一处长 1.1 cm 的斜行刺痕。

毒物检验：胃区、肝区液化组织未检出常见毒物及精神类药品。

2 讨论

2.1 法医学分析

（1）尸体头面部残存皮肤未见损伤，颅骨未见骨折，可排除颅脑损伤致死可能；毒物检验结果排除中毒致死可能。（2）羽绒服右衣领内侧缘卷曲，布料处有一破口，纤维断端整齐，伸展布料破口上段有一纤维间桥，两侧纤维整齐断裂，说明该破口为锐器切割形成（模拟实验证实）；右衣领上段至中段 3 处斜行破口，破口纤维断端整齐，创角外锐内钝，推断损伤方式为单刃锐器以同一姿势刺杀，刀刃向外；结合羽绒服衣帽内、右颈部、背部腐败血凝块以及尸体右颈部液化软组织内腐败血凝块的情况分析，死者生前颈部遭受单刃锐器切割、刺杀造成大量出血。（3）羽绒服胸腹部破口长度与颈部破口长度相当，创角均为一锐一钝，破口对应内层面料均见破口，说明犯罪嫌疑人使用同一锐器刺穿羽绒服，但锐角朝向和破口走行方向不一，说明犯罪嫌疑人在刺杀过程中变换过相对位置；二层针织衫和胸罩上均有对应破口，尸体左第三肋骨前支下端有长 1.1 cm 的斜行刺痕，表明刺创应深入胸腔，结合左胸部腐败软组织内血凝块和衣着背部腐败血凝块推断，死者左胸部生前遭受单刃锐器刺杀造成大量出血。（4）尸体高度腐败，软组织液化，各代蝇蛆生长，推断死亡时间为尸检前 1 至 2 月；尸体背部残存皮肤可见片状暗红色尸斑，推断死亡后体位为仰卧位。（5）在尸体脚部与小路间有一条宽 40 cm 的油菜根部向南倒伏痕迹，部分油菜枝条见折断后再生长现象，说明该处曾有人踩踏导致油菜倒伏；尸体旁仅 20 cm 范围内有油菜下部向外倒伏，倒伏范围小，不符合在该处打斗的可能，说明尸体被发现处不是第一现场。（6）尸体鞋底附着相同河滩上的大量沙土，说明王某有主动踩踏河滩行为，说明第一现场即位于河滩上。

综上分析，本例为一起野外他杀案件。具体过程：犯罪嫌疑人在岷江河滩上用单刃锐器切、刺王某颈、胸部（刺杀期间变换相对位置）致其死亡后，将其拖入河滩上油菜地内隐藏。

2.2 破案情况

通过技术手段抓获犯罪嫌疑人李某。据李某供述，因与王某存在感情和经济纠纷，遂产生杀害王某的想法。2015 年 2 月 12 日晚，李某将王某带至岷江河滩案发现场小路上，李某从王某身后用左手捂住其嘴，右手反握单刃匕首切割王某右颈部，因王某挣扎，李某连续数次以同样姿势刺王某颈部、左胸部，王某不再挣扎后，李某将王某仰卧位放于地上，李某跪于王某左侧，再次以右手反握匕首刺杀王某胸腹部数次，王某死亡后李某将其拖入油菜地内，并用泥土对现场血迹和足迹进行掩埋。

3 经验总结

本案现场偏僻，尸体被油菜遮盖，尸体被发现时现场血迹、足迹等痕迹物证均已消失，给尸体检验和现场分析造成困难，故需在进行仔细现场勘查和尸体检验后综合分析。总结：①现场勘查要仔细，注意发现现场植物异常情况，如本案中可根据现场油菜下部倒伏痕迹推断移尸方向。②尸体检验要全面、仔细，注意对比发现衣着上和尸体内腐败血凝块。衣着上腐败血凝块为大量聚集的黑色果冻状物质，与黄色脂肪组织液化、皂化明显不同；尸体内腐败血凝块呈黑色聚集状，中央可见少量暗红色血凝块，与周围黄色脂肪液化组织分界清晰，据此可推断该处有大量出血。③尸体衣着被液化软组织浸渍后细微破损不易被发现，需用洗衣粉清洗、干燥后仔细检查，用纸条或小木棍插入破口可以判断破口行走方向，结合破口特征，可大胆推断犯罪嫌疑人作案工具、相对位置和损伤方式，为犯罪嫌疑人刻画和到案后的讯问工作提供帮助。④在没有现场物证的情况下，制作现勘笔录和鉴定意见书时要加强细节方面的描述，并注意现场保密工作，以对案件起诉提供细节方面的支撑。

参考文献：

王成权，陈巍. 腐败尸体法医学检验判定死亡性质 1 例 [J]. 中国法医学杂志，2014，29 (4)：397-398.

交通医学

Traffic Medicine

196 例道路交通事故案例分析

邵永清[1]　　陈连祥[2]

1. 天津市公安局蓟县分局　　2. 天津市公安局武清分局

1 资料分析

　　笔者收集了本人所在公安分局 2013 年 12 月至 2015 年 12 月受理的 196 例交通事故死亡案例，并按照统一的标准进行分类处理分析研究。

1.1 性别与年龄

　　196 例交通事故中人员的性别和年龄情况如图 1、图 2 所示。

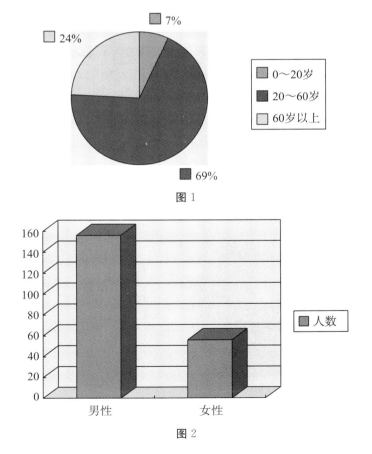

图 1

图 2

1.2 交通事故发生的季节

196 例交通事故发生的季节如图 3 所示。

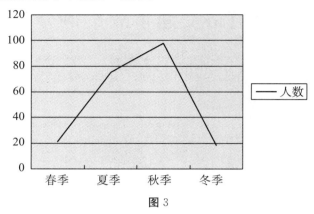

图 3

1.3 交通事故发生的时段

196 例交通事故发生时段如图 4 所示。

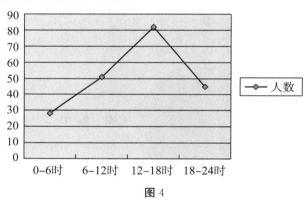

图 4

1.4 肇事车辆

196 例交通事故中肇事车辆的类型如图 5 所示。

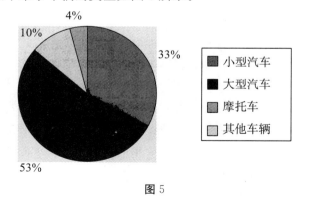

图 5

1.5 死亡原因与损伤

196 例交通事故中人员的死亡与损伤情况如图 6 所示。

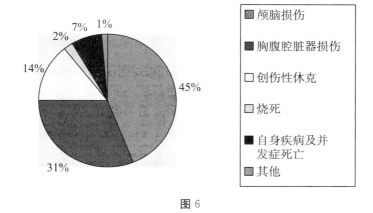

图 6

1.6 事故原因

196 例交通事故的原因如图 7 所示。

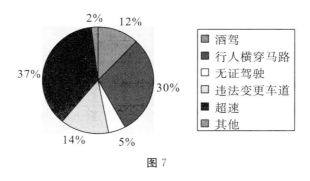

图 7

2 讨论

2.1 一般情况

根据统计结果，在 196 例案件中，男性占绝大多数，这说明在交通活动中男性的活动范围较女性广，特别是男性驾驶员较多。另外，从性别上分析，女性较男性更细心、谨慎，更加遵守交通规则。

从年龄角度分析，交通事故死亡人数主要集中在 20~60 岁这个年龄段，说明这个年龄段的人外出活动较多，特别是机动车驾驶人员以该年龄段为主。

从事故发生的季节来看，夏、秋季事故较多，在夏、秋季因为季节原因和人们活动时间增加，天气燥热，长时间驾驶易引起疲劳，同时人们饮酒增多，机动车司机易出现酒后驾驶行为。

从事故时间上分析，早、中、晚这三个上班时间段是事故高发时间，这主要与人们的作息时间有关，这个时段是上下班及放学的高峰时间，人流量大，时间紧，注意力不容易集中；其次是中晚饭时间，有的司机酒后驾驶、有的行人及机动车司机酒后上路，不遵守交通法规，引发交通事故。

从事故发生原因分析，大部分事故是由于机动车驾驶员超速驾驶及行人横穿马路引起的，而酒后驾驶及违法变更车道也是事故高发的原因。

从肇事车辆分析，由于蓟县的地理位置处于津京冀交界处，是重要的交通枢纽，来往的大型车辆非常多，这也是本地区的易发生交通事故的特点区域之一。

2.2 损伤情况

道路交通事故造成的损伤大多数属于钝器伤，往往损伤面积大，组织破坏严重。主要特征如下：①体表多有严重的挫裂伤，创缘不整齐，还常常伴有大面积的表皮剥脱和皮下出血，甚至呈皮肉分离的撕脱状。②创腔中有组织间桥，且有油漆碎片、油垢等异物嵌入其间。③创底高低不平且组织破损严重，常伴有多发和粉碎性骨折；脏器破裂和内出血严重，而创角多呈撕裂状。

统计结果显示，交通损伤部位较广，常见于头部、胸部及四肢等部位，交通事故绝大部分是由于两个相互独立的个体发生接触而造成的，车外人员损伤以撞击伤和碾压伤多见，损伤一般较重，撞击伤多有撞击点的皮下出血和皮肤损伤。摩托车和小汽车对人的撞击，撞击点多位于死者的腹部、臀部及双下肢，皮肤损伤为表皮剥脱、皮下出血、挫裂创及骨折等，易形成二次摔伤。而大型汽车的撞击一般多位于头部及胸背部，多以碾压伤为主，存在少量的二次摔伤。碾压伤可以发生在身体的任何部分，但在胸腹部及大腿易形成轮胎印痕，这是由于轮胎表面凹凸不平的花纹及这些部位肌肉及脂肪较多所致。另外，在身体衣服及皮肤上容易留下泥沙、油漆等微量物证。

车内人员损伤主要是挤压伤和碰撞伤，车辆在高速行驶时急刹车或两车相碰时，驾驶员及副驾驶坐人员的膝盖，胫、腓骨易骨折；头部如果撞击挡风玻璃，易造成头部切割伤和颅骨骨折。由于车辆行驶速度快，有的驾驶员及乘客未按要求系好安全带，发生撞击后，受到的冲击力非常大，向前的移动速度非常快，作为保护装置的安全气囊在撞车时还没来得及打开，人体已经与方向盘相撞，气囊打开时又对人体产生二次伤害，引起肋骨骨折及胸腔脏器损伤。另外，大型车和小型车的方向盘造成的损伤存在一定的差异，大型车的驾驶座与方向盘形成的角度较小，呈平斜状，方向盘最高处位于驾驶员胸部，故形成的损伤多位于胸部；小型汽车的驾驶座与方向盘形成的角度较大，呈纵斜状，方向盘最高位于驾驶员面部，故形成的损伤多位于面部和胸部。

2.3 尸体检验

通过对196例交通事故的尸检结果进行分析，尸检时应注意以下问题：①认真进行现场勘查，注意尸体的位置、姿势、血泊、毛发、组织、轮胎印痕等的分布。②细致的尸表检验，在尸检时应认真检验尸表损伤，根据损伤重建事故过程，确定损伤部位与车辆的碰撞部位是否吻合。③在全面的尸体解剖检验和细致的现场勘查基础上，对是否为交通事故进行判断，不能因表面有损伤就盲目做出交通事故致死的结论，同时，也不能因为体表未见损伤或者损伤较轻而排除交通事故致死的可能。④收集各类痕迹物证，如死者衣服上的油漆、油污、玻璃碎片以及肇事车辆上的血迹、毛发、纤维等，并进行相应的物证检验，全面综合分析、重建事故发生过程。

参考文献

[1] 闵建雄. 法医损伤学. [M]. 北京：中国人民公安大学出版社，2010.

［2］赵子琴. 法医病理学［M］. 4 版. 北京：人民卫生出版社，2010.

［3］郭万里、杨重林、李杰. 道路交通死亡事故 12853 例分析［J］. 法医学杂志，1999，15（02）：97－99

150 例道路交通事故死亡回顾性分析

曹锋　杜江

四川省资阳市公安局

2014 年 1 月至 2015 年 6 月，资阳市主城区（雁江区区域）内共受理道路交通事故死亡案 150 起，本文通过对上述案例死者性别、年龄、地区分布、交通参与角色、死亡原因、事故路段、肇事车辆类型等信息进行法医学和统计学分析与讨论，旨在为道路交通事故的预防，降低道路交通事故死亡率提供数据支持。

随着经济的发展，城镇化建设的加快，道路交通网络的完善，资阳市作为四川连接成渝"双核"的城市，区域位置优势更加显著，雁江区域内过境高速有成渝（夏蓉）高速、遂资眉高速，318 国道（上海至拉萨）、319 国道（厦门至成都）、321 国道（广州至成都）、川西环线、106 省道。近来年，道路交通事故死亡尸体检验已占到全市法医尸体检验总数的 90％以上。笔者通过对 150 例道路交通死亡事故进行回顾性分析，为道路交通事故的预防和降低道路交通事故死亡率提供预警信息。

1 样本与方法

1.1 样本

收集 2014 年 1 月至 2015 年 6 月，本单位受理的雁江主城区范围内因道路交通事故死亡并进行了尸体检验的案例 150 起。

1.2 方法

立足本单位受理的案件，由交警部门提供委托信息，结合法医学尸体检验鉴定，对每起死亡道路交通事故中死者性别、年龄、地区分布、交通参与者角色、死亡原因、事故路段、肇事车辆类型等相关因素，进行回顾性统计与关联性分析。

2 结论

2.1 道路交通事故死者的基本信息

150 例道路交通事故中，男性 116 例，占总数的 77.33％，女性 34 例，占总数的 22.67％。其中城市人口 34 例，占总数的 22.67％，农村人口 116 例，占总数的 77.33％。

150 例道路交通事故的基本信息见表 1~表 3。

表 1 道路交通事故死亡人员年龄统计

死亡人员年龄（岁）	例数	百分比（%）
<20	12	8
21~40	27	18
41~60	68	45.33
>61	43	28.67

表 2 道路交通事故发生时死者交通参与者角色统计

交通参与者角色	例数	百分比（%）
机动车驾驶员	6	4
机动车内乘客	5	3.33
摩托车驾驶员	57	38
电动车驾驶员	11	7.33
自行车驾驶员	7	4.67
行人	42	28
摩托车乘客	22	14.67

表 3 道路交通事故死亡原因统计

死亡原因	例数	百分比（%）
颅脑损伤	93	62
胸、腹腔脏器损伤	38	25.33
躯体毁损	10	6.67
颈椎脱位	7	4.67
溺水	2	1.33

2.2 道路交通事故车辆及路况情况统计

150 例道路交通事故车辆及路况情况见表 4~表 6。

表 4 道路交通事故肇事车辆类型统计

道路交通事故肇事车辆类型	例数	百分比（%）
大型车辆	42	28
中型车辆	4	2.67
小型车辆	64	42.67
摩托车	31	20.67

道路交通事故肇事车辆类型	例数	百分比（%）
电动车	9	6

表5 道路交通事故发生时段统计

事故发生时段	例数	百分比（%）
0—6时	6	4
6—12时	51	34
12—18时	59	39.33
18—24时	34	22.67

表6 道路交通事故发生路段统计

路段	例数	百分比（%）
国道	53	35.33
省道	53	35.33
县道	22	14.67
乡道	9	6
高速	13	8.67

2.3 道路交通事故肇事者相关情况

150例道路交通事故肇事者相关情况见表7、表8。

表7 死亡肇事者饮酒情况统计

是否饮酒	例数	百分比（%）
是	16	10.67
否	134	89.33

表8 当场死亡的32名摩托车驾驶员饮酒情况统计

是否饮酒	例数	百分比（%）
是	15	46.88
否	17	53.12

3 讨论

随着经济的发展，道路网络的完善，人民生活水平的提高，家庭用车的普及，道路交通事故数量大幅增加，道路交通事故死亡已成为每年各类非正常死亡中最主要的原因。

3.1　对道路交通事故死者信息分析

通过对样本的统计，我市 150 例道路交通事故死亡案例中男性数量为女性的 3.4 倍，占绝对多数，其中农村人口占总数的 77.33%，40 岁以上的中老年居多，占样本群体的 74%。以道路交通事故发生时死者在交通事故中参与的角色统计：摩托车道路交通事故最多，占总数的 52.67%；死亡原因中，颅脑损伤以 62% 位居首位。综上数据进行统计分析，道路交通事故死亡人员分布与我市人员基本情况相符：农村人口占户籍人口较大比例，青壮年男子外出务工；农村因受道路条件限制，留守男性以中老年为主，多以摩托车为交通工具，平均每户 2 辆以上两轮摩托车，由于文化程度低，他们缺乏道路交通法律法规知识，安全意识非常淡薄，骑车戴安全头盔比例很低。根据以上统计数据发现，行人死亡率亦较高，主要由 60 岁以上人口组成，分析其原因，与农村留守人员年龄较大、必需的日常外出活动增加、活动中反应慢、行动迟钝，视力、听力下降有关。因此，加强对这些人员的交通法律知识宣传教育，强化摩托车、电动车监管，尤其是对电动车类非机动车加强管理以及完善乡村道路标识等尤为重要。

3.2　对道路交通事故基本情况分析

在收集的 150 起案例中，肇事车辆以小型车辆和大型车辆为主，共有 106 例。目前私家车辆数量逐年快速增长，许多驾驶者都是新手上路，驾驶经验与技术不足，遇到紧急情况处置不当，成了道路交通事故肇事易发群体。随着城镇化建设加快，道路上大型、重型货车及特殊工程作业车屡见不鲜，由于大型车辆视野盲区大，载重量大，制动时间相对延长，加之部分司机超负荷工作，疲劳驾驶，也导致了大型车辆发生道路交通事故死亡概率增高。因此，进一步加大对大型车辆超限、超载，疲劳驾驶的整治力度，对减少道路交通事故，特别是重特大道路交通事故将起到积极作用。

事故易发时间以白天为主，其中以每天 12：00－18：00 稍多，事故高发路段以国道和省道为主，这与我市的道路网络分布相应。我市地处四川盆地中部，有 2 条高速、3 条过境国道、1 条省道及密布的乡村道路，此时间段内车流、人流、物流交汇，尤其当遇到大雾天气时，交通压力大，司机易出现视疲劳、视野不清等多种导致事故易发的因素。

骑摩托车发生事故当场死亡的摩托车驾驶员中饮酒者占 46.88%，且血中乙醇含量远超过 80 mg/ml，属醉酒驾驶。仅有一例非摩托车驾驶员酒后驾车致人死亡。非摩托车类机动车驾驶员的自觉意识提高，而摩托车轻巧、方便，摩托车驾驶员饮酒后出于侥幸心理，导致酒后驾驶情况增多，应该针对摩托车驾驶员，加强醉驾查处措施，以降低摩托车驾驶员在道路交通事故中的死亡。

4　总结

每年道路交通事故所造成的死亡人数是各类灾害事故等所造成损失的数倍。道路交通事故中，以摩托车（电动车）事故后果最严重，150 例交通事故死者中有 90 人是摩托车（电动车）骑乘人员，占总数的 60%。由于摩托车的特殊性，驾乘人员完全暴露在外，在事故中极易受伤，具有高致伤、致残、致死的特点。因此，摩托车道路交通安全受到了社会的广泛关注。通过对道路交通事故死亡案例的统计分析，可得出导致道路交通事故人员死亡的一些重要因素，如果能加强对电动车、摩托车的管控，加强对货运车辆超载的处理，对于有效降低道路交通事故死亡发生率将具有积极意义。

250 例道路交通事故颅脑损伤法医学鉴定分析

代义[1]　沈燕国[2]

1. 四川省屏山县公安局　2. 四川省南溪县公安局

在社会经济以及国际持续发展的趋势之下，城市化的发展进程不断推进，现代交通工具迅猛发展，交通事故的发生率也不可避免呈现出上升的趋势。交通事故对人民生命造成严重的损伤。临床法医学鉴定中主要的鉴定项目即为道路交通事故颅脑损伤。本文以 250 例道路交通颅脑损伤患者作为研究对象，具体分析如下。

1　资料与方法

1.1　一般资料

抽取 2013 年 2 月－2015 年 2 月的 250 例道路交通事故颅脑损伤患者作为研究对象。所有颅脑损伤患者均经 CT 等影像学检查确诊。其中，男性 146 例，女性 104 例，年龄 17～75 岁，平均 43.7±4.8 岁。

1.2　研究方法

1.2.1　损伤类型以及损伤部位的评估

对患者的颅脑损伤部位以及类型进行评估。主要的损伤类型包括：①颅骨骨折；②头皮损伤；③脑挫裂伤；④硬膜下血肿；⑤硬膜外血肿；⑥脑室出血；⑦脑内血肿。大部分患者表现为多处损伤，以累计计算的方式进行损伤部位的统计。

1.2.2　损伤时间的鉴定

对 250 例交通事故所致颅脑损伤的患者进行损伤伤残时间的鉴定。根据损伤伤残等级的不同，所需的鉴定时间也有所差异，大致分布在 5 天～15 个月。研究分别对损伤时间低于 3 个月、3～5 个月、6～10 个月、11～15 个月的患者的分布情况进行统计归纳。

1.2.3　损伤伤残等级的鉴定

依据 GB 18667－2002《道路交通事故受伤人员伤残评定》中的相关评级标准，可将其分为 10 个伤残等级。Ⅰ～Ⅲ级为重度伤残，Ⅳ～Ⅵ级为中度伤残，Ⅶ～Ⅹ级为轻度伤残。分别对不同伤残等级的患者进行统计归纳。

1.2.4　颅脑损伤后遗症的观察

对 250 例交通事故颅脑损伤患者后遗症的发生情况，分别比较精神障碍、智力缺损、语言障碍、癫痫、瘫痪、感官功能障碍、神经功能障碍等病症的占比。

1.3 统计学处理

此次研究凡涉及计数资料的数据一律采用（％）处理，计量资料则以（$X \pm S$）表示。

2 结果

2.1 道路交通事故颅脑损伤类型及部位的鉴定

此次研究所选道路交通事故的颅脑损伤类型包括：脑挫裂伤、硬膜下血肿、硬膜外血肿、脑室出血以及脑内出血五种，其中 51 例（20.4％）患者为单一损伤，其他 199 例（79.6％）患者均表现为 2 处以上损伤，分别分布在脑干、小脑、额叶、颞叶、顶叶、枕叶等部位，详见表 1。

表1　250 例道路交通事故颅脑损伤类型及部位的鉴定

损伤类型	脑干	小脑	额叶	颞叶	顶叶	枕叶	合计
脑挫裂伤	26	7	127	131	43	22	356
硬膜下血肿	0	0	34	41	18	6	99
硬膜外血肿	0	4	20	48	6	17	95
脑室出血	0	0	31	23	4	3	61
脑内血肿	0	5	57	47	8	5	122
鉴定部位合计	26	16	269	290	79	53	733

2.2 道路交通事故颅脑损伤时间的鉴定

道路交通事故颅脑损伤时间的鉴定大致分布在 5 天～15 个月，其中以 3～5 个月的占比最高，为 69.2％，小于 3 个月的次之，为 16.0％。详见表 2。

表2　250 例道路交通事故颅脑损伤时间的鉴定

颅脑损伤时间（月）	例数（n）	占比（％）
<3	40	16.0
3～5	173	69.2
6～10	30	12.0
>10	7	2.8

2.3 道路交通事故颅脑损伤伤残等级的评定

颅脑损伤的伤残评级共 10 级，依据轻度、中度以及重度进行划分，其中轻度伤残的占比最高，为 70.4％，重度伤残占比最低，为 8.4％。详见表 3。

表3 250例道路交通事故颅脑损伤伤残等级的评定

伤残等级	例数（n）	占比（%）
轻度伤残	176	70.4
中度伤残	53	21.2
重度伤残	21	8.4

2.4 道路交通事故颅脑损伤后遗症的鉴定

道路交通事故所致颅脑损伤的患者均表现出不同程度的后遗症，本次研究案例中的患者共表现出7种后遗症，其中神经功能障碍占比最高，为43.6%，感官功能障碍次之，为17.6%，详见表4。

表4 250例道路交通事故颅脑损伤后遗症的鉴定

后遗症	例数（n）	占比（%）
精神障碍	24	9.6
智力缺损	13	5.2
语言障碍	10	4.0
癫痫	15	6.0
瘫痪	35	14.0
感官功能障碍	44	17.6
神经功能障碍	109	43.6

3 讨论

随着经济的飞速发展，城市化建设进程的不断推进，交通事故的发生率也明显升高。颅脑损伤在交通事故中具有较高的发生率，且致残率较高。据相关研究结果，道路交通事故中男性患者居多，其中颅脑损伤的危害性较大，通常表现为2处以上的复合性损伤，且损伤部位以额叶、颞叶较为多见。这主要是机动车辆在行驶过程中对人体造成直接撞击或碾压，或者撞击后头部摔伤所致，而头部不仅会在直接撞击点产生脑损伤，还可能产生"减速性颅脑损伤"，即摔倒过程中头部以运动状态与地面摩擦撞击而产生的损伤。本次研究中，250例道路交通事故颅脑损伤患者51例（20.4%）为单一损伤，其他199例（79.6%）患者均表现为2处以上损伤，且额叶、颞叶的损伤分布较广，与文献报道一致。根据患者不同的损伤类型以及损伤部位，通常需要不同的鉴定时间，大致为5天~15个月，其中小于3个月者占16.0%，3~5个月者占69.2%，6~10个月者占12.0%，超过10个月者占2.8%。可见大部分患者可在损伤3~5个月后进行损伤鉴定。依据10个等级的伤残等级对患者进行颅脑损伤的伤残程度鉴定，其中轻度伤残占70.4%，中度伤残占21.2%，重度伤残占8.4%，提示在道路交通事故所致的颅脑损伤中，大多属于轻度损伤，仅有少部分患者会出现较重的伤残情况。然而不同程度的伤残程度，均有可能出现一定的后遗症，此次分析的 250 例患者共出现精神障碍、智力缺损、语言障碍、癫痫、瘫痪、感官功能障碍、神经功能障碍等七种后遗症，发病率最高的三类后遗症分别为神经功能障碍、感官功能障碍以及瘫痪，分别占 43.6%、17.6%、14.0%。大部分患者因颅脑损伤出现的后遗症需要进行大脑的康复锻炼，部分患者的后遗症不会在短期内发作，可能会在治疗后的几个月甚至几年后发作并加重。

综上所述，道路交通事故颅脑损伤者通常具有多处复合性损伤，因此需要较长的鉴定时间，一般以 3～5 个月的鉴定时间较为多见，且大部分表现为轻度伤残，然而患者极易在损伤后发生不同程度的后遗症，部分患者的后遗症病情发作时间较晚，临床上应延长观察时间，从而避免该病症对患者生命健康的威胁。

参考文献：

[1] 余方列，东峰，戴易，等. 道路交通事故颅脑损伤 540 例法医学鉴定分析 [J]. 皖南医学院学报，2011，30(6)：498－499.

[2] 曹淼. 道路交通事故颅脑损伤法医学鉴定分析 [J]. 延边医学，2014，23(27)：143－144.

[3] 谢夏德，张冬先. 道路交通事故致颅脑损伤后智力缺损法 68 例医学鉴定分析 [J]. 昆明医学院学报，2011，32(8)：98－104.

[4] 马宏玉. 交通事故所致头部外伤 180 例的临床法医学鉴定分析 [J]. 中国社区医师（医学专业），2012，14(36)：133－134.

[5] 李伟. 23 例外伤性脑梗塞的临床法医学鉴定分析 [J]. 中外医疗，2013，32(20)：3－5.

[6] 龙贵峰，李凡. 外伤性智能障碍的法医学鉴定（附 2 例报告）[J]. 河南科技大学学报（医学版），2013，31(4)：315－316.

[7] 赵益花，余家树. 重型颅脑损伤后并发应激性溃疡球部穿孔的因果关系分析 [C]. 中国法医学会全国第十五次法医临床学学术研讨会论文集. 2012：248.

交通事故致心肺自口鼻腔溢出死亡 1 例

张文林[1]　高垚[2]　陈波[3]

1. 四川省自贡市公安局刑警支队　2. 四川省自贡市公安局大安分局刑警大队
3. 四川省内江市公安局市中区分局刑事科学技术室

1　案例资料

2015 年 12 月 12 日，李某驾驶货车与行人陈某碰撞并碾压致陈某当场死亡。

2 尸体检验

衣着检验：死者上衣大面积挫裂，血迹附着，腰部系皮带，呈断裂状，长裤臀部处裤缝撕裂。

尸表检验：死者面部血迹附着。左额部见 4.3 cm×1.5 cm 皮肤挫裂创口，对应部位颅骨未扪及骨折。双侧鼻腔见破碎肺组织溢出，口腔见破碎肺组织、心脏组织溢出。右枕部见 4.5 cm×4.1 cm 的头皮擦挫伤。颈部变粗，胸部及上腹部见 33.0 cm×20.0 cm 的皮肤擦挫伤。左肩部见 7.8 cm×6.2 cm 皮下血肿，背部见大面积散在皮肤擦挫伤。右肘部、双手背见皮肤擦伤，双下肢见多处擦伤。

解剖检验：左额部帽状腱膜下出血，大脑左额叶蛛网膜下腔出血。胸部塌陷变形，胸骨骨折，双侧多根肋骨骨折，双侧肺叶破碎，心脏破碎，纵隔血肿，胸腔大血管撕裂，双侧胸腔见积血约 800 ml，双侧部分肺破碎组织及心脏破碎组织经胸腔上口穿出口咽，溢出口、鼻腔，肝脏见挫裂伤。

3 讨论

本案死者陈某左额部皮肤挫裂伤，右枕部头皮擦挫伤，左肩部皮下血肿，胸腹部及背部大面积皮肤擦挫伤，四肢散在皮肤擦伤。胸廓塌陷变形，胸骨骨折，双侧肋骨多根骨折，肺、心脏破碎，部分破碎肺组织、心脏组织自鼻腔、口腔溢出，胸腔积血，上述损伤外轻内重，损伤范围广泛，损伤种类多，结合衣着损伤特征，符合车轮碾压胸部及上腹部的推断。胸腔中含有呼吸系统和循环系统的主要器官，向上经胸廓上口与颈部相通，向下借膈与腹腔分隔，四周由胸骨、肋骨、脊椎等骨性结构及肌肉、皮肤等软组织包围。当车轮由腹部向胸部方向碾压，在快速而巨大的挤压作用下，胸骨、肋骨骨折，胸廓塌陷，胸腔空间急剧变小，压力急剧增大，胸腔内容物迅速向胸腔上口挤压，在外力直接作用、胸腔压力作用下，双侧肺组织破碎，心脏破碎，部分破碎的肺组织、心脏组织在压力持续作用下经胸腔上口穿出口咽，溢出至口、鼻腔。

疑似铁路交通事故的认定

张夏丽[1]　王纵彬[2]　李顺奎[2]
1. 贵州医科大学司法鉴定中心　2. 四川省西昌铁路公安处刑事技术支队

1.1 简要案情

2010 年 7 月 12 日 11 时 5 分，某次列车司机王某向某火车站派出所警务区马某报案称：该次列车运行至某区间 K537+398 米时，发现一名女童独自在路基边玩耍且有爬上路基上道行走的趋势。司机王某立即紧急制动，列车于 11 时 3 分停车。停车后司机王某下车发现一名小女孩倒在路基边，附近几块道砟石上有血迹。12 时 40 分，法医赶到西昌市力平医院对送至该院进行治疗的伤者开展调查工作。

1.2 调查情况

经调查，伤者张某（女，汉族，2 岁，住西昌市某镇），家住在距离铁路 25 米远的地方，当时其父母正在修房子，无暇照顾，孩子自行跑到铁路边玩耍便出事了。

1.3 临床检验

伤者检验：被检验人身高 93 cm，平卧病床，发育正常，营养中等，神清语明。颈、胸、背、臀部无损伤，四肢无损伤。右颞部纱布包扎，取下纱布后见伤处被头发掩盖，部分血痂附着，经生理盐水（0.9%氯化钠注射液）擦洗后见被检验人右侧颞部有一纵行表皮擦伤，约 7 cm×1 cm，伤处皮瓣由上向下剥起；右颞部肿胀，范围为 7 cm×5 cm。被检验人受伤时所穿上衣衣领处已经被清洗，可见少量血迹附着，受伤时所穿裤子正面双裤腿中段可见灰色污迹，裤子背面左侧上部可见部分黑色污渍呈横条状，附着少量血迹，右侧上部附着部分血迹。余未见明显异常。

1.4 病历资料

被检验人的住院病历记载：约 2 小时前，患者在铁路边玩耍被火车挂伤致头部损伤，伤后患者由他人护送到州一医院进行简单包扎后来我院，门诊以"头部外伤"收入院。既往健康。

专科检查：头部外伤包扎后，X 线摄影提示：头部右侧线形骨折挫裂出血。诊断：头部外伤；头部右侧线形骨折挫裂出血。

2 综合分析

（1）依据病史、临床资料、辅助检查结果，结合法医临床学检查，被检验人右侧颞部有一纵行表皮擦伤，大小为 7 cm×1 cm，伤处皮瓣由上向下剥起，右颞部肿胀，范围为 7 cm×5 cm。X 线摄影示：头部右侧线形骨折挫裂出血。以上损伤应系钝性外力作用后形成。

（2）根据被检验人头部擦伤处皮瓣由上向下剥起，以及其身型、受伤时所处位置等分析，该损伤无法用运行中的大车碰撞人体解释，未发现被检验人存在其他碰撞伤，故被检验人损伤特征不符合铁路交通事故损伤特点。其损伤可能为火车制动时被检验人受到惊吓跌倒或火车制动时产生的风力将被检验人吹倒在地而形成。

（3）依据现场勘验结合对被检验人受伤时衣着的检查结果：被检验人受伤时所穿上衣衣领处已经被清洗过，可见少量血迹附着，受伤时所穿裤子正面双裤腿中段可见灰色污迹，裤子背面左侧上部可见部分黑色污渍呈横条状，附着少量血迹，右侧上部附着部分血迹。综合分析，以上痕迹应为被检验人跌倒后瘫坐路基旁所遗留。

3 讨论

这起事件性质的澄清颠覆了我们之前的部分认知，以前无论是教科书还是实际中遇到的受害人身上都会有黑色油污粘附，而黑色油污也被用来作为受害人被列车撞击的佐证。而此案中的受害人裤子背面左侧的黑色油污虽然与铁路也有关联，却是因为受害人受惊吓后瘫坐在路基边上所形成的。

此案中虽然没有直接的证据证明受害人是否被列车撞击到，但是，通过法医将所有证据进行收集，细致分析后，所有的佐证都指向一处，从而形成了完整的一条证据链，让真相完全浮出水面。

通过此次事件我们了解到：证据是客观存在的，与其他事物具有某种联系并可用于表明这种联系。其在法律上的可采纳性通常都由其"真实性""关联性"和"合法性"决定。而证据链是指在证据与被证事实之间建立连接关系、相互间依次传递相关的联系的若干证据的组合。我们在实际的案例中，绝对不能以偏概全，不能被所谓的经验及知识蒙蔽，必须将所有证据收集齐全后进行综合分析，通过科学的手段和推断让证据开口，帮助我们了解事情的真相。

立体勘验揭示交通肇事逃逸 1 例

鄢文学　郑志

四川省资阳市公安局雁江区分局

随着科学的发展，社会的进步，现实社会中的车辆不断增多，导致交通事故频发。大部分事故能明确肇事车辆及人员，但也有少部分事故发生后肇事车辆及人员逃逸。笔者通过对死者所受损伤形成方式的分析，指导现场勘查，通过现场视频成功破获一起交通肇事逃逸案件。

1 简要案情

2016 年 1 月 26 日晚，某区分局某路派出所接到环卫所报警称：该所职工朱某（女，63 岁）死亡，因对朱某身体多处损伤有疑问，遂报案。

2 医院治疗及尸体检验

2.1 治疗情况

经某市人民医院检查，发现患者脑挫裂伤并蛛网膜下腔出血、硬脑膜下血肿、右侧顶骨骨折、左侧颧弓骨折、左侧额部头皮血肿、右手掌骨折、肋骨骨折、左锁骨骨折、全身多处软组织等损伤，采取保守治疗。朱某于 2016 年 1 月 26 日凌晨死亡。

2.2 尸表检验情况

死者头颅无畸形，左侧额颞部有 6 cm×6 cm 的皮下血肿，眼、耳、鼻、口未见损伤。左胸部左锁骨内线下缘处有 5 cm×4 cm 的皮下青紫，右手背至示、中、环、小掌指关节处广泛皮下青紫，右臀部至右大腿中上段背侧有 32 cm×24 cm 的广泛性皮下青紫，青紫中部有 1.5 cm×1.2 cm 的皮肤擦挫伤。

3 调查及现场勘查情况

朱某于 2016 年 1 月 14 日凌晨从家里骑电瓶车前往工作区域（某高速公路收费站入口至该市骨科医院十字路口范围）进行保洁工作。当日上午骑车返回家中后，儿媳妇发现朱某身体有伤，自称头痛得厉害，遂到资阳市第一人民医院进行了治疗，期间朱某未述明原因。

法医对死者保洁区域进行了勘查，现场位于某大道高速公路入口处，现场东侧系某大道，南侧系某加油站，西侧系高速公路收费站，北侧系某药业有限公司，该处是交通要道。

4 讨论

4.1 损伤非摔跌形成

①现场环境地势平坦，地面无尖锐硬物；②朱某存在多处损伤，范围广泛，损伤表现为外部轻、内部重；③损伤广泛，有脑挫裂伤并蛛网膜下腔出血、硬脑膜下血肿、右侧顶骨骨折、左侧颧弓骨折、左侧额部头皮血肿、右手掌骨折、肋骨骨折、左锁骨骨折、全身多处软组织损伤等。

4.2 损伤符合车辆撞击所致

①现场属于交通要道；②朱某外表损伤广泛，内部损伤重，右臀部至右大腿中上段背侧有 32 cm×24 cm 的广泛性皮下青紫，青紫中部有 1.5 cm×1.2 cm 的皮肤擦挫伤，其损伤符合静止人体被运动物体撞击所致。朱某被撞击后，左侧额颞部着地，形成 6 cm×6 cm 皮下出血，致脑挫裂伤并蛛网膜下腔出血、硬脑膜下血肿、右侧顶骨骨折。

4.3 视频应用

根据尸体损伤形成分析及保洁区域勘查，立即调取保洁区域周围视频，视频证实了该案是一起交通肇事：2016 年 1 月 14 日 5 时 33 分许，死者朱某正在保洁区内弯腰打扫卫生，此时一辆三轮摩托车从朱某背后将其撞到，并从朱某身上碾压过去后急停下来，驾驶员下车走到倒在地上的朱某身边看了看，随后迅速驾车驶离了现场。朱某起来走向了电瓶车，趴在电瓶车上近一个小时后骑车离开了现场。

通过本案的调查，充分说明传统现场痕迹、人体损伤物证与现代视频痕迹结合在侦破案件中的重要作用，立体全方位的现场勘查能够为案件的侦破提供直接的证据，促进案件的及时侦破。

法医毒物分析

Forensic Toxicology

299 例理化检验案件的回顾分析

赵耀　刘永强　胡建
四川省简阳市公安局

1　资料与分析方法

本文选用简阳市公安局 2010—2014 年 5 年间受理并送检、资料保存较完整，并要求进行理化检验的 299 例案（事）件作为分析对象，按照统一的标准逐例查阅填表，然后统计每年送检的总数量、送检的类型、逐年投毒案件的数量、逐年送检毒品案件的数量、常规尸体检验的数量，以及该县投毒案件的案发区域及时间段、涉及毒品案件区域，最后进行整理分析。

1.1　每年送检的总数量

299 例案件中每年各类案件的数量及总量结果见表 1。

表 1　299 例案（事）件中每年各类案件的数量及总量

年份	2010 年	2011 年	2012 年	2013 年	2014 年
投毒案件	7	6	10	7	15
毒品案件	2	1	3	14	8
尸检胃内容物	31	42	51	53	45
其他	0	2	0	0	2
合计	40	51	64	74	70

1.2　送检的类型及数量

案件的送检物中以尸检中的胃及胃内容物居多，五年共计送检 222 例，投毒案件 45 例，毒品案件 25 例，其他案件 4 例（包括 CO 中毒 1 例，磷化氢中毒 1 例，自杀服毒 1 例，麻醉抢劫 1 例）。

1.3　送检投毒案件、毒品案件、常规尸检逐年比例

该部分内容见表 2 中统计数据。

表 2　送检投毒案件、毒品案件、常规尸检及其他检验的逐年比例

年份	2010 年		2011 年		2012 年		2013 年		2014 年	
总数	40	100%	51	100%	64	100%	74	100%	70	100%

年份	2010 年		2011 年		2012 年		2013 年		2014 年	
投毒案件	7	17.5%	6	12%	10	16%	7	9%	15	21%
毒品案件	2	5%	1	2%	3	5%	14	20%	8	11%
常规尸检	31	77.5%	42	82%	51	79%	53	71%	45	65%
其他	0	0%	2	4%	0	0%	0	0%	2	3%

　　299 例送检案件类型：除其他类检材 4 例外，近 5 年来简阳市公安局刑事技术室在所送 299 例检材中共送尸体胃及胃内容物检材 222 例，占送检总数的 74.25%，投毒案件送检检材 45 例，占送检总数的 15.05%，毒品检材送检 25 例，占送检总数的 8.36%。

1.4　投毒案件的案发区域及时间段

　　在 45 例投毒案件的送检材料中，四个主城区投毒案件 8 起，乡镇投毒案件 37 起。时间以每年 10 月至次年 4 月较为集中，为 32 起，占 71% 左右，而 5 月至 9 月偏少，为 13 起，占 29% 左右。

表 3　2010—2014 年 229 例送检材料中投毒案件的发生区域及时间段分析结果

案发区域	投毒案件数	10 月—4 月（次年）发案数	5 月—9 月发案数
四个主城区	8	5	3
乡镇	37	27	10
总计	45	32	13
比例	100%	71%	29%

1.5　涉及毒品案件区域

　　在 25 例涉及毒品案件的送检材料中，四个区主城区 21 例，占送检总数的 84%，而乡镇为 4 例，占 16%。

2　讨论

　　通过对上述几方面的分析得出：在送检检材类型上，尸体检材的理化检验依然是主要的工作。近 5 年来，刑事技术理化室工作量呈上升趋势。投毒案件和毒品案件占上升比重中的很大部分，尤其毒品案件呈现高发和多发趋势。毒品案件的高发区域为经济相对比较发达的主城区，同时案发时间全年比较平均；投毒案件多发生在乡镇，值得注意的是，投毒案件的发生时间较集中于每年 10 月至次年 4 月。作者分析，这与下半年及春节期间返乡人员回家，各种矛盾积怨集中爆发不无关系。本市所管辖的乡镇中不少乡村经济仍然十分落后，一些人文化素质低、思想落后，自以为投毒手段十分高明，不易被人发现，要解决这一问题应该打防并举，一方面加快侦破速度，狠狠打击犯罪分子；一方面防患于未然，积极对群众开展人生观、法制观、家庭观、社会观教育，提高文化素质，增强法律意识，注意化解矛盾，加强毒物管理。

参考文献：

[1] 张凯. 浅谈法医统计学 [J]. 山西警察学院报，2014 (4).
[2] 廖林川. 法医毒物分析 [M]. 北京：高等教育出版社，2013.

加热平衡时间对血液酒精含量检验结果的影响

王小成　尹庆

四川省眉山市公安局刑事侦查支队

　　由于对酒驾的查处力度增大，血液中酒精含量的检验就显得尤为重要。乙醇检验的方法有碘仿反应、Widmark 法、顶空固相微萃取气相色谱法和顶空固相气相色谱法等。目前，利用顶空气相色谱氢火焰离子化检测器检验是较为节约成本，且准确、成熟的检验方法。本文通过不同的顶空瓶加热平衡时间来建立校准曲线，计算相同级别乙醇浓度标准样品的相对相差，来判断加热平衡时间对血液酒精含量检验的影响。

1　实验部分

1.1　仪器和试剂

　　美国安捷伦 7820A 气相色谱仪，色谱柱为 HP－INNOWAX，7694E 自动顶空进样仪，艾本德 1000 μl、100 μl 移液器，乙醇、正丙醇、叔丁醇均为分析纯，溶剂为超纯水。

1.2　分析方法

　　乙醇标准溶液、正丙醇标准溶液和内标物叔丁醇标准溶液的制备均参照《血液酒精含量的检验方法》（GA/T 842－2009）。顶空进样分析条件：加热箱温度 70℃，定量环 1 ml，温度 105℃，传输管线温度 110℃；气相色谱仪分析条件设置：检测器 FID，载气流速 2 ml/min，氢气流速 60 ml/min，空气流速 450 ml/min，进样口温度 200℃，检测器温度 250℃，柱温 70℃。

1.3　样品制备

　　吸取 0.5 ml 待测全血两份，分别加入 10 ml 样品瓶内，各加入 0.1 ml 的 200 mg/100 ml 叔丁醇标准使用液，密封瓶口后，混匀，置顶空进样器中 70℃加热，平衡 3 min、9 min 或 15 min。

1.4　添加检材制备

　　吸取 0.49 ml 空白血液三份，分别添加 10 μl 浓度为 1000 mg/100 ml，2000 mg/100 ml，4000 mg/100 ml 的乙醇标准使用液，得到乙醇浓度为 20 mg/100 ml、40 mg/100 ml、

80 mg/100 ml 的血液样品，再分别添加 0.1 ml 叔丁醇标准使用液，按上述方法平行操作检验。

1.5 校准曲线的建立

按上述操作方法，记录检材中的乙醇和叔丁醇峰面积值，按照对检材的不同加热平衡时间，分别用添加检材中的乙醇与叔丁醇峰面积之比对乙醇添加含量做校准曲线，得到不同加热平衡时间下的校准曲线，利用校准曲线计算检材中的乙醇含量（单位为 mg/100 ml）。

2 检验结果

2.1 不同加热平衡时间校准曲线

（1）加热平衡时间 3 min 的校准曲线：$y = 123.688x + 0.182$；
线性系数：$R^2 = 1.000$。

峰面积比	浓度（mg/100 mg）
0.00	0.00
0.155	20.00
0.327	40.00
0.644	80.00

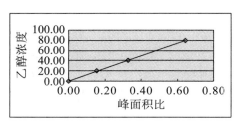

（2）加热平衡时间 9 min 的校准曲线：$y = 153.854x + 0.229$；
线性系数：$R^2 = 1.000$。

峰面积比	浓度（mg/100 mg）
0.00	0.00
0.131	20.00
0.252	40.00
0.521	80.00

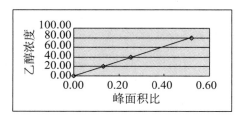

（3）加热平衡时间 15 min 的校准曲线：$y = 163.538x - 1.019$；
线性系数：$R^2 = 0.999$。

峰面积比	浓度（mg/100 mg）
0.00	0.00
0.135	20.00
0.254	40.00
0.492	80.00

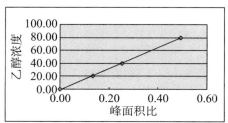

2.2 不同加热平衡时间下，对同一检材的计算结果

按照 1.4 添加检材制备方法，分别制作浓度为 20 mg/100 ml 和 80 mg/100 ml 的检材

血样，在不同加热平衡时间下（3 min、6 min、9 min），对同一浓度的检材分别进样检验 3 次，利用各自的校准曲线，计算所测得到的乙醇浓度。

2.3 不同加热平衡时间下所测得乙醇浓度和相对相差

相对相差（%）＝（$X_1－X_2$）/X_2×100%（X_1 为检材检验结果，X_2 对应为 20 mg/100 ml 或 80 mg/100 ml）。

	加热平衡 3 min	加热平衡 9 min	加热平衡 15 min
20 mg/100 ml	20.5	20.4	23.4
相对相差	2.5%	2.0%	17.0%
80 mg/100 ml	72.9	82.6	84.9
相对相差	8.9%	3.2%	6.1%

3 讨 论

本文利用乙醇的挥发性，以叔丁醇为内标，用顶空气相色谱氢火焰离子化检测器进行检测，经与平行操作的乙醇标准品比较，以保留时间定性，用内标法以乙醇对内标物的峰面积比进行定量分析。通过对标准品不同加热平衡时间建立校准曲线，计算已知不同浓度级别检材中的乙醇含量，通过计算相对相差，来比较平衡加热时间对血液酒精含量检验的影响。

从本实验的结果可以看出，平衡加热时间 3 min、9 min 的校准曲线的线性系数均为 1，而平衡加热时间 15 min 的为 0.999，从校准曲线的线性关系看，后者较差；通过计算相对相差，无论是 20 mg/100 ml 检材，还是 80 mg/100 ml 检材，平衡加热时间为 9 min 的偏差为最小。通过这次实验，笔者认为影响血液酒精含量检验的因素较多，比如检验方法、顶空瓶的大小、色谱柱温度、加热平衡时间、血样标准品的制备等。单从加热平衡时间来看，其对血液酒精含量的检验结果有一定的影响，而顶空瓶平衡加热 9 min，是较为快速对检验结果影响较小的检验条件。

参考文献：

[1] 张新威. 毒品和毒物检验 [M]. 北京：中国人民公安大学出版社，2003.

[2] 黄光照. 法医毒理学 [M]. 北京：人民卫生出版社，2005.

[3] 刘文卿. 试验设计 [M]. 北京：清华大学出版社，2005.

冠心病患者毒鼠强中毒尸体检验分析

杜江　曹锋

四川省资阳市公安局物证鉴定所

1 案例资料

1.1 简要案情

2015年7月5日，资阳市雁江区某镇五组的铁路边发现一具无名男尸，后经侦查查明死者系某镇居民李某，男性，60岁。

1.2 现场情况

尸体位于成渝铁路在资阳市雁江区某镇五组的铁路路基上，全身赤裸，脚穿凉鞋，身旁未见衣服、物品。

1.3 尸体检验

尸体全身赤裸，右脚穿棕色凉鞋，左脚凉鞋未穿在脚上。尸斑显著，呈暗红色，显于尸体背侧未受压部位，指压褪色，尸僵在全身大关节出现。左侧口角至左下颌角有流柱样暗褐色物，右侧口角至右下颌有流柱痕；鼻腔及外耳道无异常。颈项部：体表未见损伤。躯干部：胸腹部体表未见损伤，胸部右侧壁在右腋窝下9 cm处、腋前线与腋中线间有4.5 cm×0.8 cm的陈旧性瘢痕，背、臀部体表未见损伤。四肢：右手食指甲床陈旧性损伤，无指甲，右手小指桡侧第2、第3指关节处有0.2 cm×0.2 cm表皮缺损。左下肢较右下肢短缩4 cm，左下肢髂棘至大腿上段有20 cm×0.6 cm的陈旧性瘢痕，左膝关节外侧上方有7 cm×5 cm梳状擦伤，左下肢踝关节内侧擦附有褐色物。会阴部、生殖器、肛门未见损伤。解剖检验：头皮未见损伤，皮下、肌肉未见出血，双侧颞肌未见出血，颅骨无骨折，硬脑膜完整，硬脑膜外、硬脑膜下及蛛网膜下腔未见出血，脑表面血管扩张、淤血，未见挫伤出血，各脑室未见出血，颅底未见骨折。颈部皮下未见出血，深浅层肌肉未见出血，舌骨、甲状软骨未见骨折，气管、支气管未见异物，食管黏膜未见异常。胸部皮下、肌肉未见出血，胸骨及肋骨未见骨折，胸腔内未见积血积液，双肺淤血，未见破裂，左肺下叶广泛粘连，心包完整，心脏位置大小正常，心腔内血液呈暗红色流动状不凝。腹腔内无积血积液，肝、肾、脾淤血，各脏器未见破裂，胃内有乳状液体100 ml，胃黏膜充血、出血，未见明显食物。四肢：沿左下肢陈旧性瘢痕切开，股骨完整，未见钢板螺钉及植入体。

1.4 提取检材及检验

1.4.1 毒物（毒品）检验

提取死者胃及内容物，检出毒鼠强；检出其心血中毒鼠强的浓度为 1.18 μg/ml；心血中检出乙醇，含量为 14.36 mg/100 ml。

1.4.2 组织病理检验

提取大脑、小脑、心脏、部分肺、部分肝、左右肾及肾上腺、脾、胰腺等脏器进行组织病理检验。诊断：肺淤血、水肿；脑水肿并查见大量淀粉样小体；冠状动脉粥样硬化性心脏病（冠状动脉粥样硬化，前降支Ⅱ度狭窄、右冠状动脉Ⅰ度狭窄。心肌断裂，部分心肌灶性纤维化，心肌波浪状改变）。

2 讨论

2.1 排除机械性损伤、机械性窒息所致死亡

在尸体左膝关节外侧上方有 7 cm×5 cm 梳状擦伤，右手小指桡侧第 2、第 3 指关节处有 0.2 cm×0.2 cm 表皮缺损。解剖未见脏器损伤，头颅无畸形，头皮下未见出血，颅骨未见骨折，硬脑膜完整，硬脑膜外、硬脑膜下及蛛网膜下腔未见出血，颅底未见骨折。口唇外表未见损伤，唇、颊黏膜未见破损出血，颈、项部皮下及深浅层肌肉未见损伤出血，舌骨、甲状软骨未见骨折；胸骨及左右侧肋骨未见骨折，左右侧胸腔未见积血积液，心包完整，心脏位置大小正常；胸腹腔脏器未见破裂，腰、背、臀部未见损伤，四肢未见骨折。因此排除机械性损伤、机械性窒息所致死亡。

2.2 死者身前患有冠状动脉粥样硬化性心脏病

死者脏器的法医病理学诊断提示死者生前有冠状动脉粥样硬化性心脏病（冠状动脉粥样硬化，前降支Ⅱ度狭窄、右冠状动脉Ⅰ度狭窄）

2.3 死者毒鼠强中毒并饮酒

从死者胃及胃内容物中检出毒鼠强，血液中毒鼠强的浓度为 1.18 μg/ml，血液中检出的乙醇含量为 14.36 mg/100 ml。据报道，毒鼠强中毒致死量为 5 mg/kg，对小白鼠 LD_{50} 为（0.2～0.25）mg/kg，对人 LD_{50} 为 0.1 mg/kg。该死者饮酒并有毒鼠强中毒，其血液内毒鼠强浓度已达致死量。

2.4 死者生前所患冠状动脉粥样硬化性心脏病在其死亡中没有作用

死者所患冠状动脉粥样硬化性心脏病没有急性发作，从病理检验看，该死者心脏有前降支Ⅱ度狭窄、右冠状动脉Ⅰ度狭窄、冠状动脉硬化的病理基础。但引发冠心病猝死的冠状动脉的急性病变（如新鲜血栓形成、斑块内出血、斑块裂隙形成和管腔内皮损伤）、心肌的病变（如心肌肥大、心肌梗死、小动脉硬化及微血栓形成）未见，只见部分心肌灶性纤维化的陈旧性改变，而病理检验所见的心肌断裂，心肌波浪状改变，这些改变不是冠心病猝死的特征性改变，而在急性中毒死亡、雷电损伤死亡等中都能出现。毒鼠强中毒心肌也会出现上述改变。因此，该死者死亡时其冠状动脉粥样硬化性心脏病没有急性发作。

2.5 死者系毒鼠强中毒死亡的依据分析

尸体检验发现尸斑显著，呈暗红色，脑表面血管扩张淤血，双肺淤血，心腔内血液暗

红色，呈流动状，肝、肾、脾等脏器淤血，组织病理学诊断：肺淤血、肺水肿；脑水肿，死者胃及内容物中检出毒鼠强，血液中毒鼠强的浓度达 1.18 $\mu g/ml$，表明死者系口服毒鼠强中毒后迅速死亡。

法医学尸体检验中，在没有明确的致死性外伤情况下，不论其为有名或无名尸体，按照法医学尸体检验的基本原则，全面的尸体解剖检验、全面的脏器组织病理检验和尸体生物检材的毒物毒品定性、定量检验都是必要的。只有这样才能做出科学完善的法医学鉴定。

利用高效液相色谱法对敌鼠钠盐检测方法的研究

廖敬[1]　周达江[1]　杨丽娟[2]

1. 成都市公安局　2. 华电集团金沙江上游开发公司

敌鼠钠盐又名野鼠净，双苯杀鼠酮，敌鼠，化学名为 2－（2，2－二苯基乙酰基）－1，3－茚满二酮，分子式为 $C_2H_{16}O_3$，为我国允许生产使用的一种新型抗凝血杀鼠药，具有高毒性，对小白鼠经口 LD 为 112～196 mg/kg，成人口服 0.06 g 可引起中毒，0.5～2.5 g 可致死，纯品为无臭黄色针状结晶，熔点 145～147℃，不溶于水，易溶于丙酮、乙醇等有机溶剂，对水及弱氧化剂稳定，不溶于非极性溶剂。敌鼠钠盐在被加热到 207～208℃ 时颜色由黄色变成红色，至 325℃ 则碳化为黑色。市售剂型常有 1‰敌鼠钠盐粉剂和 1‰敌鼠粉剂两种，日常生活中常有因使用方式不当误食或人为蓄意投毒导致的中毒事件发生，敌鼠钠盐在体内有抑制维生素 K_1 的作用，阻碍凝血酶原的合成，损害毛细管，使血管壁脆性增加，容易引起破裂导致皮下出血、牙龈出血，严重者出现尿血、便血等，也会引起消化系统和神经系统症状，如恶心、呕吐、腹痛、背痛等，持续出血会导致贫血甚至休克、死亡，所以有必要开发一种操作简便、快速、灵敏、准确、重现性好的检测方法。

现有检测敌鼠钠盐的主要方法：紫外分光光度法、三氯化铁反应、硝化反应、薄层色谱法，而高效液相色谱法国家尚无标准。高效液相色谱质谱联用法、紫外分光光度法、三氯化铁反应、硝化反应、液相色谱法在应用中对检材的要求高。特别对胃、肝检材的干扰尤其明显，使其灵敏度和准确性降低，使用受到局限。液相色谱法用四氢呋喃容易造成液相色谱流路压力过大，对仪器本身也有较大影响，而高效液相色谱质谱联用法的成本高，使用后清洗麻烦，容易残留。通过使用高效液相色谱建立最佳的流动相、检测温度、色谱柱等条件，可建立操作简单、不受检材限制、成本低、灵敏度高、快速、准确的检测新方法。在几起中毒、投毒事件中应用后取得很好的结果，显示了较好推广性和实用性。

1　实验部分

1.1　主要仪器和试剂

（1）仪器：Ultimate－300 戴安高效液相色谱仪（配二极管阵列检测器）、漩涡混合仪、离心机、微量移液器、酸度计、0.45 μm 有机系滤膜及水系滤膜。

（2）试剂：敌鼠钠盐标准品（大连实验化工有限公司）、乙腈（色谱纯）、乙酸乙酯、醋酸铵、冰醋酸、盐酸（均为分析纯），实验用水为纯水。

1.2 实验方法

1.2.1 标准溶液的配制

准确称取敌鼠钠盐纯品 0.1000 g 于烧杯中，用乙腈溶解后转移至容量瓶中，用乙腈定量至 100.00 ml，相当于浓度为 1.0 mg/ml 的敌鼠钠标准应用液，应用 0.45 μm 有机系滤膜过滤。

1.2.2 检材溶液的配制

A. 食物检材。称取一定量粉碎后的检材，分别加入乙腈 5.00 ml，超声提取 30 min，取上清液，重复操作，合并上清液，氮气吹干，加入 1 ml 乙腈溶解，过 0.45 μm 有机系滤膜待测。

B. 尿、静脉血或心血检材。用移液器准确吸取 2.00 ml，加入 5.00 ml 乙酸乙酯，漩涡混合仪上混合 10 min，以 4000 r/min 离心 20 min，取上层乙酸乙酯，重复操作，合并乙酸乙酯层，氮气吹干，加入 1.00 ml 乙腈溶解，过 0.45 μm 有机系滤膜待测。

C. 胃黏膜及胃内容物检材。加入适量无水硫酸钠后干拌，再加入一定体积乙腈超声振荡提取 40 min，离心，取上清液；重复操作一次；合并上清液，氮气吹干加入 1.00 ml 乙腈溶解，过 0.45 μm 有机系滤膜待测。

D. 肝组织检材。取一定量肝组织捣碎成匀浆，组织中加入 2 mol/L 盐酸（氯化氢溶液）调节 pH 值至 2 左右，加入适量无水硫酸钠研磨成干砂状，加入一定体积甲醇：氯仿（1:9），混合物，振荡 40 min，提取两次，分出有机相，合并有机相，氮气吹干，加入 1.00 ml 乙腈溶解取上清液过 0.45 μm 有机系滤膜待测。

1.2.3 色谱条件

色谱柱：ODS-C18 柱（250 mm×4.6 mm×5 μm 钻石柱）。

流动相：0.005mol/L 醋酸铵缓冲溶液。

乙腈 15:85 （V/V）；流速：0.6 ml/min。

柱温：40℃。

进样量：5 μl；流速 0.5 ml/min。

2 结果与讨论

2.1 色谱条件的优化

2.1.1 检测波长的选择

利用二极管阵列检测器对敌鼠钠盐标准进行了扫描；波长 200～500 nm，可知敌鼠钠盐的最大紫外吸收波长为 200 mm、221 mm、285 mm、276 mm、312 mm，其中在 285 nm 处灵敏度较高且干扰较少，选择 285 nm 作为敌鼠钠盐的测定波长。

2.1.2 流动相的选择

对多种流动相在 C8 和 C18 柱上分别进行实验后，最终选择 0.005 mol/L 醋酸铵缓冲液：乙腈＝15∶85 (V/V) 作为流动相最合适。

2.1.3　柱温选择

柱温影响流动相的黏度、保留时间的稳定性，分别实验25℃、30℃、40℃、45℃、50℃后发现40℃时保留时间最稳定，重现性最好，所以选择40℃作为柱温。

2.1.4　C8和C18柱测定结果的比较

本次检测中将处理后的各类检材在C8和C18柱上分别进行测定，结果：将所得光谱与标准光谱进行比对，检材与标准图谱匹配，重现性好，选择C8和C18均可。

2.1.5　线性范围、检出限

敌鼠钠盐标准浓度0～100 mg/L与峰面积呈较好的线性关系，相关系数为0.9998，所选条件下以基线噪声为2倍所相当的标准物浓度为检出限是0.11 mg/kg。

2.1.6　精密度、准确度实验

对敌鼠钠盐10 mg/L、40 mg/L、100 mg/L标准液分别连续测定6次，其RSD为3.3％、2.4％、2.6％，于空白血检材中加入敌鼠钠盐标准液，按1.2.2中步骤操作后测定结果见表1。

表1　准确度、精密度实验 ($n=6$)

检材	本底（mg/kg）	加标量（mg/kg）	平均值（mg/kg）	RSD（％）	回收率（％）
空白血1	50.9	25	75.2	2.7	93.5
		50	96.2	2.5	90.0
空白血2	46.1	25	67.6	2.9	92.3
		50	92.8	2.8	92.8

2　总结

这种新的检测方法，是利用高效液相色谱在敌鼠钠盐检测中建立最佳流动相、检测温度、色谱柱的条件。对最小检出限及回收率进行验证，都能满足要求，所以使用本方法操作简便、不受检材的限制，成本低、灵敏度高、重现性好，能在短时间内完成检测，结果准确，为中毒抢救提供依据，为案件的侦破提供线索、方向和范围，为证实犯罪提供法庭证据（在多起投毒案中应用），适于广泛推广。

参考文献

[1] 叶世柏. 化学性食物中毒与检验 [M]. 北京：北京大学出版社，1989.

[2] 高宏航，勾艳玲. 杀鼠剂敌鼠钠的快速检测 [J]. 中国公共卫生，2005，21 (5)：603.

应用 GC/MS 法对罂粟植株的检验分析

马瑜　乐浩鸣

四川省凉山州公安局

罂粟，一年生植物，一般种植在海拔 300~1700 m 的地区，其植株约高 1.5 m，每年二月播种，四五月开花，花呈白、红、紫等颜色，每朵花有四个花瓣，其叶大而光滑，为带有银色光泽的绿色，当其果实成熟时，花瓣自然脱落，已长成但尚未成熟的果实，割裂其果皮后流出乳汁的干燥物即为阿片（又称鸦片）。阿片中含有几十种生物碱，统称为阿片生物碱，其中含量最高的生物碱为吗啡，可超过 10%，其他比较重要的有可待因、那可汀、罂粟碱和蒂巴因。罂粟本身不是毒品，但若长期作为止痛镇咳药使用，由于阿片类药物可以使人产生依赖，故被归类为国际麻醉药品管制品种。从罂粟中可提取得到吗啡、海洛因、可待因等。大量非法种植罂粟的违法案件时有发生，由于目前尚无对罂粟植株的检验标准，本文作者为方便各级公安机关送检，从罂粟植物的外观形态、所含的主要成分入手开展调查研究，以 GC/MS（气相质谱联用法）对可疑罂粟植物做出检验，以确证可疑植物系罂粟类植物，现就检验研究结果总结如下。

1 罂粟果实的外观形态学检验

罂粟果呈椭圆形或倒卵形，顶端有一宿存圆盘状花柱，基部有圆柱形果柄，与果实连接处略显膨大呈瓶颈状，未成熟时，果皮呈绿色或稍带黄色；割取阿片后的干燥果壳呈黄棕色或棕褐色，光滑，有纵向或者横向的割痕，果皮硬而脆，质轻，气清香。从碎后的果皮或其横切面中可见内部有 7~15 片与柱头同数的胎座，呈半月状，浅黄而微有光泽，表面有多数细小棕黑色小点，为种子脱落后的残迹。

2 仪器、试剂及方法

2.1 仪器

Agilent 7890A/5975C、气质联用仪、HP-5MS（30 m×0.25 mm×0.25 μm）弹性石英毛细管柱、10 μl 微量进样器、快速混匀器、超声波清洗器。

2.2 试剂

（1）无水乙醇、甲醇、碳酸氢钠、碳酸钠、氯仿、异丙醇（分析纯）

（2）pH 值 9.5 的缓冲液：1 mol/L 碳酸氢钠溶液用 1 mol/L 碳酸钠水溶液调至 pH 值 9.5。

（3）马改氏试剂：取 40％甲醛 10 滴加入 10 ml 浓硫酸中。

2.3 样品预处理

检材 1：罂粟蒴果 2 个，约 10 g。

取成熟罂粟蒴果 2 个约 10 g 充分捣碎后，浸泡于氯仿与异丙醇的混合溶液（9∶1）中，加入少许缓冲液调节提取液 pH 值至 9.5，超声 5 min，浸泡提取过夜，提取液自然挥干，备检。

检材 2：罂粟根约 20 g。

取罂粟根约 20 g 充分捣碎后，浸泡于氯仿与异丙醇的混合溶液（$V/V=9∶1$）中，加入少许缓冲液调节提取液 pH 值至 9.5，超声 5 min，浸泡提取过夜，提取液自然挥干，备检。

检材 3：罂粟叶约 20 g。

取罂粟根约 20 g 充分捣碎后，浸泡于氯仿与异丙醇的混合溶液（$V/V=9∶1$）中，加入少许缓冲液调节提取液 pH 值至 9.5，超声 5 min，浸泡提取过夜，提取液自然挥干，备检。

检材 4：罂粟枝干约 20 g。

取罂粟枝干约 20 g 充分捣碎后，浸泡于氯仿与异丙醇的混合溶液（$V/V=9∶1$）中，加入少许缓冲液，调节提取液 pH 值至 9.5，超声 5 min，浸泡提取过夜，提取液自然挥干，备检。

2.4 GC/MS 联用条件

（1）气相色谱条件：

进样口温：230℃，程序升温：100℃（stay 1 min）$\xrightarrow{20℃/min}$ 260℃（stay 2 min）$\xrightarrow{10℃/min}$ 280℃（stay 3 min）。

载气流量：1.0 ml/min；分流比：15∶1，30 ml/min（1 min）；进样量：1.0 μl。

（2）质谱条件：离子源 EI，电离电压 70 eV，质量范围为 40～550。

2.5 检验及结果

在检材 1、检材 2、检材 3、检材 4 中分别加入 1 ml 甲醇，充分溶解后分别编号为检液 1、检液 2、检液 3、检液 4。

化学试剂显色法：甲醛－硫酸反应（马改氏试剂法），分别取检液 1、检液 2、检液 3、检液 4 各 1 滴，加入配置好的马改氏试剂各 1 滴，检液 1、检液 2、检液 3、检液 4 显紫红色反应。

GS/MS 法检验：分别取检液 1、检液 2、检液 3、检液 4 各 1μl，进样 GC/MS 检验，结果如图 1～图 4 所示。

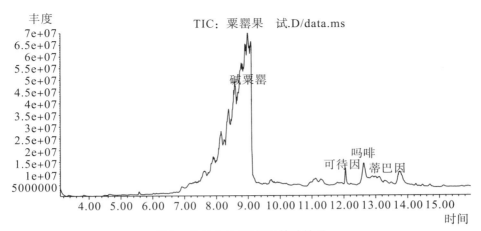

图 1　检材 1 的 GS/MS 检验结果

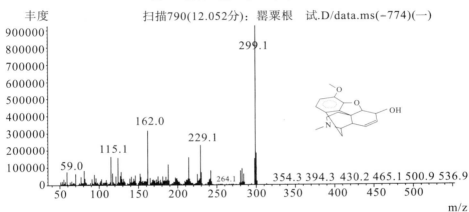

图 2　检材 2 的 GS/MS 检验结果

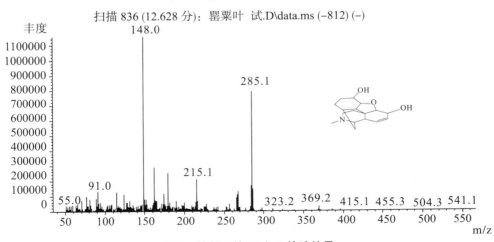

图 3　检材 3 的 GS/MS 检验结果

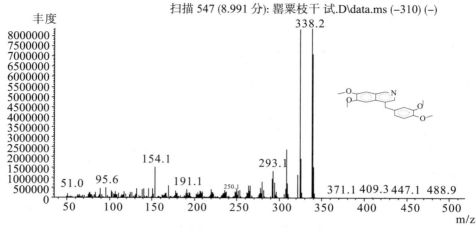

图 4　检材 4 的 GS/MS 检验结果

3　结论

在检验当中，发现罂粟植株的根、茎、叶、果实中均含有吗啡、可待因、那可汀、罂粟碱和蒂巴因，其在果实中检出量最大；在选取提取试剂时，通过大量实验考察发现，用氯仿与异丙醇的混合溶液（9∶1）提取效果最佳。可以将上述方法作为初步的认定植株为罂粟植物的方法。

参考文献

[1] 李树林. 毒物的毒理与毒物分析［M］. 北京：人民卫生出版社，1989.
[2] 贺浪冲. 法医毒物分析（法医学/本科）［M］. 3 版. 北京：人民卫生出版社，2008.

法医毒物分析中理化毒物检验报告内容形式及作为证据使用方面的思考

乐浩鸣　卢银兵
四川省凉山彝族自治州公安局物证鉴定所

刑事技术中的理化毒物分析是研究与刑事犯罪有关的、涉及法律问题的中毒案件中毒物证据的检验方法。对于怀疑有毒物直接或间接地引起或可能引起伤害或死亡的案件时，要进行有关毒物定性或定量的检验，判明是否存在毒物及其与事件的关系，为判明当事人在事件中是否负有法律责任提供依据，为涉及毒物的违法案件提供侦破线索和犯罪证据。

根据理化毒物鉴定的核心——鉴定结果的可靠性、科学性，表述的严谨性、充分性及理化毒物分析与侦查、法医鉴定的密切联系，笔者提出关于理化毒物检验报告内容形式及作为证据使用方面的思考和看法。

1 法医毒物鉴定和理化毒物鉴定的任务及要点浅析

笔者认为，应首先区分法医毒物鉴定和理化毒物鉴定的概念和任务。法医毒物鉴定是通过对生物检材的定性定量分析来确定送检对象中有无毒物、毒物种类、毒物含量以及评价毒物毒性程度或对死亡的影响程度。其主要任务包括：

（1）判定有无毒物：通过系统的未知物筛选分析来发现毒物或排除毒物。

（2）确定毒物种类：通过毒物定性分析鉴别、确认毒物的种类。

（3）估计毒物毒性程度：通过毒物定量分析确定毒物的含量，估计毒物发挥毒性作用的程度。

（4）推断毒物性质：通过毒物案情调查、中毒者体内毒物分布、毒物原体及代谢物状况等进行综合分析，推断毒物进入机体的途径以及毒物性质。

法医毒物鉴定是由法医毒物分析、法医毒理学和法医病理学三个模块支撑的体系。在实践中，理化毒物鉴定一般仅对送检材料中是否含有毒物以及毒物的量作客观报告，为纯客观结果的呈现，是不夹杂鉴定人或法医专业判断的鉴定意见；而法医病理鉴定则是根据尸体检验和毒物分析结果，结合案情调查做出是否毒物或毒物致死的判断。因此法医毒物鉴定比理化毒物鉴定涵盖的范围更广，包括生物检材毒物浓度的真实性和毒物对中毒或死亡的作用程度，涉及检材采集的合理性、毒物的稳定性和死后再分布等因素，毒物进入机体的时间、途径及方式，毒物的体内分布以及代谢动力学分析等。

理化毒物检验从某种意义上来说具有探索性质和研究性质，对于分析目的具有不确定性。因此，明确检验目的和检验范围，合理制订检验方案、确认检验方向、确认检测毒物，是防止毒物漏检、制订检验方法和步骤的重要依据。

2 目前理化毒物检验报告在内容、形式及作为证据使用方面存在的问题

2.1 理化毒物鉴定文书名称（类型）和检验过程表述形式不统一

理化毒物鉴定文书抬头名称的使用在某些机构、实验室仍显混乱，有用"鉴定意见书""鉴定报告""检验报告""鉴定书"几种形式的，影响了该类文书的统一规范性。鉴定文书中表述检验过程的"检验"一项也是各不相同，或欠规范，或遗漏应表述的要点。而对于鉴定中不同检材采用不同方法检验的情况，文书在表述检验方法时也含混笼统，未清楚地加以区分说明。

2.2 理化毒物检验报告结果表述的模糊性和阴性结果的可靠性

有的理化毒物检验报告结果中出现"常见毒物、常见农药和杀虫剂"等表述，仅给出了毒物的类别而没有明确告知具体的范围、名称，是几种，几十种还是更多？一方面，结果表述的模糊性源于鉴定委托中检验要求的模糊性，缺少法医应有的预判。另一方面，可

供筛查的药物名目也为不同实验室、不同设备条件和技术水平可开展的检验范围所限定，在筛查名目上难以建立统一标准。总之，对于没有明确死因，需要通过探查性质的毒物分析来发现或排除毒物的检验要求而言，结论仅涉及常见药物、杀虫剂等模糊范围，其科学性、严谨性是有缺陷的；对于现场留有可疑物证（药瓶）、需要提供可靠证据的检验要求而言，仅探寻与可疑物证相关的药物目标物范围也存在极大的风险。

理化毒物检验报告中的阴性结果判定是建立在方法科学和可靠的基础上的，方法的科学性和可靠性主要通过技术指标来体现，包括选择性、检出限、准确度、精密度、回收率、线性范围、稳定性等，当技术方法相同而关键技术指标有问题时，其鉴定能力可存在较大差异。如由于灵敏度指标不同，可致"未检出"结果的内涵和体现的能力完全不同，甚至出现错检、漏检。我们很多的理化毒物检验报告中都未体现阴性结果判定的依据，一份鉴定中不同检材使用不同方法检验时又涉及不同的检出限、准确度、回收率等，这更是常被我们忽视的问题之一，从一个方面也反映出鉴定人的质量控制意识和证据意识还有待加强。

2.3　理化毒物检验报告在作为证据使用时存在的问题

根据上文对法医毒物鉴定和理化毒物鉴定的分述，在证据使用中直接将理化毒物检验报告"检出×××"或"未检出×××"的结果不加分析便作为判定是否某药物、毒物中毒的依据显然是不科学的，是需要在理化毒物检验报告中做出相应声明的，并且需要根据各级刑事技术实验室发展水平和符合公安部的验证能力要求。现很多地、市、州一级都未开展毒物定量鉴定，定性阳性结果对中毒结论判定的价值更是有限。

法医毒物鉴定一般包括三个核心环节：检材采集、毒物鉴定和结果利用。检材采集环节上检材采集时间作为中毒判定的因素之一常未体现在我们的检验报告中；最终的中毒判定除依据检验报告中毒物的定性定量结果，还应考虑体内药物原体和代谢物浓度以及浓度比对于摄药时间、摄药量、摄药方式的判断，所涉毒物的稳定性、代谢速度和死后再分布可能对体内毒物含量的影响，中毒量、致死量参照判断时应注意的事项等。以上内容需经过法医的综合分析传递到结果的使用方——法庭，也是法医出具最终死因鉴定意见时应去完善的，要完成好这个任务需要理化检验人员和法医的充分沟通合作。一些鉴定机构理化检验人员与法医各自为阵，缺少必要的沟通和联系，实际工作中理化检验人员大多在实验室被动接受检验鉴定任务，很少与法医一同深入现场、勘查现场、分析了解案情（包括毒物案件的发现、发生经过、抢救治疗及其他处理过程）；而相当一部分法医到了现场后，只匆忙提取受害者的剩余饮食、呕吐物、排泄物及现场遗留可疑物，如果是死亡的尸体，就解剖提取胃内容物、胃组织、肝组织、心脏血等，很少给理化检验人员反馈可预判某类可疑毒物的信息，这就使得理化检验人员在实验室浪费大量的精力而不能准确及时做出鉴定。

3　针对以上问题的应对措施或建议

关于理化毒物鉴定名称（类型）的确定可参考《司法鉴定程序通则》（司法部令第107号）中的规定：司法鉴定文书分为司法鉴定意见书和司法鉴定检验报告书。同样，法医毒物鉴定结果也可通过检验报告和鉴定意见书两种文书形式加以体现。通常情况下，理化毒物鉴定仅出具客观呈现检验结果的"检验报告",法医在此报告基础上经专业理论和综合判断,再出具死因鉴定意见书。而理化毒物检验报告中一般不出现结果含义的阐释或根据检测结果和专业知识形成的专业判断意见。

对于检验报告中检验过程的表述应包括检验内容、所用方法及客观所见;所用方法在前,直接写明依据或参考标准方法的标准号(通过认证认可的实验室或作业指导书经方法确认后可写作业指导书编号),后跟检验内容,一般为"取某检材多少量用某仪器检验",客观所见一般表述为"谱图反映……或呈现……结果",不同检材使用不同方法的情况在该项中应分述,可借鉴国外毒物检验报告常采用的较为简明的表格框架式进行书写。

理化毒物检验报告中筛查范围必须明确到哪几种物质,各实验室依据自身的检验条件和技术能力而定,检验结果回答鉴定委托中"检验要求"中的问题。毒物检验检材应由参与尸检、了解案情的法医或病理学家亲自送检,书写检材采集时间并在之后的理化毒物检验报告上注明。法医应提供尽可能详细的尸检和现场情况,充分发挥自身专业能力和经验,使检材采取和实验室检验更有针对性,更高效。理化检验人员也应尽力发挥现有设备条件的效能,提升业务水平,拓宽检验筛查的范围;检验范围内毒物均未检出而案情可疑的,应送上一级鉴定机构进行补充鉴定。

对于阴性结果的有效性,国际《法医毒物学实验室指南》要求实验室报告"未检出"结果时,必须标明检验方法的最低检出限,以体现"未检出"结果表明物质浓度低于该方法的最低检出限这一内涵。因此,按规范讲,检验报告的阴性结果后面都应标注本实验室条件下所采用方法的最低检出限。

加强法医和理化检验人员的沟通协作,法医在取得理化毒物检验报告后,对于阳性的毒物药物,应关注查询或请理化检验人员帮忙提供该毒物的用途、使用注意事项、可能存在的形式、最大使用剂量、体内代谢物、超剂量使用的毒性等信息,综合尸检和现场情况分析做出最终的死因判定,而理化毒物检验报告特别是只做定性检验的情况下应对阳性结果进行声明:"该检验结果需结合法医鉴定意见进行死因判定。"

一起零口供毒鼠强特大投毒案的 GC/MS 及 SIM 检验

王小成　尹庆

四川省眉山市公安局刑侦支队

毒鼠强是一种惊厥性的剧毒杀鼠药,我国已禁止生产、销售和使用。由于灭鼠效果好,价格低,制造工艺简单,又无味无臭,因此禁而不止,特别是在农村市场常有出现。毒鼠强纯品为白色粉末,不溶于水,难溶于乙醇,可溶于丙酮、苯等有机溶剂,由于结构特殊,化学性质极为稳定,在环境和生物体内的代谢很缓慢,不易降解。

1 案例资料

某年春节前夕，在我市农村村民张某家就餐的村民在吃完晚饭后先后有十多人出现中毒症状，并送入医院接受治疗，其中一人因中毒较深，经抢救无效死亡。

2 实验部分

2.1 试剂与标准工作液

毒鼠强标准品购于公安部物证鉴定中心，丙酮、乙醇均为分析纯。用分析天平准确量取毒鼠强 25 mg，置于 25 ml 的容量瓶中，用甲醇定容，配置成 1 mg/ml 的标准储备液。准确量取 100 μl 标准储备液于 1 ml 的玻璃试管中，加入 900 μl 甲醇定容，配置成浓度为 0.1 mg/ml 标准工作液。

2.2 检材提取

食物、米饭、纸币、衣物等检材，用适量丙酮溶解或充分洗涤浸泡、振荡，经离心后，取上清液在 60℃ 水浴挥干，再用 100 μl 丙酮溶解后，加入样品瓶自动进样检验。

2.3 仪器分析方法

检验采用气相色谱质谱联用分析方法，检验设备为 Agilent 7890A GC、Agilent 5975 MSD，色谱柱为 HP-5。设备检验分析条件采用程序升温，初始温度为 80℃（保持 1 min），以 10℃/min 的速度升至 240℃（保持 3 min），再以 20℃/min 的速度升至 280℃（保持 10 min）。调谐采用标准谱图，离子源为 EI，70 eV，离子源温度 230℃，四极杆 150℃，接口温度为 280℃，进样口温度为 280℃，载气为高纯氦气，流速 1 ml/min，不分流进样。扫描方式采用全扫描和选择性离子（SIM）扫描。

3 检验结果和讨论

3.1 检验结果

（1）现场检材：经 GC/MS 全扫描分析，并与标准品毒鼠强质谱图比对，在呕吐物、米饭和储物台上的白色物质中均检出毒鼠强成分。

（2）唐某随身物品：经 GC/MS 选择性离子 212、240 特征峰扫描，在唐某所持有的纸币、当天所穿衣物内袋和口袋内线手套中均检出毒鼠强成分。

3.2 讨论

经 GC/MS 全扫描检验后，在现场呕吐物、米饭、电饭煲和储物台上的白色可疑物中均检出毒鼠强成分，结合现场勘验和调查访问情况，认定是一起故意投毒案件。经 GC/MS 选择性离子扫描检验后，在唐某所持有的纸币、当天所穿衣物内袋和上衣口袋内的手套中均检出毒鼠强成分，根据唐某当天所穿衣物及其随身物品中检出毒鼠强成分。最后认定唐某有重大作案嫌疑。

本案通过对现场检材和唐某随身物品的 GC/MS 全扫描及 SIM 检验，检出毒鼠强成分，使得这起特大投毒案得以告破。经对唐某的审讯，其最后交代了通过投毒后出现混乱，试图偷窃财物的作案动机。

参考文献

[1] 刘文，张新威. 毒品和毒物检验 [M]. 北京：中国人民公安大学出版社，2003.

[2] 宋忆光，云会新，王明. 6 起敌敌畏投毒杀人案分析 [J]. 刑事技术. 2008，6：61−63.

[3] 倪春芳，龚飞君，张润生，等. 海洛因毒品中残留有机溶剂的检测方法与结果分析 [J]. 中国司法鉴定. 2011，3：31−35.

法医精神病学

Forensic Psychiatry

2 例精神病人自杀死亡的法医学分析

杜海

四川省达州市公安局刑侦支队

　　精神病人由于具有认知、情感和行为等方面的障碍，导致其与现实环境不相适应，部分病人受幻觉、妄想支配，可出现伤害自己身体的行为，往往容易被判为刑事案件。因此，法医对该类损伤的形成机制、性质等进行准确判断，不但能有效维护社会主义法制的公平正义，而且对消除受害人亲属的疑义，缓解信访压力大有益处。下面就实际工作中所见精神病人的多种自杀方式的法医学分析判断报告如下。

1　案例 1

1.1　简要案情

　　20××年×月×日凌晨 5 时许，某县某村村民蒋某在床上睡觉听到"咚"的一声响，起床到阳台发现自家院坝上躺着一人，后到儿子王某的卧室查看，发现床上有血迹，走到底楼后发现厨房灯亮着且地面有大量的血迹，经辨认死者系自己儿子王某，其立即向派出所报案。

1.2　现场勘查

　　现场位于某县某村王某住房的院坝，该院坝坐东朝西，系一楼一底带偏房的砖混结构建筑。1 楼双扇木门相连的西面系石梯，在石梯由东至西第二、三步石梯的北侧有一具头西脚东仰面朝上的男尸，头颈部对应地面有 40 cm×40 cm 的血泊。该男尸上身穿毛衣，下身穿灰色裤子，赤脚。

　　厨房地面中部有 50 cm×25 cm 的血泊，其中有人体皮肤组织碎片，旁边有带血的不锈钢菜刀 1 把。厨房经 1 楼客厅，上二楼楼梯间至王某卧室的地面及墙上有连续的滴落血迹和擦拭血迹；王某卧室床前地面有解放牌胶鞋一双，鞋底及面上粘附血迹；床上被盖、被单、枕套上粘附血迹；二楼阳台对应的尸体护栏瓷砖上粘附有血迹。二楼护栏距一楼地面高 3.2 m。

1.3　尸体检验

　　死者王某，男，汉族，25 岁，某县某村人，初中文化。

　　死者头右侧顶部有 5 cm×1 cm 斜行挫裂创口，深达皮下，颅骨无骨折，脑组织无损伤，右面部、右颈部见由上向下的连续性擦伤伴皮下出血；颈前部从左至右有多处横形切割创，深达气管，其中软组织、甲状软骨、颈外动脉分支断裂，深达颈椎（脊髓无损伤）。颈项部创口之间平行、整齐，不凌乱，其收刀方向、部位一致，均位于颈部右侧。胸腹部及脏器无损伤；四肢无搏斗抵抗伤；未发现致命性疾病及机械性窒息征象。理化检验：尸体胃及胃内容物均未检出安眠镇静类药物及常见毒物成分。

1.4 调查

死者王某生前患有精神分裂症，断断续续服药，事发前几天，其亲属见其一个人经常自言自语，手拿菜刀在颈项部比画。

1.5 结论

死因：颈项部切割创，失血性休克死亡。

性质：自杀。

2 案例 2

2.1 简要案情

20××年×月×日 7 时许，某区"站前宾馆"服务员到 301 室催收住宿费，敲门无人应答，房门从里面锁死，透过门窗玻璃发现房客朱某（男，20 岁，平昌人）在室内上吊身亡，即报警。

2.2 现场勘查

现场位于某区"站前宾馆"301 室，经强行破门进入室内，见朱某用房内电视机电源线作为缢绳，将自己悬吊在电扇叶片上。对应电风扇的床上有踩踏痕迹，电视机电源线残端可见烧灼、牵拉、离断的痕迹，其余未见异常。

2.3 尸体检验

死者颜面青紫，四肢指甲发绀，胸前衣服上有涕涎流注痕迹，尸斑位于四肢低下部位，小便失禁，舌面上有铜丝碎渣及黑色塑料颗粒。颈前部甲状软骨平面有 0.5 cm×0.2 cm 环形索沟，向两侧延伸，由双侧下颌部经耳后向上，在枕部形成长 9 cm 的提空。颈部皮下肌肉出血，喉头黏膜出血，左侧颈动脉内壁上有细小裂纹，双肺淤血，心肺表面散在点状出血，左手食指有轻微烧灼伤。其余部位及脏器未发现损伤及出血，未发现致命性疾病。理化检验：尸体胃及胃内容物均未检出安眠镇静类药物及常见毒物成分。病理检验：左手食指皮肤组织结构呈"删栏状"改变。

2.4 调查

据死者朱某亲属反映：朱某生前患有精神分裂症，前段时间停药后经常自言自语，到处乱跑后一直未归。

"站前宾馆"服务员反映：朱某入住后，很少外出，经常独自在房内自言自语，说有人要害他。

2.5 结论

死因：自缢致机械性窒息死亡。

3 讨论

上述两个案例，通过调查走访了解到死者均有精神分裂症病史，均有服药不规范或停药后症状加重的表现，受幻觉、妄想等精神病性症状支配，并以不同方式伤害自己的身体，结束生命。案例 1 中，受害者颈项部虽有多处切割创口，但创口之间平行、整齐，不凌乱，其收刀方向、部位一致，均位于颈部右侧；四肢无搏斗抵抗伤；现场上无搏斗挣扎痕迹；亲属未听到异常呼救声；自伤工具就地取材；在厨房自伤后，将菜刀遗弃在现场，自己走上楼、脱鞋、上床休息，最后走到阳台，翻过护栏坠落。整个过程与正常人思维完全不同，符合病态思维下的自伤行为。案例 2 中，受害者先用火烧坏电视机电源线绝缘层，用牙齿咬断铜线，将铜线缠绕左食指，电击自己，后将此线打结，自缢而死，其行为方式也属病态思维支配所致。

3 例犯罪心理画像在大案要案中的应用

杜海

四川省达州市公安局刑侦支队

犯罪心理画像技术最初源于美国，现已经被广泛应用于侦查破案过程，通过对犯罪现场重建、痕迹物证变化及尸体检验等反映出的心理痕迹进行挖掘，刻画未知作案人的过程。由于每个人的性格、气质、年龄、习惯及所处环境不同，其心理状态也各异，在他们实施犯罪时，常会有意无意地将自己的心理痕迹通过物质痕迹及加害手段等客观地表现出来。尤其在现场形象痕迹（如指纹、足迹、DNA 等）、印象痕迹（如监控、目击证人等）相对缺乏的情况下，通过对存留的物质痕迹、尸体损伤、作案过程的心理痕迹分析，不仅对案件定性，作案动机、目的判断有益，而且对犯罪嫌疑人属于哪一类人的刻画大有帮助。现就实际工作中犯罪心理画像在大要案中的应用报道如下。

1 案例 1

1.1 简要案情

20××年×月×日（农历正月初三），某区沿河某单元楼内（闲置清水房，未安装门窗）发生杀死两小孩的恶性案件。

1.2 现场情况

现场位于蒲某住宅主卧室厕所内，东西走向，面积 3.5 m²，室内粗沙墙面，地面粗糙，遗留建房时所剩砖头。其中 8 号残缺"三角形"砖块上有血手指印痕，7 号砖头棱边有血迹，两死者头西脚东，呈俯卧位，头面部有大量血迹。大死者冉某右腰部地面有被撕裂的纸质空红包1个（其内现金160元被劫），现场可见搏斗挣扎痕迹。中心现场未提取到有价值的指纹、DNA等痕迹物证。

1.3 尸体检验

死者冉某，男，10岁，身高127 cm，某乡中心校四年级学生。有轻微捂嘴、卡颈所致损伤；死因：头面部被砖头类钝器多次打击，造成严重颅脑损伤死亡。

赵某，男，6岁，身高120 cm，家住某县某镇糖房坝村2组。20××年×月×日（正月初二）到某乡外公张某家拜年。冉某和赵某系表兄弟，两者母亲系姐妹。死因：头面部被砖头类钝器多次打击，造成严重颅脑损伤死亡。

1.3.3 理化检验

尸体胃及胃内容物均未检出安眠镇静类药物及常见毒物成分。

1.3.4 调查情况

冉某当天出门前，身上有纸质红包一个，内有现金160元。

赵某身上有现金5元（除去买泡泡水开支0.5元，剩余4.5元在死者裤包内找到）。

由于中心现场监控缺乏、技术部门又未提取到有价值的指纹、DNA等痕迹物证，加之春节期间，该场镇人口流动较大等因素，致使侦破工作停滞不前，处于瓶颈状态，指挥部在分析前段工作得失后，决定对犯罪嫌疑人采用心理画像技术。

1.3.5 犯罪心理画像

（1）生理属性：男性，1人作案，年龄：10~15岁，身高：150~160 cm，身体较弱，控制力不强。

（2）心理属性：心智不成熟，缺乏关爱，性格逆反，性情暴躁，做事不计后果，以图财为目的，就地取材，临时起意杀人，具有反社会型人格表现。

（3）社会属性：家庭经济拮据，父母文化程度及社会层次较低，教育子女方法简单粗暴。

（4）地域属性：熟悉现场环境，居住在本地，应系在校中小学生。

（5）既往违法犯罪属性：以前可能有打架、斗殴，以大欺小，勒索钱财的劣迹。

按照犯罪嫌疑人的心理画像，侦查人员重新开展调查走访及摸排工作，结合公安部门开展的"一标三实"活动，很快发现任某具有重大作案嫌疑。经审查，任某如实交代了×月×日下午在某乡某单元楼用砖头杀死两小孩的犯罪事实。破案后证实嫌疑人特征与画像一致。（嫌疑人任某，男，汉族，生于2004年07月25日，身高153 cm，现住某区某乡农贸市场单元楼内，即案发现场隔壁，系某区某乡中心校六年级学生）。

2 案例2

2.1 简要案情

2006年2月至2011年11月，某市某县几个镇（未报案）先后发生20余起幼女被奸淫案件，犯罪嫌疑人采取尾随、诱骗的方式将受害者带至空旷的建筑工地或室内强奸后逃逸。经现场提取生物检材进行 DNA 检验及全国数据库查询、比对，共并案 8 起，其中本地案件 6 起，外地案件 2 起（福州晋安区）。

2.2 作案特征

作案时间：均选择在白天，学生上学或放学时间段。

作案地点：均为地域偏僻、空旷、人员较少、无人居住的闲置工地、房屋，周边无监控设施。

作案手段方法：均采用事先踩点、尾随、诱骗的方式将被害人带到现场，随即恐吓、威逼受害人，使其不敢反抗继而进行奸淫。

作案对象选择：均为小学或初一学生，年龄在 10~12 岁的幼女。

作案过程中用绳索捆绑双手、用红领巾、衣服遮脸，不带避孕套，不劫取受害者财物。

喜好在雨天作案。

语言特征：犯罪嫌疑人操本地口音，主动与受害者搭话："小妹妹你前几天带人把我女儿打了，我带你去看我那女儿，如果不是你就走。""小妹妹你把我工地水管（或水表）整坏了，我带你去看，如果不是你就走。""不准叫，你再吼，我把刀儿摸出来把你捅死。""我用地上的砖头砸你。""莫把脚夹紧了。"

通过对受害人的医学检验：均造成处女膜新鲜破裂，部分受害者存在会阴部严重撕裂伤。

2.3 破案难点

（1）由于受害者均系幼女，生理、心理发育未成熟，突然遭受性侵刺激后，部分人出现"近事遗忘"现象，对犯罪嫌疑人身高、体态、长相、穿着、发型等描述不清。导致画像、常规调查效果不明显。

（2）部分受害者案发后未及时报案，影响现场采证，同时部分亲属为保护其隐私，拒绝配合公安机关进一步调查。

（3）作案地点偏僻，无监控可查。

（4）DNA 多次入库，未比中嫌疑人。

2.4 犯罪心理画像

（1）生理属性：犯罪嫌疑人 1 人，男性，年龄 25~35 岁，身高 170 cm 左右，皮肤白，体型较瘦，蓄短发，上身穿白色或深色拉链夹克衫，下身穿黑色裤子、白色运动鞋或皮鞋，说话本地口音。

（2）心理属性：心理变态，喜欢寻找奸淫幼女，满足自身刺激感和快感，在首次作案成功后，形成强有力的心理定式，连续作案。

（3）社会属性：犯罪嫌疑人应系生长在农村，家境贫寒，无固定正当职业，可能在建筑工地打过工，夫妻离异或分居，无法正常过夫妻生活，家里可能有女儿，曾于 2006 年 8-10 月在福州晋安区打工，从事制衣行业的可能性大。

（4）地域属性：根据首发案件犯罪嫌疑人说话系本地口音；首次作案地点位于县城南片区皮鞋厂；唯一发生在乡镇案件——渠县某镇等特点分析认为：犯罪嫌疑人应系某县人，成长、生活居住在某县城南片区向南一带。

（5）既往违法犯罪属性：可能有性犯罪前科，喜看黄色、色情录像。

按照犯罪嫌疑人的心理画像，侦查人员开展调查访问及摸排工作，很快锁定董某具有重大作案嫌疑，经审查，董某如实交代自己多次奸淫幼女的犯罪事实。破案后证实嫌疑人特征与画像一致。（犯罪嫌疑人董某，男，1979 年 7 月 8 日出生，汉族，中专，系该县人，已婚，无业。）

3 案例3

3.1 简要案情

20××年×月×日 18 时许，颜父到县城南外镇凯悦×号暂住地寻找女儿颜某，敲门无人应答，拨打其手机不通，请"开锁王"打开房门，发现女儿被杀于卧室内，立即报警。

3.2 现场勘查

死者颜某着睡衣仰面倒于主卧室地面上，尸体头面部及周围地面有大量血迹，其床上、枕头面、床头墙面上有大量血迹及断裂头发，经静态勘查及辨认发现室内菜刀、单刃水果刀、死者手包、手机缺失。

3.3 尸体检验

头面部被锐器多次砍击致颅面骨不全骨折，且创口分布凌乱；肚脐周围有单刃锐器所致刺创，创口分布较整齐；左会阴部有单刃刺创，经外裤、穿过卫生巾（死者正值月经期）刺入左侧大阴唇内；双手多处防卫抵抗伤。死因：全身多处砍、刺创，失血性休克死亡。

3.4 调查

死者颜某，女，39 岁，身高 165 cm，某区桥头一地下歌厅陪侍女，交往人员复杂，×月×日 22 时独自离开歌厅。

3.5 犯罪心理画像

（1）生理属性：犯罪嫌疑人 1 人，中老年男性，身高 170 cm 左右，体型较瘦，控制力较弱。

（2）心理属性：性格偏执、倔强，猜疑心较强，与死者有情感纠葛，刺伤其左侧会阴部，显示出"因情生恨，激情杀人"的心理状态。

（3）社会属性：家庭经济较宽裕，性生活得不到满足或离异，文化层次较低。

（3）地域属性：本地人。

（4）既往违法犯罪属性：多次光顾色情场所或嫖娼。

按照犯罪嫌疑人的心理画像，侦查人员开展调查访问及摸排工作，次日便锁定朱某具有重大作案嫌疑，经审查，朱某如实交代自己杀人的犯罪事实。破案后证实嫌疑人特征与画像一致。（犯罪嫌疑人朱某，男，1952 年 11 月 18 日生于某市某区，个体洗车场主）。

4 讨论

4.1 心理痕迹与犯罪嫌疑人存在着密切的关联性，往往反映出犯罪人独特的人格特征

犯罪嫌疑人在其心理活动和个性特征的支配下，实施特定的犯罪行为，并通过各种客观存在的物质痕迹表现出来。因此，在各种物质痕迹上体现出的心理痕迹，必然带有犯罪嫌疑的个性色彩。我们可以据此分析犯罪嫌疑人的年龄、文化程度、职业、动作习惯、兴趣、动机、需要、气质特征等种种可以刻画犯罪人特征的要素，从而缩小排查范围。案例1中，嫌疑人出生后母亲瘫痪，丧失劳动力，靠父亲打小工度日，家庭经济拮据；父母文化程度及社会层次较低，教育子女方法简单粗暴。嫌疑人因学习成绩差，常遭父母打骂，无心读书，常与同学打架、斗殴，以大欺小，勒索钱财，无社会良知、对社会不负责任，表现出反社会型人格障碍特征。

4.2 根据不同案件中心理痕迹的共同性，进行并案侦查

同一犯罪人在实施每一犯罪行为时，都带有自身行为的特定性和相对稳定性。这种特定性和相对稳定性表现在各个犯罪现场上就呈现出心理痕迹的共性。犯罪人在首次作案成功后，其行为方式在大脑皮层中建立了稳定的刺激，在以后遇到相似的条件或情境时，仍会采用相同或相似的手法继续实施同一性质的犯罪活动，形成较为稳定的犯罪特点，留下有共性的心理痕迹。侦查人员可以据此分析研究此案与彼案的相似与共同之处，一旦发现数起案件都带有稳定、一致的心理痕迹的表征，即可组织并案侦查。案例2中，多起案件均表现出：作案时空条件相同或类似；作案手段方法、侵害对象相同或类似；作案人数、口音等相同或类似，即反映同一犯罪嫌疑人作案的思维定式、动力定型特征，可作为并案侦查的有力依据。

4.3 利用遗留在尸体损伤处的心理痕迹，解析犯罪动机，刻画犯罪嫌疑人

由于每个人的性格、年龄、社会阅历、生活习惯、居住环境等不同，其个性心理也各不相同，在现场表现出作案手段、使用工具、技能状况、反侦察意识等也不尽一致，对被害人的加害程度、损伤部位，客观地反映了犯罪嫌疑人当时的心理活动过程。案例3中，犯罪嫌疑人用菜刀多次砍击受害者头面部，致其失去抵抗后，仍继续用水果刀刺激腹部及会阴部，充分反映出其性格偏执、倔强，猜疑心较强，与死者有情感纠葛，"因情生恨，激情杀人"的心理状态。

1 例精神病人杀人现场勘查特点

王景怡　李辉

四川省乐至县公安局

1 案情

20××年×月×日下午，在某县某乡烂泥河村的田某（女，59 岁）被本村村民发现死在家中，其头部有伤，家中的腊肉、篾刀、20 余斤玉米种子及背篓均不见了。田某系一人在家，其丈夫当日离家到县城儿子家去了，得到消息后回家。

2 现场情况

尸体在现场呈头东南脚西北的俯卧位，右侧头面部触地，左侧头面部朝上，左侧头面部有一孔洞，接警民警抵达现场时，一群小鸡正在尸体头部啄食。尸体左手臂位于头部北侧地面上，右手臂位于胸腹部下方地面上，尸体双手缺失。该尸体对应的街沿北端泥土墙外侧墙面上在 204 cm×168 cm 范围内有大量的点状红色斑迹。尸体头部东侧 10 cm 处的地面上倒有一长条木凳凳脚朝西、凳面朝东，其上下表面及凳脚上均有大量的红色斑迹。对田某住宅堂屋勘验见：堂屋东墙旁地面上由南向北依次放有两个呈南北走向的暗红色木柜。南端木柜与堂屋南墙相接处靠放有一把长 275 cm 的竹耙，竹耙上在 136 cm 范围内有大量的油迹，油迹内有 2 枚清晰指印。

3 尸体检验情况

尸体上身穿红白相间横条纹长袖体恤一件，下身穿蓝色长裤一条，腰系白线绳一根，绳上拴有自制布包一个，包内有人民币 115 元，左脚穿军绿色胶鞋一只，右脚赤。体恤衣领后侧有长 1.2 cm 未贯通的新近破口，边缘齐。尸长 148 cm，发育正常，营养较好，尸体冷，未腐败。尸斑呈暗紫红色，少量存在于尸体右前侧，压之不褪色。尸僵存在于全身大关节，小关节已缓解。头蓄散发，发长 22 cm，色花白，头发上粘附有血迹。头颅整体变形。左侧额、颞、顶及面部见 17 cm×13 cm 的创口，周围皮肤污染重，创缘有多个皮瓣，创口部分皮肤缺失，可见颅腔，该创口左后侧颞枕部见 6~8 cm 的 6 条以上并行创口，创缘整齐，创角锐，创腔内无组织间桥，深至颅骨；头顶右侧有 4.5 cm×0.5 cm、6.5 cm×0.4 cm 的创口，边缘齐，创角锐，创腔内无组织间桥，其中长 4.5 cm 的创口对应的颅骨外板有砍痕。右眼外眦部有 5 cm×1 cm 的创口，边缘齐，创角锐，创腔内无组织间桥，创内眶骨有砍痕。双眼睑淤青肿胀，双眼角膜混浊，瞳孔不清。颈前部外表未见创口及索沟痕，项部偏左侧有 13 cm×6 cm 的创口，创口污染重，有大量蛆虫生长，边缘齐，有多个皮瓣，创角锐，创腔内无组织间桥。按压右胸部可触及骨擦感。右肩关节后侧有 2 cm×1 cm 的表皮剥脱；左上肢在腕关节处离断，左手缺失，左尺、桡骨及其他组织断端整齐，断缘皮肤有多个皮瓣，断端处组织出血不明显。右上肢在前臂中段离断，右手及右前臂缺失，右尺桡骨及其他组织断端整齐，断缘有 8 个皮瓣，断端处软组织出血不明显。

解剖检验见：头部左侧皮肤创口对应的左侧额、颞、顶骨及左面部见 17 cm×13 cm 的骨窗，骨窗中颅骨缺失，骨窗边缘整齐，颅腔内脑组织完全缺失，颅底骨左侧可见多条砍痕，头顶右侧创口及右眼外眦部创口周围组织出血。项部偏左侧创口周围皮肤及皮下组织出血，形成多个皮瓣，创口内第五颈椎椎体及脊髓完全横断，断面整齐，颈动脉、静脉、气管、食管未见断裂。右侧第 2、3、4 肋在锁骨中线位骨折，骨折周围组织出血。心肺未见损伤，腹腔脏器未见损伤，胃内容物约 300 g，呈乳糜状，可见菜、米饭等物。

4　讨论

4.1　死亡时间

由于死者 1 人在家已 2 天，明确其何时被害，对侦查确定嫌疑人是有帮助的。根据尸体在现场检见尸斑压之不褪色，尸僵存在于全身大关节，小关节已缓解，说明死亡超过 24 小时。胃内容物约 300 g，呈乳糜状，可见菜、米饭等说明遇害是在餐后 2 小时左右，家中灶房锅中煮好的猪粮未动，而死者平常习惯是早上煮猪粮。综合上述情况分析，死者是在上午早餐后 2 小时左右遇害的。

4.2　致伤工具

下述损伤的特点可充分说明创口是砍刀类（农家的菜刀、篾刀类）致伤物反复砍击形成的：①尸体左额、颞、顶及面部有 17 cm×13 cm 的皮肤创口，创口内头皮组织缺失，创缘整齐，创缘有较多皮瓣；②头皮创口对应的颅骨形成 17 cm×13 cm 的骨窗，窗中颅骨缺失，窗缘骨质整齐，颅底骨有线条状骨折砍痕。上述头皮和颅骨损伤符合砍器在局部反复砍击造成头皮和颅骨缺失的推断；③项部偏左侧有 13 cm×6 cm 的创口，创口边缘整齐，创缘皮肤有多个皮瓣，创腔内无组织间桥，创口内颈椎椎体及脊髓完全离断，断面整齐，反映是砍器从项部砍入所致；④左右上肢离断，离断处皮肤有多个皮瓣，左右尺桡骨断端断面整齐，骨质有砍痕。

4.3　一人作案

死者双上肢离断、颈椎及脊髓离断、颅骨骨折形成骨窗（脑组织因被鸡全部啄食不能见其损伤情况）均是严重的致命损伤，均是一类凶器（砍器）所致。死者是老年女性，上述任何一个部位损伤后，都能够导致死者丧失抵抗能力，所以一个作案人即能够完成。

4.4　损伤形成过程

死者头部、颈部及双上肢损伤都是致命损伤，但损伤形成过程必然会有先后。综合现场尸体体位、血迹分布、物品位置等进行分析，损伤过程为头部除形成骨窗外的其他部位砍伤、项部砍伤—双手伤—左侧头部反复砍伤形成骨窗样损伤。

4.5　行为人的性别和精神状态

根据尸体检验情况，尸体头部、颈部多处刀伤，双手被砍断，在颈部损伤已经致死的情况下，再砍去双手和反复砍击左侧头面部。死者的裤包内现金没有丢失，而家中丢失的物品也仅是"腊肉、篾刀、20余斤玉米种子及背篓"等平常物件，这不符合常人作案手法、思维方式，因此刻画嫌疑人多系精神障碍人员或吸毒致幻人员，且不排除女性作案的可能。

5　破案过程

根据技术人员对嫌疑人的刻画，侦查人员发现了线索，该村队长的妻子罗某反映：案发日上午她在种地时看见本村赵某（女，51岁，患精神病）背着背篓在死者家屋后出现过，且边走边叨念"打死白虎星了，打死白虎星了"。民警在赵某家搜查出疑似死者家中的玉米种子10包，篾刀一把，经辨认，玉米种子及篾刀均系死者家中物品。在赵某家外一土地旁发现被丢弃的衣物、床单等，其中一件衣物内发现死者丈夫王某的银行票据一张。检查赵某发现其所穿的鞋子上有滴落血迹，提取后经DNA检验确认该血迹系死者的血迹。此案告破。

未成年人杀人案件的现场分析

刘池玮[1]　姜奎益[2]

1. 广西省南宁铁路公安处刑警支队十大队　　2. 广东省湛江市公安局刑警支队四大队

未成年人杀人案件，因其年龄的特殊性，一直受到社会的关注。在众多的报道中，大家关注的基本上是未成年人如何走上犯罪的道路，关注的是其学校教育和家庭教育的缺失，关系统论述其法医学检验者比较少见。本文通过对近几年6例未成年人杀人案件的回顾性分析，初步探讨未成年人杀人案件的现场分析。案件的简要情况见表1。

表1　6例案件的简要情况

	案例1	案例2	案例3	案例4	案例5	案例6
简单案情	A市，某女，在失踪2年后被人发现埋尸于村边一树林的小沟边	B区，某女，在埋尸时被群众发现	B区，群众在村边一桉树林里发现一被泥土及树叶覆盖的男尸体	C区，群众在一砖厂旁发现一男孩被压在一块石头下，死亡	D市，死者家属发现其妻子的尸体在自家米缸里	E县，某男在下晚自习时被人刺死

续表

	案例 1	案例 2	案例 3	案例 4	案例 5	案例 6
案件现场	现场位于村边树林的小沟边，现场杂草丛生，刨开杂草，见表浅的泥土覆盖于尸骨上	现场位于一居民住宅后面的树下。尸体俯卧位，被塑料袋包裹，位于一小坑内	现场位于村边的一桉树林里。尸体仰卧位，上覆盖桉树枝和少量的泥土	现场位于砖厂旁一乱石丛中，尸体被一石块压住	现场位于死者家卧房的米缸里，缸上用盖盖住	现场位于学校教学楼下，尸体俯卧位
尸体检验简要情况	尸体白骨化	头面部见少量划伤，颈部见掐痕，舌骨骨折，内脏见点状出血	头面部见少量划痕，颈部见掐痕，胸腹部见一创口致脾脏破裂	头面部见划伤，胸部见一创口，心脏破裂	死者颈部见勒沟，窒息征象明显	死者背部见一单刃创口致心脏破裂，失血征象明显
案件性质	强奸杀人	强奸杀人	故意杀人	故意杀人	抢劫杀人	报复杀人
死亡原因	失血性休克	机械性窒息	机械性窒息合并失血性休克	失血性休克	机械性窒息	失血性休克
受害人情况	女，未成年人	女，未成年人	男，未成年人	男，未成年人	女，成年人	女，未成年人
作案工具	钝器	钝器	刺器	锐器	钝器	刺器
作案人数	1 人	1 人	2 人	1 人	1 人	1 人
作案过程	犯罪嫌疑人见死者孤单一人，临时起意，骗受害人至树林强奸，事后害怕被发现，杀人埋尸	犯罪嫌疑人见死者一人在家，遂起强奸念头，事后害怕事情败露而杀人埋尸	犯罪嫌疑人兄弟俩记恨死者在其父母面前说他们坏话，在案发日一起去海边玩时发生争吵，兄弟俩把死者按在地上进行殴打，结果一刀刺中腹部	犯罪嫌疑人因死者哥哥向嫌疑人父母告发嫌疑人偷钱而产生报复心理。在案发日骗死者致现场，刺伤死者	犯罪嫌疑人夜晚潜入死者家偷窃，被发现后勒死死者	犯罪嫌疑人因平时小的积怨，在案发日下晚自习时乘天黑于背后刺伤死者
与死者的关系	熟人作案	熟人作案	熟人作案	熟人作案	熟人作案	熟人作案

2 讨论

2.1 未成年人作案的成因分析

未成年人的生理和心理正处在发育阶段，不够成熟，处理社会生活问题的经验不足，对事物的判断力较弱，是非感不强；对诱惑的控制力也较弱，缺乏理智，多凭着自己的感觉做事情，经常因为一些微小的积怨而打架斗殴，甚至杀人。案例3至案例6都是因小事产生怨恨进而发展到杀人的。随着互联网的日益普及，未成年人接触到的东西越来越多，包括有淫秽内容的小说、电视中的各种暴力场景等。由于未成年人法律意识淡薄，自控能力低，所以容易发生强奸、杀人这类案件，案例1及案例2即是由此产生的。

2.2 未成年人作案的现场分析

2.2.1 现场特征

未成年人杀人多无预谋性，一般临时起意，作案工具多临时就地取材，因此反映到现场就是比较简单而且凌乱。未成年人作案时，因身体不够强壮，第一现场多存在打斗痕迹，同时因案发后心理极度恐惧，绝大多数都会对尸体进行掩埋或对现场进行简单的伪装。在成年人看来，有些动作显得多余，如案例3犯罪嫌疑人用桉树枝和泥土盖在死者身上，但又没有掩盖严实，就反映出犯罪嫌疑人作案后的极度恐惧及心智的不成熟。

2.2.2 尸检特征

受害人一般以未成年人居多，尤其女性多见。作案工具多为就地取材，因此损伤种类呈多样性，以抓、撕、咬、砍及刺伤多见。同时因犯罪嫌疑人身体等方面的原因，死者损伤程度轻微，致命性损伤比较单一。上述6个案例中被害人4位为女性，究其原因，一为案件性质决定。强奸案件的受害人肯定为女性，女性的身体及心理特征也决定了其易成为被侵害对象。犯罪嫌疑人自身未成年，给受害人畏惧感不强，受害人一般会进行搏斗抵抗，尸检时常能看到尸表损伤呈多样性。

2.2.3 犯罪嫌疑人的特征

犯罪嫌疑人与死者关系较明确，多为一人作案，作案目的动机比较幼稚，性格多内向，常常为一点鸡毛蒜皮的小事而耿耿于怀，日积月累最终导致案件的发生。

同时，我们也应看到，未成年人作案与女性、精神病人作案有相似之处。一方面，这是他们的特异性体质所决定的，另一方面，他们的心智在某些方面有相似之处。因此，在分析案件现场可能为未成年人作案时，要排除女性、精神病人所为。

问题探讨

Question and Discussion

对 118 例错误鉴定分析及探讨

杨正凯

四川省阆中市人民检察院

鉴定意见作为法庭证据之一，亦为专家证言，具有极强的证明力，特别是法医鉴定意见对伤亡案件的定罪量刑起着至关重要的作用。从某种意义上讲，防止错鉴，即是防止错案。如将自身疾病引起的猝死判定为他人行为所致，可能造成故意杀人、故意伤害致人死亡的冤案；重伤、轻伤变轻微伤，直接关系到罪名成立与否；重伤变轻伤直接关系到量刑的轻重；多人、间断伤害行为致人死亡，对损伤时间和致命伤的判定错误，可导致追究罪犯的指向错误；对致伤方式和致伤物的推断错误，可导致案件流产和追究犯罪嫌疑人错误。本文对工作中发现的 118 例法医错误鉴定进行分析，试图找出错误鉴定产生的原因，提出有效的防范措施，从而提高司法鉴定质量，防止冤假错案的发生。

1 资料来源及统计分析

1.1 选材

本文选取的 118 例法医错误鉴定案例来源于 2000 年 1 月至 2015 年 1 月移送检察机关（阆中市人民检察院）的 1568 例法医临床及法医病理鉴定。

1.2 错误鉴定的界定

错误鉴定是指经过技术性证据审查和重新鉴定，原鉴定意见被否定，新的鉴定意见被采信，并作为最终处理的依据。

最终处理：终审、抗诉成功、撤案、撤回移送起诉等。

1.3 统计分析

表 1～表 3 分别归纳了各类错误鉴定的分布情况。

表 1 错误鉴定总体分布情况

鉴定类型	法医临床鉴定	法医病理鉴定
例数	1310	258
错误鉴定数	102	16
错误鉴定率（％）	7.79	6.20

表 2 法医病理错误鉴定分布情况

鉴定类型	涉医疗损害犯罪案鉴定	伤病关系鉴定	致命伤及致伤时间判定	其他
例数	5	20	18	215
错误鉴定数	3	5	3	5
错误鉴定率（%）	60	25	16.67	2.33

表 3 法医临床各部位损伤错误鉴定分布情况

损伤部位	颅脑、脊髓损伤	面部、耳郭损伤	听力听器损伤	视力视器损伤	颈部损伤	胸部损伤	腹部损伤	盆部及会阴损伤	脊柱及四肢损伤	手与足损伤	体表损伤	其他损伤
例数	260	152	95	82	38	120	172	35	301	103	112	98
错误鉴定数	20	9	12	10	2	8	13	3	26	4	6	5
错误鉴定率（%）	7.69	5.92	12.63	12.20	5.26	6.67	7.56	8.57	8.64	3.88	5.36	5.10

从表 1～表 3 中可以看出法医临床和法医病理的错误鉴定率相当。

法医病理错误鉴定主要集中在涉及医疗损害犯罪案的鉴定、伤病关系的鉴定、致命伤及致伤时间的判定。

法医临床鉴定中四肢损伤、内脏器官损伤、颅脑损伤所占比重大，错鉴的绝对数也相对较大。但从错鉴率来分析，听力听器损伤、视力视器损伤鉴定的错鉴率最高，其次为盆部及会阴损伤、脊柱及四肢损伤、颅脑脊髓损伤。分析其原因主要与法医鉴定人的知识结构有关，听力听器、视力视器、神经系统、临床病理、生殖及性功能判定等专门知识依然是法医鉴定人员的短板。

2 错误鉴定产生原因的探讨

2.1 鉴定资料收集不全面、方法不当所致的失误

鉴定人往往有怕麻烦的思想，不愿去主动收集客观全面的鉴定资料。如对失血性休克的鉴定仅提取病历，资料不全就进行鉴定。对关节功能的判定仅凭物理检查。对视力、听力丧失的鉴定仅凭主观检查。在鉴定时仅凭受害人提供的客观病历和肉眼判断。如失血性休克的伤者往往入院时就急诊送入手术室进行清创、剖腹剖胸探查等处理，其前期的生命体征变化主要反映在麻醉记录中，而鉴定人却只根据入院时的一次生命体征或临床医生估计的失血量就判断失血性休克的程度，出具结论。更有甚者，不对受害人进行检查、复查，仅根据文证资料就出具鉴定意见。还有一例涉嫌故意杀人案的死亡鉴定，法医到现场连后颈部的刀伤都没发现，就判断是自杀死亡，导致现场未得到保护，以致案件侦破与审理困难。

2.2 鉴定时机把握不准

新的《人体损伤程度鉴定标准》规定，以原发性损伤为主要鉴定依据的，伤后即可进行鉴定；以损伤所致的并发症为主要鉴定依据的，在伤情稳定后进行鉴定。以容貌损害或

者组织器官功能障碍为主要鉴定依据的，在损伤 3~6 个月后进行鉴定；在特殊情况下可以根据原发性损伤及其并发症出具鉴定意见，但须对有可能出现的后遗症加以说明，必要时应进行复检并予以补充鉴定。① 这类错误鉴定的发生往往是由于鉴定时间过早、鉴定时机把握不当造成的；应根据损伤的动态恢复情况，如四肢骨折的早期必然伴有明显的功能障碍，通过骨痂的生长、重塑，后期的功能锻炼及康复治疗，损伤趋于临床稳定，此时遗留的功能障碍应作为鉴定的重要依据，鉴定时间过早，必然影响损伤后果认定。在面部瘢痕的鉴定中，明显瘢痕（增殖性瘢痕、瘢痕疙瘩、萎缩性瘢痕、凹陷性瘢痕），浅表性瘢痕除外，如鉴定时间过早，不能明确判断是否属明显瘢痕，特别是创口整齐的锐器创所留瘢痕。在周围神经系统损伤中，由于周围神经有一定的再生功能——任何原因引起脊神经损伤，只要神经细胞胞体完好，轴突损伤后，远端雪旺（Schwann）细胞增生，近端残留轴突末端肿胀形成再生终球，进一步形成一些支芽，以每天 1~5 mm 的速度生长。雪旺细胞和神经膜管为再生的轴突提供桥梁和管道，把再生的支芽引导向远端生长。再生轴突被雪旺细胞包裹，并在轴突表面形成髓鞘。通常从一个有髓轴突发出的支芽中仅有一条能髓鞘化，髓鞘化的支芽即是再生的神经纤维②。断裂神经在较好的吻合术后，神经功能往往会得到一定的恢复，此类损伤的鉴定宜在伤后或神经断裂吻合术 3~6 个月后进行为宜，如鉴定时间过早，往往会影响损伤评定结果。

2.3 鉴定检查不全面，导致鉴定结论失误

鉴定必须根据病理基础，结合客观检查，科学分析判断。缺乏科学客观的检查资料支持，往往会导致错误鉴定发生。如对涉及听力丧失的，不做声导抗和听觉诱发电位检查；对涉及眼外伤、视力丧失的，不做视觉诱发电位、眶部 CT、眼底荧光血管造影等检查；对涉及神经损伤、肌力减退的，不做神经电生理检查等情况易导致鉴定结论失误。同时应注意，电测听、视力表，肌力检查均属主观检查，受害人往往会夸大和伪装以致鉴定结论失误。

2.4 对死亡鉴定，未进行系统解剖，提取检材不充分，导致鉴定失误

有的仅凭尸表检验就出具鉴定意见，有的只对损伤部位做局部解剖，有的不提取组织器官及相关检材做病理切片、毒化分析、DNA 检验。造成这些情况的原因一般是由于法医鉴定人在采集了案情相关信息后，因先入为主或满足于检查时发现了一种可以构成死亡的原因，从而不再进行全面系统的解剖，结果漏掉了真正的死因线索。还有一些可能导致错案的原因是由于尸体腐败，组织器官的灭失，导致复检、重新鉴定难以补救，人为造成疑案久拖不决，当事人长期申诉上访等。如一婴儿死亡案，其爷爷说婴儿死亡前感冒、咳嗽，经解剖发现双肺支气管肺炎，足以构成死因，结论为本身疾病死亡。后有村民议论，经重新解剖发现帽状腱膜下血肿、颅骨骨折、硬膜下血肿、脑挫裂伤，显然是暴力作用所致。经调查，该婴儿系被其爷爷摔死。又如一 10 岁男性儿童被杀案，发现颈部有扼痕，经颈部局部解剖，确定为扼颈窒息死亡。后复验，经全面解剖，提取胃内容物、肝、肺组

---

① 人体损伤程度鉴定标准。2014 版
② 邓振华等，法医临床学理论与实践［M］. 四川大学出版社，2004.

织经毒物化分析均检出氧乐果和氰戊菊酯，经调查证实为先被灌有机磷农药氧乐果，后扼颈。再如一妇女被强奸后推下摔死案，由于阴道拭纸未干燥保存，发生霉变，无法检验，导致重要证据灭失。

2.5 鉴定人相关知识缺乏，对伤病关系认识不足，误将疾病认为是外伤所致

如把脑血管畸形破裂导致的出血认为是外伤所致，把老年性黄斑变性误认为是外伤所致的眼底出血，把间质性肺炎导致的死亡误认为是输液过程中违反药物配伍禁忌而导致的药物过敏性休克死亡，把中耳炎导致的听力损失误认为外伤所致，把本身疾病所致的腔隙性脑梗死误认为是外伤所致等。

伤病关系的鉴定一直是法医学鉴定的难点，一个法医难以穷尽所有临床医学知识，但避免此类错误鉴定并非无章可循，只要进行全面细致的检验或解剖，不放过任何一个疑点，克服外伤先入的观念，全面收集、查阅资料，多向相关专家请教，特别是借助先进的医学检验设备，或提取所需要的组织器官找权威机构进行病理诊断，客观科学的鉴定并非难事。

2.6 鉴定人过分依赖临床、病理医生的诊断，导致鉴定结论错误

缺乏全局、客观、科学的鉴定观念，不结合被鉴定人的症状、体征、临床表现、案情、现场勘查进行综合分析，将临床、病理医生的诊断不加审查地作为鉴定依据，导致鉴定结论错误。如一高中生死亡案，该学生与同班同学打架，头部被打，一周内正常上课，后又与另一同学打架，头部被打，当即出现头昏、呕吐，送医院抢救无效半小时后死亡。经尸体检验发现头皮挫伤、帽状腱膜下血肿、蛛网膜下腔出血、脑挫裂伤、侧脑室积血，送脑组织、凝血块到某地区中心医院行病理检验。该医院经 HE 染色结论：送检脑组织出血灶中见变性、碎裂之红细胞，含铁血黄素形成及吞噬细胞吞噬含铁血黄素，出血灶周围之脑实质可见脑软化灶，个别区域内夹有少许未变性、无碎裂、轮廓清晰的红细胞，且无炎症反应；送检血凝块中红细胞轮廓模糊，含铁血黄素沉积。分析认为：送检脑组织中蛛网膜下腔出血、脑实质点状出血等出血灶中有大量变性、碎裂之红细胞，含铁血黄素形成及吞噬细胞吞噬含铁血黄素等反应，加之脑软化，表示该出血系 24 小时以上形成的改变，为第一次斗殴所致；而个别区域内夹有少许未变性、无碎裂、轮廓清晰的红细胞，表示有新鲜出血（24 小时以内），系死前再次发生斗殴，在第一次出血未能稳定之情况下发生的再次出血。鉴定意见：死者一周前被击伤头部引起颅内出血及血肿形成，而死前再次与他人打架时，因情绪激动与剧烈运动，诱发了原有出血灶的继续出血，加重病变损害，致中枢性呼吸循环衰竭死亡。后经华西法医学鉴定中心重新鉴定，经 HE 染色、普鲁氏兰铁反应及 MSB 特殊染色：出血灶内福尔马林色素沉着，血凝块由大量红细胞及少许纤维蛋白构成，未见包膜结构；普鲁氏兰特殊染色，出血灶内铁反应阴性，未见吞噬含铁血黄素细胞。重新鉴定意见：死者系颅脑损伤死亡，其颅脑损伤为第二次外伤所致，非第一次外伤所致。该案的第一次鉴定看似有道理，实则违反了临床医学的常理，试问第一次外伤就导致了严重的颅脑损伤，为什么没有出现明显的神经系统症状及体征，仍能在一周内正常上课？导致错误鉴定的原因就是过分依赖病理医生的诊断。临床、病理医生的诊断我们要参考，但不能不加分析地引用，他们也有诊断错误的可能，而法医鉴定人对案情、现场、伤情等的掌握更加全面，一定要树立全局、客观、科学的鉴定观念，才能做出经得起推敲的鉴定意见。

2.7 对鉴定标准把握不准确，错误理解或引用鉴定标准

如把单纯的颅底骨折导致的脑脊液漏当成法医学上的开放性颅脑损伤，无晶体眼视力不经矫正补偿就直接使用，听觉诱发电位反应阈不减去矫正值就直接使用，把关节强直和关节僵硬混为一谈，对植物生存状态的时间把握不严，智力测定不经有资质的鉴定机构进行，把骨皮质的砍痕、刺痕、小的撕脱当成法医学上的骨折，神经系统的症状和体征分不清，耳缺损及体表面积的计算不科学，把创口的长度和深度相加，外伤性鼓膜穿孔不去辨别是否自行愈合，视力减退不去考察伤者的伤前视力，对呼吸困难的标准把握不严，对完全性骨折的概念把握不准，把剖腹、剖胸探查一律当成必需的手术治疗，功能障碍不与神经损伤的部位和节段结合起来，把骨骺端与骺板骨折混为一谈，把外伤性椎间盘突出与椎体退化所致不加区别，手功能的计算不科学，把创口的拖痕计算成创口长度，把创伤后应激障碍当成损伤结果进行认定，对明显瘢痕的判定不准确，等等。对既有某些标准的理解存在歧义，致鉴定结论失误。

2.8 对关节功能丧失的判定缺乏科学分析

对关节功能的检查，不能仅凭肉眼判断和大概估计，而不辨别伪装和夸大，没有相关的客观检查予以佐证。关节功能的丧失历来是伪装和夸大的重灾区。对关节活动度的测量虽有一套科学的方法，但也难以做到百分之百的客观。对关节功能丧失的判定一定要结合损伤基础，关节腔内骨折、韧带损伤或关节结构损伤导致的关节面不平整、关节腔内积血机化、炎性渗出，关节骨性强直，对关节功能的影响较大。而远离关节的骨折，经过积极的治疗，骨恢复后，对关节功能的影响较小，甚至没有影响。早期的关节功能障碍也往往是由于患肢的长期固定、制动，导致关节僵硬所致，经过功能锻炼和康复治疗能够得到恢复或大部分恢复。因此，由于关节僵硬所导致的关节功能障碍不能作为损伤程度鉴定的依据。MRI、CT三维重建、关节镜检查对关节损伤和病理的判断具有优势，应在鉴定中常规使用。

2.9 对致伤方式和致伤物的推断缺乏经验，缺乏综合分析能力

致伤方式分自伤、他伤、意外伤，对致伤方式的鉴定应全面收集相关证据，结合犯罪动机、损伤现场、致伤物、有无抵抗伤和防卫伤等综合分析，不能仅就伤论伤。

自伤无论发生在室内或者室外，损伤现场多位于偏僻、安静处；现场器物不乱，无搏斗痕迹，可能遗留血迹、致伤物和遗书；现场血迹的血型与自伤者相符；致伤物为自伤者本人或自家的器物，部分致伤物突然意决后随手取自现场；无抵抗伤和自卫伤，有试切创。

意外伤的现场往往遗留有大量能证明意外事件的物证，反映事件的性质和发生经过；意外伤的部位及分布反映其损伤不受意志支配，无选择性；除部分日常生活的意外伤较轻外，一般的意外伤均受复合、强大、多次暴力等多种致伤因素作用，故其损伤较严重。

致伤物多种多样，法医学将致伤物分为锐器、钝器和火器三大类。致伤物的推断是法医学上的难题，损伤形态与致伤物的种类、重量、接触面、打击的方式、角度、速度、力量，打击部位、衣着、衬垫物、损伤的新旧程度等有关，可以说是千变万化。但还是有一定的规律可循，致伤物的推断主要根据损伤的形态特征，特别是创口的形态，人体附着

物、残留异物，衣着损坏特征，嫌疑致伤物的物证检验及理化分析等。致伤物的推断应本着客观、实事求是的原则，能推断到哪一步是哪一步，有法医学证据证实的才能下肯定的结论。在致伤物的推断中要克服两种倾向，一是不敢推断，对发现的有价值的特征认识不到或不敢认定，如已在骨折处发现了刀刃的碎片，还不敢推断锐器砍伤；二是盲目自大地乱推断，一听说案件调查中发现了什么凶器就推断是什么致伤物。上述两种倾向均可导致侦查方向的错误，导致证据间的矛盾，给案件的办理带来障碍。

2.10 对多人、间断伤害行为及陈旧伤与新鲜伤的叠加，不做具体分析，笼而统之作出错误的判断

此类损伤的鉴定应围绕诉讼需求进行，譬如要分清主要伤与次要伤，致命伤与非致命伤，新鲜伤与陈旧伤，外伤的参与度等。总之，要通过法医鉴定为分清罪责提供依据。

多人共同故意的伤害是行为人出于相同的目的，即使行为程度、方式不同，但各自行为相互协同作用，造成最终损害的结果。该结果是行为人共同追求或放任而产生的，加害人应对其损伤后果共同承担责任。因此，此类案件的法医学鉴定应就被害人的所有损伤进行统一综合鉴定，得出一个鉴定意见，但应在分析中明确主要损伤与次要损伤，致命伤与非致命伤，即明确各加害人所致损伤在最终损害结果中的参与度和所起作用，以便为量刑和赔偿提供参考依据。

对于单个故意的偶合、过失行为的偶合以及故意与过失的偶合，由于他们没有共同的犯罪意识，每个加害人只对自己的行为后果承担相应的责任。因此，应对每个加害人所致损伤进行单一鉴定。

对于新鲜伤与陈旧伤的叠加，应尽量分清损伤参与度，适度降低损伤程度等级。

3 错误鉴定防范的探讨

3.1 司法鉴定管理层面

3.1.1 加强司法鉴定机构及司法鉴定人员培训与管理

司法鉴定主管部门应加强司法鉴定机构和司法鉴定人员的管理，提高准入门槛，把好进口，畅通出口，把有责任心、素质高、业务精的鉴定人吸收进来，把能力不够、职业道德素质差的请出鉴定队伍。要严格在核准范围内鉴定，防止主体不合格，超范围鉴定，因受利益驱动而鉴定，以及恶性竞争；坚决杜绝办关系鉴定、人情鉴定、金钱鉴定；充分发挥司法鉴定管理机构的职能，确保司法鉴定质量。

3.1.2 制定和完善相关行业规范和纪律

要制定和完善行业规范和纪律规定，通过约谈、责任追究、纪律处分、移送司法机关处理等制度，促进鉴定行业的规范。要在鉴定行业营造风清气正的氛围，要针对有关违纪违法违规行为，通过制度建设营造不敢为、不愿为、不想为的鉴定环境。

3.1.3 完善、规范的操作流程和统一的鉴定标准

要在广泛征求意见的基础上，通过专家论证，统一鉴定标准，标准的释义应权威、统一。防止各自为政，确保鉴定标准的统一正确实施，为司法活动提供科学规范可靠的依据。

3.1.4 对司法鉴定人的培训

应加强对司法鉴定人员的业务知识和职业道德纪律培训，形成常态化，特别是新标准、新知识的培训。要不断优化和更新司法鉴定人的知识结构，培养出一批德才兼备的鉴定人员，适应司法鉴定的需要。

3.2 鉴定人自身素质层面

3.2.1 思想道德素质

法医鉴定事关当事人的身家性命，事关当事人的人身自由，事关事实真相，事关当事人的冤屈能否得以伸张，事关法律的公平正义。法医鉴定人一定要高度重视鉴定质量，高举科学、正义的大旗，排除一切外界干扰，客观科学鉴定；要以法医史上的先贤和身边的模范为榜样，不断提高自身的思想道德素质。

3.2.2 业务素质

不断学习，广泛涉猎，在实践中总结和反思，打下扎实的知识功底，积累丰富的实践经验。善于借鉴，不耻下问，特别是要正确借助临床医学知识，向有关专家请教。

3.3 技术层面

针对错误鉴定产生的具体原因和多发、易发环节，通过技术性证据审查、重新或补充鉴定、医学调查、技术建议等形式，提出具体的技术防范措施，有效减少错误鉴定的发生。

（1）严格鉴定时机，按照《人体损伤程度鉴定标准》规定执行。鉴定时间过早，鉴定后伤情出现明显变化的，必须重新鉴定。

（2）听力丧失的鉴定必须做声阻抗、听觉诱发电位等客观检查；视力丧失的必须做视觉诱发电位、眼底检查等；涉及神经损伤、肌力减退的，必须做神经电生理检查；颅脑损伤必须做 CT、MRI 等客观检查。上述损伤以主观检查做出鉴定，缺乏客观检查资料的，必须予以复核，根据情况决定补充鉴定或重新鉴定。

（3）死亡鉴定必须进行全面系统的尸体检验（尸表检验、解剖检验、病理检验），送检标本和器官应全面，保存良好，确定中毒死亡的，要有毒物理化分析报告。

（4）被鉴定人伤前或死前有疾病，特别是受伤部位有疾病的，应引起高度重视，予以调查核实，分清伤病关系及外伤参与度。

（5）医疗事故罪、非法行医罪的死亡医学鉴定，必须进行全面尸检，要有县级以上医院或鉴定机构的病理检验报告；进行医疗事故鉴定的，要确保病历的真实性，无涂改或伪造。

（6）组织、血迹、精斑等物证的个人识别，应以 DNA 检验为准，其他检验仅供参考。

（7）对关节、肢体功能的判断，要有 X 线、CT、MRI、关节镜等客观检查予以印证，仅凭物理检查确定的，必须予以复核。

（8）精神病的司法鉴定由省级人民政府指定的医院或鉴定机构进行，应充分收集并移送案发前后被鉴定人的精神病学材料及社会反映情况。

（9）多人、间断伤害行为致死、致伤的法医鉴定应分清致命伤与非致命伤，主要伤与次要伤，对致伤物、致伤方式、致伤时间的推断应客观、全面。

刍议《人体损伤程度鉴定标准》数值规范

邹韵哲

四川省遂宁市人民检察院

2013 年 8 月 30 日最高人民法院、最高人民检察院、公安部、国家安全部、司法部对《人体损伤程度鉴定标准》进行了发布，自 2014 年 1 月 1 日起执行。该标准明确规定"本标准适用于《中华人民共和国刑法》及其他法律、法规所涉及的人体损伤程度鉴定"，充分肯定该标准在全国范围内具有普遍的法律效力。因此，该标准应具结构的完整性、严密的逻辑性、最大的应用性。然而，笔者发现，该标准有些条款数值规范具有争议性，以下列举几条进行探讨。

1　争议的条款

（1）《人体损伤程度鉴定标准》第 5.9.3 轻伤一级 m）款"肢体皮肤创口或者瘢痕程度 45.0 cm 以上"与第 5.11.2 轻伤一级 b）款"创口或者瘢痕长度累计 40.0 cm 以上"。

（2）《人体损伤程度鉴定标准》附则第 6.18 款"本标准所涉及的体表损伤数值，0~6 岁按 50% 计算，7~10 岁按 60% 计算，11~14 岁按 80% 计算"。

（3）《人体损伤程度鉴定标准》附录 B 表 B.8 的休克分度。

2　争议的缘由

2.1　不合理性

《人体损伤程度鉴定标准》第 5.9.3 条 m）款与第 5.11.2 条 b）款从性质上看，属特别条款与一般条款，在适用上看，第 5.9.3 条 m）款应优先适用。假如只有肢体的创口，第 5.9.3 条 m）款当然适用；假若只有除肢体外的创口，在其他条款不适用的情况下，第 5.11.2 条 b）款当然也适用；若全身多处均有创口，本应用第 5.11.2 条 b）款，然而结合附则 6.17 款"对于两个部位以上同类损伤可以叠加，比照相关部位数值规定高的条款进行评定"，应适用第 5.9.3 条 m），则会产生矛盾。举例：某人被人用工具致伤后躯干的创口为 41.0 cm，肢体部位 3.0 cm，若按上述推理可知，某人的损伤程度不能达到轻伤一级鉴定标准。很显然，只有一处创口可达轻伤二级，多加一处肢体的创口，却不能鉴定为轻伤二级，这是不合理的。

2.2　不连续性

《人体损伤程度鉴定标准》附则 6.18 款明确规定"本标准所涉及的体表损伤数值，

0~6岁按50%计算，7~10岁按60%计算，11~14岁按80%计算"。结合该标准附则6.19款"本标准中出现的数值均含本数"可知：6~7岁和10~11岁（均不包含本数）属漏空年龄，也就是没明确规定，也无法从中推理出如何适用，让鉴定人也无法使用。这也给一些非道德鉴定人提供了乱用的空间。

2.3 交叉重叠性

《人体损伤程度鉴定标准》附录B表B.8休克分度血压（收缩压）规定：轻度12~13.3kPa（90~100 mmHg），中度10~12kPa（75~90 mmHg），重度低于10kPa（75 mmHg），垂危0kPa。休克分度血压轻度和中度明显存在交叉，在某些鉴定中也会影响鉴定人的判断。

3 完善条款的建议

上述条款的争议充分说明《人体损伤程度鉴定标准》存在缺陷，纠正这些不足是迫在眉睫的。如不能得到及时修正，对于同一案件可能出现不同的鉴定意见，可能引起多头鉴定或重复鉴定，浪费大量人力资源、鉴定资源，甚至司法资源。

3.1 及时修正

对于《人体损伤程度鉴定标准》附则6.18款规定的年龄数值可以及时修正，修正为"本标准所涉及的体表损伤数值，0~6岁按50%计算，6~10岁按60%计算，10~14岁按80%计算，年龄均按周岁算，后一数值包括本数"，这样就连续了，争议也不复存在。

3.2 先行试点

不能及时修正的，可先行试点。各省、市可以根据鉴定的现状，先行在某一或几个地区试点，并总结经验，为后期条文的修正提供实践依据，为全国顺利实施修正条款提供智力支持。

3.3 可行性修正

鉴于争议的条款会带来一系列社会后果，可以通过调研、征求专家意见、听证等多种形式对如何修正完善提供参考法律依据。可由法医学会形成文字材料上报，最终由最高人民法院、最高人民检察院、公安部、国家安全部、司法部以释义或补充说明的方式进行联合发布。

笔者认为，类似上述条款中的数值问题分析不可能穷尽所有，制定逐渐规范的《人体损伤程度鉴定标准》，司法鉴定制度也会更加完善，司法鉴定将进一步向前迈进。

关于基层法医病理检验现状与发展的思考

袁野　钟传胤　陈成

四川省绵阳市公安局游仙区分局物证鉴定室

随着社会经济发展和公民法律意识的提高，要求尸体检验的案件数亦逐年增加，同时，社会对公安机关尸体检验中各个方面的要求也在逐渐提高。我省各地（市）公安机关目前均未开展法医病理检验，对于凶杀案、未知名尸体、伤病关系等需要进行法医病理检验的鉴定，多数是委托医院病理科或社会鉴定机构。笔者对目前我市区的法医病理检验存在的问题、现状和发展的思考如下。

1　我区法医病理检验存在的问题

1.1　法医专业性问题

我市几乎所有县分局的法医都不是法医学科班出身，其中以临床医学专业毕业后从事法医的人居多，笔者就是其中之一。大部分检验人员至今从未参加过法医专业知识的培训，学习法医几乎均为"师承"。在外行眼里，法医学和临床医学相差无几，认为只要会解剖尸体，就能当法医。而临床医学和法医学之间的差别非常大，笔者第一次参与尸体检验时就按照临床手术来对待尸体检验，临床手术要求手术创口越小越好，可以选择拉钩来扩大创口暴露，而法医检验中则需要充分暴露才能便于检验人的观察和照相，很多非法医专业的法医在前期工作中只会解剖操作，充当一名"解剖工"，没有在解剖中正确认识和发现病理改变的能力和知识。所以，因为两个学科之间的不同，在一定程度上造成基层法医对法医病理学没有全面系统的理解，没有法医病理的思维和意识。

1.2　法医病理培训行业标准问题

法医病理在解剖操作、病理检验、物证提取包装送检等方面都有严格规范的行业标准，这些标准是法医顺利工作的保障。但基层法医存在如下问题：要么不知道这些行业标准；要么知道这些标准，但错误理解或没有严格按照执行，主观更改或省略一些步骤。这在解剖方面和物证提取包装送检方面表现得特别突出。错误操作使异常现象遭到破坏或没有被发现。笔者也只是自己学习了一些法医病理检验中的行业标准，但是至今也只知道有这么个规定，关于法医病理的学习也都是"师承"。

1.3　法医病理运用的问题

死因鉴定是最基本的法医病理问题，笔者曾参与复核过一起尸检，原法医在头颅没有解剖的情况下，根据腹膜后血肿（血肿不是很大）鉴定为失血死亡，但从鉴定书到尸体照片都没有大失血的证据。试问能肯定是失血死亡吗？依据是什么？法医病理学是为解决与案件有关伤亡专门性问题，运用病理方面的理论和技术进行检验、分析并做出结论，为侦查、起诉、审判提供证据服务的。所以我们基层法医工作者在学习病理知识时，要有证据意识，要有为侦查破案服务的意识，要有为解决实际问题服务的意识。只有在这种意识下，基层法医才能知道每一步工作的实际意义，不会造成错误。只有在这种意识下提高自己的专业理论和实际技能水平才有实际的意义和价值，才真正能够提高理论和实际技能水平，才能胜任工作。

2 目前我区法医病理检验开展的现状

基层公安机关大部分都没有自己的组织病理实验室，都习惯性地将检材送往有病理科的当地医院或者社会鉴定机构检验。虽然临床病理检验在一定程度上弥补了公安机关法医病理技术不足的缺陷。笔者认为，法医病理虽然广泛应用一般病理的知识、理论和技能，但所要鉴定的问题及其某些应用性基础理论在病理学书籍中并不曾论述。法医病理与临床病理是不同的，只掌握一般病理学和临床病理学还不能进行法医学鉴定，所以，法医病理的工作与一般病理和其他各医学学科既有关联又不是其他学科所能取代或覆盖的。另外，临床病理医生对死亡概念、证据意识及损伤性病理改变等知识的认识与法医不同，从而决定临床病理的工作态度、要求、程序、技术条件、切片的技术标准及数量等都是不同的。临床病理医生一般都接触新鲜的检材，我们经常会送一些高度腐败的检材到当地医院病理科，很多临床医生不愿意接检。而社会鉴定机构虽然具备鉴定资格，引用其结论合法，但是社会鉴定机构做法医病理学检验的人员太少，在鉴定时间上不能保证，常常一个案子等上半年时间才出报告，这就造成案件一直得不到准确的结论，容易引发上访事件。

3 运用临床组织病理检验存在的问题

（1）在法律角度上来看，临床病理医生不具备司法鉴定资格，其所在医院不具备鉴定资质，鉴定人和鉴定机构不合法，所以将临床医生出具的法医病理检验报告直接引用到司法鉴定中具有一定的风险性。如果在法庭上，辩护律师问及关于死因鉴定中所描述的镜下观察的来源时，可能很多法医都会在解释其来源合法性时存在困难。

（2）对送检的检材仅是随机取样，仍然按照临床习惯检验，没有系统、大量地检验，这样的结果可能导致不能发现致命性镜下组织病理改变。例如，笔者检验一位牧民被打 4 小时后死亡的案件，尸体解剖除头部有两处小片状皮下出血外，其他未见任何异常改变。第一次医院病理室随机取了心、肺、肾和脑皮质检验，结果未发现病理改变；第二次法医说明找到伤病关系的病理改变对案件定性很重要后，医院病理室又对脑干连续取材，制成近乎 60 个片子的检验，最后发现脑干有出血点。有力地证明了死亡与外伤是有关系的。

（3）临床病理染色技术单一。目前所用几乎全部是 HE 染色，没有特殊的染色技术，使某些有价值的病理改变没能显示出来。例如没有勒痕处皮肤检材的特殊染色，所以不能区分是生前勒死还是死后伪装悬勒。再如对心脏传导系统的特殊染色的检验，可以区分功能性或器质性病变等。

出现上述不足的原因：临床病理医生不了解法医工作的态度、目的及检验的重点。临床病理是从病的角度发现、确诊和阐明一种病理改变，法医病理是从法律责任和证据角度阐明病理改变，法医病理检验的目的是发现异常，区别伤与病的关系。临床病理多数只是肯定病的存在与否，不强调与外伤情况的关系，更不用说病理改变的时间性等问题了。

综上，基层法医病理检验存在的问题是多方面的，不难想象，这些问题导致的后果是严重的。所以基层部门要以发展的眼光来认识提高基层法医病理检验技术的重要性和紧迫性。

4 基层法医要做好的工作

4.1 加强基层法医的培训、学习

有鉴于基层的现状，不可能重新更换高素质的专业法医人才，所以公安机关加强基层法医的解剖操作和病理学知识培训是当前的第一要务。一些从临床医学或者其他学科转岗至法医工作的人员要第一时间到相关院校系统学习法医基础知识，不能只是一名"解剖工"。省、市两级技术部门要多举办一些学习班，让基层法医能在一起交流学习。同时，基层法医工作者可以通过总结经验教训、互相交流和查阅科学期刊等途径来提高自己的解剖和病理学技能。

4.2 建立公安法医病理实验室

根据形势发展的需要，建立公安部、公安厅和地区（市）三层次的法医病理实验室，并且使各级实验室得到国家认可。特别强调的是加强实验室管理，向管理要效益，这是提高办案质量和同国际接轨的需要。基层法医可以到省、市交流学习，参加法医病理的具体操作，让基层法医病理检验逐步趋向规范。

4.3 建立公安和医院病理科合作关系

在资金和人员无法保障公安机关的组织病理检验技术情况下，基层公安机关可以与当地医院协作，笔者认为这是目前最有效的解决途径。法医应和医疗单位病理医生加强交流，让他们了解法医病理与一般病理以及临床病理的不同之外，以便在接到公安机关送检的检材时，知道法医组织病理工作的程序和所要求的技术情况，特殊对待。为此，公、检、法机关应与医院协商，让其达到法医组织病理检验的技术标准，并给予医院资质认证和有偿服务资金。

浅析我市集体烧炭自杀事件发生原因及对策

兰云殿[1]　　王勇庆[2]

1. 成都市公安局成华分局刑事科学技术室　　2. 成都市公安局技术处法医室

2009 年以来，我市各县（市、区）陆续发生因烧炭引起一氧化碳中度死亡的自杀事件，其中数起为邀约集体烧炭自杀事件。集体烧炭自杀事件因涉及死亡人数多，事发区域人员密集且媒体关注度高等，在社会上造成很大的负面社会影响。为加强对集体烧炭自杀事件的分析预防和应对处置工作，我们对数起已发生事件的调查结果进行了全面深入研究，通过对自杀人员背景、自杀原因及自杀方式选择途径等方面进行分析，并结合国内外相关案件资料，现就此类自杀事件发生的原因、预防手段及应对措施提出一些建议。

1　我市近年集体烧炭自杀事件情况统计

我们以表格的形式统计整理了我市从 2009 年至 2014 年发生的集体烧炭自杀事件的基本情况（表 1）。

表 1　我市 2004—2014 年发生的集体烧炭自杀事件基本情况

序号	案发时间	事件内容	发生地点	参与人员基本情况及自杀原因	邀约方式
1	2009 年 9 月 2 日	2009 年 8 月底，高某、吴某通过网上结识，相约共同自杀。2009 年 9 月 2 日在成都市新都区新都镇某小区一出租房内被人发现死亡	新都区	高某（死亡），男，27 岁，汉族，四川绵阳人。文化程度及自杀原因不详　　吴某（死亡），女，30 岁，汉族，广西南宁市人。文化程度及自杀原因不详	通过网络邀约
2	2012 年 6 月 8 日	2012 年 5 月底，张某、顾某、杨某 3 人通过上网认识后，相约集体自杀。6 月 5 日 13 时许，3 人入住龙泉驿区某旅馆，当晚 22 时许，3 人口服安眠药后在旅馆 411 房间的卫生间内燃烧事先准备好的木炭进行自杀。后顾某、杨某陆续醒来，发现张某已经死亡，两人将张某尸体抬到房间床上后一起离开旅馆	龙泉驿区	张某（死亡），男，20 岁，汉族，湖南省长沙市人。文化程度及自杀原因不详　　杨某，男，24 岁，汉族，四川省仪陇县永乐镇人。文化程度及自杀原因不详　　顾某，男，26 岁，四川省金堂县人。文化程度及自杀原因不详	通过网络邀约

续表

序号	案发时间	事件内容	发生地点	参与人员基本情况及自杀原因	邀约方式
3	2014 年 5 月 19 日	2014 年 5 月 19 日 9 时 30 分许，在双流县航空港某小区一公寓 203 房间，群众发现两具高度腐败的尸体。经刑侦部门工作确定两名死者为程某、刘某。两名死者用封口胶封闭门窗，口服安眠药，在房间内烧炭产生一氧化碳导致中毒死亡。经调查两名死者与案件 4 中两名死者宋某、赖某均为互联网上名叫"相约烧炭"QQ 群成员，系网友关系。受赖某邀约组织共同实施烧炭自杀	双流县	程某（死亡），男，35 岁，汉族，湖北天门市人。文化程度不详，自杀原因为多次购买地下彩票导致债务缠身，家庭破裂，生活困难，悲观厌世。 刘某（死亡），女，24 岁，汉族，辽宁凌海市人。文化程度不详，自杀原因为患有严重抑郁症，曾多次自杀	通过网络邀约"相约烧炭"QQ 群成员
4	2014 年 5 月 20 日	2014 年 5 月 20 日 19 时 30 分许，在我市双流县航空港某小区一公寓 509 房间发现两具高度腐败尸体。经刑侦部门工作确定两名死者为宋某、赖某。两名死者在 5 月 17 日左右采取封口胶封闭门窗，口服安眠药，房间内烧炭产生一氧化碳导致中毒死亡	双流县	宋某（死亡），男，38 岁，汉族，浙江杭州市人。文化程度不详，自杀原因为患有严重疾病，悲观厌世自杀。 赖某（死亡），男，28 岁，汉族，四川自贡市人。文化程度不详，自杀原因均为患有严重疾病，悲观厌世自杀	通过网络邀约"相约烧炭"QQ 群成员
5	2014 年 11 月 6 日	2014 年 11 月 6 日 10 时许，在成都市金牛区某招待所 405 号房间内发现四具尸体。经刑侦部门确定，四名死者为邓某、邱某、熊某、王某，四人通过互联网邀约于 11 月 4 日采取封口胶封闭门窗，房间内烧炭产生一氧化碳导致中毒死亡	金牛区	邓某（死亡），男，26 岁，汉族，四川渠县人，文化程度及自杀原因不详。 邱某（死亡），男，25 岁，汉族，四川射洪县人，文化程度及自杀原因不详。 熊某（死亡），男，37 岁，汉族，四川威远县人，文化程度及自杀原因不详。 王某（死亡），女，17 岁，汉族，甘肃省兰州市人，文化程度及自杀原因不详	通过网络邀约

2 我市近年集体烧炭自杀事件发生特点及原因

从以上几起自杀事件调查分析中可以看出，这类自杀事件具备以下基本特点。

2.1 自杀人员关系不密切

自杀人员大多通过互联网上的自杀 QQ 群、自杀贴吧等联系认识，相互邀约共同实施自杀。自杀原因各不相同，仅出于自杀目的邀约集合在一起。

2.2 自杀方式获取途径来源于网络

搜索互联网，即可获得关于烧炭自杀方式、内容及实施步骤的详细介绍。基本包括用封口胶密封房间，服用安眠药，用固体酒精引燃木炭等细节过程。这也是我们在数起集体烧炭自杀事件中看到比较雷同行为的原因所在。随着网络的发展，很多人可借助网络平台了解烧炭自杀方面的内容，近几年类似事件的发生呈上升趋势。

2.3 自杀地点多在短租房、宾馆等场所

自杀人员或在当地拥有短租房，或登记入住小旅馆，这些地点具备空间相对密闭且可以多人进入不易被发现的特点，尤其是小旅馆，价格低廉、管理不严，往往容易被选为自杀地点。

2.4 自杀人员没有特殊宗教信仰

根据对自杀者自杀原因的调查，自杀原因各不相同，或者患有严重抑郁症，或者患严重身体疾病，或者生活困难，但均未发现自杀者具有特殊宗教信仰的。自杀者在自杀过程中也没有特殊宗教仪式，遗书中没有宣示任何信仰及主张。

根据互联网资料显示，早在 20 世纪 90 年代的日本，网上相约自杀的行为已经成为青年自杀人群竞相追求的一种时尚。一些青年男女通过网络聊天从不认识到相识，之后便开始谈及对人生的厌恶，再后来发展成相约自杀。随着我国互联网的普及，网上开始出现一些以自杀为话题的论坛、QQ 群、贴吧等。早在两三年前，我国广东等沿海城市就有报道集体自杀事件，甚至一起事件中出现七八名自杀者集体自杀。

综合分析，我市近年出现的集体烧炭自杀事件就是在网络飞速发展、上网便捷的环境下，由在我市生活的人员通过网络相互邀约参与，在我市部分短租房或小旅馆中进行的，以烧炭方式开展的集体自杀活动。其中主要反映出三个问题：一是参与人员中有对我市环境比较了解，可以准备自杀工具和场地的人员；二是我市部分旅馆业及房屋租赁业管理不完善；三是对于此类事件，无论社会管理人员还是群众都缺乏了解，防范意识不强。

3 对策建议

根据对已经发生的几起集体烧炭自杀事件的深入调查，依照公安机关的社会管理职能，本着人道主义精神及维护社会稳定的使命，我们认为对于防范此类自杀事件可以开展以下工作。

3.1 事前预防

充分发挥网监部门的网络监管职责。这类事件在发生前期，涉案人员的基本活动均存在于互联网上，从开始的相识、邀约、组织到网上学习讨论自杀实施方式，甚至用于实施自杀的部分物品也有可能通过互联购买。因此，通过网络监管开展有效预防，可以有效地制止此类事件进一步发生。

加强旅馆业的日常管理及房屋租赁管理。向相关人员通报此类事件发生的基本特点和规律，使得旅馆业经营人员及房屋所有者提高警惕，对于相关人员的异常活动能够及时发现并报警制止。

发挥媒体的正面引导作用。通过媒体对此类事件的报道，引导广大群众对于事件发生原因有比较客观、全面、深入的认识。提倡社会给予有自杀倾向的人群帮助和关爱，从而及时疏导负面情绪，早发现、早干预、早制止。

3.2 事后处置

此类案件一旦发生，由于涉及人员死亡，公安机关最先介入调查，这要求我们要能够形成高效的非正常死亡事件调查工作机制，迅速确定事件性质、查明事件经过、消除社会影响。根据往年关于非正常死亡的调查发现，由于涉及非刑事案件、重视程度不够、警力投入较少等原因，目前我市公安机关处置工作中仍然存在以下不足：一是现场保护工作不到位；二是现场勘查不仔细，死因调查不全面；三是调查工作不严谨，调查机制不健全，权责不明；四是善后工作中处置不当，造成大量信访事件。

以上分析说明，建立完整的自杀事件调查工作机制和规范流程十分必要。比如只要涉及人员死亡事件，均由专门部门牵头，由派出所、刑侦、治安等部门抽调专人组成调查组，负责整个事件的全面调查及善后处理工作。调查组负责确定案件性质，得出调查结论，审核工作材料，答复家属质疑。对于自杀事件的调查工作，可制定相应的规范流程，细化工作内容，明确人员责任。

自杀事件的发生具有隐蔽性，自杀原因存在多样性。集体自杀作为自杀者相互鼓励、相互促成自杀目的的形式，已经有增多的趋势。根据近年我市集体自杀事件的发生规律，我们发现自杀事件发生的频率越来越高，死亡人数越来越多。然而对自杀事件的预防，又是一项庞大的社会性工作，必须依托全社会力量，需要全社会对于自杀人群给予关爱和挽救。公安机关作为维护社会稳定的中坚力量，在这一工作中还将面临更大的挑战。这就要求我们不断总结，掌握一些特殊自杀事件的基本性质和规律，及时发现和掌握自杀人群的活动形式，加强职能管理，拓宽工作思路，这样才能变被动为主动，更好地引导社会积极健康发展，使人民群众生活在安定祥和的社会氛围中。

当前检察机关法医工作存在的问题探讨

李忠华 　 陈猛

四川省人民检察院技术处

监察机关的法医工作，主要是通过专业人员运用医学、法医学知识和技能对案件进行检验鉴定和技术审查，从而解决涉案专门性问题，在整个案件的办理中具有独特而重要的作用。随着国家法制不断发展，法律法规逐步完善，法律人员的素质不断提高，逐渐凸显出当前检察机关法医工作中存在的诸多问题。这些问题表面上看属于技术层面的问题，更深层次却显示出司法人员，特别是检察人员和法医人员对法医工作性质和定位认识的模糊，对证据理论的理解偏差。本文拟从证据学角度对检察机关法医工作中存在的问题予以分析，以资有关人员在工作中加深理解、促进工作。

1 存在问题

鉴定人所提交的鉴定意见仅仅属于一种"证据材料",而不是作为定案根据的"结论"。要使鉴定意见转化为定罪的根据,必须经过合法的法庭审理过程,经历完整的举证、质证、辩论和法庭评议过程。与其他证据一样,鉴定意见未经法庭举证、质证和辩论,不得转化为定案的根据。[①] 因此,作为证据使用的鉴定意见必须具备证据最基本的三个属性,即合法性、客观性和关联性。当前法医检案工作存在以下主要问题。

1.1 证据合法性

1.1.1 鉴定意见没有以有效鉴定书形式出具

实践中存在鉴定人员由于时间仓促或者被害人不配合等情况,鉴定人直接在医院的病历材料上写明结论。例如,某案中,鉴定人员直接在 CT 检查报告单上写出:根据《人体损伤程度鉴定标准》第 5.1.4 轻伤二级 d) 条"颅骨骨折"规定,×××颅骨骨折达到轻伤二级标准。此鉴定意见由于出具形式错误,不论其实质上是否正确,因违反刑事诉讼法和司法鉴定管理的有关规定,不具备法律效力。

1.1.2 缺少鉴定人员签字、鉴定机构公章

2013 年颁布的新《中华人民共和国刑事诉讼法》中关于对鉴定意见的审查与认定有较为细致的规定,其中就有对鉴定人员和鉴定机构签字、盖章方面的要求,但是实际工作中仍有缺少签字或盖章的情况出现。

1.1.3 鉴定所依据的标准不正确

比较大的错误是伤情鉴定中没有及时应用新的鉴定标准。2014 年 1 月 1 日开始实行的《人体损伤程度鉴定标准》直接取代了原来的轻微伤、轻伤和重伤的鉴定标准,对于发生在这之后的伤情鉴定应直接应用新标准,而对于横跨这个时间点的一些特殊案件根据相关要求应采用"从旧兼从轻"的鉴定原则。[②] 而另一些比较小的标准错误则存在于标准具体条款的细节之处。例如,某文书中明确了被害人面部创口损伤长度为 6 cm,鉴定意见根据《人体损伤程度鉴定标准》5.2.4 条 a) 款"面部单个创口或瘢痕长度在 4.5 cm 以上",×××面部创口达到轻伤二级标准。然而实际上标准在面部单个创口轻伤一级和轻伤二级的分界上刚好是 6 cm,而 6 cm 的创口应是包含于轻伤一级之中的。

1.2 证据真实性方面

1.2.1 案情对鉴定客观思维方式的影响

对于案情而言,由于法医在鉴定中不可避免对案情会有所了解,因此容易造成先入为主的印象,虽然这一方面给鉴定人员提供了工作方向,但另一方面其实也损害了鉴定的科学性、客观性。实践中,不少法医工作者会有这样一种思维方式,即将自己的鉴定意见往符合案情的方面靠拢而最终得出看似完美的结论,甚至使用具体的未经查证属实的言辞证据作为鉴定依据得出鉴定意见。然而实际上鉴定人应该独立、客观地根据被鉴定人的客观

---

① 陈瑞华,刑事证据法学,北京大学出版社,2014.

② 司法部司法鉴定管理局,［2014］司鉴 1 号,司法部司法鉴定管理局关于适用《人体损伤程度鉴定标准》有关问题的通知,2014.

损伤予以鉴定，再用案情予以验证，而不是采取本末倒置的思维方式。

1.2.2　对医院病历资料及诊断的过度依赖和轻信

鉴定人员另一处容易犯错误的地方就是对病历资料的过度依赖和轻信。虽然法医人员在工作中病历材料往往是其鉴定的主要依据之一，但并不代表要完全采用。一方面不排除所提供的病历材料本身可能就是伪造的可能，另一方面医生的诊断或判断也并非完全正确。例如，某监管机构提供的一保外就医案件中的病情证明显示罪犯病情十分严重，完全达到了保外疾病相应标准，但后经查实发现病历纯属伪造，系罪犯在某医院附近购买的假病历。因此，如果鉴定人员对病历来源不加审查核实，就容易出具错误的意见。又如，医生在一些外伤中比较容易出现失血性休克的诊断，但实际上法医学鉴定中失血性休克是有血压、脉搏和全身状况等一些判断指标的，不能单纯地看到有出血或者医院病历上有相应的诊断就直接做出鉴定。

1.3　证据关联性

1.3.1　文书摘要内容过于简化或缺失，显得意见依据不充分

这主要体现在案情摘要和病历资料摘要部分。案情对于鉴定而言，一般影响不大，但有时却会显得极为重要，如颅脑损伤中不同类型的致伤方式，致伤工具的推断等，在这些案件中必须将客观情况与案件情况予以比较、印证。另外，病历资料具有十分重要的作用，但往往一份病历材料内容较为繁杂，这就要求法医人员在阅读、书写鉴定文书时从其中获取有效的信息，否则要么是鉴定意见有实质错误，要么是意见虽然正确，但呈现出的鉴定意见书有依据不足的现象。例如，某鉴定文书鉴定意见依据为：根据《人体损伤程度鉴定标准》5.9.3 条 m）款"肢体皮肤创口或者瘢痕长度累计 45.0 cm 以上"，应评定为轻伤一级。但是其鉴定文书的资料摘要内容或者检验结果描述十分简单，内容难以显示出皮肤创口累计长度达到了条款所规定的数字。另外，部分法医人员在书写技术性证据审查意见书时直接去掉了案情摘要或者病历摘要这些内容，直接描述审查意见。应该说，虽然目前关于技术性证据审查工作尚无统一标准要求，但笔者认为至少病历摘要是要有所体现的。

1.3.2　资料摘要与检验结果内容互相印证不充分甚至有矛盾之处

这一情况较常发生在影像学资料上，要么检验记录中对重要的影像资料没有阅片记录，要么就是与病历摘要不一致。当然，并不是说检验不能有与医院不一致情况出现，而是在有不一致出现的时候，要进行分析论证，否则该用哪一个材料的依据就会缺乏逻辑性。例如，某文书的病历摘要中颅脑CT报告意见和病历诊断为左侧筛板骨折，但在检验记录中却无相应记载，只是分析说明中出现有阅片结果为鼻骨骨折和左侧眶内壁骨折。显然，该份文书中对重要的伤情记载有不一致之处，容易让案件双方当事人对鉴定意见有所质疑。

1.3.3　分析论证说理不清或意见过于具体

这类问题一般都出现在较为复杂的案件中，比如具有伤病关系的伤情鉴定或者是死亡案件的致伤工具、致伤方式、死亡方式的推断等。而出现的原因一方面可能是由于专业水平所限，另一方面也是有些先入为主的心态，可能会根据案情中的某些提示得出结果。例如，某一起猝死案件的技术性证据、审查文书中的资料内容部分仅有一些脉搏、血压和简单的症状的描述，并无基本的心电图等检查报告，而审查意见则直接描述为"冠状动脉硬

化性心脏病所致的猝死"。显然，在本案件资料有限并且未做尸体解剖的情况下直接得出死于何种疾病，依据是不充分的。

2 原因分析

以上阐述的问题出现的原因是多方面的，既有鉴定技术层面的问题，也有鉴定法律证据意识欠缺方面的问题。同时，从产生问题的主体方面反映出既有技术人员本身的问题，也有相关业务部门办案人员在使用上的问题。

2.1 从技术人员角度分析

2.1.1 证据意识欠缺，重鉴定实体，轻鉴定程序的思想较为严重

这种思想意识应该说还是较为普遍的，技术人员易把鉴定意见停留在技术层面，而没有真正的将其放在法律证据这个角度予以考虑，不注重程序的合法有效性。

2.1.2 鉴定第一手资料来源具有较强的被动性，对其过度依赖和轻信。

法医工作很多时候的资料来源不可避免来自医院，长此以往养成了严重依赖医院病历材料，这尤以技术性证据审查工作为甚。

2.2 从检察业务人员角度分析

2.2.1 缺乏技术审查意识，自己充当技术人员判断专业性问题

近些年来，随着法治意识不断提高，尤其是检察机关年轻化、专业化人员比重不断加大，这个问题已有明显改善。

2.2.2 同技术人员一样，重结果，轻程序

一方面，由于鉴定意见专业性强，业务人员并不能完全看懂，因此对分析部分不愿看，只看重最终意见是否满足案件需要。另一方面，有时法医人员被指出一些问题后，如果不是意见的实体性改变，即使程序存在问题可能造成意见不被采用，办案人员由于时间或者其他因素也没有对此追究。

2.2.3 对鉴定局限性认识不清

一方面，法医人员并不是万能的，限于当前对法医学科的认识和利用水平，不是所有问题都能解决。同时，鉴定或审查要遵循客观性、科学性的原则，要建立在现有客观依据之上。在很多时候，如果鉴定资料有限，法医人员是不可能得出有效的意见的。另一方面，法医学作为一门科学，其并不是百分之百准确和完美的。以"证据之王"DNA而言，其也存在误差发生的可能性。这就要求作为业务部门的办案人员，在使用意见时应与法医人员进行充分的沟通，以了解相关的专业背景，从而正确使用鉴定意见或审查意见。

3 解决问题的一些思路

笔者认为，当务之急，检察机关法医工作可以从以下几个方面予以改进：①注重法律意识的培养，促进法医人员和检察业务人员转变思维模式，树立正确的司法鉴定证据意识和程序意识；②加强专业知识培训，提高法医人员正确而客观使用鉴定材料的能力；③推进标准性建设，提升检验鉴定和技术性审查工作各环节的规范化水平；④高度重视法医新

生力量的引进和培养，保证检察机关法医工作长期有效发展；⑤深入落实协调配合机制，加强法医人员与办案人员的充分有效沟通，建立有效而积极的正向反馈机制；⑥借力司法改革，建立专业人员职称评定和分类管理体系，调动法医人员的工作积极性；⑦提高检察业务人员对案件中技术性证据的专业审查意识。从长期看，应逐渐改变目前中国司法鉴定和专业性证据审查机制，从法医人员的学校教育、继续培养和专业机构设置、人员的考核使用等整体考虑，建立适合中国司法体制的法医工作格局。

杀人案件误判反思

王纵彬[1]　张夏丽[2]　李顺奎[1]

1. 四川省西昌铁路公安处刑事技术支队　2. 贵州省贵阳医学院司法鉴定中心

不是每一次失误都有补救的机会，但是每一次错误都必须深刻反思促使自己成长。现将笔者鉴定的一例案件始末详细记录，作为前车之鉴与大家分享。

1.1 简要案情

20××年×月×日中午 11 时 50 分，在某县县城一宾馆 401 房间内发现一男一女，其中男性果某已死亡，女性吉某受伤。

1.2 调查访问

根据县局调查：①果某在该县城内经营台球室，经常赌球，随身带有几千元现金；②果某与吉某系经他人介绍并支付了一万元婚礼定金的准夫妻关系；③果某是左利手；④果某亲属（母亲与姐姐）因为吉某家景不好，以及有狐臭而反对此次婚姻。⑤两人已一星期内断断续续在此酒店居住三天。⑥12 日晚 8 时许吉某曾外出，但是其本人否认有此事。

1.3 现场勘查

根据现场勘查：门锁完好，进门处与电视机桌间遗留少量血迹，厕所内遗留少量血迹，马桶上遗留血指纹一枚，厕所距尸体位置约 1.5 m，这之间仅有一处血迹，且靠近厕所门口。现场大量血迹集中在北侧床上，未见明显抛洒血迹。两处喷溅血迹均处于低位，一处位于距床面 30 cm 处的北墙上，一处位于两床之间的地面。南侧床面上有一握刀血痕，死者位于两床之间的地面，凶器贴靠于死者左大腿外侧，据左手 30 cm 处。现场物品摆放整齐，死者财物并未丢失。根据以上情况推断：①由于现场物品摆放整齐，血迹大量集中于北侧床面，喷溅血迹处于低位，现场无明显抛洒血迹，可以推断，现场并未有明显搏斗，应为一刀毙命或者自杀；②由于门锁完好，死者仅穿内裤，现场无明显搏斗翻动痕迹，死者财物并未丢失，死者死亡时间大概在 5 时许，可以推断并未有第三人在现场；③根据南侧床面的握刀血痕推断死者在满手是血的情况下有过握刀，并在床面留下了血痕（笔者以自己的手握拳比了一下南侧床面的握刀血痕，发觉与握刀的手与笔者握的拳头差不多大小，未经进一步仔细检验便大意地认定是果某手拿刀留下的压痕，后来经笔者仔细反思，手握物肯定要比手握拳要大，所以这个压痕应该是女人留下的）；④凶器位于死者的左手与左大腿之间，结合调查访问，死者系左利手，认为符合左手持刀自杀（完全忘记了还有个女人是活着的）；⑤根据厕所内的血迹及厕所门口的血迹推断，并不是由厕所外粘附的血迹带入厕所内，而是厕所内踩到血迹再踩到门口所遗留的；⑥北墙上遗留的喷溅血迹量比较大，且形成了流柱状，应该是果某右胸处受创时拔刀所形成；⑦两床间地面喷溅血迹应为果某倒地时所形成。

1.4 活体检验

经过现场勘验，对案件有了直观印象后，技术人员便赶到医院对受伤的吉某的伤情进行检查，并对其进行询问。吉某自己交代，案发中午 12 时许吃过午饭后从家里赶到美姑县城准备找朋友一起玩，在广场上遇到果某，便于 13 时许与果某一同到某宾馆开房，房间号为 401 房间，然后与果某在房间内看电视、聊天一直到下午 18 时许，果某陪同吉某到外面吃完饭后便赶到台球室，吉某返回酒店。在 20 时许接到果某姐姐打来反对他们婚事的电话，接着她便打电话与果某争吵，果某与她争吵一阵后便忙于台球室的事，不再接她电话。吉某看电视到 23 时睡着，13 日凌晨 1 时果某回来后洗了个澡，把吉某吵醒后两人又继续争吵。吵到凌晨 4 时许，果某突然拿出一把刀刺到她的腹部，她自己把刀从腹部拔出来后扔到一边，便逃向厕所，果某追到厕所在盥洗台前抓住她的手臂把她拉回两床之间，接着她便昏迷了，醒来后发现自己躺在果某大腿上，果某已死，于是她便报警，除了报警并未与其他人联系。

1.5 病情调查

访问完后，笔者直接告诉吉某，她在说谎，对于经过还有很多事实没说清楚，让她仔细回忆后再交代。接着技术人员到医生办公室找医生了解吉某情况。吉某入院时血压 75/45 mmHg，左胸部锁骨下一处锐器创口，深达胸腔，腹部两处锐器创口，一处较浅，一处斜向下方较深，均未达腹腔。经过到医院的调查，可以知道：①吉某有明显失血性休克征象，但是其诉说的昏迷时间非常可疑；②吉某腹部创口应为自杀创口；③吉某胸部创口自己可以形成。

1.6 尸体检验

去医院了解完情况后，技术人员便对果某进行尸体检验。为了避免家属对法医不信任，对法医检验结果有异议，所以笔者到达殡仪馆后，立即将死者的两个哥哥请到解剖台前，请他们作为申请人和见证人。首先由他们写下尸检申请，然后让他们全程观看尸检。在尸检的过程中，笔者将死者所有身上的创伤及形成方式向死者家属进行了详尽的解释，最终，家属同意法医的检验意见，果某系因锐器创致右肺部、心脏大血管损伤死亡，并签字认可。通过尸体检验，可以知道：①果某右手小鱼际处见一处锐器划伤，手臂内侧见表皮剥脱，说明两人有过搏斗，推断是抵抗伤；②死者左肩胛旁见一锐器戳伤，左腋下后侧见锐器划伤，虽然自己可以形成，但是位置怪异，且毫无意义，推断应是吉某致伤；③死者右胸部仅有一处创口，锐器创深达胸腔，刺穿肋骨、右肺、心脏大血管，说明锐器刺入方向应为右向左下，且力道非常大，如果是吉某致伤，那么她的握刀方式应为左手握刀，或者右手握刀，从左侧反手杀入，以其力量，单手形成如此严重的伤势亦很勉强，结合死者左利手的特征，较符合死者用左手握刀自杀所形成。

2 综合分析

综合现场勘验、活体检验、尸体检验以及调查访问情况，初步推断果某应为自杀，但是根据所掌握的信息来看，有几处疑点无法解释：①死者如果是自杀，为何没有试切创；②死者背部戳伤及划伤无法解释；③凶器的来源无法解释；④吉某没有完全说实话。所以在给家属做工作的时候，告知他们案件的定性，不但需要尸体检验，还需要现场勘验、调查走访、以综合进行判断。

3 调查结果

最终吉某顶不住审讯压力，将犯罪过程全盘托出。她与果某在电话里争吵无果后，便于 20 时许到弟弟家里拿出了凶器，准备等果某回来后对其兴师问罪。果某回来后一直吵到凌晨 4 点过，便扭头睡觉不理她了，她便从包里拿出尖刀，戳了果某背部两下，叫他起来继续把事情说清楚。果某意识到是被刀戳后，反应很强烈，翻身起来跪在床上准备扑过来抢刀，吉某一害怕，便双手握住刀柄，在果某扑过来的瞬间，由自己左侧刺向果某的胸部，被刺中后果某便倒地抽搐，吉某此时也意识到自己犯罪了，随后自杀未遂，便打电话给自己的父亲及 110 报警。

4 反思总结

在此次案件调查中，技术人员首先未能足够客观地根据现场所有的痕迹物证科学地判断，其次在得到很多种分析结果后，自己也未能整理疏通，将所有可能的结果全部考虑到，受到先入为主的影响，将果某自杀的这个结果往现场勘验及调查走访的结果里套，才导致了严重失误的出现。在该案中未能准确判断的有以下几点：①果某背部戳伤及划伤系吉某为了叫果某起床和她继续争吵而形成，这违反常规的行为方式，未能想到；②考虑到果某胸部损伤对右利手的人来讲应是反手杀入，而没有考虑到是吉某双手持刀，从自己的左侧杀入；③造成果某胸部损伤的力道极大，考虑由吉某身体力量是不易形成，而没有考虑到在搏斗的过程中，果某有个前扑的动作，结合吉某双手持刀，会对冲力量形成了如此严重的损伤；④考虑到吉某的损伤可能为自杀所为，却未能深入探讨为何吉某会自杀；⑤南侧床面上握刀血压痕因没有仔细研究，导致判断错误，认为果某有过持刀，从而认定果某应该系自杀。

5 规范做法

在此案的侦破过程中，一开始调查的顺序比较科学，先现场，然后活检、访问，最后进行尸体检验；其次，访问完吉某后，便直接告诉她，她在说谎，同时也并未将现场勘验的情况和技术人员现勘后的猜测告知她；在面对家属时，稳定了家属的情绪，请家属全程参与了尸体检验，并在尸检结论上签字认可，增强了公信力；在告知家属结果时，并未贸然开口，而是告知家属需要耐心等待调查结果和检验结果，争取了时间，避免了错误的扩大；最后，在向领导汇报工作时，提出了要仔细调查凶器来源，调查吉某的通话记录，按审讯嫌疑人的方式审讯吉某，让她将事情经过叙述清楚，以及在不能解释果某背部创伤等反常情况时，坚决不轻易对家属公布"自杀"这个调查结果等几点建议。

几例卖淫女被杀害案的回顾性分析

赵刚　曹锋

四川省资阳市公安局

近些年来，随着城市的建设发展，城市流动人口的逐年增加，性犯罪问题也日益突出。与此同时，卖淫女子也成了命案中被侵害对象中的高风险群体。因被害人社会关系复杂、生活水平普遍低下，现场环境隐蔽，尸体损伤多样，物证来源混乱等原因，此类案件侦破难度较大。本文收集卖淫女被杀案例进行回顾性分析，旨在通过多角度观察，分析其规律特点，为相关案件的侦查检验提供参考。

1　案件简介

1.1　案例1

12月1日12时许，有群众报案称：我区的一个小区"××保健按摩店"内有一朱姓女子被杀死。（案件未破）

个人特征：长发，有染发，文眉、文眼线，眉心点有黑色"人工痣"；双耳垂上均有白色金属耳环两个、耳钉一个，项部戴有白色金属链一条，下腹部有妊娠纹。

尸体检验：头面部共计有8条创口，躯干部有6处创口，下腹部妊娠纹明显，正中有陈旧性手术疤痕。四肢有13处创口，颅骨多处骨折，硬脑膜破裂，颞部脑组织有片状破裂。右侧耳郭至右下颌角处创口深至颈深部，右侧胸锁乳突肌大部分断裂，深至颈椎体，导致第2、3椎体的右侧横突、椎弓板骨折，椎管内出血。胸腹腔脏器未见见异常，子宫形态大小正常，宫内未见异常。

结论：全身遭受锐器砍击致颅脑损伤、颈椎损伤、全身多部位损伤出血死亡。

1.2　案例2

4月15日晚，陈某被发现死于某县一小区6栋1单元201号的租住房中。（案件已破）

个人特征：尸体双耳戴金色蝴蝶金属耳坠及金色耳钉各一对，左手腕戴玉镯一只，右手腕戴银镯一只，双手环指、中指均有指环印痕。有隆颏、隆胸手术史。右乳房旁皮肤上有花形红绿色文身，下腹部有妊娠纹。

尸体检验：头蓄散发，染红发，发根部为白色，枕部头发附着较多血迹。面部有较多凝固血迹，擦拭后可见面部有广泛的点片状出血点，双眼下睑呈片状出血点，左眼球结膜外侧部有片状出血。唇呈淡红色，唇及口腔黏膜未见破损出血，双侧颊黏膜未见破损。颈前部甲状软骨下缘有 15.5 cm×2 cm 的横形创口，创口深至颈椎，双创角处皮肤均有数条细小划痕，该创口在胸部正中 35 cm×10 cm 范围内有较多点状喷溅血迹，左、右锁骨上缘在 12 cm×5 cm 范围内有散在出血点。双侧胸锁乳突肌均有片状出血，左颈总动脉横断，左颈静脉分别有两处创口，右颈静脉有 0.3 cm 横形创口，气管、食管等软组织横断，断端整齐。颈椎有砍痕，深 1.5 cm。双肺表面有点片状出血点，胸、腹腔脏器未见破裂。

结论：生前颈部遭受锐器反复砍切致气管、食管横断，颈动静脉断裂大出血死亡。生前口、鼻颈部遭受钝性暴力作用。

破案经过：嫌疑人李某通过微信摇到陈某并加为好友，并于当晚 10 时许相约来到陈某的出租屋，并过夜，次日早上，陈某认为李某在自己的住处过了夜应该多给些钱，双方就嫖资问题发生了争吵，进而发生抓扯。李某从厨房中找出一把菜刀，朝陈某身上猛砍数刀，随后他顺手扯下其部分随身财物逃走。

1.3 案例 3

4 月 14 日 11 时许，有群众在某市一公路边的干涸水渠中发现一具被焚烧的尸体。（案件已破）

现场情况：现场发现尸体被焚烧呈屈曲状，灰烬最表层有成形的包装纸燃烧灰烬，尸体下方有包装纸燃烧残片，包装纸残片下有透明胶布，尸体两侧胸部各有一条半圆形的金属条，现场有被焚烧后的高跟鞋一只，有未燃尽的避孕套外包装，尸体双足踝部有数圈碳化的胶线缠绕，打结端可见三个金属片。

个人特征：解剖剥开面部皮肤见鼻部正上方自鼻根到鼻尖有一条白色硅胶假体（为美容手术所致）。

尸体检验：尸体被焚烧屈曲，尸表完全碳化，左顶枕部有少量头发残留，头发呈黑色，左口角及左面颊部有 5 cm×2.5 cm 白色塑料残片粘附，分离为三层。颅骨无骨折，脑组织未见出血。颈部皮肤完全碳化，部分肌肉组织外露并碳化。舌骨及甲状软骨无骨折，咽喉及舌无损伤，无炭灰等异物，气管及食管内未见烟灰及炭末，颈椎无骨折。两侧胸腔可见多根肋骨被焚烧外露，胸腔脏器未见破裂，腹腔脏器暴露，未见破口。盆腔结构被焚烧破坏，膀胱、子宫及附件均碳化不能分辨。左上肢自肩部碳化脱落，仅左肱骨、左尺骨、左桡骨残存；右上肢肘部呈屈曲状，前臂中段以远缺失，残存端碳化；双下肢从根部分离，呈屈曲状，皮肤碳化严重，肌层组织外露，仅双侧小腿中段至双踝部有皮肤组织残留。被捆绑处皮下未见肌肉出血。会阴部：骨盆碳化，结构被破坏，耻骨仅下支残存。胃内未检出常规毒物。

结论：头部无损伤，胸腹腔脏器无破裂等可排除死者上述部位遭受暴力致机械性损伤死亡。结合丧失抵抗力后被捆绑，死后焚烧等情况综合分析死者系生前口鼻、颈部遭受暴力（如捂闷口鼻、扼勒颈部等）致机械性窒息死亡的可能性极大。

破案经过：经查，4 月 13 日，郭某在家中，因债务问题与受害人廖某发生纠纷和抓扯。抓扯中，郭某用廖某脖子上的丝巾将其勒死，并叫来"野的"将尸体运输至某市一公路边抛尸焚烧。

1.4　案例 4

7 月 18 日，简阳市公安局刑警大队接镇金派出所电话称：下午 4 时许，某水库发现用黄色塑料袋包裹的尸体，请求勘查现场。（案件已破）

现场情况：尸体（呈屈曲状，双小腿屈曲，双足贴近臀部）被两个黄色编织袋相向包裹，一个从头部套入，一个从脚套入，两个袋子开口处在腰部重叠，头侧袋子开口端被脚侧袋子开口端包裹，包裹重叠处有白色编织包装袋捆扎，包装袋缠绕两圈，在左侧腰部系成活结。该包装袋由两根连接而成，连接处为死结，该绳结处捆绑有一石头，重 54kg。

个人特征：长发，染成棕黄色，背臀部两髂后上棘间有黑色图案文身，大小 23 cm×6 cm。右肩部有一红花、绿叶文身。左手腕有金属手镯，右脚踝系有编织红绳。双手染指甲，呈金黄色，腹部有妊娠纹。

尸体检验：尸体高度腐败，头颅无畸形，皮下无出血，颅骨无骨折，颈部右侧下颌角下有 1.8 cm×1.3 cm 表皮下出血，舌骨、甲状软骨未见骨折，项部深、浅层肌肉均未见出血，胸腹部皮下及肌层未见出血，胸骨、肋骨未见骨折，心肺未见损伤，腹腔脏器未见破裂，胃内空虚，有少许条状物。子宫内有 "V" 形节育环一个。胃内未检出常规毒物。

结论：头部无损伤，胸腹腔脏器无破裂等可排除死者上述部位遭受暴力致机械性损伤死亡。据死后被捆绑抛尸入水等情况综合分析，死者系生前口鼻、颈部遭受暴力（如捂闷口鼻、扼勒颈部等）致机械性窒息死亡的可能性极大。

破案经过：受害人钟某，因嫖资问题与康某发生了争吵，抓扯中被康某掐死，后康某骑摩托车将尸体于当晚 19 时许运到某水库后抛到水中。

1.5　案例 5

2014 年 12 月 15 日凌晨 2 时许，魏某被人杀死于某区一小区 6 栋 1 单元 4 楼 5 号租住房内。

个人特征：长发，染成棕黄色，左肩背部有玫瑰花图样文身，右手背虎口处纹有绿色繁体 "发" 字。

尸体检验：下颌下颈部处有两条创口，创道深达肌肉组织，左胸锁乳突肌内侧缘有创口，创周组织出血，气管左侧甲状软骨有横行 0.5 cm 不全破裂口，对应处气管内壁未见异常；食管、气管内未见异常；甲状软骨、舌骨未见骨折。胸部左乳内上象限有一处创口，进入胸腔，左乳外下象限有纵形创口进入胸腔；左侧第 3 肋软骨横断，左肺上叶肋面有 1.5 cm 长创口，该创口贯通肺叶；左胸腔内积有暗红色不凝血约 3000 ml。心包前侧上方有破口，心包前侧下方有破口，心包内有约 150 g 血凝块；左心房前壁有创口，创道进入左心室。双手多处抵抗伤。腹腔脏器未见异常，子宫形态大小正常，宫内未见异常。

破案经过：2014 年 11 月 14 日晚，王某因缺钱，便决定持刀抢劫，在路边寻找机会直至次日凌晨 1 时许，遇到魏某招嫖，见魏提着包包，遂来到魏某租住房，趁其脱衣服之际，持刀分别向魏某颈、胸部刺了两刀，后魏某经抢救无效死亡。

2　分析要点

2.1　被害人身份确定

结合历年来此类案件中卖淫女的特征，可从以下几个方面确认被害人身份：①装扮情况：被害人因特殊的工作关系，多浓妆艳抹，染彩发，佩戴较多贵重装饰物，有个性文身，有美容手术史，如案例 2、案件 3 均通过美容史对死者身份信息进行了确认，案例 4 在案发之初通过文身确认了死者。②与装扮情况比较，衣着情况也具有参考价值，室内案件约半数以上的被害人部分或全部赤裸，这与性交易活动有直接关系，案例 1、案件 5 中的被害人均为裸体，案例 3 中的被害人下身仅穿连裤丝袜。③卖淫女多为已婚育者，腹部未必均有妊娠纹，宫颈口为生育型，宫腔内有节育环。④室内现场可注重对物品的搜索，因卖淫女性交活动频繁，患妇科疾病的概率较大，故多可见避孕套及女性用消毒洗液。

2.2　致死方式

此类案件多因嫖资纠纷临时而起，属激情所致，故在无明显致命损伤的案件中，机械性窒息导致死亡的比例最高。分析其原因，嫖资纠纷事发突然，嫌疑人无事先准备，对室内现场环境不熟悉，而女性被害人的反抗能力较男性弱，故死因多为机械性窒息。

2.3　致伤物

在有明确致伤物的案件中，致伤物多属现场就地取材，家用生活用具居多。统计案例中案件 1、案件 2 均为性交易场所就地取材的家用刀具。

2.4　财物损失

部分案件中可有财物的损失，但均非现场最有价值的物品，分析其原因，多系案犯伪装现场或顺手牵羊行为，或者因事发突然着急逃离现场，无瑕仔细翻找财物。案例 1、案例 2、案例 5 中均有不同程度的财物损失或现场翻动，但损失较小，值钱物品或大笔现金均未被发现。

2.5　案犯行为特征的分析

从侦查学角度出发，将作案工具带离现场是一种反侦察行为。但在此类案件中，作案工具去向与现场反侦察行为有判断熟人作案的作用。分析可能的原因有多样，表现为作案人将作案工具清洗，甚至放回原位，故意扰乱侦查方向等。

根据历年破获的卖淫妇女室内被害案，通过对出入口状态、尸体位置，床铺是否整齐、床铺血迹、避孕套使用，损伤类型、作案工具的来源及去向，被害人衣着等进行统计学方法分析，可判断被害人与作案人的熟悉程度。现场未遗留使用过的避孕套、作案工具留在现场以及现场有反侦察行为是判断熟人作案的几个重要因素。因为现场的反侦查活动需要借助工具并耗费一定时间，熟人对现场和被害人相对了解，可选最佳作案时间，熟练使用现场工具，实施各种反侦察行为，而陌生人在短时间内难以做到。案例 1、案例 2 中均为熟人作案，事后有充分的掩饰犯罪行为。

3 讨论

以上案件均与财物或嫖资有关，激情杀人比重较大，有预谋的杀人较少。从破案后抓获的罪犯特征来看，他们的年龄在 20～40 岁，文化水平较低，这与当地经济水平相对应。当地卖淫妇女的自身条件（包括相貌、年龄、经济实力）及工作场所决定了嫌疑人的群体特征。此外，卖淫妇女的金银饰品在增加其美艳的同时也成了不法分子抢劫的客体，从而增加了卖淫妇女被杀害的风险性。

《人体损伤程度鉴定标准》存在的问题与对策探讨

张嘉陵 蒋师 朱鹏
成都市人民检察院

1 创口与瘢痕不加以区分：造成新的矛盾，有违全面分析，综合评定原则

在实际工作中我们遇到因鉴定机构与鉴定人员不同，即公安侦查阶段鉴定，检察院起诉阶段鉴定，审判阶段或者社会不同的司法鉴定机构鉴定；鉴定时机不同，如有的按创口（损伤当时）鉴定，有的按瘢痕长度及损伤后果鉴定；从而使案件流转与进行效率不同。这些都会影响案件的处理结果。人体损伤中创口与瘢痕变化因人而异，客观上是有差别的，从而导致后果不同。

案例：吴某，男，20 岁，被人用钢管打伤致头顶、颞部及左枕部头皮裂伤、肿胀，医院清创缝合时病历记载伤口长约 5 cm 和 4 cm，第一次鉴定测量已缝合创口长度累计 8.2 cm，鉴定意见为轻伤二级；两月后再鉴定，测量头皮瘢痕累计 6.1 cm，按瘢痕长度不构成轻伤二级，鉴定意见为轻微伤。

讨论：本案如果双方不持异议，程序迅速就会按轻伤结案处理。

对策探讨：①进行人体损伤学或（统计学）课题研究，确定创口与瘢痕的差异系数，指导鉴定实践；②对敏感与瘢痕体质人群做明确规定；③对创口与瘢痕做描述性规定。

2 额部挫伤与血肿标准适用

案例：王某，男，33 岁，某物业公司保安，被人殴打致伤。医院病历记载：头颅正常，头顶部皮肤可见约 6 cm 陈旧性手术瘢痕。额部可见约 2 cm×2 cm 大小皮肤擦挫伤，周围软组织肿胀，触压痛明显，未扪及波动感及骨擦感，双侧瞳孔等大等圆，直径 0.3 cm，对光反射灵敏。脊柱四肢无畸形，左髋部皮肤可见约 10 cm×1 cm 大小挫伤瘢

痕，略肿胀，触压痛明显。肌力正常，无活动障碍。鉴定检查见：头额部皮肤 2 cm×2 cm 类圆形挫伤结痂，左髋部压痛，左侧腰背部（第 2 腰椎处）压痛，右上臂外侧触压痛，压痛部位外观无异常。

鉴定意见：一种意见认为不构成轻微伤，另一种意见认为依照两院三部发布的《人体损伤程度鉴定标准》5.1.5 b）"头皮挫伤"之规定，其损伤程度为轻微伤。

讨论：本例损伤区域属面部，面部损伤条款对创口与瘢痕的规定具体并细致，但对钝挫伤血肿没有规定。笔者认为额部钝挫伤血肿参照头部头皮损伤条文规定更符合客观实际。

3 尺骨茎突骨折标准适用

案例：汪某，男，30 岁，在某酒店被人用钢管打伤。医院病历记载：左前臂及腕关节肿胀，皮肤无破溃流血，左前臂及腕关节尺侧压痛明显，左尺骨下段可扪及骨擦感及异常活动，左腕及前臂主被动活动痛性受限，左上肢末梢血微循环、感觉及活动良好。放射影像报告：左尺骨茎突骨折，略移位。鉴定检查：左腕活动可，时有疼痛。其余未查见明显异常。

鉴定意见：一种意见认为依照两院三部发布的《人体损伤程度鉴定标准》5.9.4f）"四肢长骨骨折"之规定，其损伤程度符合轻伤二级。另一种意见认为符合轻微伤，依照附则第 6.7"骨皮质的砍刺痕或者轻微撕脱性骨折（无功能障碍的）不构成本标准所指的轻伤"。

笔者同意第二种意见，因为单纯的尺骨茎突骨折，在骨科学上，无论复位与否一般都不影响腕部功能。

4 两个轻伤一级加起来等于重伤吗

《人体损伤程度鉴定标准》中有两个轻伤一级加起来等于重伤的条文，如眼损伤条款 5.2.2 i）条与 5.2.3 i）条。以前的重伤鉴定标准中有三处以上的伤接近本标准应当全面分析综合评定之规定。笔者认为，在现行标准中应继续适用为宜。

5 细化舌体损伤鉴定标准

《人体条款损伤程度鉴定标准》中对舌体损伤鉴定的一是重伤二级条款 5.2.2 m；一是轻伤二级条款 5.2.4 p），应考虑细化：①舌体损伤或缺损舌尖至舌系带 1/2 以下为轻伤二级；②舌体损伤或缺损舌尖至舌系带 1/2 以上轻伤一级；③舌体损伤或缺损至舌系带重伤二级；④舌体损伤或缺损在舌系带以上或丧失舌的全部功能的重伤一级。

舌（通常称"舌头"）是人体重要的器官，主要由平滑肌组成，强韧有力。主要功能是产生味觉和辅助进食，也是辅助人类的发音和言语的重要器官。在中医学中舌诊是诊病的重要内容。在鉴定标准中应置于与丧失视觉听觉同样的程度。

35 例抛尸案检验分析

鄢文学[1]　　曹锋[2]　　杜江[2]

1. 四川省资阳市公安局雁江区分局　2. 四川省资阳市公安局

　　犯罪分子抛尸是为了藏匿或消灭罪证，逃避法律制裁。作案手法主要包括碎尸后分散抛弃，抛尸后焚尸，将尸体抛入水中或埋入地下等。在我们接触到的抛尸案件中，犯罪分子作案手段复杂，罪犯反侦查意识较强，因此，尸块检验和查找尸源相对困难，分析作案手段、刻画犯罪嫌疑人等较难把握，案件破获难度加大。本文通过对 35 例抛尸案件的鉴定进行回顾性分析，对此类案件的特点及相关问题进行探讨。

1　材料与方法

　　本文收集 2009—2015 年本市的 35 例抛尸案件。所有案件均经全面系统的尸体（块）检验，并进行了常规毒物化验、DNA 检验，死亡原因明确。所有案件均已告破，案件性质明确，现场勘查资料全面，所有尸体身份都经过 DNA 比对确认。以下将所收集的案例按被害人基本情况、犯罪嫌疑人基本情况、死亡原因、作案动机、尸检情况、作案工具、抛尸情况等方面进行统计分析。

2　结果

2.1　被害人的基本情况

　　被害人共 35 人，男性 19 人，女性 16 人；被害人年龄在 3~89 岁，平均年龄 40 岁；职业分布：打工者 15 人，无业人员 4 人，司机 5 人，卖淫女 5 人，工人 2 人，学生 4 人。

2.2　犯罪嫌疑人的基本情况

　　犯罪嫌疑人共 40 人，男性 32 人，女性 8 人；年龄在 16~83 岁，平均年龄 38 岁；职业分布：个体户 7 人，前科人员 6 人，打工者 9 人，无业人员 11 人，务农人员 7 人。

2.3　死亡原因

　　受害者死亡原因：颅脑损伤死亡 11 例，均为钝器打击所致；机械性窒息死亡 8 例；溺水死亡 2 例（其中 1 例服用安眠镇静药物）；失血性休克死亡 11 例；均为锐器刺戳所致；中毒死亡 3 例（其中毒鼠强中毒、氰化钾中毒、毒品中毒各 1 例）。

2.4　作案动机

　　犯罪嫌疑人作案动机：感情纠纷 14 例，谋财害命 7 例，经济纠纷 9 例，性侵害 1 例，掩盖制毒行为 1 例，矛盾纠纷 3 例。其中熟人作案 25 例（关系密切的如夫妻关系 6 例，情人关系 3 例，婆媳关系 2 例，继母杀女 1 例，兄弟关系 1 例），互不相识的 10 例。

2.5 尸体情况

尸体相对完整的有 23 例，有 5 例抛尸后采取焚烧处理，7 例死者死后被分尸；分尸地点均在室内，均为犯罪嫌疑人固定住所或被害人的住所。

2.6 作案工具

犯罪嫌疑人作案时所使用的工具主要包括：棍棒类钝器 5 例，砖石类钝器 6 例，刀类锐器 13 例，绳索类 3 例，徒手 5 例，药物类 3 例。碎尸工具均为锐器，如菜刀、斧头等。

2.7 抛尸情况

（1）35 起抛尸案件的尸体发现地：江河（水渠、水库）内 15 例，粪池内 4 例，偏僻路段 13 例，涵洞内 2 例，屋顶花坛 1 例。7 例碎尸案件均采用多地点分散抛弃尸块的方法。

（2）在抛尸距离上，10 例均为跨地区抛尸，5 例跨乡镇抛尸，20 例抛弃在距嫌疑人居住地或案发现场较近处。

（3）远距离抛尸运输工具以汽车为主，有 13 例，用摩托车的 2 例，20 例抛尸较近，均靠拖抱移动，就近丢弃在水中或掩埋在土里。

3 讨论

抛尸案件中因死者非本地人，部分尸体被严重毁损，现场可利用信息较少，导致身份无法确认，但由于案件的社会影响较大，被刑侦部门列为重大案件，也就成了法医工作者研究的重点。通过对本市 35 例已破抛尸案件进行总结分析，发现具有以下特点。

3.1 对受害人群分析

从受害人来看，男性多于女性，中年人为主。19 名男性受害者中，打工者 11 人，占 57.9%，出租车司机 4 人，占 21%；16 名女性受害者中，在娱乐场所从事性工作者 5 人，占 31%，学生、儿童 4 人，占 25%。统计数据反映，出租车司机和卖淫女因其工作性质和环境的特殊性，接触的人较多、较复杂，易与接触人群发生经济纠纷，成了被侵害的高风险人群。

各年龄段人群中，未成年人和老年人因自我保护能力弱，也易成为受害对象，其中未成年人又因辨识能力和自我保护能力均低，被害概率更高。

3.2 对犯罪主体分析

（1）从犯罪嫌疑人来看，以男性单独作案为主。在已破案件中，共抓获犯罪嫌疑人 40 人，其中男性 32 人，占 80%，女性 8 人，占 20%。犯罪嫌疑人单独作案的 29 例，2 人结伙作案的 4 例，3 人以上团伙作案的 2 例。

（2）从作案动机分析，以感情纠纷和经济纠纷为主。破获案件中，因婚恋感情纠纷引发的案件 14 例，占 40%，女性受害者 10 人，占 71.43%；因图财及经济纠纷引发的案件 16 例，占 45.7%，男性受害者有 14 人，占 87.5%。案犯选择作案对象的重要依据来自于其犯罪动机，因此查明被害人的身份，对分析作案动机和刻画犯罪嫌疑人有较大价值。

（3）从作案手段来看，以杀人后直接抛尸为主。全部案件中，杀人后直接就近抛尸至江、河中的 11 例，就近掩埋尸体的 4 例，碎尸后抛弃的 7 例。碎尸均以方便抛弃为目的，抛尸后焚烧的 5 例。

（4）从案犯与被害人关系来看，犯罪嫌疑人与受害人存在一定联系，均为关系人作案。已破案件中，熟人作案 25 例，其中有 13 例受害人与嫌疑人关系密切（夫妻 6 例，情人 3 例，家庭成员 4 例），作案动机因感情纠纷而起；而熟人作案中另一动机是经济纠纷。受害人与嫌疑人互不相识的案件 10 例，其中图财抢劫的有 7 例。

（5）从破案方式看，以尸体特征走访调查、图像侦查和技术侦控为主。已破案件中，通过尸体特征走访调查、周边协查发现线索的 14 例；通过图像侦查、技术侦控找出嫌疑人特征的 11 例；通过 DNA、指纹比对发现线索的 2 例；家属到公安机关报失踪后顺线索查证的 7 例；犯罪嫌疑人自首的 1 例。

4 总结

案发后法医应首先仔细勘查现场，判断发现尸体或尸块的现场是否是第一现场，以确认是否属于抛尸案。抛尸案中的尸体多是无名尸体，而抛尸案通常都是熟人作案，明确尸源往往成为侦破此类案件的关键点，因此法医检验中个体识别工作非常重要。法医要对衣着、随身物品、包裹物及尸体特征等进行细致检验，对死者指纹进行采集比对，对 DNA 进行检验比对，为调查走访提供线索。在查清尸源后，多数能在较短时间锁定犯罪嫌疑人。

抛尸案还有一种情况具有非命案的特例，即嫌疑人利用抛尸转移视线掩盖其另外的犯罪行为。笔者检案中也常遇到有中老年男性嫖客在嫖妓过程中突然死亡，女方将其抛尸户外。还有一些案件是聚众吸毒人员死亡后被同伴抛尸以掩盖罪行。因此，法医在尸体检验时不能先入为主，应该综合现场与尸检情况做出客观的分析判断。

值得注意的是，在案犯刻画时，虽然说抛尸案通常是熟人所为，但根据统计结果可看出，双方并不相识或仅有一次交往的人作案的抛尸案也在增多，这类案件多因图财抢劫而发案，或是卖淫女或嫖客死亡而被抛尸。